Kevin Bales

DIE NEUE SKLAVEREI

INHALT

1. Die neue Sklaverei 7

2. Thailand: Weil sie aussieht wie ein Kind 52

3. Mauretanien: Sklaverei wie in alten Zeiten 109

4. Brasilien: Ein Leben an der Kippe 161

5. Pakistan: Wann ist ein Sklave ein Sklave? 198

6. Indien: Die Pflügermahlzeit 259

7. Was tun? 308

Fünf Dinge, die Sie tun können,
um die Sklaverei zu beenden 349

Anhang 1: Anmerkung zu den Forschungsmethoden 351
Anhang 2: Auszüge aus den internationalen
Übereinkommen betreffend die Sklaverei 361
Anmerkungen 365
Dank 373
Register 375

DIE NEUE SKLAVEREI

Im Sommer wird das ländliche Frankreich seinem Ruf vollauf gerecht. In einem kleinen, etwa hundertfünfzig Kilometer von Paris entfernten Dorf sitzen wir im Freien; die leichte Brise weht den Duft nach Äpfeln aus dem Obstgarten nebenan zu uns herüber. Ich bin hierher aufs Land gefahren, um mich mit Seba zu treffen, einer erst vor kurzem befreiten Sklavin: eine hübsche, lebhafte Zweiundzwanzigjährige. Doch als sie mir ihre Geschichte erzählt, zieht sie sich immer mehr in sich zurück, raucht hektisch, zittert unkontrollierbar. Und dann kommen die Tränen.

Ich wurde in Mali von meiner Großmutter aufgezogen. Als ich noch ein kleines Mädchen war, ist eine Frau gekommen, die meine Familie gekannt hat, und hat sie gefragt, ob sie mich mit nach Paris nehmen kann, damit ich mich dort um ihre Kinder kümmere. Sie hat meiner Großmutter erzählt, daß sie mich auf eine Schule schicken und daß ich Französisch lernen würde. Aber als ich nach Paris gekommen bin, hat sie mich nicht in die Schule geschickt. Den ganzen Tag über habe ich arbeiten müssen. In dem Haus, das ihnen gehört hat, habe ich die ganze Arbeit gemacht; ich habe geputzt, gekocht, mich um die Kinder gekümmert und das Baby gebadet und gefüttert. Jeden Tag habe ich schon vor 7 Uhr morgens angefangen; ungefähr um 11 Uhr abends war ich fertig; einen freien Tag habe ich nie gehabt. Meine Herrin hat gar nichts getan; sie hat lange geschlafen, und dann hat sie ferngesehen oder ist ausgegangen.
Einmal habe ich zu ihr gesagt, daß ich in die Schule gehen möchte. Da hat sie mir zur Antwort gegeben, daß sie mich nicht nach Frankreich mitgenommen hat, um mich hier zur Schule zu schicken,

*sondern damit ich mich um ihre Kindern kümmere. So müde war
ich, so abgearbeitet. Und ich hatte Probleme mit meinen Zähnen;
manchmal ist meine Backe angeschwollen, und ich habe fürchterli-
che Schmerzen gehabt. Manchmal hatte ich Bauchschmerzen, aber
ich mußte auch dann arbeiten, wenn ich krank war. Gelegentlich
habe ich geweint, weil es so schrecklich weh getan hat, aber dann hat
meine Herrin mich angeschrien.*

*Geschlafen habe ich auf dem Fußboden im Zimmer von einem der
Kinder; zu essen habe ich das bekommen, was sie übriggelassen haben. Aus dem Kühlschrank etwas zu essen holen, das durfte ich nicht,
die Kinder schon. Wenn ich mir etwas zu essen genommen habe, hat
sie mich geschlagen. Sie hat mich oft geschlagen. Geohrfeigt hat sie
mich die ganze Zeit. Sie hat mich mit dem Besen und irgendwelchen Küchengegenständen geschlagen oder mich mit einem Elektrokabel ausgepeitscht. Manchmal habe ich geblutet; noch jetzt habe
ich überall Narben.*

*Einmal, das was 1992, war ich zu spät dran, um die Kinder von der
Schule abzuholen; meine Herrin und ihr Mann waren schrecklich
wütend, und sie haben mich geschlagen. Dann haben sie mich
rausgeworfen, auf die Straße. Ich wußte nicht, wo ich hin sollte.
Ich habe kein Wort verstanden, und so bin ich einfach durch die
Straßen gelaufen. Nach einer Weile hat ihr Mann mich gesucht
und zu ihrem Haus zurückgebracht. Sie haben mich nackt ausgezogen, mir die Hände auf dem Rücken zusammengebunden, und
dann haben sie mich mit einem Draht, den sie an einen Besenstiel
gebunden hatten, ausgepeitscht. Beide habe sie mich gleichzeitig
geschlagen. Ich habe stark geblutet und geschrien, aber sie haben
nicht aufgehört, mich zu schlagen. Dann hat sie mir Chilipulver in
die Wunden und in die Vagina gerieben. Da bin ich bewußtlos
geworden.*

*Irgendwann ist eines von den Kindern gekommen und hat mich los-
gebunden. Ich bin auf dem Boden gelegen, und da haben sie mich
ein paar Tage lang liegen lassen. Die Schmerzen waren schrecklich,
aber niemand hat meine Wunden versorgt. Als ich wieder aufstehen*

konnte, mußte ich gleich wieder zu arbeiten anfangen, aber von
jetzt an haben sie mich immer in der Wohnung eingesperrt. Und
mich weiterhin geschlagen.

Seba wurde schließlich befreit, als es einem Nachbarn, der Geräu-
sche von Mißhandlungen und Schlägen gehört hatte, gelang, mit
ihr zu sprechen. Er sah ihre Verletzungen und Narben und benach-
richtigte die Polizei und das französische Komitee gegen moderne
Sklaverei, CCEM (= Comité Contre L'Esclavage Moderne), das
Klage einreichte und Seba in seine Obhut nahm. Medizinische Untersuchungen bestätigten, daß sie gefoltert worden war.

Heute kümmert man sich um Seba; sie wohnt bei einer Familie,
die sie aufgenommen hat, wird psychologisch betreut und lernt
gerade Lesen und Schreiben. Es wird Jahre dauern, bis sie sich er-
holt, doch sie ist eine bemerkenswert starke junge Frau. Mich überraschte vor allem, wie weit zurückgeblieben Seba ist. In Gesprächen
mit ihr wurde mir klar, daß sie zwar zweiundzwanzig Jahre alt und
intelligent ist, doch ihr Weltverständnis entspricht kaum dem einer
durchschnittlichen Fünfjährigen. Beispielsweise hatte sie bis zu ihrer
Befreiung kaum ein Zeitgefühl – sie wußte nichts von Wochen, Monaten und Jahren. Für Seba hatte es nichts gegeben als den endlosen
Kreislauf von Plackerei und Schlaf. Zwar weiß sie, es gibt heiße und
kalte Tage, doch der Zyklus der Jahreszeiten ist ihr fremd geblieben.
Falls sie je gewußt hat, wann sie auf die Welt gekommen ist, hat sie es
vergessen; sie hat keine Ahnung, wie alt sie ist. Die Vorstellung, frei
wählen zu können, verwirrt sie. Ihre Gastfamilie versucht ihr bei
Entscheidungen zu helfen, doch sie begreift es immer noch nicht so
recht. Ich bat Seba, mir eine Person zu zeichnen, so gut sie könne. Sie
erklärte, dies sei das erste Mal, daß sie je versucht habe, einen Menschen zu zeichnen:

Das war das Ergebnis:

Wäre Seba ein Einzelfall, wäre das schon wahrhaft erschreckend, doch sie ist nur eine von vielleicht 3.000 Haushaltssklavinnen in Paris. Allerdings beschränkt diese Form der Sklavenhaltung sich keineswegs auf diese Stadt: In London, New York, Zürich, Los Angeles, auf der ganzen Welt werden Kinder als Dienstbotensklaven brutal mißhandelt. Und doch stellen sie nur eine kleine Gruppe der Menschen dar, die weltweit als Sklaven gehalten werden.

Sklavenhaltung ist also kein auf die Vergangenheit beschränktes Grauen, das wir aus sicherer Ferne betrachten können; es gibt sie nach wie vor auf der ganzen Welt, selbst in hochentwickelten Ländern wie Frankreich und den Vereinigten Staaten. Weltweit arbeiten und schuften – und leiden – Sklaven. Sklaven in Pakistan haben möglicherweise die Schuhe gefertigt, die Sie tragen, und den Teppich gewirkt, auf dem Sie stehen. Sklaven in der Karibik könnten dafür gesorgt haben, daß in Ihrer Küche die Zuckerdose gefüllt ist und Ihre Kinder Spielzeug haben. In Indien wurde vielleicht das Hemd genäht, das Sie am Leib tragen, und der Ring an Ihrem Finger poliert. Lohn erhalten diese Menschen dafür keinen.

Auch indirekt spielen Sklaven eine Rolle in Ihrem Leben. Sie haben die Ziegel für die Fabrik gebrannt, in der Ihr Fernsehapparat angefertigt wurde. In Brasilien haben Sklaven die Holzkohle hergestellt, mit der man den Stahl für die Federung Ihres Autos und die Schneide Ihres Rasenmähers härtete. Sklaven haben den Reis angebaut, von dem die Frau sich ernährt, die den wunderschönen Stoff

für Ihre Vorhänge gewebt hat. Ihr Effektenportefeuille und Ihre
Lebensversicherung werden von Unternehmen verwaltet, die Aktien
von Firmen besitzen, die in den Entwicklungsländern Sklaven für
sich arbeiten lassen. Sklaven halten Ihre Kosten niedrig und steigern
die Rendite Ihrer Anlagepapiere.

Sklaverei ist ein florierendes Geschäft: Die Zahl der Sklaven
nimmt zu, und bestimmte Leute werden durch Sklavenarbeit reich.
Haben die Sklaven ihre Schuldigkeit getan, entledigt man sich ihrer
einfach. Das ist die neue Sklaverei, in der sich alles um hohe Gewinne dreht. Und um Leben, die nichts wert sind. Es geht nicht
darum, im traditionellen Sinne der alten Sklavenwirtschaft Menschen zu besitzen, sondern darum, sie sich völlig zu unterwerfen.
Menschen werden zu jederzeit verfügbaren Mitteln, um Geld zu
machen.

*Mehr als zehnmal bin ich frühmorgens aufgewacht und habe die
Leiche eines jungen Mädchens im Wasser neben der Schaluppe treiben sehen. Kein Mensch hat sich die Mühe gemacht, die Mädchen
zu beerdigen. Sie haben Ihre Leichen einfach in den Fluß geworfen,
damit die Fische sie fressen.*[1]

Das war das Schicksal der jungen, als Prostituierte in den Goldgrä-
berstädten am Amazonas versklavten Mädchen, von denen Antonia
Pinto berichtete, die dort als Köchin und Vermittlerin, als Zuhälterin arbeitete. Zwar beklagt alle Welt die Zerstörung der Regenwälder, doch nur wenigen ist klar, daß sie unter Einsatz von Sklavenarbeit vernichtet werden. Männer werden mit dem Versprechen, dort
durch Goldstaub reich zu werden, in den Landstrich gelockt; Mädchen, die oft erst elf Jahre alt sind, bietet man Stellen in den Büros
und Restaurants der Minen an. Treffen sie dann in den abgelegenen
Bergbaugegenden ein, werden die Männer eingesperrt und gezwungen, in den Minen zu arbeiten; die Mädchen werden geschlagen, vergewaltigt und dann als Prostituierte eingesetzt. Die »Anwerber« erhalten für jedes Stück Mensch eine kleine Summe, um die

$ 150 etwa. Die »neu Eingestellten« sind Sklaven geworden – nicht durch gesetzlich geregelten Erwerb, sondern durch Gewalt, gegen die sie nichts vermögen. Die örtliche Polizei betätigt sich als Sklavenaufseher. Wie eine junge Frau erklärte: »Hier hetzen die Bordellbesitzer uns die Polizisten auf den Hals, um uns zu verprügeln ... Wenn wir fliehen, verfolgen sie uns, und wenn sie uns finden, bringen sie uns um. Und wenn sie uns nicht umbringen, treiben sie uns mit Schlägen den ganzen Weg zum Bordell zurück.«[2]

Die Bordelle werfen unglaubliche Gewinne ab. Das Mädchen, das $ 150 »gekostet« hat, läßt sich pro Nacht bis zu zehnmal für Sex vermieten und bringt im Monat $ 10.000 ein. Die einzigen Ausgaben sind Zahlungen an die Polizei und eine geringfügige Summe für Essen. Macht das Mädchen Schwierigkeiten, läuft es weg oder wird krank, kann man sich seiner leicht entledigen und es durch ein anderes ersetzen. Antonia Pinto beschrieb, was mit einer Elfjährigen passierte, als sie sich weigerte, einen Grubenarbeiter zu »bedienen«: »Nachdem er sie mit seiner Machete geköpft hatte, ist der Minenarbeiter mit seinem Schnellboot herumgefahren und hat ihren Kopf den anderen Arbeitern gezeigt; die haben geklatscht und Beifall gerufen.«[3]

Die Geschichte dieser Mädchen zeigt, die Sklaverei ist nicht, wie man die meisten von uns glauben machte, aus der Welt. Wohlgemerkt, der Begriff *Sklaverei* hat nach wie vor eine Vielzahl von Bedeutungen[4], und nur allzu oft wurde er leichtfertig als Metapher gebraucht. Gerade soviel Geld zu haben, um irgendwie durchzukommen, einen Lohn zu erhalten, mit dem man nur mit Mühe sein Leben fristen kann, das kann man sehr wohl als Lohnsklaverei bezeichnen, doch es ist keine Sklaverei im eigentlichen Sinne. Das Leben kleiner Farmpächter ist hart, doch sie sind keine Sklaven. Kinderarbeit ist schrecklich, aber auch dies ist nicht unbedingt Sklaverei.

Man könnte annehmen, Sklaverei sei ein Besitzverhältnis, doch es kommt darauf an, was man unter *Besitz* versteht. In der Vergangenheit bedeutete Sklavenhaltung, daß eine Person eine andere rechtmäßig besaß; in der modernen Sklaverei ist dies nicht der Fall. Heute ist Sklaverei weltweit verboten, daher ist es nicht mehr möglich, Menschen *legal* zu besitzen. Kauft jemand heutzutage Sklaven, verlangt er keine Quittung oder Eigentumsurkunde, sondern erwirbt die *Verfügungsmacht* über einen anderen und setzt Gewalt ein, um diese aufrechtzuerhalten. Sklavenhalter genießen alle Vorteile der Inhaberschaft, ohne gesetzlich dazu berechtigt zu sein. In Wirklichkeit ist es für Sklavenhalter sogar von Vorteil, nicht rechtmäßige Besitzer zu sein, da sie so die Sklaven völlig ihrer Kontrolle unterwerfen können, ohne eine wie auch immer geartete Verantwortung für sie zu übernehmen. Daher ziehe ich die Bezeichnung Sklaven*halter* dem Begriff Sklaven*besitzer* vor.

Trotz dieses Unterschieds zwischen neuer und alter Sklaverei wird mir jedoch, so glaube ich, jeder beipflichten, daß es sich bei den genannten Fällen in der Tat um Sklaverei handelt: die vollkommene Beherrschung einer Person durch eine andere zum Zwecke wirtschaftlicher Ausbeutung. Moderne Sklaverei verbirgt sich hinter unterschiedlichen Masken, bedient sich geschickter Anwälte und diverser Verschleierungstaktiken. Durchschaut man jedoch das Lügengespinst, sieht man eine Person, die von einer anderen unter Anwendung von Gewalt beherrscht und jeglicher persönlichen Freiheit beraubt wird, damit dieser andere durch ihre Arbeit Geld scheffeln kann. Auf meinen Reisen durch alle Weltgegenden, um die neue Sklaverei zu erforschen, blickte ich hinter die Masken der Legalität, und ich sah Menschen in Ketten. Natürlich sind viele überzeugt, so etwas wie Sklaverei gebe es nicht mehr, und noch vor ein paar Jahren zählte auch ich zu ihnen.

WER ZUERST KOMMT, MAHLT ZUERST

Zum ersten Mal traf ich auf Spuren der alten Slaverei, als ich vier
Jahre alt war. Was damals geschah, prägte sich mir für immer ein. Es
war in den fünfziger Jahren des 20. Jahrhunderts im amerikanischen Süden; meine Eltern und ich wollten in einer Cafeteria etwas
essen. Als wir in der Schlange der Wartenden vorrückten, sah ich
eine andere Familie hinter einer Absperrung; sie wartete, während
die anderen mit ihren Tabletts durchgingen. Mit der Überzeugtheit
eines Vierjährigen wußte ich, sie waren vor uns gekommen und sollten daher eigentlich vor uns an der Reihe sein. Man hatte mir den
Grundsatz der *Fairneß* – wer zuerst kommt, mahlt zuerst – regelrecht eingetrichtert. Ich hakte also die Kette auf und erklärte: »Sie
waren vor uns hier, gehen Sie also vor.« Gerührt blickte der Vater der
afroamerikanischen Familie auf mich herunter und legte mir die
Hand auf die Schulter. Plötzlich war die Luft zum Schneiden dick
vor unausgesprochenen Gefühlen. Anspannung mischte sich mit
bittersüßer Zustimmung, doch beide Väter wußten nicht, wie sie sich
angesichts der unschuldigen Unwissenheit eines Kindes, das noch
nie etwas von Rassentrennung gehört hatte, verhalten sollten. Keiner
sagte ein Wort, bis der Schwarze schließlich erklärte: »Ist schon in
Ordnung, wir warten noch auf jemanden; geht ruhig vor.«

Meine Eltern waren keineswegs radikal, doch sie hatten mich
gelehrt, wie wichtig Gerechtigkeit und Gleichbehandlung sind. Sie
hielten diese Ideen für eine der größten Errungenschaften Amerikas
und lehnten jede Rassentrennung ab. Gelegentlich braucht es jedoch
die Einfalt eines Kindes, um eingefahrene Gewohnheiten aufzubre-
chen. Nie vergaß ich die Eindringlichkeit jenes Augenblicks, obwohl
es Jahre dauerte, bis ich allmählich verstand, was damals in den beiden Elternpaaren vorgegangen war. Und ich war froh, als ich – mittlerweile etwas älter – sah, wie eine derart offenkundige Form von
Rassentrennung allmählich verschwand. Die Idee, es könnte – unabhängig von der Rassentrennung – tatsächlich noch Sklaverei geben,
kam mir nie in den Sinn. Schließlich wußte ja jedermann, daß in

den Vereinigten Staaten die Sklavenhaltung 1865 abgeschafft worden war.

Natürlich erinnerte die krasse Ungleichheit innerhalb der amerikanischen Gesellschaft an die Sklaverei, die der Vergangenheit angehörte. Mir wurde klar, daß die Vereinigten Staaten – einst eine Nation, die Sklavenhaltung in großem Maßstab betrieb – sich nach wie vor mit den Folgen eines Abolitionsprogramms herumschlugen, das Stückwerk geblieben war. Kurz nach Abraham Lincolns berühmter Proklamation hatten sich erneut die Jim-Crow-Gesetze und Unterdrückung durchgesetzt, um ehemalige Sklaven von wirtschaftlicher und politischer Macht auszuschließen. Allmählich begriff ich: Bei der Freilassung von Sklaven handelte es sich um einen *Prozeß*, nicht um ein punktuelles Ereignis – um einen Prozeß, der bei weitem noch nicht abgeschlossen war. Als junger Sozialforscher war ich meist in Stellungen tätig, die auf irgendeine Weise etwas mit den Nachwirkungen dieses nach wie vor andauernden Prozesses zu tun hatten: Ich untersuchte Unterschiede in den Wohnbedingungen sowie des Gesundheitszustands und der medizinischen Versorgung zwischen den Rassen, Probleme in auch für Schwarze zugänglichen Schulen und Rassismus in der Rechtsprechung. Doch nach wie vor faßte ich all das als Spuren auf, die die Sklaverei hinterlassen hatte, als zwar zählebige, doch nicht unausrottbare Probleme.

Erst nachdem ich Anfang der achtziger Jahre nach England gegangen war, wurde mir bewußt: Echte Sklaverei existiert tatsächlich noch. Bei einer großen öffentlichen Veranstaltung stieß ich auf einen kleinen Tisch von Anti-Slavery International. Im Vorbeigehen nahm ich ein paar Merkblätter mit. Und war überrascht von dem, was ich da las. Es traf mich nicht wie eine blitzartige Erleuchtung, vielmehr wurde das nagende Bedürfnis, mehr darüber zu erfahren, immer stärker. Ich war bestürzt, daß ein so grundlegendes Menschenrecht wie das auf Freiheit nach wie vor nicht für alle galt – und niemand sich darum zu scheren schien. Millionen setzten sich aktiv gegen die nukleare Bedrohung, gegen die Apartheid in Südafrika, gegen die Hungersnot in Äthiopien ein, doch Sklaverei wurde nicht einmal erwähnt. Je deutlicher mir das zu Bewußtsein kam, desto klarer wurde mir auch: Ich mußte etwas unternehmen. Sklaverei ist schlicht abstoßend. Sie bedeutet nicht nur, die Arbeit eines anderen zu stehlen – er wird seines gesamtes Lebens beraubt. Und sie hat eher etwas mit Konzentrationslagern als mit miserablen Arbeitsbedingungen zu tun.

Über Sklaverei gibt es nichts zu diskutieren: Sie muß ein Ende nehmen. Und so stellte ich mir die Frage: Was kann ich tun, um ihr ein Ende zu setzen? Ich beschloß, meine Ausbildung als Sozialforscher zu nutzen, und begann mit dem Projekt, an dessen Ende dieses Buch steht.

WIE VIELE SKLAVEN GIBT ES?

Mehrere Jahre hindurch trug ich alle noch so bruchstückhaften Informationen über moderne Sklaverei zusammen, die ich aufspüren konnte. Ich ging zu den Vereinten Nationen und in die British Library; ich zog Erkundigungen beim International Labour Office ein und stattete Menschenrechtsorganisationen sowie Wohltätigkeitsvereinen Besuche ab. Ich unterhielt mich mit Anthropologen und Wirtschaftswissenschaftlern. An wirklich aufschlußreiche, verläßliche Informationen über Sklaverei heranzukommen ist äußerst schwierig. Die Behörden der jeweiligen Länder bestreiten, daß es sie noch gibt – selbst wenn man ihnen Fotos und eidesstattliche Erklärungen vorlegt. Menschenrechtsorganisationen hingegen wollen das Augenmerk darauf lenken, daß sie immer noch existiert. Sie geben wieder, was Opfer von Sklaverei ihnen erzählt haben, und ihr Anliegen ist es, dem Leugnen seitens der Regierungen mit Beweisen für nach wie vor weitverbreitete Sklaverei entgegenzutreten. Wem und welchen Angaben kann und soll man Glauben schenken?

Ich ging folgendermaßen vor: Nach Ländern geordnet, faßte ich alle Hinweise zusammen, die ich finden konnte. Nannte jemand mir einigermaßen triftige Gründe dafür, daß eine bestimmte Anzahl von

Personen versklavt sei, vermerkte ich dies. Bekräftigten zwei Leute unabhängig voneinander, diese und jene Tatsachen sprächen dafür, daß es in einem gewissen Ausmaß Sklaverei gebe, überzeugte mich das schon eher. Gelegentlich stellte ich dann fest, daß Forscher in zwei verschiedenen Teilen ein und desselben Landes Untersuchungen anstellten, ohne etwas voneinander zu wissen. Ich sah mir jeden einzelnen Bericht an, den ich aufstöberte, und fragte mich immer wieder: Wieweit kann ich mich darauf verlassen? Welche Zahl erscheint mir glaubwürdig? Dann faßte ich – mit gebührender Vorsicht – alles zusammen. Kamen mir bei einem der Berichte irgendwelche Zweifel, ließ ich ihn bei meinen Berechnungen unter den Tisch fallen. Man sollte nie vergessen – Sklavenhaltung ist ein finsteres, illegales Gewerbe; Statistiken aufzustellen erweist sich daher als einigermaßen schwierig. Mehr als eine zurückhaltende Schätzung kann ich nicht liefern.

Laut meinen vorsichtigen Schätzungen beläuft sich die Zahl der Sklaven weltweit auf 27 Millionen.

Diese Zahl liegt weit niedriger als die Schätzungen einiger Aktivisten, die von bis zu 200 Millionen sprechen, doch ich kann sie, so glaube ich, guten Gewissens nennen; zudem entspricht sie meiner strengen Definition von Sklaverei. Der Großteil dieser 27 Millionen, vermutlich 15 bis 20 Millionen, arbeitet in Indien, Pakistan, Bangladesch und Nepal eine Schuld ab. *Schuldknechtschaft* bedeutet, daß Menschen sich selber als Sicherheit für eine Anleihe oder weil sie von einem Angehörigen dessen Schuld geerbt haben (darauf werde ich später näher eingehen) in Sklaverei begeben. Ansonsten konzentriert sich Sklaverei auf Südostasien, Nord- und Westafrika und Teile Südamerikas (allerdings leben in nahezu allen Ländern der Erde Sklaven, auch in den Vereinigten Staaten, Japan sowie zahlreichen europäischen Ländern). Heute gibt es mehr Sklaven, als zur Zeit des transatlantischen Sklavenhandels in Afrika gefangengenommen und verschifft wurden. Um einen anderen Vergleichsmaßstab zu bieten: Die Zahl der heute versklavten Menschen übersteigt die Einwohnerzahl Kanadas und ist sechsmal größer als die Israels.

Normalerweise werden diese Sklaven für einfache, traditionell-handwerkliche Arbeit eingesetzt. Die meisten arbeiten in der Land-wirtschaft. Nicht wenige sind jedoch auch in anderen Bereichen beschäftigt: Ziegelherstellung, Bergbau, Steinbruch, Prostitution, Verarbeitung von Edelsteinen und Schmuckherstellung, Stoff- und Teppichweberei und Haushalt; sie roden Wälder, brennen Holzkohle und arbeiten in Werkstätten. Die Erzeugnisse sind großteils für den heimischen Verkauf und Verbrauch gedacht, doch von Sklaven an-gefertigte Waren gelangen in Haushalte überall auf der Welt. Von Sklaven hergestellte Teppiche, Feuerwerkskörper, Schmuckstücke und Metallgegenstände sowie von ihnen geerntetes Getreide, Zucker-rohr und andere Nahrungsmittel werden direkt nach Nordamerika und Europa exportiert. Außerdem nutzen große internationale Un-ternehmen über Tochtergesellschaften in den Entwicklungsländern Sklavenarbeit, um ihre Rendite zu verbessern und die Dividenden ihrer Anteilseigner zu erhöhen.

Der eigentliche Wert der Sklaven verkörpert sich jedoch nicht so sehr in den von ihnen hergestellten Waren, sondern in ihrer Schufte-rei, dem Übermaß der aus ihnen herausgepreßten Arbeit. Oft werden Sklaven gezwungen, neben ihren Webstühlen oder Ziegelöfen zu schlafen; manche werden sogar an ihre Werkbänke gekettet. Jede Stunde, in der sie nicht schlafen, wird zur Arbeitszeit. In unserer glo-balen Wirtschaft verweist eine der Standarderklärungen, warum multinationale Gesellschaften Fabriken in der »ersten Welt« schlie-ßen und sie in die »dritte Welt« verlegen, auf die geringeren Lohn-kosten. Sklaverei trägt beträchtlich zu solchen Einsparungen bei. Be-zahlte Arbeiter, gleichgültig, wie effizient sie arbeiten, können vom Wirtschaftlichen her nie und nimmer mit unbezahlten Arbeitskräf-ten konkurrieren – mit Sklaven.

WAS HAT RASSE DAMIT ZU TUN?

In der neuen Sklaverei spielt die Rassenzugehörigkeit kaum eine Rolle. Hingegen dienten in der Vergangenheit ethnische und rassische Unterschiede zur Erklärung und Rechtfertigung von Sklaverei. Derlei Unterschiede ermöglichten es den Sklavenhaltern, Gründe zu erfinden, warum die Sklaverei für die Sklaven hinnehmbar, ja, möglicherweise sogar ein Segen sei. Ihre *Andersartigkeit* machte es leichter, Gewalt einzusetzen und sie so grausam zu behandeln, wie es nötig war, um sie einer vollständigen Kontrolle zu unterwerfen. Diese Andersartigkeit ließ sich auf unterschiedlichste Weise definieren: Sie gehörten einer anderen Religionsgemeinschaft oder einem anderen Stamm an, sie hatten eine andere Hautfarbe, sprachen eine andere Sprache, hatten andere Sitten und Gebräuche, einen andern wirtschaftlichen Status. Man konnte sich eines jeden dieser Unterschiede bedienen – und tat dies auch –, um die Sklaven von den Sklavenhaltern abzugrenzen. Dabei wurde ein ungeheurer Aufwand betrieben, um bestimmte, äußerst irrationale Vorstellungen zur Begründung dieser Unterschiede aufrechtzuerhalten – und je verrückter diese Rechtfertigungen waren, desto nachdrücklicher bestand man auf ihnen. Die amerikanischen Gründerväter mußten alle möglichen moralischen, sprachlichen und politischen Verrenkungen anstellen, um zu erklären, warum ihre Losung vom »Land der Freien« nur für die Weißen Gültigkeit hatte.[5] Vielen von ihnen war sehr wohl klar, daß sie ihre höchsten Ideale verrieten, wenn sie Sklaverei zuließen. Was sie dazu bewog, war die Tatsache, daß Sklavenhaltung damals für eine Menge Leute eine Menge Geld bedeutete. Doch sie machten sich immerhin die Mühe, juristische und politische Entschuldigungen zu ersinnen, da sie das Gefühl hatten, ihre wirtschaftlichen Entscheidungen moralisch rechtfertigen zu müssen.

Heute setzt die Moral des Geldes sich über alle anderen Erwägungen hinweg. Die meisten Sklavenhalter haben gar nicht das Bedürfnis, ihre Methode der Arbeitskräftebeschaffung und Geschäftsführung zu erklären oder zu verteidigen. Sklaverei ist ein sehr einträgliches

Geschäft, und ein guter Saldo ist Rechtfertigung genug. Unbelastet
von Vorstellungen, die den Sklavenstatus auf *andere* beschränken,
suchen moderne Sklavenhalter sich ihre Sklaven nach anderen Kriterien aus. Dabei kommt ihnen die Möglichkeit, Leute aus dem eigenen Land zu versklaven, sehr zupaß: Es trägt dazu bei, die Kosten
niedrig zu halten. Im 19. Jahrhundert waren Sklaven im amerikanischen Süden sehr teuer, unter anderem weil sie ursprünglich über
Tausende von Meilen aus Afrika herbeigeschafft werden mußten.
Kann man sich hingegen die Sklaven aus der nächstgelegenen Stadt
oder Region holen, sinken die Transportkosten. Die Frage lautet
nicht mehr: »Haben sie die richtige Hautfarbe für einen Sklaven?«,
sondern: »Sind sie verwundbar genug, um sich versklaven zu lassen?« Die heutigen Kriterien einer Versklavung betreffen weder
Hautfarbe noch Stammesangehörigkeit noch Religion; sie drehen
sich um Wehrlosigkeit, Leichtgläubigkeit und Armut.

Zwar gibt es in einigen Ländern ethnische oder religiöse Unterschiede zwischen Sklaven und Sklavenhaltern. In Pakistan zum Beispiel sind viele Sklaven Christen, die Sklavenhalter hingegen Muslime. In Indien gehören sie gelegentlich unterschiedlichen Kasten
an. In Thailand kommen sie möglicherweise aus anderen Landestei-
len und sind höchstwahrscheinlich Frauen. Aber es gibt in Pakistan
auch Christen, die nicht versklavt sind, und in Indien Angehörige der
gleichen Kaste, die Freie sind. Die Kasten- oder Religionszugehörigkeit spiegelt lediglich ihre Angreifbarkeit wider, sie ist jedoch nicht
die Ursache der Versklavung. Nur in einem einzigen Land, Mauretanien, hat sich der Rassismus der alten Sklaverei gehalten – dort besitzen arabische Sklavenhalter schwarze Sklaven; die Rassenzugehörigkeit ist dort ein Hauptunterscheidungsmerkmal. Wohlgemerkt, in
einigen Kulturen sind die Trennungslinien zwischen den Rassen
deutlicher ausgeprägt und von größerer Bedeutung als in anderen.
In Japan unterscheidet man streng zwischen Japanern und allen
übrigen, die als andersartig betrachtet werden; daher handelt es sich
bei versklavten Prostituierten dort eher um thailändische, philippi-
nische oder europäische Frauen – obwohl es auch japanische Prosti-

tuierte gibt. Doch selbst hier ist das Hauptunterscheidungsmerkmal nicht rassischer, sondern wirtschaftlicher Art: Japanische Frauen sind bei weitem nicht so verletzlich und in einer so ausweglosen Lage wie Thais oder Filipinas. Zudem kann man sich ohne weiteres Thais holen, denn die Thailänder versklaven selber ihre Landsleute. Das gleiche gilt für die Ölstaaten Saudiarabien und Kuwait: Dort halten muslimische Araber wahllos Hindus aus Sri Lanka, Christen von den Philippinen und Muslime aus Nigeria als Sklaven. Der gemeinsame Nenner ist Armut, nicht die Hautfarbe. Hinter jeder vorgeschobenen Behauptung eines ethnischen Unterschieds verbirgt sich die Realität wirtschaftlicher Ungleichheit. Verarmten alle Linkshänder der Welt von einem Tag auf den anderen, zögen Sklavenhalter mit Sicherheit binnen kurzem ihren Nutzen daraus. Die heutigen Sklavenhalter sind Raubtiere, die jede Schwäche wittern; rasch passen sie eine uralte Gepflogenheit der neuen globalen Wirtschaft an.

WIE ENTWICKELTE SICH DIE NEUE SKLAVEREI?

Seit Jahrtausenden werden Menschen versklavt; in den großen Epen der Vergangenheit findet die Sklaverei ihren Widerhall. Im alten Ägypten, im Griechenland der Antike und im Römischen Reich war sie ein fester Bestandteil des Gesellschaftssystems.[6] Durch die im 19. Jahrhundert in Amerika und Brasilien praktizierte Sklavenwirtschaft fand die gesetzlich verankerte Sklaverei alten Stils Eingang in die heute so genannten Industrieländer. Sklaverei verschwand nie ganz, sie nahm lediglich eine andere Form an. Die grundlegende Tatsache: daß eine Person der vollständigen Herrschaft und Kontrolle einer anderen unterliegt, bleibt bestehen, doch in einigen wesentlichen Punkten hat die Sklaverei heute ein anderes Gesicht.

Für die Verschiebung von der alten Sklaverei hin zur explosionsartigen Ausbreitung der neuen sind zwei Faktoren von entscheidender Bedeutung. Beim ersten handelt es sich um das dramatische

Anwachsen der Weltbevölkerung nach dem Zweiten Weltkrieg. Seit 1945 hat sich die Bevölkerung weltweit nahezu verdreifacht; sie stieg von etwa zwei Milliarden auf mehr als 5,7 Milliarden. Das größte Bevölkerungswachstum ist in den Ländern zu verzeichnen, in denen heute Sklaverei am häufigsten anzutreffen ist. Quer durch Südostasien, Indien, Afrika und die arabischen Länder hat die Bevölkerungszahl sich mehr als verdreifacht; die Länder quellen schier über von Kindern. Mehr als die Hälfte der Bevölkerung ist jünger als fünfzehn. In Ländern, die schon vorher arm waren, übersteigt die schiere Bevölkerungszahl die verfügbaren Ressourcen. Die Menschen dort, ohne Arbeit und zunehmend verängstigt, da die natürlichen Lebensgrundlagen immer knapper werden, verzweifeln allmählich, und ein Menschenleben ist nicht mehr viel wert. Insbesondere in den Regionen, in denen die Sklaverei als fester Bestandteil der alten Kultur fortbestand, wuchs durch die Bevölkerungsexplosion das Reservoir potentieller Sklaven ungeheuer an und drückte ihren Preis.

Der zweite ausschlaggebende Faktor ist, daß diese Länder parallel zur Bevölkerungsexplosion einem rapiden sozialen und wirtschaftlichen Wandel unterworfen waren. In zahlreichen Entwicklungsländern verhalf die Modernisierung den Eliten zu ungeheurem Reichtum und zementierte oder verschärfte die Armut der großen Mehrheit. In den letzten fünfzig Jahren wurden große Teile Afrikas und Asiens durch Bürgerkriege und die großangelegte Plünderung der natürlichen Ressourcen durch einheimische Diktatoren – die oft von einer der Großmächte unterstützt wurden – verheert. Um an der Macht zu bleiben, gaben die herrschenden Kleptokraten Unsummen für Waffen aus; die notwendigen finanziellen Mittel beschafften sie sich, indem sie ihre Länder beliehen und verschuldeten. Gleichzeitig wurden traditionelle Lebensweisen und althergebrachte Methoden, den Lebensunterhalt zu sichern, zugunsten des Anbaus von Feldfrüchten aufgegeben, mit denen sich schnell Gewinne erzielen ließen. Arme Familien können so nicht mehr auf die gleiche Weise wie früher eine Krise durchstehen. Zwar waren traditionelle Gesellschaften oft repressiv, doch sie beruhten auf von Verantwortungsbewußtsein geprägten verwandtschaftlichen Bindungen, die normalerweise den Menschen über eine Notlage – etwa den Tod des Haupternährers, schwere Krankheit oder eine Mißernte – hinweghalfen. Modernisierung und Globalisierung der Weltwirtschaft zerschlugen die traditionellen Familienverbände und vernichteten die in kleinem Maßstab zur Deckung des Eigenbedarfs betriebene Landwirtschaft. Der erzwungene Übergang vom Ackerbau als Versorgungsgrundlage hin zum Anbau von Exportsorten, das Verschwinden von Gemeindeland und eine Regierungspolitik, die landwirtschaftliches Einkommen zugunsten billigen Nahrungsnachschubs für die Städte niedrig hält, trugen zum finanziellen Ruin von Millionen von Bauern bei, trieben sie von ihrem Land – und gelegentlich in die Sklaverei.

Auch wenn die Modernisierung Vorteile mit sich brachte – etwa die Verbesserung der Gesundheitsfürsorge und des Erziehungswesens –, machten doch die Anhäufung von Landbesitz in den Händen einer Elite sowie die Nutzung des Bodens zum Anbau von für den Export bestimmten Getreidesorten die Armen noch verwundbarer. Da die politischen Eliten in den Entwicklungsländern hauptsächlich an Wirtschaftswachstum interessiert sind, was nicht nur in ihrem kollektiven Eigeninteresse liegt, sondern auch von internationalen Bankenkonsortien gefordert wird, kümmert man sich kaum um die Sicherung des Lebensunterhalts der Mehrheit. Während die Reichen dort also immer reicher werden, stehen den Armen immer weniger Möglichkeiten offen. Inmitten der Verwerfungen, die ein rasanter sozialer Wandel mit sich bringt, ist die Sklaverei eine der Optionen.

Mit dem Ende des kalten Kriegs verschlimmerte sich die Lage noch, wie William Greider erklärt:

Einer der bemerkenswertesten Aspekte der Globalisierung nach dem kalten Krieg bestand darin, wie schnell Wirtschaft und Regierungen in den kapitalistischen Demokratien die Werte aufgegeben haben, die sie im Kampf gegen den Kommunismus 40 Jahre lang angeblich so hoch geschätzt haben – Freiheit des einzelnen und politische Legitimität auf der Grundlage freier Wahlen. Die Sorge um die Menschenrechte, zu denen auch die Versammlungsfreiheit für Arbeiter gehört, die für sich selbst sprechen wollen, wurde kommerziellen Interessen zuliebe verdrängt. Multinationale Unternehmen stürzen sich voller Zuversicht in neue Märkte von Vietnam bis China, wo es die Regel ist, daß der Staat die eigenen Bürger überwacht und mißbraucht.[7]

Tatsächlich *versklaven* einige dieser Länder ihre eigenen Bürger; andere verschließen schlicht die Augen vor der Sklaverei, die immense Gewinne abwirft.

Alte versus neue Sklaverei

Korruption in Regierungskreisen im Verein mit dem ungeheuren Anwachsen der Bevölkerung und ihrer zunehmenden Verarmung führten zur neuen Sklaverei. Zum ersten Mal in der Menschheitsgeschichte besteht ein Überangebot an potentiellen Sklaven – eine dramatische Veranschaulichung des Gesetzes von Angebot und Nachfrage: Da es derart viele potentielle Sklaven gibt, ist ihr Wert gesunken. So billig sind Sklaven heutzutage, daß sie sich in vielen neuen Beschäftigungsbereichen kosteneffizient einsetzen lassen; damit ändert sich auch die Einstellung ihnen gegenüber sowie die Art und Weise, wie man sich ihrer bedient. Vergleichen Sie das einmal mit Computern. Noch vor vierzig Jahren existierte lediglich eine Handvoll solcher Rechenmaschinen, und sie kosteten Hunderttausende Dollar; nur große Unternehmen und Regierungen konnten sie sich leisten. Heute gibt es Millionen PCs. Für 100 Dollar kann sich jeder ein gebrauchtes, aber immer noch recht taugliches Modell kaufen. Funktioniert der 100-Dollar-Computer nach ein, zwei Jahren nicht mehr so recht, braucht man sich nicht die Mühe zu machen, ihn zu reparieren – man wirft ihn einfach weg.

Das gleiche läuft in der neuen Sklaverei ab. Einen Sklaven zu kaufen bedeutet – anders als der Erwerb etwa eines Autos oder eines Hauses – keine große Investition mehr (wie in der alten Sklaverei); es gleicht eher dem Kauf eines einfachen Fahrrads oder eines billigen Computers. Die Sklavenhalter pressen soviel Arbeit aus den Sklaven heraus, wie sie nur können, und entledigen sich ihrer dann, werfen sie weg. Das Wesen der Beziehung zwischen Sklaven und Sklavenhaltern hat sich grundlegend verändert. Die neue Verfügbarkeit hat den Profit, den man aus einem Sklaven ziehen kann, dramatisch anwachsen lassen, die Zeitspanne, wie lange eine Person normalerweise versklavt ist, verkürzt und die Frage eines gesetzlichen Eigentumsrechts zunehmend unwichtig gemacht. Solange Sklaven teuer waren, sicherte man diese Investition natürlich mittels eindeutiger, juristisch beglaubigter Eigentümerschaft ab. In der Vergangenheit waren Sklaven soviel wert, daß es sich lohnte, sie zu stehlen beziehungsweise sie wieder einzufangen, wenn sie flohen. Heute kosten Sklaven so wenig, daß es der Mühe nicht wert ist, sich ein andauerndes »legales« Besitzrecht zu sichern. Sklaven sind verfüg- und ersetzbar.

Heutzutage variiert die Zeit, wie lange jemand versklavt bleibt, weltweit gewaltig. In Gegenden, in denen man nach wie vor die Sklavenhaltung alter Prägung praktiziert, ist die Knechtschaft von unbegrenzter Dauer. Eine als Sklavin geborene Mauretanierin bleibt dies höchstwahrscheinlich ihr Leben lang. Und falls sie Kinder hat, sind auch sie Sklaven. Und so setzt sich das fort, Generationen hindurch. Allerdings sind heutzutage die meisten nur vorübergehend versklavt, einige lediglich für ein paar Monate. Es rentiert sich einfach nicht, sie zu behalten, wenn sie nicht unmittelbar von Nutzen sind. Unter diesen Umständen besteht keinerlei Grund, viel in ihren Unterhalt zu investieren, und kaum ein Grund, sicherzustellen, daß sie überhaupt die Zeit ihrer Versklavung überleben. Zwar wurden die Sklaven in den amerikanischen Südstaaten oft grauenhaft behandelt, doch der Anreiz war groß, sie lange am Leben zu halten. Sklaven waren in etwa kostbarem Viehbestand vergleichbar: Die Investition des Plantagenbesitzer mußte sich amortisieren. Zudem

schien es vorteilhaft, wenn sie sich fortpflanzten und noch mehr
Sklaven in die Welt setzten, denn normalerweise war es billiger, selber neue Sklaven großzuziehen, als erwachsene zu kaufen. Heute ist
kein Sklavenhalter willens, Geld für den Unterhalt nutzloser Kinder
auszugeben, daher versucht man zu verhindern, daß Sklavinnen, vor
allem die zur Prostitution gezwungenen, schwanger werden. Ebensowenig gibt es einen Grund, sie vor Krankheit oder Verletzungen zu
schützen – Medikamente kosten Geld; es kommt billiger, sie sterben
zu lassen.

Die Hauptunterschiede zwischen der alten und der neuen Sklaverei lassen sich also folgendermaßen aufschlüsseln:

Alte Sklaverei	Neue Sklaverei
Besitzrecht juristisch abgesichert	Besitzrecht vermieden
Hoher Kaufpreis	Äußerst geringer Kaufpreis
Niedriger Profit	Sehr hoher Profit
Knappheit an potentiellen Sklaven	Überschuß an potentiellen Sklaven
Langfristiges Besitzverhältnis	Kurzfristiges Besitzverhältnis
Sklaven werden behalten	Man entledigt sich der Sklaven
Ethnische Unterschiede wichtig	Ethnische Unterschiede unwichtig

Ein Blick auf ein herausgegriffenes Beispiel verdeutlicht diese Kategorien. Die wohl am gründlichsten erforschte und bestverstandene
Form der alten Sklaverei ist die Sklavenwirtschaft in den amerikanischen Südstaaten vor 1860.[8] Sklaven standen hoch im Kurs, und die
Nachfrage war groß, da die Einwanderer aus Europa andere Arbeit
fanden oder im stetig expandierenden Westen selber Farmen gründen konnten. Die hohe Nachfrage schlug sich im Preis nieder. Um
1850 wurde ein durchschnittlicher Feldarbeiter für $ 1.000 bis $ 1.800
verkauft. Das entsprach dem Drei- bis Sechsfachen des durchschnittlichen Jahreslohns eines amerikanischen Arbeiters zu dieser
Zeit und etwa $ 50.000 bis $ 100.000 heute. Obwohl sie soviel kosteten, brachten Sklaven im Durchschnitt lediglich etwa fünf Prozent

Gewinn pro Jahr. Stiegen die Baumwollpreise, konnte ein Plantagen-besitzer mit einer sehr guten Rendite auf seine Sklaven rechnen. Fie-len sie jedoch, war er unter Umständen gezwungen, Sklaven zu ver-kaufen, um nicht aus dem Geschäft gedrängt zu werden. Die Eigen-tümerschaft wurde anhand von Verkaufs- und Besitzurkunden ein-deutig bewiesen; Sklaven konnten sogar als Nebenbürgschaften oder zur Schuldentilgung benutzt werden. Oft wurden die Sklaven brutal behandelt, um sie unter Kontrolle zu halten, doch man faßte sie auch als greifbare Investitionen auf und behandelte sie entsprechend. Ein weiterer entscheidender Unterschied war die extreme rassische Dif-ferenzierung zwischen Sklavenhalter und Sklave, die so ausgeprägt war, daß ein winziger genetischer Unterschied – normalerweise ge-nügte es, zu einem Achtel schwarz zu sein – lebenslange Versklavung nach sich zog.[9]

Betrachten Sie im Vergleich dazu einen in der Landwirtschaft beschäftigten Sklaven im heutigen Indien, der eine Schuld abarbei-tet. Mittlerweile steht eher Land als Arbeit hoch im Kurs. Indiens Bevölkerung wuchs sprunghaft an; derzeit hat es dreimal so viele Einwohner wie die Vereinigten Staaten – auf einem Drittel des ver-fügbaren Raums. Der Überschuß an potentiellen Arbeitern bedeu-tet, daß die Arbeit von Freien ständig mit Sklavenarbeit konkur-rieren muß; dies drückt auf die Löhne in der Landwirtschaft, was wiederum freie Arbeiter in Schuldknechtschaft treibt. Geht freien Bauern das Geld aus – etwa infolge einer Mißernte oder weil ein Familienmitglied erkrankt und Medikamente braucht –, haben sie kaum eine Wahl. In einer solchen Notlage leihen sie sich Geld von einem ortsansässigen Landbesitzer, um die Krise zu meistern. Da sie jedoch nichts weiter besitzen, müssen sie Leib und Leben als Bürg-schaft einsetzen. Die Schuld, für die eine Person sich in Knechtschaft begibt – das heißt, der Preis eines Arbeiters –, beträgt etwa 500 bis 1000 Rupien (das entspricht ungefähr $ 12 bis $ 23). Die Knechtschaft ist zeitlich völlig unbegrenzt; der Sklave muß so lange schuften, bis der Sklavenhalter beschließt, daß die Schuld beglichen ist. Sie kann sich bis in eine zweite und dritte Generation hinein fortsetzen, kann durch betrügerische Buchführung des Sklavenhalters – der sogar die Kinder des Schuldners verkaufen und gegen die Schuld verrechnen darf – immer größer werden. Praktisch ist dies Sklaverei, doch sie unterscheidet sich in fünf von sieben der oben aufgelisteten Punkte von der alten.

Erstens versucht kein Mensch, die Eigentümerschaft an einem zur Abarbeitung einer Schuld Verpfändeten juristisch abzusichern. Vielmehr hält man den Sklaven durch die Androhung von Gewalt unter Kontrolle; oft wird er eingesperrt, doch niemand käme auf die Idee zu behaupten, er oder sie sei tatsächlich sein »Eigentum«. Zweitens muß der Schuldknecht selber für seinen Unterhalt sorgen; das verringert die Kosten des Sklavenhalters. Die Sklaven können sich das, was sie zum Leben brauchen, auf unterschiedliche Weise zusammenkratzen: es von den für den Sklavenhalter angebauten Nahrungsmitteln abzweigen, in ihrer »Freizeit« irgend etwas tun, für das sie Nahrungsmittel erhalten, oder sie bekommen Geld oder Essen vom Sklavenhalter. Einerseits sparen die Sklavenhalter, wenn sie nicht regelmäßig für den Lebensunterhalt des Schuldarbeiters sorgen, andererseits können sie ihm Essen sowie jegliche Unterstützung verweigern, wenn er nicht in der Lage ist zu arbeiten oder nicht mehr gebraucht wird.

Drittens kann der Sklavenhalter einen Schuldknecht, der nicht in der Lage ist zu arbeiten – etwa aufgrund einer Erkrankung oder Verletzung – oder nicht mehr gebraucht wird, fallenlassen und sich seiner entledigen, da er keinerlei Verantwortung für den Lebensunterhalt des Sklaven trägt. Oft ist er im Besitz eines komplett gefälschten juristischen Dokuments, das der Schuldner unter Zwang »unterschrieben« hat. Eine solche Urkunde verstößt gegen etliche derzeit geltende indische Gesetze oder beruft sich auf andere, die nie oder seit Jahrzehnten nicht mehr in Kraft waren, doch gemeinhin weist man sie vor, um zu rechtfertigen, warum man den Schuldarbeiter nicht freiläßt. Ein solches Dokument ermöglicht es auch, sich kranker oder verletzter Sklaven zu entledigen, da es lediglich Verantwortlichkeiten und Pflichten des Schuldners aufführt, jedoch keine des

Sklavenhalters. Viertens spielen die ethnischen Unterschiede bei weitem keine so große Rolle wie in der alten Sklavenwirtschaft. Wie bereits erwähnt, kann der Schuldknecht durchaus einer niedereren Kaste angehören als der Sklavenhalter – doch dies ist keineswegs immer der Fall. Das Hauptunterscheidungsmerkmal ist Reichtum und Macht, nicht die Kaste.

Ein wesentlicher Unterschied zwischen der alten und der neuen Sklaverei besteht schließlich in der Rendite, die ein Sklavenarbeiter abwirft. Als Feldarbeiter verdingte Schuldknechte in Indien bringen nicht fünf Prozent Gewinn pro Jahr wie die Sklaven in den amerikanischen Südstaaten, sondern 50 Prozent. Dieser immense Profit ist teilweise auf den niedrigen Preis des Sklaven (das heißt, das geringfügige Darlehen) zurückzuführen, doch es spiegelt auch die Unrentabilität der althergebrachten Form kleinräumiger Landwirtschaft wider. In Wirklichkeit sind nahezu alle anderen Formen moderner Sklaverei weit gewinnträchtiger.

Landwirtschaftliche Schuldknechtschaft in Indien weist nach wie vor einige Merkmale der alten Sklavenwirtschaft auf, zum Beispiel, daß die Sklaven oft langfristig festgehalten werden. Ein besseres Beispiel für die neue Sklaverei bieten die jungen Thailänderinnen, die in »Vertrags«-Sklaverei gelockt und als Prostituierte eingesetzt werden. Auch in Thailand führte eine Bevölkerungsexplosion zu einem Überschuß an potentiellen Sklaven; gleichzeitig hatte der rasante wirtschaftliche Wandel eine neue Armut zur Folge, so daß viele sich in einer schier ausweglosen Situation befinden. Oft werden die Mädchen mit Versprechungen, in Restaurants oder Fabriken arbeiten zu können, aus ländlichen Gegenen weggelockt. Ethnische Unterschiede bestehen nicht – die Thaimädchen werden von thailändischen Bordellbesitzern versklavt; wenn es denn einen Unterschied zwischen ihnen gibt, dann den, daß erstere aus der Landbevölkerung stammen, letztere hingegen Städter sind. Gelegentlich werden die Mädchen von ihren Eltern an einen Vermittler verkauft, oder sie werden von einem Agenten ausgetrickst; kaum sind sie von zu Hause weg, werden sie brutal mißhandelt und versklavt, sodann an einen Bordellbesitzer verkauft. Dieser behauptet das Vorliegen einer Schuldknechtschaft und erklärt den Mädchen, sie müßten ihren Kaufpreis plus Zinsen durch Prostitution abzahlen. Möglicherweise täuschen sie mittels eines Scheinvertrags – in dem oft eine völlig andere Beschäftigung, etwa als Fabrikarbeiterin, genannt wird – die Rechtmäßigkeit ihres Verhaltens vor, aber im allgemeinen ist das gar nicht notwendig. Die Berechnung der Schuld und der Zinsen unterliegt natürlich ausschließlich dem Belieben der Bordellbesitzer, die sie ganz nach Lust und Laune manipulieren. Mittels dieses Tricks können sie ein Mädchen so lange behalten, wie sie wollen, und brauchen keinerlei legale Eigentümerschaft nachzuweisen. Das Bordell muß für den Lebensunterhalt des Mädchens sorgen sowie dafür, daß es vorzeigbar aussieht, doch wenn es krank wird, sich eine Verletzung zuzieht oder irgendwann zu alt ist, entledigt man sich seiner. In Thailand wird das Mädchen oft fallengelassen, wenn es HIV-positiv ist.

Diese Form vertraglicher Schuldknechtschaft ist ungeheuer gewinnträchtig. Ein zwölf- bis fünfzehnjähriges Mädchen ist für $ 800 bis $ 2 000 zu haben. Die Kosten für das Betreiben eines Bordells und den Unterhalt für die Mädchen sind relativ gering. Der Gewinn beträgt oft bis zu 800 Prozent jährlich. Fünf bis zehn Jahre lang kann ein Mädchen eine derart hohe Rendite einbringen. Danach wird es, vor allem wenn es HIV-positiv ist, abgeschoben.

Formen der neuen Sklaverei

In übersichtliche Kategorien gefaßt, erweckt die neue Sklaverei den Anschein, äußerst klar abgegrenzt zu sein. In Wirklichkeit ist sie, und das ist ausgesprochen lästig, ebenso undurchschaubar, willkürlich, dynamisch, wechselhaft und verwirrend wie jede andere zwischenmenschliche Beziehung. Wir können genausowenig mit lediglich einer Form von Sklaverei rechnen, wie wir nur eine Form von Ehe erwarten können. Menschen sind erfindungsreich und anpassungsfähig, und menschliche Gewalt und Ausbeutung können unendlich vielfältige Formen annehmen. Wir können nichts weiter tun, als ihre allgemeinen Kennzeichen zu beschreiben und dann jeden einzelnen Fall daran zu messen.

Ein entscheidendes Merkmal ist Gewalt – alle Arten von Sklaverei beruhen auf Gewalt, mit deren Hilfe der Sklave festgehalten wird. Doch dem einen Sklaven wird möglicherweise Gewalt nur angedroht, während bei einem anderen die Drohungen in grauenhafte Mißhandlungen ausufern können. Ein weiteres Kennzeichen ist die Dauer der Versklavung. Kurzfristige Versklavung ist charakteristisch für die neue Sklaverei; allerdings kann »kurz« zehn Wochen oder auch zehn Jahre bedeuten. Ein anderer Aspekt ist, daß der Sklave der Möglichkeit, sein Leben selber zu gestalten, völlig beraubt und auf Dauer dem Sklavenhalter verpflichtet ist. Die Erfüllung dieser »Verpflichtung« wird auf sehr unterschiedliche Weise erzwungen. Dennoch lassen sich anhand dieser Merkmale drei grundlegende Formen von Sklaverei unterscheiden:

1. Die *Leibeigenschaft* kommt der alten Sklaverei am ehesten gleich. Eine Person wird in fortwährende Knechtschaft hineingeboren oder verkauft oder aber eingefangen; in diesem Fall wird die Eigentümerschaft oft abgesichert. Die Kinder des Sklaven werden meist ebenfalls als Eigentum behandelt und können vom Sklavenhalter verkauft werden. Gelegentlich hält man sich solche Sklaven aus Prestigegründen, als Beweis einer aufwendigen Lebensführung. Diese Spielart findet man besonders häufig in Nord- und Westafrika und in einigen arabischen Ländern, doch sie betrifft lediglich einen sehr kleinen Teil der heutigen Sklaven. Mit der Leibeigenschaft in Mauretanien werde ich mich im 3. Kapitel eingehender beschäftigen.

2. *Schuldknechtschaft* ist weltweit die gebräuchlichste Form von Sklaverei. Eine Person verpfändet sich gegen ein Darlehen; Dauer und Art des Dienstes sind nicht festgelegt, und die geleistete Arbeit verringert die ursprüngliche Schuld nicht. Sie kann sogar auf

nachfolgende Generationen übertragen werden, so daß auch die Nachkommen Sklaven sind; zudem kann man »Pflichtvergessenheit« bestrafen, indem man die Kinder des Sklaven in seine Gewalt bringt oder sie in eine andere Schuldknechtschaft verkauft. Ein Besitzrecht wird normalerweise nicht festgeschrieben, statt dessen unterliegt der Schuldarbeiter völlig der physischen Kontrolle durch den Slavenhalter. Am weitesten verbreitet ist Schuldknechtschaft in Indien. Kapitel 5 und 6 befassen sich mit dieser Form von Sklaverei in Pakistan und Indien.

3. *Vertragssklaverei* zeigt, wie moderne Arbeitsbeziehungen benutzt werden, um die neue Sklaverei zu verschleiern. Verträge werden angeboten, die einen Arbeitsplatz etwa in einer Werkstatt oder in einer Fabrik garantieren, doch wenn die Menschen zu ihrem Arbeitsplatz gebracht werden, müssen sie feststellen, sie sind Sklaven geworden. Man bedient sich des Vertrags als eines Köders, um eine Person in die Sklaverei zu locken, aber auch, um der Versklavung den Anschein von Rechtmäßigkeit zu geben. Werden lästige Fragen gestellt, kann man den Vertrag vorweisen, doch in Wirklichkeit ist der »Vertragsarbeiter« ein Sklave, dem Gewalt angedroht wird, der keinerlei Bewegungsfreiheit hat und keinen Lohn erhält. Diese Form von Sklaverei greift am schnellsten um sich und ist heutzutage die zweithäufigste. Vertragssklaverei findet man vor allem in Südostasien, Brasilien, einigen arabischen Ländern und Teilen des indischen Subkontinents. Vertragssklaverei in Thailand und Brasilien werde ich in den Kaptiteln 2 und 4 näher untersuchen.

Diese verschiedenen Formen von Sklaverei schließen sich wechselseitig keineswegs aus. Gelegentlich werden Leibeigenen Verträge ausgehändigt, um ihre Versklavung zu verhehlen. Durch Schuldknechtschaft in die Prostitution gelockte Mädchen erhalten manchmal ebenfalls Verträge, in denen ihre Pflichten festgelegt sind. Doch eines darf man nie vergessen: *Menschen werden gewaltsam versklavt und gegen ihren Willen zum Zwecke der Ausbeutung festgehalten.* Die eben umrissenen Kategorien sollen uns lediglich helfen festzustellen, welche Formen die moderne Sklaverei annimmt und wie die modernen Sklavenhalter vorgehen, um so zu klären, was man dagegen unternehmen könnte.

Ein geringer Prozentsatz von Sklaven fällt unter eine Reihe anderer, leicht definierbarer Kategorien von Sklaverei. Meist sind diese charakteristisch für bestimmte Gegenden oder gelten unter besonderen politischen Umständen. Ein gutes Beispiel für Sklaverei im Zusammenhang mit Politik ist die sogenannte *Kriegsversklavung;* dazu gehört auch von der Regierung geförderte Sklaverei. Im heutigen Burma ist es eine weitverbreitete Praktik, daß von Regierungsseite sowie von der Armee Zivilisten gefangengenommen und versklavt werden. Zehntausende Männer, Frauen und Kinder werden bei Feldzügen gegen Eingeborenenstämme oder bei Bauarbeiten als Hilfskräfte und Träger eingesetzt. Die Militärdiktatur in Burma gibt durchaus nicht vor, die Menschen, die sie versklavt hat, zu besitzen – vielmehr leugnet sie, irgend jemanden zu versklaven –, doch das amerikanische Außenministerium sowie Menschenrechtsorganisationen bestätigen, daß eine große Zahl von Menschen mit Gewalt in Knechtschaft gehalten werden. Wiederum ist wirtschaftlicher Gewinn das Motiv: nicht um einen Profit zu erwirtschaften, sondern um im Krieg Transport- und Produktionskosten und bei Bauvorhaben Lohnkosten zu sparen. Eines der großen Projekte ist die Erdgasleitung, die Burma in Zusammenarbeit mit der amerikanischen Ölgesellschaft Unocal, dem französischen Ölkonzern Total und der thailändischen Gesellschaft PTT Exploration and Production verlegt. Die genannten Unternehmen tauchen häufig in multinationalen Investmentfonds auf. Von einem dieser Fonds wird die thailändische Gesellschaft, die sich zum Teil im Besitz der thailändischen Regierung befindet, als »Familien«-Investition angepriesen. Bei dem Pipelineprojekt werden Tausende von versklavten Arbeitern – darunter Greise, Schwangere und Kinder – mit vorgehaltener Waffe gezwungen, Land zu roden und unmittelbar neben der Pipeline eine Eisenbahnstrecke zu verlegen.[10] Kriegsversklavung ist einzigartig: In

diesem Fall wird Sklaverei *von* der Regierung, ansonsten hingegen
meist gegen den Willen der Regierung praktiziert.

In einigen Gegenden der Karibik und Westafrikas werden Kinder
als Dienstboten weggeben oder verkauft; gelegentlich bezeichnet
man sie als »Restavecs«. Eigentümerschaft wird nicht urkundlich
festgelegt, doch das Kind unterliegt strenger Kontrolle, die mit Gewalt aufrechterhalten wird. Die Dienstleistungen des versklavten
Kindes bringen eine hohe Rendite der Investitionen für den »Lebensunterhalt« ein. Es handelt sich hier um eine kulturell gebilligte Art
und Weise, »überflüssige« Kinder unterzubringen; einige werden
gut behandelt, doch für die meisten dauert diese Art von Sklaverei
bis ins Erwachsenenalter an.[11]

Auch mit Religion kann Sklaverei in Zusammenhang stehen, wie
bei den indischen *Devadasi*-Frauen, denen wir in Kapitel 6 begegnen
werden, oder jenen Kindern, die in Ghana als Ritualsklaven dienen.[12]
In Ghana, Togo, Benin und Südwestnigeria werden mehrere tausend
Mädchen und junge Frauen von ihren Familien den dortigen Fe-
tischpriestern übergeben. Gemäß diesem für das Empfinden eines
Abendländers äußerst absonderlichen Brauch werden die Mädchen
versklavt, um für von Angehörigen begangene Sünden, oft Vergewaltigung, zu büßen. Tatsächlich sind die Mädchen gelegentlich selber
die Frucht einer Vergewaltigung, und man betrachtet ihre Versklavung als Möglichkeit, die Götter wegen dieses oder anderer Verbrechen ihrer männlichen Verwandten zu beschwichtigen. Wenn es
etwa zehn Jahre alt ist, wird das Mädchen, das Jungfrau sein muß,
dem Priester ausgehändigt, bei dem es dann bleibt. Es kocht und
putzt für ihn, erledigt die Feldarbeit und ist ihm sexuell zu Diensten,
bis er es freigibt, normalerweise nachdem es etliche Kinder geboren
hat. Zu diesem Zeitpunkt muß die Familie der Sklavin ein anderes
Mädchen als Ersatz liefern. Die Verfassung Ghanas verbietet Sklaverei, doch Dorfbewohner und Priester rechtfertigen dieses Verhalten mit religiösen Gründen.

Wie man an diesen Fällen sieht, tritt Sklaverei in vielerlei Gestalt
auf. Zudem existiert sie in praktisch jedem Land. Eine vor kurzem in

Großbritannien durchgeführte Untersuchung ergab, daß in Birmingham und Manchester junge Mädchen als Sklavinnen gehalten und gezwungen wurden, sich zu prostituieren.[13] In London und Paris spürte man Dienstbotensklavinnen auf und befreite sie. In den Vereinigten Staaten fand man in Baracken eingesperrte Landarbeiter, die unter der Aufsicht bewaffneter Wachmänner als Feldsklaven arbeiteten. Versklavte Frauen aus Thailand und von den Philippinen wurden aus Bordellen in New York, Seattle und Los Angeles befreit.[14] Diese Auflistung ließe sich schier endlos fortsetzen. Auf dem Staatsgebiet nahezu aller Länder, in denen es keine Sklaverei geben »kann«, leben Sklaven – allerdings ist ihre Zahl, und das sollte nicht unerwähnt bleiben, verglichen mit Indien und dem Fernen Osten, sehr gering. Der springende Punkt ist jedoch: Sklaven stellen ein ungeheures Arbeitskräftepotential für die globale Wirtschaft dar, von der wir alle abhängen.

Neue Sklaverei und globale Wirtschaft

Doch wieviel genau trägt Sklavenarbeit zur globalen Wirtschaft bei? Es ist zwangsläufig äußerst schwierig, den exakten Beitrag von Sklaven zur Weltwirtschaft zu bestimmen, da für die meisten Formen von Sklaverei keine verläßlichen Informationen zur Verfügung stehen. Dennoch sind einige ungefähre Berechnungen möglich.

In der Landwirtschaft eingesetzte Schuldarbeiter erbringen, nach einem ursprünglich gewährten Darlehen von etwa $ 50 (das man als Kaufpreis auffassen kann), bis zu 100 Prozent Nettogewinn für den Sklavenhalter. Geht man von geschätzten 18 Millionen solcher Arbeiter aus, läge der jährliche Gewinn in der Größenordnung von $ 860 Millionen, auch wenn sich dies vermutlich auf bis zu fünf Millionen Sklavenhalter verteilt. Werden 200.000 Frauen und Kinder als Prostituierte versklavt – eine durchaus plausible Schätzung –, und bedient man sich der Zahlen, die aus Thailand bekannt sind, trügen diese Sklavinnen einen jährlichen Gewinn von $ 10,5 Milliarden ein.

Ermittelt man den Durchschnitt und setzt ihn in Bezug zu weltweit 27 Millionen Sklaven, läge der jährliche Gewinn, den Sklaven erwirtschaften, in der Größenordnung von $13 Milliarden. Allerdings ist dies nur eine grobe Schätzung. Dennoch könnten wir diese Summe in Relation zur Weltwirtschaft bringen, wenn wir festhalten, daß diese Summe in etwa dem entspricht, was die Holländer im letzten Jahr für Reisen ausgegeben haben, und beträchtlich niedriger liegt als das Privatvermögen des Microsoft-Begründers Bill Gates.

Zwar mag der unmittelbar greifbare Wert von Sklavenarbeit im Rahmen der Weltwirtschaft relativ gering erscheinen, doch der indirekte Wert ist um vieles höher. Beispielsweise ist in Brasilien von Sklaven gebrannte Holzkohle unerläßlich für die dortige Stahlproduktion. Ein Großteil dieses Stahl wird zu Autos, Autoteilen und anderen Metallgegenständen verarbeitet, die ein Viertel des brasilianischen Exports ausmachen. Allein England importiert jährlich Waren im Wert von $1,6 Milliarden aus Brasilien, die Vereinigten Staaten noch beträchtlich mehr.[15] Sklaverei verringert die Lohnkosten einer Fabrik; diese Einsparungen lassen sich in den Wirtschaftsfluß einschleusen und wirken sich schließlich in Form geringerer Preise beziehungsweise höherer Gewinne für die Einzelhändler in Europa und Nordamerika aus. Von Sklaven produzierte Güter können auch direkt exportiert werden; dies hat den gleichen Effekt. Höchstwahrscheinlich steigern von Sklaven erzeugte Waren und Güter, die aus von Sklaven angefertigten Einzelteilen zusammengesetzt werden, vor allem die Gewinne und drücken nicht nur die Verbraucherpreise, wenn sie in den restlichen Warenstrom eingegliedert werden. Ich neige zu der Ansicht, daß die Mehrzahl der westlichen Verbraucher, könnten sie von Sklaven hergestellte Waren identifizieren, diese trotz des geringen Preises nicht kaufen würden. Doch Verbraucher sind auf Schnäppchen aus und machen sich meist nicht die Mühe zu fragen, warum etwas so billig ist. Wir müssen den Tatsachen ins Auge blicken: Indem wir immer nach dem günstigsten Angebot Ausschau halten, entscheiden wir uns unter Umständen für von Sklaven hergestellte Waren, ohne zu wissen, was wir da kaufen. Und die Auswirkungen von Sklavenarbeit pflanzen sich unvermeidlich auf unterschwelligen Wegen durch die gesamte Weltwirtschaft fort. Arbeitern, die in Indien Computer- oder Fernseherteile herstellen, braucht man vielleicht deshalb nur einen geringen Lohn zu zahlen, weil die von Sklaven erzeugten Nahrungsmittel so billig sind. Dies drückt die Herstellungskosten, und in Nordamerika und Europa müssen Fabriken, die bei diesen Preisen nicht mithalten können, dichtmachen. Überall auf der Welt bedroht Sklavenarbeit echte Arbeitsplätze.

Sklaverei ist also ein internationaler Wirtschaftsfaktor, und dies läßt Rückschlüsse darauf zu, wie sie bekämpft oder eben nicht bekämpft wird: Es existieren nahezu keine wirtschaftlichen Kontrollen hinsichtlich Sklavenhaltung und Sklavenhandel. Vergleichen Sie im Gegensatz dazu, wie man die kolumbianischen Drogenbarone verfolgt. Zwar werden diese Leute nur selten wegen des Herstellens von oder des Handels mit Drogen verhaftet. Doch immer wieder ertappt man sie bei Wirtschaftsvergehen – Steuerhinterziehung, Geldwäsche oder Betrug und Bilanzfälschung. Ende 1996 büßte ein Drogenkartell $ 36 Millionen ein, die vom amerikanischen Finanzministerium wegen des Verdachts auf Geldwäsche konfisziert wurden. Es hat sich als recht wirksam erwiesen, Kriminelle zu Fall zu bringen, indem man ihr Finanzgebaren untersucht und wirtschaftliche Sanktionen gegen sie verhängt. Doch beim Verbrechen der Sklaverei werden diese Methoden selten eingesetzt. Man könnte durchaus die Macht und den Einfluß einer Vielzahl von Organisationen – der Weltbank, nationaler Aufsichtsbehörden, Berufsorganisationen und Gewerkschaften, regionaler Zoll- und Verbrauchssteuerbehörden, einzelner Unternehmen, Verbrauchergruppen – nutzen, um Sklavenhalter um ihren Gewinn zu bringen. Mit dieser Möglichkeit wollen wir uns im abschließenden Kapitel befassen. Doch ehe wir etwas gegen die neue Sklaverei unternehmen, müssen wir erst einmal verstehen, wie sie funktioniert.

Warum die Kuh kaufen? – Kontrolle ohne Eigentümerschaft

Einer der Nachteile der alten Sklaverei waren die Kosten für den Unterhalt von Sklaven, die zu alt oder aber zu jung waren, um zu arbeiten. Eine sorgfältige Analyse sowohl amerikanischer Baumwollplan-
tagen als auch brasilianischer Kaffeepflanzungen um 1800 zeigt, daß
die Produktivität von Sklaven in engem Zusammenhang mit ihrem
Alter stand.[16] Bis zum Alter von zehn oder zwölf Jahren brachten
Kinder lediglich die Kosten herein, obwohl sie so früh wie möglich
für irgendwelche Arbeiten eingesetzt wurden. Produktivität und
Rentabilität eines Sklaven erreichten im Alter von etwa dreißig Jahren ihren Höhepunkt und fielen jäh ab, sobald ein Sklave fünfzig
oder älter war. Sklaverei war einträglich, doch der Gewinn wurde
durch die Unterhaltskosten für Kinder und unproduktive alte Menschen geschmälert. Die neue Sklaverei umgeht diese zusätzlichen
Ausgaben und erhöht so die Gewinnspannen.

Die neue Sklaverei eifert der Weltwirtschaft nach, löst sich von
Besitzständen und Vermögensverwaltung und konzentriert sich
statt dessen auf Nutzung und Kontrolle von Ressourcen oder Pro-
zessen. Anders ausgedrückt, entspricht dies der Verlagerung vom
»Besitz« der Kolonien im letzten Jahrhundert auf die wirtschaftliche Ausbeutung derselben Ländern, und zwar ohne die Kosten
und Probleme, die die Verwaltung von Kolonien mit sich bringt.
Heute machen multinationale Konzerne das gleiche wie die europäischen Kolonialmächte im letzten Jahrhundert – sie beuten natürliche Ressourcen aus und nutzen niedrige Lohnkosten –, ohne sich
gezwungen zu sehen, das ganze Land in Besitz zu nehmen und zu
regieren. Auf vergleichbare Weise eignet die neue Sklaverei sich den
wirtschaftlichen Wert von Personen an und unterwirft diese gleichzeitig mittels Gewalt einer umfassenden Kontrolle – ohne jedoch ein
Eigentumsrecht an diesen Menschen zu reklamieren oder Verantwortung für ihr Überleben zu übernehmen. Das Ergebnis ist größere
wirtschaftliche Effizienz; nutzlose Kinder, die keinen Gewinn abwerfen, Alte und Kranke oder Verletzte werden fallengelassen. Für

jahreszeitlich bedingte Arbeiten werden für diesen Zeitraum Sklaven eingesetzt, etwa im Fall der Zuckerrohrschneider auf Haiti.[17] In der neuen Sklaverei stellt der Sklave einen Ge- und Verbrauchsgegenstand dar, den man in den Produktionsprozeß einbezieht, wenn es erforderlich ist, der jedoch keine hohe Kapitalbindung mehr erfordert.

Diese Verschiebung von Besitz hin zu Kontrolle und Ausbeutung gilt über nationale und kulturelle Grenzen hinweg für praktisch jegliche moderne Sklaverei, ob der Sklave nun in der Karibik Zuckerrohr schneidet, im Pandschab Ziegel brennt, in Brasilien als Minenarbeiter schuftet oder in Thailand als Prostituierte festgehalten wird. Die Sklaverei spiegelt neuzeitliche wirtschaftliche Praktiken wider und geht allmählich von kulturell geprägten Formen zu einem standardisierten und globalisierten System über. Mit zunehmend vereinfachter Kommunikation schrumpft die Welt. Sklavenhalter in Pakistan und Brasilien sehen genauso fern wie jeder andere. Und wenn sie sehen, daß in vielen Ländern die Industrie auf ein »just-in-time«-System für die Zulieferung von Rohstoffen und den Einsatz von Arbeitskräften umschwenkt, kommen sie in bezug auf Rentabilität zu den gleichen Schlußfolgerungen wie diese Unternehmen. In dem Maße, wie Lebensstellungen aus der Weltwirtschaft verschwinden, nimmt auch lebenslange Versklavung allmählich ein Ende. Die wirtschaftlichen Vorteile kurzfristiger Versklavung überwiegen bei weitem die Kosten dafür, neue Sklaven zu kaufen, wenn man sie braucht.

Legalistische Tarnungen

Heutzutage bedient man sich allgemein gültiger Regelungen für Beschäftigungsverhältnisse, um Sklaverei zu verschleiern und ihr den Anschein von Legalität zu verleihen. Ein Großteil der modernen Sklaverei verbirgt sich hinter betrügerischen Arbeitsverträgen, insbesondere in den prosperierendsten Bereichen. Derlei Verträge dienen einem doppelten Zweck – dem der Anlockung und der Verschleierung. Die Verwendung gefälschter Verträge ist eine Begleiterscheinung der Globalisierung der Sklaverei; im wesentlichen geht man von Brasilien bis Thailand nach derselben Methode vor und heuert mittels Scheinverträgen Sklaven an. Auf diese Weise kann man sowohl Sklaven in Länder bringen, die einer Versklavung keine großen Hindernisse in den Weg legen (beispielsweise Filipinas nach Saudi-Arabien), sie aber auch in solche Länder einschleusen, in denen ihre Versklavung gemeinhin nicht erlaubt wäre. In London leben schätzungsweise bis zu 1000 Haushaltssklavinnen[18], alle durch einen Arbeitsvertrag und die Anerkennung dieses Vertrags durch die britischen Einwanderungsbehörden abgesichert.

Falsche Verträge lassen sich recht vielseitig nutzen. Man kann sie Leuten zeigen, die verzweifelt nach bezahlter Arbeit suchen; in dem Fall stellen die Verträge einen gewaltigen Anreiz dafür dar, auf einen Lastwagen zu klettern, der einen in die Sklaverei bringt. Bei der armen ländlichen Bevölkerung in vielen Ländern zieht ein redegewandter, gutgekleideter Anwerber mit seinen offiziell und rechtmäßig wirkenden Dokumenten zwangsläufig Aufmerksamkeit auf sich. Nachdem er dem potentiellen Sklaven versichert hat, daß der Vertrag ihm gute Behandlung garantiert und die gesetzlichen Rechte sowie die Entlohnung des Arbeiters sicherstellt, unterzeichnet dieser nur zu gern und liefert sich damit dem Sklavenhalter aus. Anschließend, sobald man ihn weit genug von seinem Zuhause weggebracht hat, um zu seiner Kontrolle Gewalt einzusetzen, kann man den Vertrag wegwerfen. Höchstwahrscheinlich behält der Sklavenhalter ihn jedoch, denn er kann ihn noch für andere Zwecke nutzen.

In der Dominikanischen Republik ernten versklavte Haitianer das Zuckerrohr, dessen Endprodukt Bestandteil unserer tägliche Nahrung ist. (Foto: Jenny Matthews; mit freundlicher Genehmigung von Anti-Slavery International)

Da Sklaverei in allen Ländern gesetzlich verboten ist, muß sie ver-
heimlicht werden. Selbst in Gegenden, in denen die Polizei Hand in
Hand mit den Sklavenhaltern arbeitet und sich den Gewinn mit ihnen
teilt, will niemand die Tatsache ausposaunen, daß er oder sie Sklaven
hält. Möglicherweise dulden, ja fördern örtliche Sitten und Gebräuche
Versklavung, möglicherweise wissen die meisten darüber Bescheid,
doch dies zuzugeben steht auf einem anderen Blatt. In dem Fall verhehlen Scheinverträge die Sklaverei. Für die Sklavenhalter ist es nicht
weiter schwierig, ihre Sklaven zu zwingen, alles und jedes zu unterschreiben: Pfandscheine, Darlehensvereinbarungen, Arbeitsverträge.
Stellt irgend jemand irgendwelche lästigen Fragen, weisen sie die un-
terschriebenen Verträge vor, und korrupte Polizisten drücken ein
Auge zu. Selbst in Ländern, in denen die meisten Polizisten gewissen-
haft ihrer Pflicht nachkommen, verheimlichen solche Verträge Sklaverei. In Großbritannien sind Dienstboten, die ins Land gebracht werden, für ihren Lebensunterhalt und ihren Status als Immigranten völlig auf ihren Arbeitgeber angewiesen, dessen Name bei der Einreise in
ihren Paß eingetragen wird. Mit anderen Worten: Das Gesetz verstärkt
die Abhängigkeit des Dienstboten von seinem Herrn. Laut einer Ein-
schränkungsklausel im britischen Einwanderungsgesetz ist es Ausländern, die einreisen oder zu Besuch hierherkommen, gestattet, ihre
Dienstboten mitzubringen. Die Einwanderungsbehörde muß lediglich sicherstellen, daß die Angestellten mindestens siebzehn Jahre alt
und seit mindestens einem Jahr bei ihrem Arbeitgeber im Dienst sind.
Derlei Bestimmungen lassen sich jedoch ohne weiteres unterlaufen.
Die meisten dieser Dienstboten sprechen kein Englisch; man sagt ihnen, wie und was sie zu antworten haben, wenn Einwanderungsbeamte sie befragen. Zudem kann man gefälschte, mehr als ein Jahr zu-
rückdatierte Verträge vorweisen. Doch vor allem kann keine der gängigen Überprüfungen eine lange bestehende Versklavung aufdecken,
wenn eine Person gemeinsam mit der Familie als deren Dienstbote
einreist. Und sie schützen sie auch keineswegs, wenn sie einmal im
Land ist. Die Geschichte Laxmi Swamis, wie Bridget Anderson sie in
Britain's Secret Slaves schildert, ist charakteristisch für solche Fälle:

Die in Indien geborene Laxmi Swami reiste unter Berufung auf die Ausnahmeklausel des Einwanderungsgesetzes als Dienerin zweier Halbschwestern des Emirs von Kuwait ein. Die Prinzessinnen verbrachten regelmäßig die Hälfte des Jahres in dem zentral gelegenen Londoner Stadtteil Bayswater und nahmen jeweils ihre Dienstboten mit. Sie behandelten diese Frauen körperlich wie auch psychisch ungemein grausam: Schläge, ob mit einem Besenstiel, einem verknoteten Elektrokabel oder der Pferdepeitsche, waren an der Tagesordnung; Laxmi trug eine Augenverletzung davon, als sie ihr einen Schlüsselbund ins Gesicht warfen; außerdem rissen sie ihr zwei Goldzähne aus. Dann erzählten sie ihr, eines ihrer vier Kinder sei bei einem Motorradunfall ums Leben gekommen, und schlugen sie, als sie weinend zusammenbrach. Erst Jahre später erfuhr sie, daß die beiden sie belogen hatten.

In London gingen die Prinzessinnen häufig gegen acht Uhr abends aus und kamen um zwei oder drei Uhr morgens zurück. Solange sie weg waren, mußte Laxmi neben der Tür stehen, und zwar genau an der Stelle, wo sie gestanden hatte, als die beiden das Haus verließen. Bei ihrer Rückkehr mußte sie ihnen Hände und Füße massieren und, falls die beiden schlecht gelaunt waren, dabei Fußtritte über sich ergehen lassen. Sie schlief – selten länger als zwei Stunden pro Nacht – auf dem Fußboden vor der versperrten Küche und trank verbotenerweise Wasser aus dem Hahn im Badezimmer. Ständig war sie hungrig; oft verweigerte man ihr tagelang jegliche Nahrung. Essen war reichlich vorhanden, doch es wurde in den Abfalleimer geworfen und absichtlich verschmutzt, damit sie es nicht zu sich nehmen könnte, falls es ihr tatsächlich einmal gelang, mit den Händen durch die Gitterstäbe vor dem Fenster zu langen und an die Nahrungsmittel heranzukommen.[19]

Als eines Tages zufällig die Haustür nicht verschlossen war, gelang es Laxmi zu entkommen. Als sie zum indischen Hochkommissariat kam, schickten die Angestellten dort sie zu den Prinzessinnen zurück, da sie sich das Flugticket nach Hause nicht leisten konnte. Und um ihren Verletzungen auch noch eine gesetzliche Mißhandlung hinzuzufügen, erklärte man, sie habe, als sie von ihren »Arbeitgeberinnen« weglief, gegen die Einwanderungsgesetze verstoßen und würde sofort abgeschoben. Anti-Slavery International stellte in einem Untersuchungsbericht fest: »Die Bestimmungen des Immigration Act, insofern sie Dienstboten aus Übersee betreffen, die Nichterteilung einer Arbeitserlaubnis für diese Personen und die Behandlung dieser Angestellten als Anhängsel ihrer Arbeitgeber und nicht als eigenständige Personen sind für die Knechtschaft, in der diese Menschen in Großbritannien leben müssen, verantwortlich. Das Innenministerium unterstützt, wie unbeabsichtigt auch immer, Sklaverei.«[20]

Wenn sich Regierungen in Ländern wie England, die der Sklaverei abgeschworen haben, täuschen lassen, dann kann man sich vorstellen, wie leicht sich solche, die von der Sklaverei profitieren, dazu bringen lassen, sie schlicht nicht zur Kenntnis zu nehmen. In Thailand vertritt die Regierung von jeher eine ambivalente Auffassung, was kommerziellen Sex betrifft. Folglich ist sie nicht sonderlich daran interessiert, die Leute, die in derlei Geschäfte verwickelt sind, zu zwingen, sich an Gesetze zu halten, die das Einkommen vieler Polizeibeamter empfindlich schmälern würden. Die ungemein hohe Rentabilität der Sklaverei bringt es mit sich, daß Sklavenhalter politischen Einfluß und Ansehen kaufen können. In Thailand, Pakistan, Indien und Brasilien sorgen die ortsansässigen Polizeibeamten für die Einhaltung der »Verträge«, die Sklaverei verschleiern, und lassen sich anheuern, um entlaufene Sklaven zu verfolgen. Wie bereitwillig sie den Sklavenhaltern zu Diensten sind, verweist auf ein weiteres zentrales Problem der neuen Sklaverei: Sie tritt auf den Plan, wenn die gesellschaftliche Ordnung zusammenbricht.

Das Wildwestsyndrom

Kennzeichen einer zivilisierten Gesellschaft ist das Gewaltmonopol des Staates. Das soll nicht heißen, daß es nicht auch in stabilen Demokratien zu Gewaltanwendung kommt, doch in diesem Fall greift die Staatsmacht ein und bringt, wenn möglich, die Gewalttäter hinter Gitter. In unseren Augen bedeutet Gesetzlosigkeit, daß man jederzeit mit irgendeiner Gewalttat rechnen muß, wenn Chaos und Brutalität herrschen. Ordnung und Sicherheit hingegen bedeuten, es gibt Gesetze, an die die meisten Leute sich die meiste Zeit halten, sowie Polizeikräfte, die diese Regelungen durchsetzen. Menschen, die immer in einer Gesellschaft gelebt haben, in der Polizisten in der Regel anständig und ehrlich sind, in der Kriminelle normalerweise eingesperrt werden, in der Meinungsverschiedenheiten vielleicht mit Feindschaft, nicht jedoch mit dem Tod enden, können sich wohl kaum die in den meisten Entwicklungsländern herrschende Gesetzlosigkeit vorstellen. Der ehemalige Wilde Westen steht in dem Ruf, in einer fernen Vergangenheit gesetzlos gewesen zu sein; es war eine Zeit, als Revolverhelden ganze Städte terrorisierten, doch selbst dann war ein Sheriff oder ein U. S. Marshall zur Stelle, um am nächsten Morgen in Deadwood aufzuräumen. Die Realität in einigen Entwicklungsländern heute ist weit schlimmer.

In Europa und Nordamerika bekämpft die Polizei das organisierte Verbrechen; in Thailand *ist* die Polizei organisiertes Verbrechen. Das gleiche gilt für weite Teile Afrikas und Asiens: Das Gewaltmonopol des Staates, das den Bürgern eigentlich Schutz bieten sollte, wird gegen sie gewandt. Zu einem solchen Zerfall der gesellschaftlichen Ordnung kommt es häufig in Zeiten rasanten sozialen und politischen Wandels. Unter extremer Belastung – sei diese auf Krankheiten, Naturkatastrophen, eine Wirtschaftkrise oder Krieg zurückzuführen – kann eine Gemeinschaft in sich zusammenbrechen und im Grauen des Prinzips »Macht bestimmt, was Recht und rechtens ist« versinken. Auf diese Konstellation trifft man heute in Gegenden, die eine rapide Entwicklung durchmachen, etwa in den

Grenzgebieten Brasiliens und an der Schnittstelle zwischen Land
und Stadt in Thailand. Eine Wirtschaft im Umbruch vertreibt Bauernfamilien von ihrem Land und läßt sie verelenden, während sie
gleichzeitig in den Städten einen Bedarf an ungelernten Arbeitskräften weckt. Mit der Verarmung kommt es auch zu einem Zusammenbruch der traditionellen Sicherheitsnetze der Familien oder Gemeinden für die Schwachen – und in diesen Ländern treten keine
wirksamen staatlichen Wohlfahrtsmaßnahmen an ihre Stelle. Ohne
Schutz, in einer ausweglosen Situation, sind die Armen machtlos;
die Gewalttätigen hingegen werden, wenn der Staat nicht einschrei-
tet, immer mächtiger.

Unter solchen Umständen wächst und gedeiht Sklaverei. Um ihre
Sklaven unter Kontrolle zu halten, müssen Sklavenhalter in der Lage
sein, Gewalt anzuwenden, so oft und soviel sie wollen. Ohne dies
sind sie machtlos. In der alten Sklavenwirtschaft war oft festgelegt,
wie weit ein Herr Gewalt gegen einen Sklaven einsetzen durfte. Die
Sklavengesetze in den amerikanischen Südstaaten – die allerdings
oft nicht eingehalten wurden – untersagten es, den Sklaven Lesen
und Schreiben beizubringen, und empfahlen strenge Disziplin, doch
zumindest schützten sie die Sklaven vor Mord und Verstümmelung
und setzten Mindeststandards für Nahrung und Kleidung fest.[21]
Dafür wiesen sie dem Herrn das rechtmäßige Gewaltmonopol – fast
bis hin zu Mord – zu. Falls nötig, unterstützten Rechtsprechung
und Staatsgewalt den Sklavenbesitzer, denn dem Staat war es sehr
wohl gestattet, Sklaven zu ermorden (sie hinzurichten). Heute ist das
Gewaltmonopol oftmals aufgesplittert. Es geht nicht mit der nationalen Rechtsprechung einher, sondern liegt in den Händen orts-
ansässiger Polizisten oder Soldaten. Man kann sogar sagen, daß diese
Übertragung des Gewaltmonopols von einer Zentralregierung auf
örtliche Gewalttäter eine wesentliche Voraussetzung dafür ist, daß die
neue Sklaverei Wurzeln schlägt und blüht und gedeiht. Meist ist dies
die Folge eines frontalen Zusammenpralls moderner und traditio-
neller Lebensweisen.

Übergangsbereiche, in denen die weltweite Industriewirtschaft auf die traditionelle Kultur der Landbestellung durch Bauern trifft, gibt es in allen Entwicklungsländern. An der Schnittstelle kommt es oft zu blutigen Kämpfen, um die Kontrolle über die natürlichen Ressourcen an sich zu reißen. Am Amazonas wütet nach wie vor ein örtlich begrenzter, aber schrecklicher Krieg um die reichen Vorkommen an Bodenschätzen und Holz, deren Ausbeutung immer weiter fortschreitet. Die Amazonasindianer haben kaum Waffen und werden immer wieder zurückgeschlagen, in großem Maßstab hingeschlachtet, gelegentlich versklavt. Die neuen offenen Tagbauminen, aus den Wäldern herausgeschlagen, sind oft Hunderte von Meilen vom Sitz der Regierung entfernt. Hier haben diejenigen das Sagen, die die meisten Waffen besitzen; jene, die keine Waffen haben, gehorchen entweder den Befehlen oder verschwinden einfach. Den wenigen Polizisten vor Ort bleibt kaum eine Wahl: Entweder sie arbeiten mit den Gangstern zusammen und verdienen daran, oder sie versuchen, dem Gesetz Geltung zu verschaffen, und sterben. Die Folge sind die Gesetzlosigkeit und der Terror, den Antonia Pinto zu Beginn dieses Kapitels beschrieb. In einem Bergarbeiterdorf, das in absehbarer Zeit nicht mit einem Einschreiten der Regierung rechnen muß, ist eigentlich klar, wofür man sich entscheidet, und eine brutale »soziale« Ordnung setzt sich durch. Die Situation in Brasilien ist dramatisch, doch die gleiche Entwicklung läßt sich weltweit feststellen, von den ländlichen Gebieten in Ghana bis zu den Slums in Bangkok, von den Hochebenen Pakistans bis zu den Dörfern auf den Philippinen – und dieses Wildwestsyndrom bestimmt in hohem Maße, was man tun kann, um der Sklaverei ein Ende zu setzen.

DURCH WISSEN ZUR FREIHEIT

Betrachtet man das Wesen der neuen Sklaverei, fallen einem sofort bestimmte Merkmale ins Auge: Sklaven sind billige Wegwerfware; Kontrolle wird ohne gesetzlich abgesicherte Eigentümerschaft ausgeübt; Sklaverei verbirgt sich hinter Verträgen, und sie blüht in Gemeinschaften, die einer Belastung ausgesetzt sind. Diese sozialen Bedingungen müssen innerhalb eines Wirtschaftssystems herrschen, das Sklaverei begünstigt. In europäischen und amerikanischen Gemeinschaften bricht gelegentlich ebenfalls die Ordnung zusammen, dennoch faßt hier die Sklaverei nicht Fuß. Der Grund ist, daß nur sehr wenige so sehr in Not geraten, daß sie zu aussichtsreichen Kandidaten für Sklaverei werden. In den meisten westlichen Ländern gibt es den enormen Machtunterschied nicht, der eine der Voraussetzungen für Sklaverei ist, und den meisten Menschen ist Sklaverei ein Greuel. Ist der Lebensstandard des Großteils der Bevölkerung ausreichend und sind die meisten finanziell einigermaßen abgesichert (ob aus eigener Kraft oder dank der sozialen Netze der Regierung), kann Sklaverei nicht um sich greifen.

Am besten gedeiht Sklaverei in äußerster Armut, daher können wir ihre wirtschaftlichen wie auch die sozialen Voraussetzungen klar definieren. Ganz offensichtlich muß es eine Bevölkerungsgruppe geben – unter Umständen nicht aus der Gegend –, die man versklaven kann, ebenso eine entsprechende Nachfrage. Sklavenhalter müssen über die Mittel verfügen, um Kauf, Raub oder Anlockung von Sklaven zu finanzieren, sowie über die Macht, diese nach ihrer Versklavung unter Kontrolle zu halten. Die Kosten für den Lebensunterhalt eines Sklaven müssen geringer oder gleich hoch sein, wie wenn man freie Arbeitskräfte anheuert. Und es muß eine Nachfrage für von Sklaven gefertigte Waren bestehen, und zwar zu einem Preis, der Sklavenhaltung zu einem lukrativen Geschäft macht. Zudem dürfen dem potentiellen Sklaven keine Alternativen offenstehen – beziehungsweise, er darf sie nicht kennen. Arm, obdachlos, Flüchtling oder im Stich gelassen worden zu sein, all das kann in die Verzweiflung münden, die der Sklaverei Tür und Tor öffnet und es dem Sklavenhalter leichtmacht, einen verlockenden Köder in die Falle zu legen. Werden Sklaven entführt, dürfen sie nicht über ausreichend Kraft verfügen, um sich gegen eine gewaltsame Versklavung zur Wehr zu setzen.

Es mag den Anschein erwecken, als bestünde ich zu sehr darauf, Voraussetzungen und Merkmale der neuen Sklaverei darzulegen.

Doch die neue Sklaverei ist wie eine neue Seuche, gegen die es keinen Impfstoff gibt. Solange wir sie nicht verstehen, solange wir nicht wissen, was sie funktionieren läßt, besteht kaum Aussicht, ihr Einhalt zu gebieten. Und die Krankheit breitet sich immer weiter aus. Die neue Sklaverei wächst und gedeiht, und damit nimmt die Zahl der Versklavten tagtäglich zu. Wir sehen uns einer Epidemie gegenüber, die über die Weltwirtschaft unmittelbar mit unserem alltäglichen Leben verknüpft ist.

All dies läßt auch einen Rückschluß darauf zu, weshalb mit den derzeitig praktizierten Strategien der Sklaverei vermutlich kein Ende gesetzt werden kann. Gesetzliche Maßnahmen, um Sklavenbesitz zu verbieten, erweisen sich als unwirksam, da Menschen versklavt und beherrscht werden, ohne Eigentum des Sklavenhalters zu sein.[22] Wenn keine Eigentümerschaft erforderlich ist, kann Sklaverei verschleiert oder durch Arbeitsverträge legitimiert werden. Damit Gesetze gegen Sklaverei greifen, müssen eindeutige Verstöße vorliegen, die sich strafrechtlich verfolgen lassen. Wohlgemerkt, es gibt Gesetze, die es zu einem Verbrechen erklären, wenn man eine Person ihrer grundlegenden Menschenrechte beraubt, ihre Bewegungsfreiheit einschränkt, sie ohne Gegenleistung für sich arbeiten läßt oder aber zwingt, unter gefährlichen Bedingungen zu arbeiten. Zweifelsohne stellt Sklaverei den äußersten denkbaren Verstoß gegen die Menschenrechte dar, beinahe so schwerwiegend wie Mord, doch derlei Verbrechen aufzudecken erfordert zweierlei: den politischen Willen und die Macht, das Opfer zu schützen. Sieht eine Regierung keinerlei Anlaß, innerhalb der Grenzen ihres Landes die Achtung der Menschenrechte zu garantieren, lösen diese sich möglicherweise in nichts auf. Finden diejenigen, deren Rechte verletzt werden, nirgendwo Schutz, ist es unwahrscheinlich, daß sie Anklage erheben oder die bekämpfen, die über Waffen und Macht verfügen. Und ebendies ist in vielen Ländern der Fall, in denen die neue Sklaverei heute um sich greift.

Dieser Mangel an Schutz erweist sich als Hauptschwierigkeit bei dem Versuch, der neuen Sklaverei ein Ende zu setzen. Die Vereinten

Nationen appellieren an nationale Regierungen, ihre Bürger zu schützen und den Gesetzen Geltung zu verschaffen. Doch wenn die betreffenden Regierungen es vorziehen, die UNO zu ignorieren, kann diese kaum etwas dagegen unternehmen. 1986 gingen den Vereinten Nationen Berichte zu, daß im Sudan ganze Familien entführt und versklavt wurden. 1996, zehn Jahre nachdem die sudanesische Regierung aufgefordert worden war, dem nachzugehen, verkündete sie schließlich, es werde eine offizielle Untersuchung eingeleitet. Der Termin der Bekanntgabe der erwarteten Ergebnisse, August 1996, verstrich kommentarlos; mittlerweile lassen neuerliche Berichte darauf schließen, daß im Sudan nach wie vor Dinka-Frauen und -Kinder von Milizen, hinter denen die Regierung steht, entführt und in Sklaverei gepreßt werden. Wenn Sklaverei sich fortsetzt, weil nationale Regierungen sie nicht wahrhaben wollen, mit den Sklavenhaltern zusammenarbeiten oder sogar selber Menschen versklaven, bleiben diplomatische Vorstöße wirkungslos.

Daher müssen wir zwei Fragen stellen: Wie kann man diese Regierungen dazu bringen (oder ihnen dabei helfen), ihre Bürger zu schützen? Und was wissen wir über die neue Sklaverei, das uns helfen kann, ihr Einhalt zu gebieten, wenn nationale Regierungen sich weigern, dies selber zu tun? Die Antworten auf beide Fragen betreffen die Wirtschaft. Wenn wir etwas aus dem Ende der Apartheid in Südafrika gelernt haben, dann folgendes: Packt man eine Regierung nur kräftig genug am Geldbeutel, kann dies eine Veränderung ihrer Einstellung bewirken. Sobald Sklaverei kein einträgliches Geschäft mehr ist, besteht kaum noch ein Anreiz, Menschen zu versklaven. Doch was wissen wir überhaupt über die ökonomischen Hintergründe der neuen Sklaverei? Die Antwort, so fürchte ich lautet: kaum etwas. Das war der Grund für meine Reisen. In Thailand, Mauretanien, Brasilien, Pakistan und Indien (alles Länder, die das »Übereinkommen betreffend die Sklaverei« sowie das »Zusatzübereinkommen über die Abschaffung der Sklaverei, des Sklavenhandels und sklavereiähnlicher Einrichtungen und Praktiken« unterzeichnet haben) habe ich Sklaverei untersucht. In jedem Fall habe ich mir sehr genau angesehen, wie sie als *Geschäft* funktioniert und wie die Gemeinschaft Sklaverei traditionsgemäß deckt oder aus Angst ignoriert. Wenn Sie die Sklaven sehen, denen ich begegnet bin, wenn Ihnen klar wird, wie sie leben, wenn Sie die Rechtfertigungen der Sklavenhalter und der Regierungsbehörden hören, dann kennen Sie die neue Sklaverei und dann, so hoffe ich, wissen Sie auch, wie wir vorgehen müssen, um ihr ein Ende zu setzen.

THAILAND
WEIL SIE AUSSIEHT WIE EIN KIND

Gegen Mittag wacht Siri auf. Kaum ist sie wach, wird ihr erneut bewußt, was aus ihr geworden ist. Wie sie mir erklärt, erinnern die Schmerzen im Genitalbereich sie an die fünfzehn Männer, mit denen sie in der vergangenen Nacht Sex hatte. Siri ist fünfzehn Jahre alt. Vor einem Jahr haben ihre Eltern sie verkauft; allmählich wehrt sie sich nicht mehr, sehnt sich nicht mehr verzweifelt danach, aus dem Bordell zu entkommen. Inzwischen hat sie sich mit ihrer Situation abgefunden, hat resigniert.

Siri arbeitet und lebt in einem Bordell in der Provinzstadt Ubon Ratchitani im Nordosten Thailands. An die zehn Bordelle und Bars, heruntergekommene, verstaubte Gebäude, säumen die Seitenstraße; gleich um die Ecke steht ein neues Einkaufszentrum westlichen Stils. Zwischen den Bordellen haben Essens- und Nudelverkäufer ihre Stände aufgeschlagen. Die Frau im Nudelstand vor dem Haus ist Spionin, Aufseherin, Bewacherin, Zuhälterin und Essenslieferantin zugleich für Siri und die anderen vierundzwanzig Mädchen und Frauen, die in dem Bordell arbeiten.

Umgeben ist das Bordell von einer Mauer mit Eisentoren an der Straßenseite. Innerhalb der Mauer liegt ein staubiger Hof mit einem Picknicktisch aus Beton und dem allgegenwärtigen Geisterhaus, einem kleinen Schrein, der in Thailand vor keinem Gebäude fehlt. Eine niedrige Tür führt in einen fensterlosen Raum mit nackten Betonwänden; die Luft ist zum Schneiden dick von Zigarettenrauch, dem Gestank nach schalem Bier, Erbrochenem und Schweiß. Es ist der »Präsentierhof« (*hong du*). Auf der einen Seite des Raums reihen schmutzige, wacklige Tische und Séparées sich aneinander, gegenüber zieht sich eine schmale, erhöhte Plattform mit einer Bank durch den ganzen Raum. Auf dieser von Spotlights in grelles Licht getauchten Bank sitzen abends die Mädchen und Frauen, während die Männer an den Tischen trinken und sich eine von ihnen aussuchen.

Durch eine Tür am hinteren Ende der Bank folgt der Mann dem Mädchen; er passiert ein Fenster, hinter dem ein Buchhalter sitzt, der sein Geld in Empfang nimmt und notiert, welches Mädchen er gewählt hat. Von hier aus wird er zum Zimmer des Mädchens geführt. Hinter dem vorderen Raum mit den Betonwänden wirkt das Bordell noch trostloser: ein planloses Labyrinth winziger Kabinen, in denen die Mädchen wohnen und arbeiten. Eine wacklige Leiter führt zu einem Raum, der einst wohl ein Getreidespeicher war. In diesem oberen Stockwerk reihen sich im Abstand von vielleicht eineinhalb Metern Türen aneinander, die zu Zimmern von etwa eineinhalb auf zwei Meter Größe führen; die Einrichtung besteht aus kaum mehr als einem Bett.

Improvisierte Wände aus Holz- und Kartonteilen trennen die Zimmer voneinander; Siri hat ihres mit aus Zeitschriften ausgeschnittenen Bildern und Postern von Teenager-Popstars tapeziert. Wie in den meisten anderen Räumen hängt auch bei ihr ein gerahmtes Porträt des thailändischen Königs; von der Decke baumelt eine einzige nackte Glühbirne. Eine große Blechkanne neben dem Bett ist mit Wasser gefüllt, gleich daneben ist ein Haken für Lappen und Handtücher angebracht. Auf einem Brett am Fußende des Bettes, nahe der Tür, liegen ein paar zusammengefaltete Kleidungsstücke. Die Wände sind sehr dünn; aus den angrenzenden Räumen hört man jedes Geräusch, und wenn der Buchalter ruft, schallt es durch alle Zimmer, ob die Türen nun offen oder geschlossen sind.

Wenn Siri um die Mittagszeit aufsteht, wäscht sie sich mit kaltem Wasser aus dem einen Betontrog, der den fünfundzwanzig Frauen des Bordells zur Verfügung steht. Dann geht sie, in T-Shirt und Rock gekleidet, zum Nudelstand und ißt eine heiße Suppe – das thailändische Frühstück. Nachmittags schwatzt sie, falls sie keine Kunden hat, mit den anderen Mädchen und Frauen; sie trinken Bier, spielen Karten oder fertigen gemeinsam dekoratives Kunsthandwerk an. Wenn der Zuhälter nicht da ist, albern die Mädchen herum; ansonsten müssen sie stets auf der Hut sein und ihm ihren Respekt bekunden, sonst schlägt oder benutzt er sie ganz nach Belieben. Männer, die nachmittags kommen, sind die Ausnahme; in der Regel verfügen sie aber über mehr Geld und können sich ein Mädchen für mehrere Stunden kaufen, wenn ihnen danach ist. Einige vereinbaren sogar ein paar Tage im voraus einen Termin.

Etwa um fünf Uhr weist man die Mädchen an, sich anzuziehen, zu schminken und für die Nachtarbeit herzurichten. Gegen sieben Uhr treffen die ersten Männer ein, bestellen Getränke und suchen sich ein Mädchen aus; es dauert nicht lange, bis ein oder zwei der zehn bis achtzehn Männer sich für Siri entschieden haben, die sie in dieser Nacht kaufen werden. Viele Männer suchen sich Siri aus, da sie viel jünger aussieht, als sie in Wirklichkeit ist. Das zierliche Mädchen mit dem rundlichen Gesicht kleidet sich so, daß sie auch als Elf- oder Zwölfjährige durchgehen könnte. Da sie wie ein Kind aussieht, kann sie als »neues« Mädchen teurer verkauft werden, nämlich für etwa $15, mehr als das Doppelte des Preises für die anderen Mädchen.

Siri hat große Angst, sich mit Aids anzustecken. Lange bevor sie verstand, was Prostitution eigentlich bedeutet, wußte sie über HIV Bescheid – viele Mädchen aus ihrem Dorf, die man in Bordelle verkauft hatte, waren nach Hause zurückgekehrt, um dort an Aids zu sterben. Jeden Tag betet sie zu Buddha, um sich die Verdienste zu erwerben, die sie vor der Krankheit schützen sollen. Außerdem versucht sie durchzusetzen, daß ihre Kunden Kondome verwenden, und meist hat sie damit Erfolg, da der Zuhälter ebenfalls dafür ist. Bedienen sich hingegen Polizisten oder der Zuhälter Siris, machen sie, wozu sie gerade Lust haben; besteht sie auf dem Gebrauch von Kondomen, wird sie geschlagen und vergewaltigt. Zudem hat sie Angst, schwanger zu werden; wie den anderen Mädchen verabreicht man ihr Injektionen des Verhütungsmittels Depo-Provera. Einmal im Monat unterzieht sie sich einem HIV-Test; bislang fiel er immer negativ aus. Sie weiß, sobald sie HIV-positiv ist, wirft man sie aus dem Bordell und läßt sie verhungern. Obwohl Siri erst fünfzehn ist, hat sie sich inzwischen damit abgefunden, eine Prostituierte zu sein. Nachdem man sie verkauft und in das Bordell gebracht hatte, wurde ihr klar, daß es sich nicht um die Art Arbeit handelte, die sie erwartet hatte. Wie so viele Thais vom Lande war Siri behütet aufgewachsen und hatte nicht die geringste Ahnung gehabt, was es bedeutet, in einem Bordell zu arbeiten. Ihr erster Kunde verletzte sie, und bei der ersten Gelegenheit rannte sie davon. Auf der Straße, ohne Geld, hatte man sie bald wieder eingefangen, zurückgeschleppt, geschlagen und vergewaltigt. In jener Nacht hatte man sie gezwungen, bis zum Tagesanbruch einem Mann nach dem anderen zu Willen zu sein. Die folgenden Nächte war es das gleiche gewesen: Schläge und Arbeit, bis ihr Wille gebrochen war. Mittlerweile ist sie davon überzeugt, ein schlechter Mensch zu sein, sogar ein sehr schlechter, der das, was mit ihm geschieht, verdient hat. Als ich ihr sagte, wie hübsch sie auf einem Foto aussehe, wie sehr sie einem Popstar gleiche, erwiderte sie:»Ich bin kein Popstar. Ich bin nichts weiter als eine Hure.« Sie arrangiert sich, so gut sie kann. Der höhere Preis und die große Zahl der Männer, die sie aussuchen, erfüllen sie mit düsterem Stolz. Sie paßt sich an, wie Gefangene in einem Konzentrationslager dies tun; so versucht sie, dem Schrecken einen Sinn abzugewinnen.

Zwar ist in Thailand Prostitution offiziell verboten, doch Mädchen wie Siri werden zu Tausenden in die Sexsklaverei verkauft. Die Bordelle, in denen diese Mädchen gehalten werden, sind nur ein kleiner Teil einer weit umfassenderen Sexindustrie. Wie kann dieser Großhandel mit Mädchen sich ständig fortsetzen? Was hält ihn in Gang? Die Antwort ist komplizierter, als wir vielleicht glauben; der wirtschaftliche Aufschwung Thailands, seine Machokultur sowie die soziale Akzeptanz der Prostitution tragen dazu bei. Geld, kultureller und gesellschaftlicher Hintergrund verbinden sich auf neue, übermächtige Weise, um Mädchen wie Siri zu versklaven.[1]

REIS AUF DEM FELD, FISCHE IM FLUSS, TÖCHTER IM BORDELL

Thailand ist mit natürlichen Ressourcen und ausreichend Nahrung gesegnet. Das Klima ist mild bis heiß, der Regen kommt zuverlässig, und über den größten Teil des Landes erstreckt sich eine ausgedehnte, gut bewässerte und fruchtbare Ebene. Jahrhundertelang exportierte Thailand aufgrund seiner verläßlichen Reisproduktion Getreide; das ist bis heute so geblieben. Hungersnöte gab es in seiner Geschichte nur äußerst selten, und in der Regel herrscht gesellschaftliche Stabilität. Ein altes, oft wiederholtes thailändisches Sprichwort lautet: »Es wird immer Reis auf dem Feld und Fische im Fluß geben.« Und jeder, der je die einfallsreiche Thai-Küche probiert hat, kennt die Köstlichkeiten, die man mit diesen beiden Zutaten und den im Land angebauten Chilischoten zubereiten kann.

Eine Region Thailands ist jedoch nicht so reich an dem, was man zum Leben braucht: der bergige Norden. Dieses Gebiet gehört eigentlich nicht zu Thailand im engeren Sinn; Thailand hat sich das frühere Königreich Lanna erst gegen Ende des 19. Jahrhunderts einverleibt. Hier ist der Einfluß Burmas deutlich zu spüren – wie auch der, den die Kulturen der sieben Bergstämme ausüben, die sich deutlich von der vorherrschenden Thai-Gesellschaft unterscheiden. Nur etwa ein Zehntel des Landes im Norden kann landwirtschaftlich genutzt werden, doch dieser Teil ist auch der fruchtbarste des Landes. Wer über ertragreiches Land verfügt, ist daher meist recht wohlhabend; die in höheren Lagen in den Wäldern leben, sind nicht so gut dran. In einer anderen Weltgegend würde man letztere vermutlich als Hinterwäldler bezeichnen, und sie teilen das karge Los der Bergbewohner in aller Welt.

Die Mühsal ihres Lebens hebt sich kraß vom Leben in der großen Ebene mit ihrem Reis und ihren Fischen ab. Auch Sitten und Kultur unterscheiden sich erheblich, und einer dieser Unterschiede stellt einen Schlüssel zu der sexuellen Sklaverei dar, die heute in ganz Thailand praktiziert wird. Jahrhundertelang waren viele Menschen im Norden, die ums Überleben kämpften, gezwungen, ihre eigenen

Kinder als Handelsware zu betrachten. Eine Mißernte, der Tod eines Hauptverdieners oder auch jede größere Verschuldung, die eine Familie einging, führten nicht selten dazu, daß eine Tochter (nie aber ein Sohn) als Sklavin oder Leibeigene verkauft wurde. Gemäß der Kultur des Nordens galt es als zwar nicht wünschenswerte, aber hinnehmbare, lebensnotwendige Entscheidung, die man auch regelmäßig traf. In der Vergangenheit sorgten derlei Verkäufe für einen kleinen, aber beständigen Zustrom an Dienstmädchen, Arbeiterinnen und Prostituierten in die Thai-Gesellschaft des Südens.

Die Religion rechtfertigte einen solchen Verkauf von Töchtern in zweifacher Hinsicht. Im Buddhismus, wie er in Thailand praktiziert wird, gelten Frauen im Vergleich zu den Männern als eindeutig minderwertig. Beispielsweise kann eine Frau nie Erleuchtung, das höchste Ziel eines jeden Gläubigen, erlangen. Auf der Stufenleiter des Lebens steht die Frau weit unter dem Mann, und nur wenn sie sich äußerst umsichtig verhält, kann sie hoffen, im nächsten Leben als Mann wiedergeboren zu werden. Die Tatsache, als Frau geboren zu sein, kann sogar darauf hinweisen, daß man im vorherigen Leben besonders schwer gesündigt hat. Buddha soll seinen Jüngern einen Rat gegeben haben, der sie vor der Gefahr warnte, die von den Frauen ausgeht: Sie seien unrein, sinnlich und verderbt. Die buddhistischen Schriften billigen die Prostitution ausdrücklich. Die *vihaya* oder Mönchsregeln listen zehn Arten von Frauen auf: Zu den ersten drei zählen »jene, die man kaufen kann, jene, die aus freien Stücken bei einem leben, und jene, die man gelegentlich genießt oder benutzt«.[2] Sex gilt gemäß diesen Glaubensvorstellungen nicht als Sünde, sondern als Verhaftetsein mit der physischen und natürlichen Welt, der Welt des Leidens und der Unwissenheit. Das schließt ein, daß man den sexuellen Akt, wenn er denn sein muß, möglichst unpersönlich vollzieht.

Im Mittelpunkt des Thai-Buddhismus steht außerdem die Auffassung, man müsse den Schmerz und das Leid des Lebens annehmen und hinnehmen. Schließlich ist alles Schreckliche, das einem Menschen zustößt, von ihm selbst verschuldet; es ist die Folge der

Sünden dieses oder vorangegangener Leben. Was auch geschieht, es ist das vorherbestimmte Schicksal eines Menschen, sein Karma. Um die Ruhe zu erlangen, die zur Erleuchtung notwendig ist, muß der Mensch lernen, den Schmerz in seinem Leben ruhig und umfassend anzunehmen. Für manche Thai-Kinder schließt dieser Schmerz die erzwungene Prostitution ein. Vielleicht wehren sie sich dagegen, mißbraucht zu werden, doch die meisten ergeben sich in ihr Schicksal und verinnerlichen eine Sklavenmentalität, die wir in diesem Kapitel näher untersuchen wollen.

Die religiös begründete Überzeugung, Mädchen seien minderwertig, ist nicht die einzige kulturelle Norm, die sie in die Prostitution zwingt. Die Kinder der Thai, insbesonders die Mädchen, stehen tief in der Schuld ihrer Eltern; diese Verpflichtung ist sowohl kosmisch als auch physisch begründet. Geboren zu sein ist allein schon ein großes Geschenk; dazu kommt, daß man ernährt und aufgezogen wird; beides erfordert lebenslange Rückzahlung. Seit jeher erwartete man in Thailand von Mädchen, umfassend zum Familieneinkommen beizusteuern und ihre Schuld abzutragen. In Extremfall bedeutet das eben, in die Sklaverei verkauft und so dem Wohl der Familie geopfert zu werden. Zugleich wurde manchen Eltern sehr schnell klar, daß der Verkauf ihrer Kinder Geld einbringt.

Heute ist die kleine Zahl der in der Vergangenheit in die Sklaverei verkauften Kinder zu einer regelrechten Flut angewachsen. Dieser Anstieg spiegelt wider, wie sehr Thailand sich in den letzten fünfzig Jahren durch den abrupten Eintritt ins Industriezeitalter verändert hat – es war dies die gleiche Umwälzung, die Europa vor mehr als einem Jahrhundert erschütterte. Wollen wir die Sklaverei in Thailand verstehen, müssen wir auch diese Veränderungen begreifen: In Thailand gab es, wie in so vielen anderen Teilen der Welt, von jeher Sklaverei, wenn auch nie in dieser Größenordnung und Form.

EIN MÄDCHEN IST SOVIEL WERT WIE EIN FERNSEHER

Der wirtschaftliche Aufschwung in den letzten zwanzig Jahren (der 1997 in sich zusammenbrach) wirkte sich in dramatischer Weise auf die Dörfer im Norden aus. Während das Zentrum des Landes um Bangkok herum schnell industrialisiert wurde, blieb der Norden zurück. Die Preise für Nahrungsmittel, Land und Werkzeuge stiegen parallel zum Wirtschaftswachstum, doch die Einnahmen aus dem Reisanbau und anderen landwirtschaftlichen Tätigkeiten blieben gleich, da die Regierung billige Nahrung für die Fabrikarbeiter in Bangkok sichern wollte und deshalb die Preise niedrig hielt. Dennoch sieht man im Norden überall eine Unmenge Konsumgüter – Kühlschränke, Fernsehgeräte, Autos und Lastwagen, Reiskocher, Klimaanlagen –, allesamt höchst verführerisch. Diese Güter sind äußerst begehrt, da die Familien in die Reihen der Wohlhabenden aufsteigen wollen. Und wie es sich so ergibt, können die Kosten für die Teilhabe an diesem Konsumrausch aus einer alten Quelle bestritten werden, die überdies noch sehr viel einträglicher geworden ist: aus dem Verkauf von Kindern.

Früher verkaufte man Töchter, wenn die Familie eine ernste finanzielle Krise meistern mußte. Angesichts der Gefahr, die mit einer Hypothek belasteten Reisfelder zu verlieren und zu verelenden, verkaufte eine Familie gelegentlich eine Tochter, um die Schulden zu tilgen. Doch in den meisten Fällen waren Töchter als Arbeitskräfte im Haus ebensoviel wert wie der mögliche Erlös, wenn man sie verkaufte. All das veränderte sich mit der Modernisierung und dem wirtschaftlichen Wachstum. Inzwischen wächst der Druck auf die Eltern, die noch vor zwanzig Jahren unbekannten Konsumgüter zu kaufen, und mit dem Verkauf einer Tochter läßt sich ohne weiteres ein neuer Fernseher finanzieren. Wie eine kürzlich durchgeführte Untersuchung in den Nordprovinzen ergab, hätten zwei Drittel der Familien, die eine Tochter verkauften, dies finanziell nicht nötig gehabt, doch »sie zogen es vor, sich Farbfernseher und Videorekorder anzuschaffen«.[3] Und aus der Sicht von Eltern, die nichts dabei finden, ihre Kinder zu verkaufen, waren die Marktchancen nie günstiger.

Die Nachfrage der Bordelle nach Prostituierten nimmt rapide zu. Derselbe wirtschaftliche Aufschwung, der die Verbraucherwünsche in den Dörfern des Nordens anheizt, füllt auch die Taschen der Handlanger und Arbeiter in der Zentralebene. Arme Wirtschaftsflüchtlinge von den Reisfeldern arbeiten jetzt auf Baustellen oder in neuen Fabriken, wo sie ein Mehrfaches ihres Lohns auf dem Land verdienen. Diese Arbeiter können möglicherweise jetzt zum ersten Mal in ihrem Leben das tun, was bessergestellte Thai-Männer schon immer gemacht haben, nämlich ins Bordell gehen. Die Kaufkraft dieser zunehmenden Zahl von Bordellbenutzern verstärkt die Nachfrage nach Mädchen aus dem Norden und bildet die Grundlage eines florierenden Geschäftszweigs, der Mädchen beschafft und illegal Handel mit ihnen treibt.

Siris Geschichte ist kein Ausnahmefall. Eine Vermittlerin, die selbst aus einem Dorf im Norden stammt, trat mit der Zusicherung gutbezahlter Arbeit für die Töchter an die Familien in Siris Dorf heran. Wahrscheinlich begriffen Siris Eltern sogar, daß es um Arbeit als Prostituierte ging – sie wußten ja, andere Mädchen aus ihrem Dorf waren in Bordellen im Süden gelandet. Nach einigen Verhandlungen bezahlte man ihnen 50.000 Baht (etwa $ 2.000) für Siri, eine beträchtliche Summe für eine Familie von Reisbauern.[4] Mit diesem Tausch begann die Schuldknechtschaft, die dazu dient, die Mädchen zu versklaven. Die vertraglichen Abmachungen zwischen dem Vermittler und den Eltern sehen vor, daß dieses Geld durch die Arbeit der Tochter zurückgezahlt werden muß, ehe sie wieder gehen oder Geld nach Hause schicken darf. Manchmal wird das Geld als Darlehen für die Eltern bezeichnet, und das Mädchen muß sowohl als Sicherheit als auch als Mittel zur Tilgung herhalten. In solchen Fällen haben die exorbitant hohen Zinsen für das Darlehen zur Folge, daß kaum Aussicht besteht, die Schuld durch die sexuelle Versklavung des Mädchens zu tilgen.

Siris Schulden in Höhe von 50.000 Baht stiegen rasch an. Die

Vermittlerin nahm sie mit in den Süden und verkaufte sie für 100.000 Baht an das Bordell, in dem sie jetzt arbeitet. Nachdem man Siri geschlagen und verprügelt hatte, eröffnete man ihr, die Schulden, die sie – nun an das Bordell – zurückzuzahlen hätte, beliefen sich mittlerweile auf 200.000 Baht. Darüber hinaus müsse sie noch andere Zahlungen leisten: die monatliche Miete von 30.000 Baht für ihr Zimmer, die Kosten für Essen und Trinken, Beiträge für Medikamente sowie Geldstrafen, wenn sie nicht hart genug arbeite oder einen Kunden verärgere.

Die Gesamtschulden sind praktisch nicht zurückzuzahlen, auch nicht bei Siris höherem Marktwert von 400 Baht. Etwa 100 Baht pro Kunde zieht man Siri ab, angeblich zur Tilgung ihrer Schulden und für die Miete und andere Ausgaben, 200 gehen an den Zuhälter und die verbleibenden 100 an das Bordell. Nach dieser Rechnung muß Siri jeden Monat mit 300 Männern Sex haben, nur um ihre Miete zu bezahlen; was nach dem Abzug der sonstigen Ausgaben übrigbleibt, verringert ihre Schulden kaum. Für Mädchen, die nur 100 oder 200 Baht pro Kunden verlangen können, wachsen die Schulden noch schneller an. Diese Schuldknechtschaft hält die Mädchen so lange unter vollständiger Kontrolle, wie es dem Bordellbesitzer und dem Zuhälter dienlich erscheint. Durch Gewaltanwendung wird die Kontrolle verschärft, jeder Widerstand mit Schlägen wie auch einem Anwachsen der Schulden beantwortet. Wird das Mädchen im Lauf der Zeit zu einer guten und willigen Prostituierten, kann es sein, daß ihr der Zuhälter erzählt, sie hätte ihre Schuld abbezahlt, und ihr gestattet, kleine Summen nach Hause zu schicken. Diese »Tilgung« der Schulden hat in der Regel nichts mit einer tatsächlichen Verrechnung der Einkünfte zu tun, sondern wird vom Zuhälter nach Gutdünken bestimmt. Auch damit will man den Gewinn steigern – man macht das Mädchen noch fügsamer. In Verbindung mit seltenen Besuchen zu Hause hilft das an die Familie geschickte Geld, sie in ihrer Stellung zu halten.

Die meisten Mädchen werden wie Siri den Eltern abgekauft, bei anderen erfolgt die Versklavung sehr viel direkter. In ganz Thailand sind Agenten unterwegs, die in den Dörfern Arbeit in der Fabrik oder als Hausangestellte anbieten. Manchmal bestechen sie örtliche Funktionäre, damit diese für sie bürgen, oder sie freunden sich mit den Mönchen eines Tempels im Ort an, um von diesen eingeführt zu werden. Die Eltern lassen sich, verlockt von den versprochenen guten Stellungen und dem Geld, das die Töchter schicken werden, täuschen und geben den Vermittlern ihre Töchter; oft bezahlen sie sogar noch für dieses Privileg. Kaum sind die Mädchen in einer Stadt angekommen, werden sie an Bordelle verkauft, in denen man sie vergewaltigt, schlägt und einsperrt. Manche Mädchen werden auch einfach entführt. Das gilt besonders für Frauen und Kinder, die aus Birma und Laos nach Thailand kommen, um Verwandte zu besuchen. An Busstationen und Bahnhöfen warten bereits Banden, entführen sie oder setzen sie unter Drogen, um sie dann in Bordelle zu verfrachten.

Offenkundige Versklavung durch Täuschung oder Entführung liegt nicht wirklich im wirtschaftlichen Interesse der Bordellbesitzer. Da der Markt für Prostituierte ständig wächst, viele Mädchen sich mit HIV infizieren und immer jüngere Mädchen verlangt werden, sind die Vermittler und Bordellbesitzer darauf angewiesen, die Familien in den Dörfern bei Laune zu halten, damit sie ihnen weitere Töchter abkaufen können, sobald diese das richtige Alter erreicht haben. In Siris Fall lief dies darauf hinaus, daß sie die Bindungen zu ihrer Familie aufrechterhalten und ihren Eltern nach etwa einem Jahr eine monatliche Postanweisung über 10.000 Baht zukommen lassen durfte – eine gute Investition, da sie Siris Eltern darin bestärkt, auch ihre anderen Töchter im Bordell unterzubringen. Überdies wollen die jungen Mädchen selbst dorthin, wenn ältere Schwestern und Verwandte zu Hause Ferien machen und Geschichten vom üppigen Leben in den Städten der Zentralebene erzählen. Die Dorfmädchen leben sehr abgeschirmt, und Frauen mit Geld und hübschen Kleidern, die kaum älter sind als sie, wirken außerordentlich verführerisch. Sie bewundern die Ergebnisse dieser Angelegenheit namens Prostitution, haben allerdings nur eine äußerst verschwommene Vorstellung davon, worum es dabei eigentlich geht. Wie eine kürzlich erfolgte Untersuchung ergab, wissen junge Mädchen, daß ihre Schwestern und Nachbarinnen Prostituierte geworden sind, aber auf die Frage, was es bedeute, eine Prostituierte zu sein, erhält man meist die Antwort:»In einem Restaurant westliche Kleidung tragen.«[5] Dieses glanzvolle Leben zieht sie an, und so widersetzen sie sich kaum, wenn man sie mit den Vermittlern fortschickt und in eine bereits blühende Sexindustrie einschleust.

Nach meiner vorsichtigen Schätzung werden in Thailand etwa 35.000 Mädchen wie Siri als Sklavinnen gehalten. Bemerkenswerterweise stellen sie jedoch nur einen kleinen Teil aller Prostituierten. Niemand weiß, wie viele es genau sind, doch es dürften mit Sicherheit weit mehr sein. Laut Regierungsangaben gibt es in Thailand 81.384 Prostituierte – diese offizielle Zahl bezieht sich jedoch auf die Zahl der registrierten (wenn auch nach wie vor illegalen) Bordelle, Massagesalons und Sexunternehmen. Alle Bordelle, Bars oder Massagesalons, die wir in Thailand aufsuchten, waren nicht registriert, und keiner, der mit Prostituierten zu tun hat, schenkt den Zahlen der Regierung Glauben. Am anderen Ende der Skala stehen die Zahlen, die Hilfsorganisationen wie das Center for the Protection of Children's Rights (Zentrum für den Schutz der Kinderrechte) vorlegen. Diese Gruppen behaupten, es gebe mehr als zwei Millionen Prostituierte. Angesichts einer Gesamtbevölkerung von 60 Millionen erscheint mir diese Zahl zu hoch. Auf der Grundlage von Informationen verschiedener Aids-Aktivisten in mehreren Städten gehe ich von einer halben bis einer Million Prostituierten aus.

Davon werden nur etwa fünf Prozent als Sklavinnen gehalten. Die meisten prostituieren sich freiwillig, auch wenn einige aufgrund von Schuldknechtschaft damit anfangen. In Thailand wird überall Sex verkauft: Friseurläden, Massagesalons, Coffee-Shops und Cafés, Bars und Restaurants, Nachtclubs und Karaoke-Bars, Bordelle, Hotels und sogar Tempel handeln mit Sex. Die Spannweite der Prostitution reicht von gutverdienenden»Professionellen«, die mehr oder weniger selbständig arbeiten, über die Frauen, die aus freier Entschei-

dung als Callgirls oder in Massagesalons anschaffen, bis hin zu den
versklavten Mädchen vom Lande wie Siri. Viele Frauen arbeiten halb
unabhängig in Bars, Restaurants und Nachtclubs – sie zahlen dem
Besitzer eine Gebühr, arbeiten zu frei gewählten Zeiten und können
entscheiden, wen sie als Kunden annehmen. Die meisten Bars und
Clubs könnten eine versklavte Prostituierte wie Siri nicht einsetzen,
da die Frauen oft außer Haus bestellt werden und die Kunden erwarten, daß sie einigermaßen bereitwillig und freundlich sind. Die
versklavten Mädchen bedienen die unterste Schicht des Markts:
Hilfsarbeiter, Studenten und Arbeiter, die sich nur den Tarif von 100
Baht pro halbe Stunde leisten können. Es ist Billigsex in großem
Umfang, und die Nachfrage reißt nicht ab. Eine Frau zu kaufen bedeutet für Thai-Männer kaum mehr, als eine Runde auszugeben.
Doch die Gründe, aus denen eine so große Zahl thailändischer Männer Prostituierte benutzen, sind weitaus komplizierter und erwachsen
aus ihrer Kultur, ihrer Geschichte und einer sich rasch verändernden
Wirtschaft.

»ICH MÖCHTE DAS NICHT VERGEUDET SEHEN, ALSO NEHME ICH SIE.«

Thailänder verehren und imitieren ihre Königsfamilie fast noch
mehr als die Engländer. Der derzeitige König Bhumipol wird auch
Rama IX. genannt; dies unterstreicht die Stabilität eines Königshau-
ses, das das Land seit dem 18. Jahrhundert regiert. In der thailän-
dischen Geschichte herrschte lange eine absolute Monarchie, die
Gewalt über Leben und Tod aller Mitglieder der Gesellschaft hatte.
Im 15. Jahrhundert wurde die bereits existierende, starre und alle
Lebensbereiche durchdringende Gesellschaftsstruktur durch ein
Gesetz zur sozialen Hierarchie schriftlich festgelegt. Damit wurde
jedem Mann eines jeden Standes eine bestimmte Zahl imaginärer
Reisfelder zugewiesen; das reichte von 25 für einen gewöhnlichen
Freien bis zu 10.000 für Staatsminister. Auf diese Weise wurde für
jeden in der Gesellschaft ein nomineller und meßbarer Wert festge-

setzt; selbst Bauern, Leibeigene und Sklaven, die die Mehrheit der Bevölkerung bildeten, wurden mit 15 Feldern bedacht (ohne sie je wirklich zu besitzen). Doch während der Wert offiziell in Reisfeldern ausgedrückt wurde, stellten die Gattinnen, Maitressen und Konkubinen eines Mannes ein ebenso gutes Maß für seinen Status dar. Der Harem des Königs beherbergte bis zu seiner offiziellen Auflösung im Jahre 1910 mehrere hundert Konkubinen, von denen einige wenige unter Umständen den Rang einer Königinmutter oder einer Nebenfrau erlangten. Diese Form der Polygamie ahmten statushungrige Adlige und aufstrebende reiche Händler des 19. Jahrhunderts nach. Praktisch alle Männer, die irgend etwas darstellten, hielten sich zumindest eine Maitresse oder eine Nebenfrau. Für jene, die über weniger Mittel verfügten, war Prostitution eine durchaus annehmbare Alternative, da hier ein Mietverhältnis an die Stelle des uneingeschränkten Besitzes trat.

In Thailand kennt auch heute noch jeder seinen Platz in einem genau festgelegten Statussystem. Maitressen und Nebenfrauen heben weiterhin das gesellschaftliche Ansehen jedes Mannes,[6] doch der Konsum von käuflichem Sex hat dramatisch zugenommen. Vergleicht man wirtschaftlichen Aufschwung mit einer Flutwelle, die alle Schiffe hebt, dann sind mittlerweile viele thailändische Männer finanziell so gut gestellt, daß sie sich regelmäßig Sex kaufen können. Im Westen hat man nie ein vergleichbares Wirtschaftswachstum erlebt wie in Thailand, doch einige wenige Zahlen verdeutlichen die Größenordnung: In einem Land von der Größe Britanniens wanderte in nur drei Jahren (von 1993 bis 1995) fast ein Zehntel der Arbeitskräfte vom Land in die Industrie ab; die Zahl der Industriearbeiter verdoppelte sich in den acht Jahren von 1988 bis 1995 von unter zwei Millionen auf mehr als vier Millionen, die Löhne im Bereich der Städte von 1986 bis 1996 ebenfalls. Mittlerweile ist Thailand der größte Importeur von Motorrädern und nach den USA der zweitgrößte von Kleinlastern (diese beiden Fahrzeugtypen sind am besten für das warme Klima und die zweifelhaften Straßen Thailands geeignet). Das Bruttosozialprodukt verdoppelte sich zwischen 1985 und 1995, das Bruttoinlandsprodukt verdreifachte sich. Bis zum wirtschaftlichen Abschwung Ende 1997 wurde Thailand von Geld überflutet; dies verwandelte arme Reisbauern in Lohnarbeiter und heizte die Konsumnachfrage an.

Infolge dieses neuen Wohlstands gehen immer mehr thailändische Männer ins Bordell. Wie mehrere Studien aus jüngster Zeit zeigen, hatten zwischen 80 und 87 Prozent der thailändischen Männer Sex mit einer Prostituierten. Fast 90 Prozent geben an, ihre erste sexuelle Erfahrung mit einer Prostituierten gemacht zu haben. Zwischen 10 und 40 Prozent der verheirateten Männer bezahlten in den letzten zwölf Monaten für Sex, ebenso nahezu 50 Prozent der Ledigen. Auch wenn dies zahlenmäßig nicht leicht zu erfassen ist, lassen diese Berichte doch auf etwa drei bis fünf Millionen regelmäßiger Kunden für käuflichen Sex schließen. Allerdings wäre es falsch, sich Millionen thailändischer Männer vorzustellen, die allein und verstohlen durch finstere, von Bordellen gesäumte Straßen schleichen: Käuflicher Sex ist ein gesellschaftliches Ereignis, er gehört zu einem gelungenen Abend, wenn man mit Freunden ausgeht. 95 Prozent der Männer, die ein Bordell aufsuchen, tun dies zusammen mit Freunden, in der Regel zum Abschluß eines Abends, den man mit Trinken zugebracht hat. Man geht gruppenweise aus, um sich zu erholen und zu amüsieren, und besonders, um sich gemeinsam zu betrinken. Es ist eine reine Männerveranstaltung, denn normalerweise trinken thailändische Frauen keinen Alkohol. Männergruppen, die am Abend ausgehen, gelten in allen Städten Thailands als etwas völlig Normales, und ganze Viertel sind darauf eingestellt, ihnen zu Diensten zu sein. Die meisten Thais, Männer wie Frauen, halten käuflichen Sex für einen durchaus akzeptablen Bestandteil einer Kneipentour lediger Männer, und ungefähr zwei Drittel der Männer und ein Drittel der Frauen sind der Ansicht, dies gelte auch für verheiratete Männer.[7]

Den meisten verheirateten Frauen ist es lieber, wenn ihre Ehemänner zu Prostituierten gehen, anstatt andere Formen von außerehelichem Sex zu suchen. Ein Großteil der Frauen akzeptiert, daß Männer von Natur aus zur Promiskuität neigen, und Prostituierte werden als geringere Gefahr für den Zusammenhalt der Familie betrachtet.[8] Prostituierte erfordern kein langfristiges Engagement oder eine emotionale Bindung. Geht ein Ehemann zu einer Prostituierten, gilt das als Erfüllen einer Männerrolle; nimmt er sich hingegen eine Nebenfrau oder eine Maitresse, unterstellt man, seine Frau habe irgend etwas falsch gemacht. Nebenfrauen sind in der Regel bigamistische Zweitfrauen, die oft offiziell geheiratet werden, wenn auch in einem anderen Bezirk als bei der ersten Eheschließung (was leicht zu bewerkstelligen ist, da es keine landesweite Registrierung gibt). Als Ehefrauen stehen ihnen ausreichende Mittel für ihren Lebensunterhalt sowie eine Wohnung zu; sie wollen regelmäßig unterstützt werden, und ihre Kinder haben Anspruch auf ein Erbe – sie stellen also eine erhebliche Gefahr für die soziale Stellung der Hauptfrau und ihrer Kinder dar. Auch wenn man die Beziehung nicht offiziell sanktioniert (Polygamie ist gesetzlich verboten), betrachtet man sie doch als Verpflichtung, und die Kinder haben einen gesetzlichen Anspruch auf Unterstützung. Für eine Nebenfrau aus unterprivilegierten Kreisen stellt die Bindung an einen gutsituierten älteren Mann einen bewährten Weg zum sozialen Aufstieg dar. Die drohende Katastrophe für die erste Frau ist eine Nebenfrau, die den Ehemann dazu bringt, die erste Familie zu verlassen; das geschieht oft genug, um die erste Gattin stets in Sorge und auf der Hut sein zu lassen.

Angesichts der Tatsache, daß Sex überall zu kaufen ist und nichtkommerzieller Sex eine ernstere Bedrohung für die Familie darstellt, ist es kaum verwunderlich, wenn thailändische Frauen keine Fragen zur Prostitution stellen und darüber auch nicht sprechen. Da größere Kaufkraft es mit sich bringt, daß die Ehemänner nach Belieben Sex kaufen können, finden die meisten thailändischen Frauen sich damit ab und hoffen lediglich, daß ihr Mann sich nicht einer Nebenfrau zuwendet.[9] In diesem Zusammenhang sehen die Ehefrauen über gelegentliche Bordellbesuche ihrer Männer hinweg. Und da es Teil eines gängigen Abendvergnügens ist, empfinden die meisten Männer wenig oder keine Scham, wenn sie für Sex bezahlen. Sollten sie dennoch eine gewisse Scheu verspüren, dürfte sie durch Alkoholgenuß und Gruppendruck rasch dahinschwinden. Natürlich enden nicht alle derartigen Ausflüge im Bordell, aber eine Beförderung, eine Gehaltserhöhung oder jeder andere Grund zum Feiern machen einen Besuch wahrscheinlicher. Nicht alle Freundesgruppen landen im Freudenhaus, wenn sie ausgehen. Manche Zirkel verheirateter Männer tun das nie, andere hingegen häufig – bei diesen läuft dann jede Sauferei wie selbstverständlich auf einen Puffbesuch hinaus. Und sobald thailändische Männer zum Trinken ausgehen, ist es für denjenigen, der Grund zum Feiern hat, Ehrensache, die Zeche für die anderen zu bezahlen; außerdem ist es eine Beweis dafür, sich eine aufwendige Lebensführung leisten zu können, wenn man die Rechnung begleicht, um so die Kollegen zu beeindrucken. Und dazu gehört dann eben auch ein Besuch im Bordell, und oft liegt hier der entscheidende Anstoß, ob ein Mann eine Prostituierte benutzt. Im Rahmen einer kürzlich durchgeführten Untersuchung erklärte ein Mann: »Wenn wir im Bordell ankommen, nehmen sich meine Freunde eine Frau und bezahlen auch eine für mich. Das kostet sie Geld; ich möchte das nicht vergeudet sehen, also nehme ich sie.«[10] Läßt man sich eine Prostituierte bezahlen, führt das zu einer formlosen Verpflichtung, sich später in ähnlicher Weise zu revanchieren. Solange sie nüchtern sind, würden viele Männer das gern vermeiden, weil es ihnen zu teuer ist, doch im Rausch des Feierns lassen sich die meisten darauf ein.

Es gibt noch weitere Gründe, Prostituierte für einen anderen zu bezahlen. Bei Verhandlungen liefern oder erwarten Geschäftsleute Sex als Bestandteil des Handels. Für die meisten Thailänder ist das eine vollkommen normale Geschäftsgepflogenheit; sie ist notwendig, wenn die Firma florieren soll beziehungsweise wenn man seine Stellung behalten will. Männer auf Geschäftsreise suchen mit größerer Wahrscheinlichkeit Prostituierte auf; sie nützen aus, daß sie nicht in ihrer Heimatstadt oder ihrem Heimatdorf sind. Regierungsbeamten, die durch ländliche Gebiete reisen, bietet man aus Gastfreundschaft örtliche »Blumen« an; ein Sprichwort besagt, ein Mann sei nicht wirklich an einem Ort gewesen, wenn er ihn nicht »geschmeckt« habe. In einer Art Initiationsritual werden selbst Studenten im Anfangssemester in ihrer ersten Woche von höheren Semestern gruppenweise ins Bordell mitgenommen. Erleichtert wird dieses Verhalten durch die Annahme, betrunkene Männer seien nicht für ihre Handlungen verantwortlich, und die Freunde animieren sich gegenseitig zum exzessiven Trinken – eine offene Whiskyflasche darf nicht wieder verkorkt werden. In der von Machismo geprägten Thai-Kultur treibt die im Suff vorgebrachte Anschuldigung, ein zögernder Mann fürchte sich wohl vor seiner Frau, ihn fast stets dazu, daß er eine ihm angebotene Prostituierte auch nimmt. Zudem legt man in der thailändischen Kultur großen Wert auf Gruppensolidarität und Konfliktvermeidung, daher willigt man oft in käuflichen Sex ein, um Zwietracht oder Peinlichkeiten zu vermeiden. Und was auch immer geschieht: Die Männer hüten ihre Geheimnisse. Ihren Frauen oder anderen gegenüber würden Freunde niemals ausplaudern, was sich abspielt, wenn die Clique zum Trinken ausgeht.

Für die meisten thailändischen Männer ist käuflicher Sex eine legitime Art des Amüsements und der sexuellen Entspannung. Derlei wird keineswegs nur geduldet, sondern betont die gesellschaftliche Stellung und beweist wirtschaftliche Überlegenheit. In Thailand sind Frauen *Gegenstände*, Rangabzeichen in einem Männerspiel um Status und Prestige. So überrascht es auch nicht, wenn manche Frauen wie Vieh behandelt – entführt, mißbraucht, wie Tiere gehalten, ge- und verkauft und weggeworfen – werden, sobald sie zu nichts mehr nutze sind. Verbindet diese durchaus übliche Behandlung sich mit dem rücksichtslosen Profitstreben der *New Economy*, wirkt sich das für Frauen schrecklich aus. Tausende müssen zusätzlich zur Verfügung gestellt werden, um die Statusbedürfnisse der Männer zu befriedigen; dazu kommen weitere Tausende, die in sexueller Sklaverei gehalten werden müssen, damit die Gewinne der Investoren fließen. Und was unternehmen Polizei, Regierung und örtliche Behörden gegen die Sklaverei? Jeder Fall sexueller Versklavung schließt viele kriminelle Vergehen ein – Betrug, Entführung, Überfall, Vergewaltigung, manchmal sogar Mord. Diese Verbrechen geschehen weder selten noch zufällig; man verübt sie systematisch, und in den Bordellen wiederholen sie sich jeden Monat tausendfach. Doch jene, die über die Macht verfügen würden, diesem Grauen ein Ende zu setzen, tragen statt dessen dazu bei, daß es in der äußerst lukrativen Welt des modernen Sklavenhalters fortwährend zunimmt.

TIGER-MILLIONÄRE UND GÄNSE-MILLIARDÄRE

Wer sind diese Sklavenhalter unserer Zeit? Jeder und alle. Jeder, das heißt, wer ein wenig Geld investieren kann. Die Leute, denen die versklavten Prostituierten *scheinbar* gehören – die Zuhälter, Puffmütter und Bordellbetreiber –, sind im allgemeinen nur Angestellte. Als angeheuerte Hilfskräfte sind Zuhälter und ihre Helfer für die Brutalität zuständig, mit der man die Frauen kontrolliert und ihre wirtschaftliche Ausbeutung ermöglicht. Doch obwohl die Zuhälter nur Angestellte sind, kommen sie durchaus auf ihre Kosten. Oft wohnen sie im Bordell und beziehen ein Gehalt; dieses Einkommen bessern sie mit einer Reihe von Betrügereien auf. Beispielsweise verkaufen sie den Kunden Essen und Getränke zu überhöhten Preisen und streichen den Differenzbetrag ein. Weit einträglicher ist allerdings die Kontrolle über den Preis für Sex. Zwar hat jede Frau ihren Grundpreis, doch die Zuhälter schätzen jeden Kunden ein und passen die Gebühr entsprechend an. So bezahlt ein Kunde vielleicht das Doppelte oder Dreifache des normalen Preises; der Überschuß geht an den Zuhälter. Gemeinsam mit dem Buchhalter betrügt der Zuhälter die Prostituierten systematisch um das wenige, das eigentlich gegen ihre Schulden aufgerechnet werden sollte. Haben sie die Sexsklavinnen ausreichend unter Kontrolle und bedienen sich aller Tricks, verdienen Zuhälter leicht das Zehnfache ihres Grundlohns – ein enormes Einkommen für einen ehemaligen Bauern, dessen hauptsächliche Fähigkeiten Ausübung von Gewalt und Einschüchterung sind, jedoch nichts im Vergleich zu den Reichtümern, die die Vermittler und die wirklichen Sklavenhalter anhäufen.

Die Vermittler und Agenten, die in den Dörfern Mädchen beschaffen und sie an Bordelle verkaufen, behalten die Sklavinnen jeweils nur für kurze Zeit. Ihre Gewerbe besteht darin, teils Vermitt-
lungsagentur, teils Spedition, teils Werbungsunternehmen und teils
Entführungsbande zu sein. Sie sind darauf aus, billig zu kaufen und
teuer zu verkaufen, und sorgen für einen steten Zustrom von Mädchen aus den Dörfern. Als Vermittler treten sowohl Frauen wie Männer auf; in der Regel stammen sie aus den Gegenden, in denen sie an-
werben. Einige leben im selben Ort und handeln im Nebenberuf mit
Mädchen, während sie im Hauptberuf als Polizisten, Verwaltungsbeamte oder sogar als Lehrer tätig sind. Stellungen mit hohem öffentlichen Ansehen bieten eine besonders gute Ausgangsposition für
den Aufkauf junger Mädchen. Trotz dieser Tätigkeit sind sie hoch-
angesehen. Sie gelten als Beschaffer von Arbeitsplätzen und Quelle
hoher Bargeldzuwendungen an die Eltern und sind als solche in
ihren Gemeinden wohlbekannt. Viele der Vermittlerinnen wurden
einst selbst verkauft, arbeiteten einige Jahre als Prostituierte und verdienen sich nun, im mittleren Alter, ihren Lebensunterhalt mit der
Beschaffung von neuen Mädchen für die Bordelle. Diese Frauen sind
eine wandelnde Werbung für sexuelle Sklaverei. Ihr Lebensstil, ihr
Einkommen, die westliche Kleidung und ihr selbstsicheres, kul-
tiviertes Gebaren spiegeln den Mädchen, die gekauft werden sollen,
eine rosige Zukunft vor. Auch wenn es eine Ausnahme ist, daß sie die
Jahre im Bordell rein physisch überlebt haben – weit mehr junge
Frauen kommen in die Dörfer zurück, um an Aids zu sterben –, neigen die Eltern zu Optimismus. Ob diese Händler nun in den Orten
ansässig sind oder als Agenten umherziehen, alle verbinden das Be-
schaffungsgeschäft mit anderen wirtschaftlichen Unternehmungen.
Eine heimgekehrte Prostituierte lebt möglicherweise bei ihrer Familie, kümmert sich um ihre Eltern, besitzt ein oder zwei Reisfelder, und
nebenher kauft und verkauft sie Mädchen. Wie die Zuhälter sind sie
in einem einträglichen Geschäftszweig tätig, aber wie bei diesen sind
ihre Gewinne klein im Vergleich zu denen jener, die langfristig Sklavinnen halten.

Die eigentlichen Eigentümer von Sklavinnen sind in der Regel
Geschäftsleute mittleren Alters. Sie fügen sich nahtlos in die Gesellschaft ein, und ihre Tätigkeit zieht keinerlei soziale Diskriminierung nach sich. Im Gegenteil: Meist bewundert man sie als erfolgreiche Kapitalisten mit breitgestreuten Geschäftsinteressen. Für den
Sklavenhalter ist der Besitz eines Bordells normalerweise nur eine
von vielen Unternehmensbeteiligungen. Oft hat ein Bordellbesitzer
Verbindungen zur organisierten Kriminalität, doch in Thailand
schließt das organisierte Verbrechen auch die Polizei und große
Teile der Regierungsbehörden ein. Daher betrachtet man die Tätigkeit des modernen Sklavenhalters am besten nicht als abweichende
Kriminalität, sondern als perfektes Beispiel eines nüchternen Kapitalismus. Es ist nichts weiter als eine geschäftliche Angelegenheit,
wenn man ein Bordell besitzt, das junge Mädchen in Knechtschaft
hält. Die Investoren würden erklären, sie schafften Arbeitsplätze
und Wohlstand. Man kann dies nicht einmal als Heuchelei bezeichnen, denn sie erfüllen lediglich eine wichtige gesellschaftliche
Norm: Viel Geld zu verdienen ist ein mehr als triftiger Grund für
alles. Selbstverständlich würde der Sklavenhalter, der in einem Mit-
telklasseviertel lebt, nie zur Schau stellen, welcher Tätigkeit er nach-
geht. Seine Nachbarn wissen normalerweise nur, daß er Geschäftsmann ist, noch dazu ein erfolgreicher, und achten ihn dafür. In der
Thai-Kultur ist es eine schwerwiegende Beleidigung, wenn man sich
allzusehr für die Angelegenheiten anderer interessiert: »Kümmere
dich um deinen eigenen Kram« (*yaa suek*) ist eine der schärfsten
Erwiderungen in der Thai-Sprache. Auf diese Weise fallen dem Sklavenhalter alle Vorteile aus der Ausbeutung und dem Mißbrauch
junger Mädchen zu, ohne daß er gesellschaftliche Nachteile zu befürchten hätte.

Auch eine Personengesellschaft, eine Firma oder ein Großunternehmen können als Sklavenhalter auftreten. Ab den achtziger Jahren
flossen japanische Investitionen im Rahmen einer gewaltigen Kapi-
talwanderung nach Thailand, die den Namen »Fliegende Gänse«[11]
erhielt. Der starke Yen führte zu Käufen und Bautätigkeit im ganzen

Land; Elektronikfirmen bauten Fabriken für Fernsehgeräte, andere
Investoren hingegen stellten fest, mit Sex war weit mehr Geld zu
machen. In die Fußstapfen der Japaner stiegen Investoren aus den
sogenannten Vier Tigerstaaten (Südkorea, Hongkong, Taiwan und
Singapur), die ebenfalls herrliche Voraussetzungen für kommerziellen Sex vorfanden. (Alle fünf Länder erwiesen sich auch als wichtige
Importmärkte für versklavte Mädchen aus Thailand; darauf werde
ich weiter unten eingehen.) Die Gänse und Tiger verfügten über das
Geld, um die ortsansässigen Gangster, Polizisten, Verwaltungsbeamten sowie die Immobilien zu kaufen, die man für ein wirtschaftlich
lohnendes Geschäft mit Sex brauchte. Auch einheimische Thais investierten in Bordelle, als die Sexindustrie florierte; da sie weniger
Geld hatten, gründeten sie eher ärmliche Einrichtungen für die Arbeiterklasse.

Junge Prostituierte haben zwar regelmäßig Kontakt mit der Polizei, doch ihren eigentlichen Besitzer treffen sie wahrscheinlich nie.
Das Verhältnis zwischen Sklavenhalter und Sklavin im modernen
Thailand ist Musterbeispiel eines Kapitalismus, der auf Abstand, auf
sichere Entfernung bedacht ist. Bordellbesitzer, ob Einzelpersonen
oder Gesellschaften, brauchen kaum Kontakt mit ihren Prostituierten zu haben. Möglicherweisen wissen Miteigentümer nicht einmal,
daß sie Sklavenhalter sind, sondern nur, daß sie Leute im Sexgewerbe
beschäftigen. Die Aussicht auf hohe Gewinne ist ein starker Anreiz,
in das neue Unternehmen eines Freundes zu investieren, und die
meisten Thais investieren eher in Geschäfte von Freunden oder Verwandten als in Wertpapiere und Aktien. In Thailand sind gestreute
Kapitalinvestitionen neu, haben jedoch rasch Fuß gefaßt. Die modernen Geschäftsleute in ganz Thailand ahmen die Methoden der
westlichen Märkte begierig nach. Sie sehen, wie in den Industrieländern Investoren ihr Geld ausschließlich nach Renditeerwägungen in
Aktienfonds stecken – daß das Portfolio vielleicht Unternehmen
umfaßt, die Landminen oder Folterinstrumente herstellen, kümmert keinen. Und es bedarf nicht einmal einer großen Distanz, um
auf Unwissenheit plädieren zu können; ein einziger Schritt genügt,

um einen Investor und sein Gewissen zu zwei völlig voneinander
losgelösten Dingen zu machen.

Diese Sklavenhalter, gleichgültig ob einzelne Thais, Personen-
gesellschaften oder ausländische Investoren, haben viele Wesens-
züge gemeinsam und sind gute Beispiele für den Typus des neuen
Sklavenbesitzers. Es gibt keine oder nur geringe rassische oder ethnische Unterschiede zwischen ihnen und den Sklavinnen, die sie besitzen (mit Ausnahme der japanischen Investoren). Sie sehen keinen
Anlaß, ihren Sklavenbesitz mit rassischen Gründen zu rationalisie-
ren. Ebensowenig sind sie irgendeiner Weise Eigentümer der Sklavinnen oder deren Kinder. Im Grunde haben sie keinerlei Interesse
an ihren Sklavinnen, außer was die Rendite betrifft. Wären sie nicht
Sklavenhalter, würden sie ihr Geld in andere Geschäfte stecken. Doch
dazu besteht wenig Anreiz, denn Bordelle stellen äußerst solide Investitionen dar, weit stabiler, als der Aktienmarkt sie bietet. Ein Beitrag
zur Wirtschaft ist in Thailand ein starkes *moralisches* Argument, und
vielleicht sind die Sklavenhalter sogar stolz auf das, was sie beisteu-
ern – in ihren Augen schaffen sie Arbeitsplätze, ja, sie glauben sogar,
sie würden die in Schuldknechtschaft gehaltenen Mädchen aus ihrer
ländlichen Armut befreien. Das soll nicht heißen, daß diese moralischen Fragen ein Rolle spielen: Für die Sklavenhalter besteht keinerlei Anlaß, sich je Gedanken über die Frauen in ihren Bordellen zu
machen und zu überlegen, wo sie herkommen oder was mit ihnen
geschieht.

Um das Geschäft mit der modernen Sklaverei zu verstehen, müssen wir etwas über das wirtschaftliche Umfeld wissen, in dem sie sich
abspielt. Trotz des Aufschwungs ist das durchschnittliche Einkommen der Thailänder nach westlichen Maßstäben sehr gering. In einem Land, das einen Industrialisierungsprozeß durchmacht, leben
immer noch Millionen in Armut. Besitzt eine Familie auf dem Land
ein Haus und ein Reisfeld, kann sie mit nicht mehr als 500 Baht
($ 20) pro Monat überleben. Diese absolute Armut läuft auf eine
Reisdiät hinaus, die durch Insekten (Grillen, Larven und Maden),
Wildpflanzen und die Fische ergänzt wird, die sie selbst fangen. Un-

terhalb dieses Niveaus, das man nur auf dem Land durchhalten kann, erwarten einen Hunger, Obdachlosigkeit, Elend. Für die meisten Thailänder ist ein monatliches Einkommen von 2.500 bis 4.500 Baht ($ 100 bis 180) normal. Nach offiziellen Angaben der Regierung vom Dezember 1996 leben zwei Drittel der Bevölkerung auf diesem Niveau, das immer noch mit Armut gleichzusetzen ist: In den Städten verschlingt die Miete mehr als die Hälfte des Durchschnittseinkommens, und die Preise steigen ständig. Bei dieser Einkommenshöhe besteht Mangel, wenn auch kein Hunger, da die Preise für Reis von der Regierung künstlich niedrig gehalten werden (was wiederum die Bauern verarmen läßt). Reis wird für 20 Baht (75 Cents) pro Kilo verkauft; eine vierköpfige Familie ißt etwa ein Kilo Reis pro Tag. Solche Armutslöhne reichen Thailändern vielleicht gerade, um genügend zu essen zu haben, doch sehr viel mehr können sie sich nicht leisten. Ob in der Stadt, der Kleinstadt oder auf dem Dorf, sie müssen sechs oder sieben Tage in der Woche jeweils zwölf bis vierzehn Stunden arbeiten. Krankheit oder Verletzungen können selbst diesen Lebensstandard schlagartig sinken lassen. Es gibt keine soziale Absicherung, auch kein allgemeines Gesundheitswesen, und die knappen Budgets erlauben es nicht, etwas auf die hohe Kante zu legen. In solchen Familien entsprechen die 20.000 bis 50.000 Baht, die der Verkauf einer Tochter einbringt, einem ganzen Jahreseinkommen. Eine derart große Summe stellt einen starken Anreiz dar und macht die Eltern blind für die Realität der sexuellen Sklaverei.

Das »Ewig gedeihende Restaurant«

Bordelle sind nur eine von vielen Umschlagstellen für käuflichen Sex, doch aufgrund ihrer hohen Durchlaufraten bedienen sie einen Großteil der Männer, die sich Sex kaufen. Ein durchschnittliches Bordell beherbergt zwischen zehn und dreißig Prostituierte; meist liegt die Zahl bei etwa zwanzig. Auf dem Land kann das Bordell einfach das Haus von irgend jemandem sein, in dem drei oder vier

Frauen arbeiten. Doch es sind die Bordelle in kleinen und größeren Städten, die Mädchen in Schuldknechtschaft festhalten. Viele Bordelle siedeln sich in Rotlichtbezirken an und nutzen die ökonomischen Vorteile dieser Zusammenballung. Wenn draußen ein Hinweis angebracht ist (bei den meisten ist dies nicht der Fall), ist er verschleiernd neutral gehalten. An einem Bordell für Männer aus der Arbeiterklasse, dem ich einen Besuch abstattete, war neben der Tür ein kleines beleuchtetes Schild angebracht, auf dem »Ewig gedeihend« zu lesen war; darunter hatte man in kleineren Buchstaben und mit anderer Farbe »Restaurant« hinzugefügt. Wie man mir erklärte, war der Zusatz auf Vorschlag der Polizei angebracht worden, obwohl man gar kein Essen zum Verkauf anbot. Die Gebäude selbst sind in der Regel heruntergekommen, schmutzig, undicht und aus Abfallteilen zusammengeflickt. Sie sind von Ratten und Küchenschaben verseucht und die sanitären Anlagen mehr als dürftig. Die Frauen, die dort arbeiten müssen, sind jung – selten über dreißig und oft unter achtzehn. Sie unterscheiden sich nicht sehr von ihren Kunden: Beide Seiten stammen aus ärmlichen Verhältnissen, auch wenn die Mädchen eher aus den nördlichen Regionen kommen. Tief im Süden Thailands sind die Männer vielleicht Muslime aus Malaysia oder Singapur, die Mädchen jedoch stets Thai-Buddhistinnen aus dem Norden. Eine Ausnahme vom regelmäßigen Einsatz der Mädchen aus Nordthailand stellt die wachsende Zahl der Frauen dar, die aus Birma und Laos eingeschmuggelt und in Bordellen versklavt werden. Der Import von Frauen trägt dazu bei, die wachsende Nachfrage nach »frischen« Prostituierten zu befriedigen.

Erzwungene Prostitution ist ein gutes Geschäft. Die Unkosten sind gering, der Umsatz hoch und der Profit enorm. Für diese Untersuchung habe ich versucht, erstmals die geschäftliche Seite dieser Form der Sklaverei eingehend zu behandeln und die Spannweite der Ausbeutung wie auch der Gewinne herauszuarbeiten. Sie unterscheidet sich grundlegend von der kapitalintensiven Sklaverei der Vergangenheit, die langfristige Investitionen erforderte und einen soliden, aber geringen Profit abwarf. Die Verfügbarkeit der Frauen, die Sondergewinne, die mit Kindern zu erzielen sind – all das sorgt für ein Unternehmen mit geringem Risiko und hohen Renditen. Dafür, daß das Bordell meist heruntergekommen und verdreckt ist, stellt es eine hocheffiziente Maschine dar, die junge Mädchen in Gold verwandelt, indem sie sie zerstört.

Ein Bordell einzurichten erfordert lediglich eine relativ geringe Investition. Für etwa 80.000 Baht ($ 3.200) kann man alle erforderlichen Möbel, Ausstattungsgegenstände und technischen Einrichtungen kaufen. Das Gebäude selbst läßt sich für einen Betrag zwischen 4.000 und 15.000 Baht ($ 160 bis 600) monatlich mieten. Außer den Prostituierten werden in einem Bordell ein Zuhälter (der oft einen Helfer hat) sowie ein Kassierer/Buchhalter gebraucht; gelegentlich beschäftigt man auch einen Koch. Zuhälter bekommen ein monatliches Festgehalt von etwa 5.000 bis 10.000 Baht ($ 200 bis 400), Buchhalter 7.000 Baht ($ 280), der Koch vielleicht 5.000 Baht ($ 200) oder weniger. Für Strom und Ähnliches benötigt man pro Monat etwa 2.000 Baht ($ 80). Für den Weiterverkauf an die Kunden müssen Bier und Whiskey besorgt werden. Damit bleiben nur noch zwei sonstige Ausgabenposten: Essen und Bestechungsgelder.

Das Essen für eine Prostituierte kostet ungefähr 50 bis 80 Baht täglich ($ 2,00 bis 3,20). Bei der Ernährung sparen die Sklavenhalter nicht, da die Kunden gesund aussehende, füllige Mädchen wollen. In einem Land, in dem Aids grassiert, ist gesundes Aussehen wichtig, und man glaubt, *junge*, gesund wirkende Mädchen seien am sichersten. Bestechungsgelder sind nicht übertrieben hoch oder unvorhersehbar; in den meisten Bordellen kommt einmal täglich ein Polizist vorbei und kassiert 200 bis 400 Baht ($ 8 bis 16), was monatlich ungefähr 6.000 Baht ($ 240) ausmacht und dadurch abgerundet wird, daß der Polizist, wenn er daran interessiert ist, für eine Stunde ein Mädchen zur Verfügung gestellt bekommt. Die Polizei wacht sorgsam darüber, daß die Bordelle sich halten: Eine kleine Seitenstraße sorgt jedes Jahr für ein relativ müheloses Einkommen in Höhe von $ 32.000 bis 64.000. Die teureren Massagesalons und Nachtclubs bezahlen weit höhere Schmiergelder; dazu kommt in der Regel noch

eine erhebliche Anfangszahlung. Das Einkommen aus Bestechungsgeldern ist der Hauptgrund, weshalb höhere Polizeioffiziere freudig
ihre Dienstposten kaufen und um die einträglichsten konkurrieren.

TABELLE 1
MONATLICHE AUSGABEN UND EINNAHMEN DES
»EWIG GEDEIHENDEN« BORDELLS

Ausgaben		Einnahmen	
Position	Betrag (in Baht)	Position	Betrag (in Baht)
Miete	5.000	Einnahmen aus	
Strom/Wasser etc.	2.000	Prostitution*	1.050.000
Essen und Trinken	45.000	Mietzahlungen der	
Lohn für Zuhälter	7.000	Prostituierten	600.000
Kassierer	7.000	Kondomverkauf	70.000
Koch	5.000	Getränkeverkauf	672.000
Schmiergelder	6.000	Jungfrauenprämie	50.000
Kosten für Taxi etc.	12.000	Zinsen auf Schuld-	
Bier und Whiskey	168.000	verpflichtungen	15.000
Summe	257.000 ($10.280)	*Summe*	2.457.000
		Monatlicher Gewinn	2.220.000 ($88.000)

* Berechnet für 20 Prostituierte mit durchschnittlich 14 Kunden pro Tag – 125 Baht pro Kunde,
berechnet auf 30 Tage.

Die Einnahmen übersteigen die Ausgaben bei weitem. Jedes der
zwanzig Mädchen bringt dem Bordell mit jedem ihrer Kunden 125
Baht ($5) ein; sie bedient täglich zehn bis achtzehn Kunden für
insgesamt 1.250 bis 2.250 Baht ($50 bis 90). An einem einzigen Tag
fließen so 25.000 bis 45.000 Baht ($1.000 bis 1.800) allein durch das
Geschäft mit Sex in die Kasse. Und wie aus Tabelle I ersichtlich, verfügt das Bordell auch noch über andere Geldquellen.

Die Gewinne aus Getränken, vorwiegend durch den Verkauf von
Bier und Whiskey, sind schwer zu bestimmen. Die nahezu 700.000
Baht in der Tabelle beruhen auf einer vorsichtigen Schätzung, die
von der Annahme ausgeht, daß jeder Kunde nur ein Bier bestellt, das

das Bordell für 20 Baht einkauft und für 80 Baht verkauft. Die Miete der Prostituierten beläuft sich auf durchschnittlich 30.000 Baht pro Monat für ein Zimmer, und falls die Hälfte der Mädchen eine Schuld abzahlen muß, nimmt das Bordell pro Monat mindestens 15.000 Baht »Zinsen« ein. Der Verkauf von Kondomen ist Reingewinn, da sie vom Gesundheitsministerium kostenlos verteilt werden, um so die Ausbreitung von HIV einzudämmen. Von den Kunden verlangt man zehn Baht für ein Kondom, und die meisten werden aufgefordert, eines zu verwenden. Siri erklärte, sie brauche drei bis vier Packungen Kondome pro Monat auf; jede Packung enthält 100 Kondome.

Die als *Jungfrauenprämie* verzeichnete Einnahme erfordert eine nähere Erklärung. Manche Kunden, insbesondere Chinesen und Thais chinesischer Abstammung, sind bereit, sehr große Summen für Sex mit einer Jungfrau zu bezahlen. Diese ausgeprägte Vorliebe hat zwei Gründe: Der erste ist der alte chinesische Glaube, Sex mit einer Jungfrau stärke die Manneskraft und verlängere das Leben. Man hält die Jungfräulichkeit eines Mädchens für eine Quelle des *Yang* (Kühle), mit dem das *Yin* (Wärme) des Alterns abgeschwächt und hinausgezögert werden kann. Wohlhabende Chinesen und Thais chinesischer Abstammung (wie auch chinesische Sextouristen aus Taiwan, Singapur, Malaysia und Hongkong) versuchen, möglichst oft Sex mit Jungfrauen zu haben; und sie bezahlen gut dafür. Kommt ein neues Mädchen im Bordell an, wird sie nicht zusammen mit den anderen Prostituierten im Präsentierraum ausgestellt, sondern in einem anderen Zimmer, dem *hong bud boree sut* (»Raum der Entschleierung von Jungfrauen«), festgehalten. Hier präsentiert man sie dann, unter Umständen zusammen mit anderen Kindern; ihren Preis handelt man mit dem Zuhälter aus. Für die Defloration einer Jungfrau bezahlen diese Männer zwischen 5.000 und 50.000 Baht ($ 200 bis 2.000). Oft findet die Entjungferung fern vom Bordell in einem Hotelzimmer statt, das man für diese Gelegenheit anmietet. Der Zuhälter oder sein Gehilfe sind dabei oft zugegen, da es sich meist als notwendig erweist, das Mädchen zu schlagen, damit es sich unterwirft.

Der zweite Grund, weshalb das Bordell eine Jungfrauenprämie verlangen kann, ist die allgemeine Angst vor HIV/Aids. Auch wenn thailändische Männer oder andere Nichtchinesen nicht an Yin und Yang glauben, fürchten sie doch eine HIV-Infektion. Man unterstellt, Jungfrauen könnten nicht von dem Virus befallen sein, und selbst nachdem ein Mädchen seine Jungfräulichkeit verloren hat, läßt sie sich immer noch als »rein« oder »frisch« verkaufen. Eine junge Birmesin erzählte, sie sei vier verschiedenen Kunden als Jungfrau verkauft worden. Je jünger das Mädchen ist oder aussieht, desto mehr kann man für sie verlangen, wie das bei Siri der Fall war. Unter Umständen zahlt auch ein höherklassiger Sexbetrieb eine solche Prämie an das Bordell. Bei speziellen »Clubs nur für Mitglieder« oder Massagesalons geht vielleicht die Bestellung eines Kunden ein, der eine Jungfrau, ein unverdorbenes Mädchen oder ein Kind wünscht. Falls das Bordell nicht über ein passendes junges Mädchen verfügt, setzt man meist einen Vermittler ein, der eines anwirbt oder, wenn es schnell gehen muß, entführt. Die teureren Etablissements wollen in der Regel nicht in die Beschaffung verwickelt werden und sind bereit, Bordelle zu bezahlen, die junge Mädchen aufspüren. Wurde das Mädchen auf diese Weise eingesetzt, läßt man sie anschließend zusammen mit den anderen Prostituierten im Bordell arbeiten und zum normalen Gewinn beitragen.

Dieser Gewinnfluß macht die Sexsklaverei äußerst einträglich. Das »Ewig gedeihende« Bordell bringt jährlich einen Nettogewinn von etwa 26.400.000 Baht ($ 1.056.000) ein, das ergibt eine Rendite von 856 Prozent auf das eingesetzte Kapital. Der Schlüssel für diese Gewinnspanne sind die niedrigen Kosten pro Mädchen. Für ein neues Mädchen sind 100.000 Baht hinzulegen; das entspricht einem Kapitaleinsatz von weniger als fünf Prozent eines Monatsgewinns. Allein über den Verkauf ihres Körpers und die Miete, die das Mädchen entrichten muß, holt das Bordell den Kaufpreis innerhalb von zwei oder drei Monaten wieder herein. In der Sexindustrie macht der Sklavenhalter den größten Profit. Freiwillige Prostituierte in Nachtklubs und Massagesalons verlangen höhere Preise, haben aber nur

drei bis fünf Kunden pro Tag. Mädchen, die sich über einen »Gesell-
schafterinnen«-Service vermarkten, haben vielleicht nur einen Kunden pro Nacht. Freiwillige Sexarbeiterinnen behalten einen weit größeren Teil des eingenommenen Geldes, und sie können in gewissem
Umfang darüber bestimmen, wen sie als Kunden akzeptieren. Im
Gegensatz dazu führt die totale Kontrolle des Sklavenhalter über die
Prostituierte, was die Zahl der zu bedienenden Kunden und die Einnahmen angeht, zu sehr hohen Gewinnen. Es gibt keine verläßlichen
Schätzungen, welche Bedeutung die Sexindustrie für die thailändische Wirtschaft hat, und über die Zahl der im Sexgeschäft Tätigen
wird heftig diskutiert. Doch wenn wir uns Mädchen wie Siri ansehen, also die schätzungsweise 35.000 Mädchen, die in Schuldknechtschaft gehalten werden, sind die von ihnen erwirtschafteten Profite
gewaltig. Falls die anderen Bordelle nach dem gleichen Muster arbeiten wie das »Ewig gedeihende«, macht man mit diesen Mädchen
einen jährlicher Gewinn von mehr als 46 Milliarden Baht ($ 1,85 Mil-
liarden). Allerdings ist gegen diesen Profit ein anderer Kostenfaktor
aufzurechnen: der Preis, den diese Mädchen mit ihrem Körper, ihrer
Seele und ihrer Gesundheit bezahlen.

WEGWERFKÖRPER

Mädchen sind so billig, daß es wenig Gründe gibt, langfristig für sie
zu sorgen. In den Bordellen gibt man selten Geld für Medikamente
oder medizinische Vorsorge aus, da die Mädchen nur relativ kurze
Zeit – zwei bis fünf Jahre – in Schuldknechtschaft arbeiten. Dann
hat man den größtmöglichen Gewinn aus dem Mädchen gezogen;
nun ist es kosteneffektiver, es loszuwerden und durch ein neues zu
ersetzen. Kein Bordell will die Verantwortung für ein krankes oder
sterbendes Mädchen übernehmen.

Hauptsächlich zwei Gefahren drohen dem körperlichen Wohlergehen versklavter Mädchen in Bordellen: Gewalt und Krankheit.
Gewalt – die Versklavung wird durch Vergewaltigungen, Schläge und

Drohungen erzwungen – ist allgegenwärtig. Sie dient dazu, sie an ihren neuen Status als Sexsklavin zu gewöhnen. Praktisch alle befragten Mädchen erzählten die gleiche Geschichte: Nachdem man sie als Jungfrau ins Bordell oder zu ihrem ersten Kunden gebracht hatte, wurden jeder Widerstand, jede Verweigerung mit Schlägen und Vergewaltigungen beantwortet. Einige Mädchen berichteten, unter Drogen gesetzt worden zu sein, bevor man über sie herfiel; andere erzählten, man habe sie mit vorgehaltener Waffe zur Unterwerfung gezwungen. Der sofortige und gewalttätige Einsatz von Terror ist der erste Schritt zu einer erfolgreichen Versklavung. Nachdem sie ins Bordell geschafft wurden, befinden die Mädchen sich stundenlang in einem Zustand des Schmerzes und Schocks. Wie andere Folteropfer stumpfen sie oft ab und sind wie gelähmt – wenn nicht körperlich, so doch seelisch. Für die jüngsten Mädchen, die kaum verstehen, was mit ihnen geschieht, ist die Traumatisierung überwältigend. Niedergeschlagen und gebrochen, haben sie oft kaum eine Erinnerung an das, was geschehen ist.

Nach dem ersten Überfall ist das Mädchen kaum mehr fähig, Widerstand zu leisten, doch die Gewalt hört niemals auf. Im Bordell werden alle Fragen letztlich durch Gewalt und Terror entschieden. Es wird nicht argumentiert, Einspruch ist nicht möglich. Ein unzufriedener Kunde bringt ihr Schläge ein, ein sadistischer Kunde bedeutet noch mehr Schmerzen; um sie leichter einschüchtern und betrügen zu können, läßt der Zuhälter die Prostituierten willkürlich seine Brutalität spüren. Die Mädchen müssen alles tun, was der Zuhälter verlangt, wollen sie nicht geschlagen werden. Es gibt kein Entkommen. Ein Mädchen erzählte, ihr Zuhälter habe sie, nachdem er sie bei einem Fluchtversuch ertappt hatte, geschlagen und danach in den Präsentierraum geschleppt; dort habe er sie zusammen mit zwei Helfern vor den Augen aller anderen Mädchen weiter verprügelt. Anschließend habe man sie für drei Tage und Nächte ohne Nahrung und Wasser in einem Raum eingesperrt. Nach ihrer »Befreiung« habe sie sich sofort wieder an die Arbeit machen müssen. Zwei andere Mädchen, die einen Fluchtversuch gewagt hatten, berichteten,

die Zuhälter hätten sie nackt ausgezogen und mit Metallkleiderbü-
geln verprügelt. Wenn ein Mädchen entkommt, dient sich die Polizei
als Sklavenfänger an; sobald man sie wieder eingefangen hat, werden
die Mädchen im Polizeirevier oft geschlagen oder mißbraucht, ehe
man sie ins Bordell zurückschickt. Den meisten wird bald klar, ihre
einzige Hoffnung auf Befreiung besteht darin, dem Zuhälter zu gefallen und irgendwie ihre Schulden abzustottern.

Mit der Zeit schwinden Verwirrung und Ungläubigkeit; zurück
bleiben Furcht, Resignation und eine Spaltung in der Wahrnehmung
der Verbindung zwischen Körper und Seele. Nun unternimmt das
Mädchen alles nur Erdenkliche, um den Schmerz zu lindern und sich
innerlich auf ein Leben einzustellen, das darauf hinausläuft, von fünfzehn Männern am Tag benutzt zu werden. Die Reaktion auf diesen
Mißbrauch nimmt viele Formen an: Lethargie, Aggressivität, Selbst-
verachtung und Suizidversuche, Verwirrung, Onanie, Depression,
voll entwickelte Psychosen und Wahnvorstellungen. Mädchen, die
befreit und in Heime gebracht wurden, wiesen alle diese Symptome
auf. Wie Rehabilitationshelfer berichten, leiden die Mädchen an
emotionaler Instabilität; sie vertrauen keinem und sind unfähig,
Beziehungen einzugehen, sich wieder an die Welt außerhalb des
Bordells anzupassen oder normal zu lernen und sich zu entwickeln.
Leider ist psychologische Beratung in Thailand praktisch unbe-
kannt, da ein starker kultureller Druck besteht, alle psychischen
Schwierigkeiten zu verbergen; mit den aus Bordellen befreiten Mädchen wird kaum psychologisch gearbeitet. Die langfristigen Auswirkungen dieser traumatischen Erfahrungen sind nicht bekannt.

Von den körperlichen Krankheiten, die die Mädchen sich zuzie-
hen, können wir uns eine klarere Vorstellung machen. Zahlreiche
Krankheiten werden durch sexuelle Kontakte übertragen, und Prostituierte infizieren sich mit den meisten. Mehrfachansteckungen
schwächen das Immunsystem, so daß Infektionen sich leichter fest-
setzen. Falls die Krankheit ihre Fähigkeit zum Sexualverkehr beeinträchtigt, unternimmt man vielleicht etwas, doch ernste chronische
Erkrankungen bleiben meist unbehandelt. Auch Empfängnisverhü-

tung fügt den Mädchen oft Schäden zu. Manche Sklavenhalter ver-
abreichen eigenhändig und ohne Unterbrechung Kontrazeptiva; die
monatlichen Placebopillen halten sie zurück. Dadurch menstru-
ieren die Mädchen nicht mehr, können also mehr Nächte pro Monat
arbeiten. Manchen Mädchen gibt man drei oder vier Antibabypillen
pro Tag; anderen verabreicht der Zuhälter oder der Buchhalter Injektionen mit Depo-Provera. Unter Umständen wird dabei für alle
Mädchen ein und dieselbe Spritze verwendet und auf die Weise
Aids von einer auf die nächste übertragen. Die meisten Mädchen,
die schwanger werden, schickt man zur Abtreibung. Da der Eingriff
in Thailand illegal ist, wird er von einem Kurpfuscher vorgenom-
men – mit all den bekannten Risiken. Einige Frauen werden gerade
dann zur Arbeit angehalten, wenn sie schwanger sind, da manche
thailändischen Männer Sex mit einer Schwangeren wünschen. Wenn
das Kind zur Welt kommt, nimmt man es ihr weg; möglicherweise
verkauft der Bordellbesitzer es. Die Frau aber muß weiterarbeiten.

Es überrascht daher nicht, daß unter den versklavten Prostituierten HIV/Aids epidemisch auftritt. Mittlerweile weist Thailand
die weltweit höchste Rate an HIV-Infektionen auf. Offiziell räumt
die Regierung 800.000 Fälle ein, Mitarbeiter des Gesundheitswe-
sens sind jedoch davon überzeugt, daß es mindestens doppelt so
viele sind. Der Experte Mechai Veravaidya, der Kampagnen zur Ge-
burtenkontrolle durchführt und dabei so erfolgreich ist, daß *mechai*
im Thailändischen heute für Kondom steht, sagt voraus, 2001 werde
es 4,3 Millionen HIV-Infizierte geben.[12] Die Epidemie ist inzwischen nicht mehr auf die Hochrisikogruppen der im Sexgeschäft
Tätigen und der Drogenkonsumenten beschränkt, bei denen die In-
fektionsrate in manchen Gebieten bereits 90 Prozent erreicht hat.
Die Gruppe mit dem höchsten Zuwachs an HIV-Infektionen stellen
heute Frauen, die sich infolge der Besuche ihrer Männer bei Prostituierten mit dem Virus anstecken. In manchen ländlichen Dörfern,
in denen Mädchenhandel an der Tagesordnung ist, liegt die Infek-
tionsrate bei über 60 Prozent. Neuere Forschungsergebnisse legen
den Schluß nahe, daß ein Mädchen desto anfälliger für HIV ist, je

jünger es ist, da sich noch keine schützende Vaginalschleimhaut gebildet hat. Zwar läßt die Regierung Kondome verteilen, doch manche Bordelle verlangen von ihren Kunden nicht, sie zu verwenden. Viele junge Mädchen wissen kaum etwas von Aids und wie die Krankheit übertragen wird. Manche empfinden den Gebrauch von Kondomen als zu schmerzhaft, wenn sie zehn bis fünfzehn Männer pro Abend bedienen müssen. In Wirklichkeit kann die durch wiederholten Sex mit Kondom verursachte Schädigung der Vagina sogar zu einer erhöhten Ansteckungsgefahr führen, wenn es anschließend zu ungeschütztem Sex kommt. Selbst in Bordellen, in denen man Kondome verkauft oder ihren Gebrauch verlangt, können die Mädchen ihre Kunden nicht dazu zwingen, sie zu verwenden. Die meisten Dörfer im Norden beherbergen junge Mädchen und Frauen, die aus Bordellen zurückgekehrt sind, um an Aids zu sterben. Dort werden sie manchmal gemieden und gelegentlich aus dem Dorf gejagt. Zwar gibt es einige Wohltätigkeitsorganisationen und von der Regierung betriebene Rehabilitationszentren, die mit ehemaligen Prostituierten und HIV-positiven Frauen arbeiten, doch sie können nur einen winzigen Bruchteil der Frauen in Not aufnehmen. Was die meisten außerhalb des Bordells erwartet, ist kein Leben mehr, und manche bleiben sogar dann dort, wenn sich ihnen die Möglichkeit bietet, es zu verlassen.

FÜR ETWAS ANDERES TAUGEN WIR JETZT NICHT MEHR

Gelegentlich ordnet die Regierung eine Razzia in einem Bordell an und nimmt alle Mädchen in Gewahrsam. Allerdings ist das eine reine Alibiaktion, wenn Zeitungsberichte oder Rücksichten auf das Ausland es erforderlich erscheinen lassen. Während solcher Razzien verstecken sich die Prostituierten oder fliehen vor der Polizei. Da diese normalerweise mit den Sklavenhaltern zusammenarbeitet, fürchten die Mädchen das Schlimmste und rechnen nicht damit, befreit zu werden. Videoaufnahmen derartiger Aktionen zeigen Mädchen, gelähmt vor Angst und Schock, die wie betäubt im Präsentierraum oder später in Polizeizellen sitzen. Manchmal bringt man sie in eine Notaufnahme, doch die Betreuer in der Rehabilitation mußten die Erfahrung machen, daß einige von ihnen nicht davon abzuhalten sind, wieder ins Bordell zurückzulaufen. Ein Mitarbeiter einer solchen Zufluchtsstätte erklärte: »Wenn die Mädchen zu uns gebracht werden, sagen wir ihnen: ›Ihr braucht keine Scheibe einzuschlagen, um abzuhauen. Schaut, wir gehen jetzt alle zum Arzt, der euch untersucht; die Tür ist offen, ihr könnt gehen, wenn ihr wollt.‹ Es hat einfach keinen Sinn, sie gegen ihren Willen hierzubehalten.«[13]

Die vielschichtige Beziehung zwischen Sklave und Sklavenhalter erklärt, weshalb eine junge Prostituierte nach einer so grausamen Behandlung wieder ins Bordell zurückläuft. Von außen betrachtet, mag es ganz einfach erscheinen: Eine Person bringt andere durch Gewalt unter ihre Kontrolle und nimmt ihnen so ihre Freiheit. Doch Sklaven müssen als solche weiterleben; sie müssen eine Möglichkeit finden, sich an ihre Versklavung anzupassen. Natürlich kann jede Anpassung an den Schrecken ihrerseits schrecklich sein. Der Psychologe R. D. Laing erklärte, manche Arten geistiger Erkrankungen seien Strategien, die »jemand erfindet, um eine unerträgliche Situation ertragen zu können«.[14] In den Bordellen selber flüchtet etwa die Hälfte der Sexsklavinnen sich in eine Art Schockzustand und völligen Rückzug; die andere Hälfte findet zu einer aktiveren Anpassung, die eine enge Identifikation mit dem Zuhälter oder Sklavenhalter einschließen kann. Diese Resignation, diese Selbstaufgabe haben den großen Vorteil, daß sie die Gewalt mindern, die die Prostituierten erdulden müssen. Sobald sie zu dem Schluß gekommen sind, es sei unmöglich zu entkommen, sind sie zu jeder Handlung, jeder Unterwerfung bereit, die den Schmerz lindert und das Leben ein wenig erträglicher macht, gleichgültig, wie erniedrigend oder unlogisch das sein mag. Ob ein Mädchen sich anpaßt oder aber sich in sich selbst verschließt, hängt möglicherweise davon ab, wieviel es vor seiner Ankunft über das Leben im Bordell wußte. Manche Eltern geben zu, daß ihnen sehr wohl bewußt ist, was mit ihren Töchtern geschieht, wenn sie sie verkaufen. Und selbst manchen Mädchen ist klar, daß sie wahrscheinlich Prostituierte werden; sie wissen auch, was das bedeutet. Diesen Mädchen dürfte eine Anpassung leichter fallen. Andere hingegen, vor allem sehr junge, rechnen damit, in Fabriken oder Restaurants zu arbeiten. Sie haben vielleicht von Prostitution gehört, können sich jedoch kaum oder gar nicht vorstellen, was das wirklich bedeutet. Für diese Mädchen können körperliche Übergriffe und Vergewaltigungen vernichtend sein, und dann flüchten sie sich möglicherweise in einen Schockzustand und Abstumpfung.

In der Welt, in der sie leben, gibt es wie in der Welt des Konzentrationslagers nur jene, die über vollkommene Macht verfügen, und jene, die vollkommen machtlos sind. Belohnung und Strafe haben ein und denselben Ursprung: den Zuhälter. Häufig erscheint es den Mädchen als gute Strategie, eine Beziehung zum Zuhälter aufzubauen. Obwohl es sich um Schlägertypen handelt, stützen sie sich auch noch auf andere Kontrollmethoden als auf Gewalt. Sie verstehen es, zu manipulieren und Unsicherheit sowie Abhängigkeit zu verstärken. Zeitweilig können sie freundlich sein und einem Mädchen Zuneigung zeigen, um seine Fügsamkeit und sein Vertrauen zu steigern. Auch durch kulturelle Normen sind die Sexsklavinnen auf Kontrolle und Unterwerfung vorbereitet. Man hält dem Mädchen vor Augen, wie ihre Eltern leiden werden, wenn es sich nicht fügt und hart arbeitet, oder wie sehr die Schulden auf den Eltern lasten und daher zurückgezahlt werden müssen. Immer wieder wird ihm die Notwendigkeit eingehämmert, sich unterzuordnen und die Verpflichtungen der Familie gegenüber auf sich zu nehmen. In Thailand sind die Geschlechterrollen eindeutig festgelegt, und von Frauen erwartet man, daß sie zurückhaltend, unterwürfig und gehorsam sind. Und das bekommen die Mädchen auch oft genug zu hören. Die Religion wirkt ebenfalls in diesem Sinne auf sie ein. Gemäß der Lehre des thailändischen Buddhismus muß jeder durch sein Leiden in diesem Leben die karmische Schuld abtragen, die er in früheren Leben auf sich geladen hat. Derlei Glaubensvorstellungen bringen die

Mädchen dazu, sich nach innen zu wenden, sobald ihnen bewußt wird, daß sie in vergangenen Leben schreckliche Sünden begangen haben müssen, die ihnen Versklavung und Mißbrauch eingetragen haben. Ihre Religion drängt sie dazu, dieses Leiden anzunehmen, sich damit abzufinden, und sich mit ihrem Schicksal auszusöhnen.

So werden die Mädchen zu willigen Sklavinnen, verläßlich und gehorsam. Als ich Siri traf, hatte sie gerade die unsichtbare Trennlinie zwischen Widerstand und Unterwerfung überschritten. Zwar war sie erst fünfzehn, doch sie hatte sich mit ihrem Leben als Prostituierte abgefunden. Es sei ihr Karma, erklärte sie, und sie betete jeden Tag zu Buddha, um es annehmen zu können. Früher hat sie zu fliehen versucht, jetzt träumt sie davon, genug Geld zu verdienen, um in ihrem Dorf ein Haus bauen zu können. Ihre Wut und ihre Abneigung haben sich in nichts aufgelöst, und sie geht willig auf die Wünsche des Zuhälters ein. Zudem ist sie stolz auf ihr Aussehen und auf ihren höheren Preis. Da sie keinen Widerstand mehr leistet, erlaubt man ihr nun, das Bordell zu verlassen, wenn sie den Tempel aufsuchen will. In seiner Beherrschung Siris hat der Zuhälter eine mächtige Verbündete: ihre Mutter. Als wir ankamen, hielt diese sich gerade für einige Tage im Bordell auf. Auf die Bitte des Zuhälters hin war sie aus ihrem Dorf heruntergekommen, als Siri sich einer Operation unterziehen mußte. (Zwar wollte Siri uns nicht sagen, welche Art von Eingriff das gewesen war, aber sie erklärte, 10.000 Baht dafür bezahlt zu haben.) Der Zuhälter machte sich Sorgen, Siri könnte während ihrer Genesungszeit auf die Idee kommen, sich abzusetzen. Ihre Mutter hielt solche Gedanken nachdrücklich in Schach, indem sie Siri zwar pflegte, sie jedoch zugleich an ihre Pflicht erinnerte, die Schulden sowohl beim Bordell als auch bei ihren Eltern abzutragen. Irgendwann erlaubt der Zuhälter Siri wahrscheinlich, wie einige andere Mädchen auch zu Hause Ferien zu machen. Es besteht kaum Gefahr, daß sie weglaufen, denn sie alle wissen, der Zuhälter kann sie immer in ihrem Dorf finden; sie sind überzeugt, er werde sie aufspüren, wohin auch immer sie fliehen.

Dieser Glaube an einen allwissenden Zuhälter wird durch die

weiteren, entfernteren Beziehungen der Mädchen zu Sklavenhaltern und Behörden bekräftigt. Vom Polizisten, der täglich ins Bordell kommt, über den Polizeichef der Stadt oder des Distrikts bis zum politischen Vorgesetzten, dem der Polizeichef verantwortlich ist, und so weiter, die Regierungsleiter hinauf: Die Staatsmaschinerie ist zugleich die Maschinerie der Versklavung. Das soll nicht heißen, die Polizei oder die Behörden würden unmittelbar Mädchen in Bordellen versklaven; vielmehr bieten sie den Sklavenhaltern ein System von Schutz- und Strafmaßnahmen, das die Sklaverei überhaupt erst möglich macht. Auf allen Ebenen der Regierung sind deren Vertreter blind für das Verbrechen der Sklaverei. Laut kodifiziertem Recht gibt es zahlreiche Gesetze, die jedoch nicht angewandt werden: Sie verbieten den Handel mit Frauen, Prostitution, Vergewaltigung, sexuellen Mißbrauch Minderjähriger, die Einrichtung von Bordellen, Entführung, Zwangsarbeit, Schuldknechtschaft und Sklaverei. Einige der Beamten profitieren von Schmiergeldern, andere gehen selbst regelmäßig ins Bordell. Das Ergebnis ist ein inoffizielles, aber höchst effizientes System, um die sexuelle Sklaverei staatlich durchzusetzen. Die Macht der Polizei stärkt die des Zuhälters außerordentlich. 1992 räumte der thailändische Premierminister Chuan Leekpai ein, daß »das Problem [der sexuellen Versklavung] nicht so groß wäre, wenn jene, die über Waffen verfügen und dem Gesetz Geltung verschaffen, nicht darin verwickelt wären«, doch er fügte hinzu, er werde, »wenn das Problem nicht zu lösen ist, die Behörden nicht anweisen, es in Angriff zu nehmen«.[15] Wenn sich überhaupt etwas getan hat, dann, daß die Beteiligung der Polizei seit 1992 eher noch zugenommen hat.[16]

An dem Tag, an dem Chuan diesen Kommentar abgab, deckte man in Songkhla einen tragischen Mord auf, der die Verbindungen zwischen Polizei und Bordellbesitzern aufzeigte.[17] Passawara Samrit, eine junge thailändische Prostituierte aus der im Norden gelegenen Stadt Chiangmai, wurde mit durchschnittener Kehle tot aufgefunden. Nachdem sie von ihrem Zuhälter und der Polizei mit dem Tod bedroht worden war, da sie versucht hatte, aus dem Bordell zu fliehen, suchte Passawara im örtlichen Krankenhaus Zuflucht und bat

um Hilfe. Mitarbeiter des Krankenhauses brachten sie zur Wohl-
fahrtsabteilung in der Provinzverwaltung von Songkhla, und die
dortigen Beamten riefen die Polizei. Gegen Ende des Tages ging Passawara, die sich noch immer im Büro der Wohlfahrt aufhielt, auf die
Toilette – und verschwand. Am nächsten Morgen fand man ihre Leiche. Ausführliche Presseberichte machten es der Polizei unmöglich,
den Mord zu vertuschen, und binnen eines Monats klagten die Ermittler sechs Männer an: zwei Verwaltungsbeamte der Provinz, zwei
Polizisten, den Schwiegersohn des Bordellbesitzers sowie den Zuhälter. Ein parlamentarischer Untersuchungsausschuß kam zu dem
Ergebnis, das örtliche Polizeirevier habe regelmäßig Zahlungen von
dem Bordellbesitzer erhalten. Nach der Untersuchung wurden zwanzig Polizisten wegen Untätigkeit und weil »sie es zu unangenehmen
Vorkommnissen hatten kommen lassen«, versetzt.[18]

WEGLAUFEN, UM ERNEUT VERHAFTET ZU WERDEN

Vielleicht führt derselbe wirtschaftliche Aufschwung, der die Nachfrage nach Prostituierten ansteigen ließ, irgendwann zu einem Ende
der Sexsklaverei in Thailand. Das industrielle Wachstum brachte
auch mehr Arbeitsplätze für Frauen mit sich. Der Schulbesuch
nimmt zu, und im ganzen Land werden die Möglichkeiten der Berufsausbildung auch von Frauen und jungen Mädchen immer häufiger genutzt. Unwissen und Armut, auf denen die Versklavung von
Frauen beruht, verschwinden allmählich, und besser ausgebildete
Mädchen fallen nicht so leicht auf die Versprechungen der Vermittler herein. Die traditionellen Verpflichtungen der Familie einschließlich der Gehorsamspflicht den Eltern gegenüber verlieren ebenfalls
an Wirksamkeit. Die Industrialisierungswelle, die inzwischen auch
den Norden Thailands erfaßt, führt zu tiefgreifenden Veränderungen. Fernsehsendungen, die sie auf dem Gerät verfolgen, das mit
dem Erlös aus dem Verkauf der Tochter angeschafft wurde, übermit-
teln vielleicht warnende Botschaften an ihre jüngeren Schwestern.

Wenn sie mehr über neue Arbeitsplätze, HIV/Aids und das Schicksal der Frauen in den Bordellen erfahren, weigern sich die Mädchen aus dem Norden, ihren Schwestern in den Süden zu folgen. Am besten funktioniert die Sklaverei, wenn es kaum Alternativen gibt, und durch Erziehung und Medien werden den thailändischen Mädchen die Augen für eine Welt geöffnet, in der ihnen auch andere Möglichkeiten offenstehen.

Den Sklavenhaltern erwächst daraus ein ernstes Problem. Sie sehen sich einer wachsenden Nachfrage nach Prostituierten gegenüber, während der Nachschub allmählich versickert – der Preis für junge Thailänderinnen steigt bereits. Die einzige Lösung ist, sich anderswo umzusehen – in Gebieten, in denen immer noch Armut und Unwissenheit herrschen. Tatsächlich ist nichts leichter als das, denn es gibt nach wie vor große Bevölkerungsgruppen, die unterdrückt, isoliert und so verzweifelt sind, daß sie den Versprechungen der Vermittler glauben. Von Birma im Westen bis nach Laos im Osten kommen Tausende von Wirtschaftsflüchtlingen und politisch Verfolgten, die Arbeit suchen. Als illegale Ausländer sind sie wehrlos. Die Methoden, die so gut zur Verfrachtung thailändischer Mädchen in Bordelle taugten, werden erneut angewandt, nun über die Grenzen hinweg. Ermittler von Human Rights Watch, die 1993 eine spezielle Untersuchung zu diesem Menschenschmuggel durchführten, erklären:

Der Schmuggel birmanischer Frauen und Mädchen nach Thailand ist entsetzlich, was seine Effizienz und Unbarmherzigkeit angeht. Die von den Bordellbesitzern beauftragten Agenten dringen, getrieben von dem Wunsch nach Profitmaximierung und der Angst vor HIV/Aids, in immer entlegenere Gebiete Birmas vor, um arglose Frauen anzuheuern. Besonders gefragt sind Jungfrauen, da sie höhere Preise erzielen und Sicherheit vor sexuell übertragbaren Krankheiten suggerieren. Die Agenten versprechen den Frauen und Mädchen Jobs als Kellnerinnen oder Spülerinnen, gute Bezahlung und neue Kleider. Meistens begleiten

Familienangehörige oder Freunde die Mädchen bis zur Grenze
nach Thailand; dort erhalten sie von einem Beauftragten des
Bordells eine Zahlung von 10.000 bis 20.000 Baht. Dieser Betrag
wird als Schuld verbucht und verdoppelt sich in der Regel durch
Zinsen; die Frauen und Mädchen müssen arbeiten, um sie abzutragen, allerdings nicht mit Servieren oder Geschirrspülen, sondern durch sexuelle Knechtschaft.[19]

Sobald sie erst im Bordell sind, befinden sie sich in der gleichen Lage
wie die versklavten thailändischen Mädchen, nur daß es für sie noch
schlimmer ist: Da sie kein Thailändisch sprechen, sind sie noch viel
stärker isoliert und als illegale Ausländerinnen dem Mißbrauch in
noch höherem Maße ausgeliefert. Immer wieder erklären die Zuhälter ihnen, sie würden verhaftet, sobald sie einen Fuß vor die Tür des
Bordells setzten. Und verhafteten Mädchen aus Birma und Laos
werden keinerlei Rechte eingeräumt. Oft hält die Polizei sie ohne
Anklage oder Verhandlung willkürlich für lange Zeit fest. Eine von
jeher tiefsitzende Abneigung zwischen Thailändern und Birmanern
macht eine Diskriminierung noch wahrscheinlicher, und man
springt nach Belieben mit ihnen um. Frauen aus Birma stehen sogar
noch unter den schlecht gestellten Thailänderinnen. Als er erklären
wollte, weshalb so viele Birmaninnen in den Bordellen von Ranong
im Süden Thailands festgehalten würden, stellte der regionale Polizeichef fest:»Meiner Meinung nach ist es eine Schande, wenn man
Birmanern [sie arbeiten in der örtlichen Fischindustrie] gestattet,
thailändische Prostituierte aufzusuchen. Deshalb ließ ich es zu, daß
birmanische Prostituierte hier arbeiten.«[20]

Besonders macht den Frauen aus Birma und Laos die Gefahr
Angst, sofort wieder als Sklavin zurückgebracht zu werden, wenn sie
die»Drehtür« an der Grenze erreichen. Fliehen sie oder werden sie
von den Bordellbesitzern abgeschoben, dann fallen sie unvermeid-
lich binnen kurzem der Polizei auf, da sie kein Fahrgeld haben und
die Sprache nicht beherrschen. Und kaum hat man sie aufgegriffen,
steckt man sie in die Haftanstalt zu Frauen, die bei den regelmäßigen

Razzien in Bordellen festgenommen und mit nichts als den Kleidern am Leib verhaftet wurden. In den örtlichen Gefängnissen hält man die ausländischen Frauen bis zu acht Monate ohne Anklage fest; in dieser Zeit müssen sie sexuelle und andere Übergriffe der Polizisten ertragen. Irgendwann werden sie vielleicht zum Immigration Detention Center (Haftanstalt für illegale Einwanderer) in Bangkok oder in die Erziehungsanstalt in Pakkret gebracht. An beiden Orten gehen der Mißbrauch und die Erpressung durch das Aufsichtspersonal weiter, und manche Mädchen verkauft man von dort aus wieder in Bordelle. Für eine Ausweisung ist kein Gerichtsverfahren erforderlich, doch viele Frauen werden angeklagt und wegen Prostitution oder illegaler Einreise verurteilt. Die Verhandlungen werden ohne Übersetzer in thailändischer Sprache geführt, und bei einem Schuldspruch werden Geldstrafen verhängt. Haben die Frauen kein Geld, um die Strafen zu bezahlen (und das ist meist der Fall), schickt man sie in ein Arbeitsgefängnis, um es zu verdienen. Dort stellen sie bis zu zwölf Stunden täglich Glühbirnen oder Plastikblumen her; die Gefängnisbeamten entscheiden, wann sie soviel verdient haben, daß ihre Strafe als bezahlt gilt. Anschließend schickt man die Frauen zurück in die Polizeizellen oder ins Immigration Detention Center. Die meisten hält man fest, bis sie ihre Reisekosten bezahlen können (illegale Ausländer sind gesetzlich verpflichtet, ihre eigene Abschiebung zu finanzieren); andere werden ohne viel Federlesen abgeschoben.

An der Grenze zwischen Thailand und Birma geht es besonders chaotisch und gefährlich zu. Die birmanische Militärdiktatur kontrolliert nur einen Teil der Region, andere Gebiete sind in der Hand von Stammesmilizen oder Kriegsherrn. Nach ihrer Ankunft an der Grenze werden die Personen, die abgeschoben werden sollen, von der Einwanderungspolizei für weitere drei bis sieben Tage in Zellen gesperrt. In dieser Zeit erpressen die Polizisten Geld und mißhandeln die Insassinnen köperlich und sexuell. Außerdem nutzen die Polizeibeamten die Zeit, um sich mit Bordellbesitzern und Vermittlern abzusprechen und ihnen Datum und Ort der Deportation mitzuteilen. Am Tag der Abschiebung fährt man die Gefangenen einige

Stunden weit an der Grenze entlang aufs offene Land, weitab von jedem Dorf, und wirft sie dann aus den Viehtransportern, in denen man sie befördert hat. Meilen entfernt von jeder Hauptstraße setzt man sie im Dschungel aus, ohne ihnen Nahrungsmittel oder Wasser zu geben; sie haben keine Vorstellung, wo sie sind und wie sie nach Birma kommen sollen. Kaum ist die Einwanderungspolizei verschwunden, machen Agenten und Vermittler, die nach Absprache mit der Polizei den Lastwagen aus den Städten gefolgt sind, sich an die Frauen heran, bieten ihnen Arbeit und die Fahrt zurück nach Thailand an. In den Augen der im Dschungel ausgesetzten Frauen ist dieses Angebot ihre einzige Chance. Einige, die sich weigern, werden einfach mißhandelt und entführt. In jedem Fall beginnt der Kreislauf von Schuldknechtschaft und Prostitution von neuem.

Schaffen sie es doch nach Birma, haben die Frauen Gefängnis oder Schlimmeres zu erwarten. Kaum greifen birmanische Grenzpatrouillen sie auf, klagt man sie wegen »illegaler Ausreise« aus Birma an. Falls sie die Geldstrafe nicht bezahlen können, was bei den meisten der Fall ist, müssen sie ein halbes Jahr lang Schwerarbeit leisten. Alle, die verurteilt werden, müssen ins Gefängnis – Männer, Frauen und Kinder. Wird ein Mädchen oder eine Frau verdächtigt, als Prostituierte gearbeitet zu haben, muß sie unter Umständen mit einer zusätzlichen Anklage sowie einer langen Haftstrafe rechnen. Frauen, bei denen man HIV diagnostiziert hatte, wurden von den Vollstreckungsbeamten der birmanischen Militärdiktatur ins Gefängnis geworfen und hingerichtet. Nach Angaben von Human Rights Watch existieren glaubwürdige Berichte, daß »Abgeschobene routinemäßig festgenommen und ins Gefängnis gebracht werden, wo sie Mißhandlungen ausgesetzt sind und von den Militärs gezwungen werden, als Lastenträger für sie zu arbeiten. Mitarbeiter der Vereinten Nationen, internationale Hilfsorganisationen und Regierungen dokumentierten die Folterungen, Vergewaltigungen und Hinrichtungen ausführlich.«[21]

Die Lage an der östlichen Grenze Thailands zu Laos ist weit schwerer einzuschätzen. Diese Grenze ist viel durchlässiger, und in beiden Richtungen herrscht reger Grenzverkehr. Laotische Polizei, Regierungsvertreter und Gemeindevorsteher sind in den Menschenschmuggel verwickelt; sie arbeiten als Agenten und bezahlen Eltern in den einzelnen Ortschaften. Und sie bleiben straflos, da es für laotische Mädchen sehr schwierig ist, in ihre Dörfer zurückzufliehen; gelingt es ihnen dennoch, erweist es sich als gefährlich, gegen Polizisten oder Beamte auszusagen. Ein Informant teilte mir mit, einem zurückgekehrten Mädchen, das aussage, würde nicht geglaubt; zudem wäre sie als Prostituierte gebrandmarkt und man jage sie fort. Es sei unmöglich, den Vermittler bloßzustellen und zu bestrafen; das Mädchen müsse sich einfach in sein Schicksal fügen. Es ist nicht leicht festzustellen, wie viele laotische Frauen und Mädchen nach Thailand gebracht werden. Im Nordosten sprechen in der Regel viele Thailänder laotisch, daher ist nicht ohne weiteres zu erkennen, ob es sich bei einer Prostituierten um eine einheimische Thailänderin oder eine Laotin handelt. Als illegale Ausländerinnen werden Mädchen aus Laos stets behaupten, Einheimische zu sein; oft sind sie im Besitz falscher Papiere, um dies zu beweisen. In den Bordellen sieht ihr Leben um nichts anders aus als das der thailändischen Frauen.

»In ihren Augen waren diese Leute keine Menschen«

Über die Grenzen Thailands strömen Frauen und Mädchen in beide Richtungen.[22] Der Export versklavter Prostituierter ist ein fest etabliertes Geschäft, das für Nachschub in die Bordelle in Japan, Europa und Amerika sorgt. Nach einer Schätzung des thailändischen Außenministeriums lebten 1994 an die 50.000 thailändische Frauen illegal in Japan und arbeiteten dort als Prostituierte. Ihre Lage in diesen Ländern gleicht jener der birmanischen Frauen, die in Thailand festgehalten werden. Die Anwerbung von Frauen aus Thailand folgt dem vertrauten Muster. Nachdem man ihnen Arbeit als Putzfrauen, Hausangestellte, Spülerinnen oder Köchinnen versprochen hat, bezahlen die thailändischen Frauen und Mädchen hohe Gebühren an Arbeitsvermittler, um sich eine Stelle in den reichen Industrieländern zu sichern. Bei ihrer Ankunft werden sie mißhandelt und versklavt. Ihre Schuldverpflichtungen sind weit höher als die der in Thailand versklavten Prostituierten, da sie Flugtickets, Schmiergelder an Einwanderungsbeamte und die Kosten für falsche Pässe einschließen und manchmal auch noch die Summen, die man fremden Männern bezahlt, die sie heiraten und ihnen damit die Einreise erleichtern.

In den verschiedenen Ländern existieren unterschiedliche Formen sexueller Sklaverei. Mittels »Künstler«-Visa werden Mädchen als exotische Tänzerinnen in die Schweiz verfrachtet. Dort müssen sie neben ihrer Beschäftigung als Prostituierte auch als Stripteasetänzerinnen auftreten, um ihre sorgfältig formulierten Arbeitsverträge zu erfüllen. In Deutschland setzt man sie meist als Barmädchen ein, und der Barkeeper oder der Türsteher verkauft sie an die Männer. Manche steckt man einfach ins Bordell oder in von Zuhältern kontrollierte Wohnungen. In der Folge der in den achtziger Jahren begonnenen Sextouren der Japaner nach Thailand wurde Japan binnen kurzem zum größten Importeur thailändischer Frauen. Die Angst vor Aids ließ auch in Japan die Nachfrage nach Jungfrauen steigen. Aufgrund ihrer hohen Einkommen können japanische Männer beträchtliche Summen für junge Thailänderinnen vom Land ausgeben. Die Yakuza, wie das organisierte Verbrechen in Japan heißt, mischt in diesem Importgeschäft kräftig mit; gelegentlich schleusen sie die Frauen über Malaysia oder die Philippinen ein. In den Städten betreiben sie Bars und Bordelle und handeln mit Frauen aus Thailand. Diese werden zwischen Bordellen hin und her verkauft und mit äußerster Gewalt unter Kontrolle gehalten. Widerstand hat oft den Tod zur Folge. Da es sich um illegale Ausländerinnen handelt, die oft mit falschen Pässen einreisen, zögern japanische Banden nur selten, Mädchen zu töten, die Ärger machen oder kein Geld mehr bringen. Aus Japan abgeschobene Thailänderinnen berichten auch, die Banden machten die Mädchen häufig süchtig, damit sie gefügig werden.

Verbrecherbanden, meist Chinesen oder Vietnamesen, kontrollieren auch Bordelle in den USA, in denen Frauen aus Thailand als Sexsklavinnen festgehalten werden. Bei Polizeirazzien in New York, Seattle, San Diego und Los Angeles befreite man mehr als hundert Frauen und Mädchen.[23] In New York City hatte man dreißig thailändische Frauen in die oberen Stockwerke eines als Bordell genutzten Gebäudes gesperrt. Die Fenster waren mit Eisenstangen verbarrikadiert, und eine Reihe ferngesteuerter, gepanzerter Türen blockierte den Ausgang zur Straße. Bei Polizeirazzien wurden die Frauen in einem versteckten Raum im Tiefgeschoß zusammengepfercht. Im Verlauf des Gerichtsverfahrens sagte die Bordellbesitzerin aus, sie könne die Frauen umstandslos zu Preisen zwischen $ 6.000 und 15.000 kaufen. Für Zimmer und Verpflegung wurden den Frauen $ 300 pro Woche berechnet; sie arbeiteten von 11 Uhr morgens bis 4 Uhr morgens am nächsten Tag und wurden jeweils stundenweise an die Kunden verkauft. Auch chinesische und vietnamesische Gangster hatten ihre Finger mit im Spiel; sie kassierten Schutzgelder und fingen geflohene Prostituierte wieder ein. Die Banden besaßen ganze Ketten von Bordellen und Massagesalons; die Thailänderinnen wurden von einem zum anderen durchgereicht, um jeglichen Versuch einer Strafverfolgung aussichtslos zu machen. Einige Frauen verschwanden, nachdem man sie aus dem New Yorker Bordell befreit hatte – nur um einige Wochen später 3.000 Meilen entfernt in Seattle unter ähnlichen Umständen wieder aufzutauchen. Eine der geretteten Frauen aus Thailand, der man Arbeit in einem Restaurant versprochen hatte, ehe man sie versklavte, bezeugte, daß die Bordellbesitzer »etwas kauften und es in vollem Umfang nutzen wollten; in ihren Augen waren diese Leute keine Menschen«.[24]

Nach Nordamerika brachte man Thailänderinnen sowohl für Fabrikarbeit wie auch für käuflichen Sex. Ende 1995 wurden 68 thailändische Staatsangehörige, die meisten von ihnen Frauen, aus einer ausbeuterischen Kleiderfabrik in Los Angeles befreit. Fast alle hatten schon in Thailand in der Bekleidungsindustrie gearbeitet und Vermittler bezahlt, um an gute Jobs in den Vereinigten Staaten zu kommen. Bei ihrer Ankunft nahm man ihnen die Pässe weg und hielt sie in Schuldknechtschaft. Sie wurden gezwungen, in einem abgeschlossenen Fabrikgebäude zu wohnen, und mußten unter bewaffneter Bewachung sechzehn Stunden am Tag arbeiten. Man machte ihnen weis, sie müßten Schulden in Höhe von $ 5.000 tilgen, und bezahlte ihnen kaum mehr als zehn Dollar pro Tag; davon wurden noch die Kosten für Essen abgezogen.

Wie viele Entwicklungsländer exportiert auch Thailand seine Menschen als billige Hilfskräfte. Thailändische Männer finden regelmäßig Arbeit auf dem Bau oder in Fabriken im Mittleren Osten und Ländern in Asien. Die ausgedehnte Sexindustrie in Thailand ließ das Land zu einem der großen Exporteure von Frauen werden. Die große Zahl von Müttern mit Kindern, die regelmäßig von Männern verlassen werden, wenn diese zu anderen oder zu Nebenfrauen weiterziehen, sorgt in Verbindung mit dem allgemein niedrigen Rang der Frau in Thailand für einen abrufbaren Bestand von Frauen, die verzweifelt nach Möglichkeiten suchen, ihre Familie durchzubringen. Sie hören von anderen, die sichere und legale Arbeitsplätze im Ausland gefunden haben, und nehmen hohe Schulden auf, um die Gebühren für die Agenten und Vermittler zu bezahlen. Für diejenigen, die man versklavt, bedeutet dies Ausbeutung, auf die bei ihrer Rückkehr nach Thailand Elend folgt. Ihre Armut verschärft sich noch dadurch, daß sie sich das Geld für die Flugtickets geliehen haben und es nun Freunden oder Verwandten schulden.

WACHSTUMSWIRTSCHAFT UND OFFIZIELLE GLEICHGÜLTIGKEIT

In vieler Hinsicht ähnelt Thailand einem anderen Land, einem, das vor hundert Jahren eine rasante Industrialisierung und einen wirtschaftlichen Aufschwung erlebte. Damals, als die Arbeiter von den Farmen abwanderten, ein nie zuvor gekanntes wirtschaftliches Wachstum einsetzte und Wirtschaftsmigranten ein Land regelrecht überfluteten, das von korrupten Politikern und einem gierigen und kriminellen Polizeiapparat regiert wurde, sahen die Vereinigten Staaten sich vielen Problemen gegenüber, mit denen heute Thailand konfrontiert ist. In den neunziger Jahren des 19. Jahrhunderts hielten in den Städten Amerikas politische Gruppierungen, in denen sich das organisierte Verbrechen mit Politik und Polizei verbündete, Prostitution und Schutzgelderpressung, Drogenhandel und Wucher in Gang. Ihnen stellte sich eine schwache und schlecht organisierte Reformbewegung sowie eine sensationslüsterne Presse entgegen. Ich ziehe diesen Vergleich, um verständlich zu machen, weshalb die thailändische Regierung angesichts der Versklavung ihrer eigenen Staatsbürger so wenig unternimmt, aber auch, um daran zu erinnern, daß die Bedingungen sich im Lauf der Zeit ändern *können*. Gespräche mit Thailändern über das Grauen sexueller Sklaverei enden häufig mit der Versicherung, es werde sich »niemals etwas ändern ... das Problem ist einfach zu groß ... die Machthaber werden niemals zulassen, daß das anders wird.« Doch die gesellschaftlichen und wirtschaftlichen Grundlagen der Sklaverei in Thailand verändern sich fortwährend, manchmal zum Schlimmeren, manchmal zum Besseren. Keine Gesellschaft bleibt sich stets gleich, insbesondere dann nicht, wenn es zu solchen Umwälzungen kommt wie in Thailand.

Schon ein flüchtiger Blick auf die Akten zeigt, daß die meisten thailändischen Politiker die sexuelle Sklaverei nicht ernst nehmen. Zwar gibt es ausreichende Gesetze, die Sklaverei, Menschenhandel und Ausbeutung verbieten, doch niemand setzt sie durch. Ganz trifft dies allerdings nicht zu: Sehr gelegentlich verschafft man ihnen Geltung, nämlich immer dann, wenn ein öffentlicher Skandal erfordert, daß Politiker Aktivität zur Schau stellen. Wenn dann hart durchgegriffen wird, läuft das in Operettenmanier ab. Nach schockierenden Presseberichten über Kinderprostitution und sexuelle Sklaverei im Jahr 1992 reagierte die Regierung schnell und stellte eine spezielle Eingreiftruppe gegen Prostitution auf.[25] Die Einheit erhielt den Befehl, in allen Bordellen des Landes, in denen sich minderjährige oder versklavte Prostituierte befanden, Razzien durchzuführen. Dieses

groß angekündigte Unternehmen zur Durchsetzung geltenden
Rechts sollte von sechs Mann durchgeführt werden, die über ein
einziges Auto verfügten. Und als diese winzige Eingreiftruppe ihre
Aufgabe ernst nahm und gegen den Widerstand der örtlichen Polizei ihre Razzien fortsetzte, entzog man ihr die Befugnis, über den
Kopf der örtlichen Polizei hinweg vorzugehen. Nach weiteren Erfolgen bei der Befreiung versklavter Prostituierter und Kinder mit
Unterstützung von Hilfsorganisationen wurde die Truppe zugunsten einer Einheit aufgelöst, die enger mit der jeweiligen Ortspoli-
zei zusammenarbeiten sollte. 1994 verhaftete diese Sondertruppe
der Regierung 64 Bordellbesitzer, 472 thailändische und 9 ausländische Prostituierte und befreite 35 Kinder und Sexsklaven – in einem
Land mit einer geschätzten Anzahl von einer Million Beschäftigter
im Sexgewerbe.[26]

Wenn Mädchen aus Birma oder Laos verhaftet werden, übertreten die thailändischen Polizisten regelmäßig ihre eigenen Gesetze.
Das Gesetz gegen Menschenhandel von 1928 verbietet es, nach
Thailand eingeschmuggelte Frauen oder Mädchen ins Gefängnis
zu sperren oder zu Geldstrafen zu verurteilen. Dennoch werden sie,
wie wir gesehen haben, normalerweise von der Polizei angeklagt und
dann ins Gefängnis eingeliefert, so daß Bordellbesitzer Anspruch auf
die Frauen erheben können, indem sie deren »Geldstrafen« bezahlen – die ein Schmiergeld für die Polizisten einschließen. Die Zusammenarbeit von Banden, Polizei und Einwanderungsbeamten ermöglicht Menschenhandel in großem Maßstab. Werden Polizisten oder
Beamte im Zusammenhang mit diesen Übergriffen belangt, klopft
man ihnen lediglich äußerst sanft auf die Finger. In der Regel besteht
die Bestrafung für Polizisten darin, daß man sie versetzt. Diese Zu-
rückhaltung bei Festnahmen oder Strafen erstreckt sich auch auf
Bordellbesitzer. Liest man Zeitungsberichte über Razzien der Polizei, raubt einem die unfaßbare Ungreifbarkeit der Bordellbetreiber
schier den Atem. Einer Razzia nach der anderen können sie entkommen, während alle Prostituierten festgenommen werden. Werden sie
dennoch verhaftet, stellt man nur wenige von ihnen vor Gericht (die

meisten hinterlegen eine Kaution), und eine noch kleinere Zahl wird verurteilt. Wie der für die Eingreiftruppe verantwortliche Oberst Surasak Suttharom erklärte, gestatte man – wenn er denn einen Fall vor Gericht bringe – den Bordellbetreibern, auf geringfügigere Vergehen zu plädieren; sie bezahlten dann eine Geldstrafe oder regelten das Ganze außergerichtlich.[27] Behinderungen der Ermittlungen und lange Verzögerungen bei den Gerichtsverfahren (gelegentlich bis zu drei Jahren) führten zu einer äußerst niedrigen Verurteilungsquote. Doch selbst Oberst Surasak betrachtet die Bordellbetreiber mit gemischten Gefühlen.»Diese niederträchtigen Typen sind manchmal gute Menschen«, erklärte er,»denn sie tragen dazu bei, diese armen Mädchen von zu Hause weg in ein besseres Leben zu führen.«

Zwar betrifft dieser Aspekt nur einen kleinen Teil des Problems, doch immerhin machte die Zusammenarbeit Thailands mit europäischen Strafverfolgungsbehörden Fortschritte. 1992 wurde in Thailand ein Gesetz zur internationalen Zusammenarbeit in Kriminal- und Rechtsangelegenheiten verabschiedet. Dieses Gesetz erlaubt es dem Generalstaatsanwalt, Beweise gegen Ausländer zu erheben, die in Thailand Verbrechen begehen, und das Material an deren Heimatländer weiterzugeben. So wurde die Aussage eines thailändischen Kindes herangezogen, um einen schwedischen Pädophilen anzuklagen. Der Schwede war in Thailand festgenommen worden, hatte jedoch eine Kaution gestellt und war geflohen. Auf der Grundlage der übermittelten Beweise wurde er in Schweden erneut verhaftet und verurteilt. Um eine solche Strafverfolgung in Europa zu ermöglichen, bedurfte es der Gesetze zur exterritorialen Rechtsprechung, die es in den skandinavischen Ländern seit einiger Zeit gibt. Nach Kampagnen eines Netzwerks mit dem Namen End Child Prostitution in Asian Tourism (ECPAT: Beendet die Kinderprostitution im Asientourismus) wurden in Australien, Belgien, Frankreich, Deutschland, Neuseeland und den Vereinigten Staaten vor kurzem ähnliche Gesetze erlassen. ECPAT und andere Organisationen überzeugten zudem den thailändischen Generalstaatsanwalt, in künftigen Fällen bei Ausländern, denen sexueller

Mißbrauch von Kindern vorgeworfen wird, keine Kautionsstellung mehr zuzulassen. Anfang 1977 änderte Thailand das Gesetz zur Prostitution. Nach der neuen Regelung wurden die Geld- und Haftstrafen für jeden, der Sex mit Prostituierten unter achtzehn Jahren (höchstens 60.000 Baht beziehungsweise drei Jahre Haft) oder unter fünfzehn Jahren (höchstens 400.000 Baht beziehungsweise zwanzig Jahre) hat, drastisch verschärft. Dies bedeutet einen echten Fortschritt gegenüber dem Gesetz gegen Prostitution von 1960, das für alle an der Prostitution Beteiligten Strafen vorsah, nur für den Kunden nicht. Prostitution ist nach wie vor illegal, doch einer erwachsenen Prostituierten drohen jetzt nur noch eine Geldstrafe von 1.000 Baht und ein Monat Gefängnis. Prostituierte unter achtzehn Jahren werden nicht angeklagt. Werden sie festgenommen, zwingt man sie, sich – allerdings höchstens für ein halbes Jahr – in eine Rehabilitationseinrichtung zu begeben; anschließend verpflichtet man sie zu einer zweijährigen Berufsausbildung. Außerdem sieht das Gesetz Geld- und Haftstrafen für Eltern vor, die ihre Kinder verkaufen, ebenso für die Beschaffer, Vermittler, Agenten und Bordellbesitzer, die sie kaufen: ein guter Anfang, um das Problem sexueller Sklaverei anzugehen, der jedoch vermutlich wenig bewirkt. Abgesehen von der Frage, ob das Gesetz wirklich angewandt wird, gibt es jede Menge Schlupflöcher und überdies andere Schwierigkeiten. Beispielsweise sind nicht genügend Rehabilitationseinrichtungen vorhanden, um auch nur annähernd all die jugendlichen Prostituierten aufzunehmen, die unter dieses Gesetz fallen. Das Kernproblem ist jedoch, daß die Prostitution auf eine Weise in die Illegalität abgedrängt wird, die es Zuhältern und Polizei erlaubt, zusammenzuarbeiten und die Gesetze als Druckmittel für die Kontrolle der in diesem Gewerbe Beschäftigten einzusetzen.

Für Mädchen wie Siri wird das Gesetz, wenn überhaupt, nur wenig bewirken. In Provinzstädten wie der, in der sie arbeitet, hat die Polizei die Sexindustrie fest im Griff und schert sich wenig um politische Entscheidungen auf nationaler Ebene; internationale Bedenken stören sie noch weniger. Es besteht kein Mangel an äußerst deutlichen Empfehlungen, die der thailändischen Regierung helfen sollen, die sexuelle Sklaverei zumindest einzuschränken. 1993 veröffentlichte die Organisation Human Rights Watch eine Zusammenstellung von möglichen Maßnahmen, insgesamt siebzehn, mit denen die Regierung gegen den Frauenschmuggel vorgehen könnte.[28] Doch das Gesetz kann gar nicht greifen, solange die Polizei zuerst den Sklavenhaltern und erst dann der Öffentlichkeit zu Diensten ist. Und wenn durch die Bordelle große Gewinne in die Taschen der Polizisten fließen, warum sollten sie dann einem Gesetz Geltung verschaffen, das in der Öffentlichkeit kaum Rückhalt hat? Die meisten Thailänder, insbesondere die Männer, sehen nichts Verwerfliches darin, Prostituierte zu benutzen, und sie stören sich kaum daran, das gleiche mit Minderjährigen zu tun. Daß die Mädchen mit dieser Arbeit Schulden zurückzahlen müssen, ist in ihrem kulturellen Kontext durchaus sinnvoll. Ein weiterer Grund, das System nicht in Frage zu stellen, das Mädchen und Frauen bereitstellt, liegt darin, daß es für alle, die in Bordelle investieren, ein so wunderbares Geschäft ist.

Trotz des neuen Gesetzes ist immer noch nicht klar, auf welcher Seite die Regierung steht. Im Verlauf der sechziger Jahre setzte der Innenminister öffentlich auf eine Ausweitung der Sexindustrie, um den Tourismus anzukurbeln. Kurz nachdem man 1960 die Prostitution für illegal erklärt hatte, wurde ein Gesetz über Dienstleistungseinrichtungen verabschiedet, mit dem man »Unterhaltung« als Wirtschaftszweig legitimierte. Das Gesetz erklärte, von Frauen im Unterhaltungsgeschäft werde erwartet, »besondere Dienste« zu leisten – anders gesagt: Sex. Das Gesetz gab den Bordellbesitzern als »Unterhaltungsunternehmern« (legal) Macht über die Frauen, die Prostituierte (illegal) gewesen waren. Es machte unabhängige Frauen zu Sexarbeiterinnen und schuf eine gesetzliche Basis für diese »Dienstleistungseinrichtungen«.

In den sechziger Jahren und Anfang der siebziger Jahre florierten diese Einrichtungen; einerseits dank der 40.000 amerikanischen Soldaten, die in Thailand stationiert waren, andererseits aufgrund

der großen Zahl von Soldaten, die im Zuge des Vietnamkriegs auf
Erholungsurlaub hierhergeschickt wurden. Als die amerikanischen
Militärbasen Ende der siebziger Jahre aufgelöst wurden, betrachtete
die thailändische Regierung Tourismus und Sex als wichtige Quellen, um die verlorengegangenen Einnahmen zu ersetzen. 1980 ermu-
tigte der Vizepremier die Provinzgouverneure, mehr Sexeinrichtun-
gen zu gründen, um die Touristenströme auch in die Provinzen zu
leiten: »Innerhalb der nächsten zwei Jahre brauchen wir Geld. Daher
fordere ich alle Gouverneure auf, die natürlichen Gegebenheiten in
ihren Provinzen, zudem auch einige Formen von Unterhaltung, die
manchen von Ihnen abstoßend oder beschämend erscheinen mögen, in Betracht zu ziehen; wir müssen jedoch an die Arbeitsplätze
denken, die wir damit schaffen.«[29] Der wirtschaftliche Aufschwung
in Thailand ging mit einem starken Anstieg des Sextourismus einher, den die Regierung stillschweigend unterstützte. Die Zahl der
Touristen aus vielen Ländern nahm sprunghaft von zwei Millionen
(1981) und vier Millionen (1988) auf über sieben Millionen im Jahr
1996 zu.[30] Zwei Drittel der Touristen sind Männer ohne Begleitung –
mit anderen Worten: 1996 besuchten fast fünf Millionen alleinrei-
sender Männer Thailand. Ein beträchtlicher Teil davon waren Sextouristen. Die während der gesamten achtziger Jahre umlaufenden
»Gerüchte« über ein sich zuspitzendes Aids-Problem wurden von
Regierungsbeamten immer wieder geleugnet, da man eine Minde-
rung der recht beachtlichen Deviseneinnahmen durch den Sextourismus fürchtete. Noch 1989 erklärte der Premierminister, in Thailand
sei Aids »kein Problem«.[31] Mit der Ausbreitung durch den Sextourismus hat HIV in Thailand mittlerweile epidemische Ausmaße angenommen, doch diese Art des Fremdenverkehrs bleibt weiterhin
eine wichtige Devisenquelle, der die Regierung nur äußerst ungern
irgendwelche Beschränkungen auferlegen möchte.

Allerdings ist festzuhalten, daß die direkte Verknüpfung von
Sextourismus und Sklaverei nicht besonders ausgeprägt ist. Abgesehen von Kindern, die an Pädophile verkauft werden, sind die
meisten, die den Touristen mit gewerblichem Sex zu Diensten sind,

keine Sklaven. Ohne Frage müssen die Frauen und Mädchen, die für Sextouristen arbeiten, extreme Ausbeutung und Erniedrigung erdulden. Doch die wenigsten sind durch Schuldknechtschaft versklavt, mit der Mädchen in die Bordelle gezwungen werden, die fast ausschließlich von ärmeren thailändischen Männern der Arbeiterklasse besucht werden. Entscheidend ist jedoch die indirekte Verbindung: Der Sextourismus hat ein anderes Geschäftsklima hervorgebracht, das die sexuelle Sklaverei fördert. Wie wir bereits gesehen haben, wurden Frauen und Sex in der Thai-Kultur immer als Ware behandelt, die man kaufen, verkaufen, tauschen und benutzen kann. Konkubinat und Polygamie sind historische Muster; diese überkommenen kulturellen Ausprägungen sexueller Ausbeutung wurden jedoch zu neuen Geschäftsbereichen entwickelt, da Thailand versucht, Teil der Geschäfts- und Wirtschaftswelt des 21. Jahrhunderts zu werden. Mit Unterstützung der Regierung »modernisierte« man den herkömmlichen sexuellen Mißbrauch von Frauen und weitete ihn gewaltig aus. Die Prospekte der europäischen Reiseveranstalter, die sich auf das Geschäft mit Sextouren stürzten, lassen den Leser nicht im Zweifel über das, was man ihm verkaufen will:

Sie sind schlank, sonnengebräunt und anschmiegsam; sie lieben Weiße voller Erotik und Hingabe. In der Liebeskunst, einer Kunst, die wir Europäer nicht kennen, sind sie von Natur aus wahre Meisterinnen. (Life Travel, Schweiz)

Viele Mädchen aus der Welt des Sex stammen aus der armen Region im Nordosten des Landes und aus den Elendsvierteln von Bangkok. Mittlerweile ist es üblich, daß eine der hübschen Töchter in dieses Gewerbe einsteigt, um Geld für die arme Familie zu verdienen ... man kann den Eindruck gewinnen, ein Mädchen zu bekommen sei so leicht wie der Kauf einer Packung Zigaretten ... kleine Sklavinnen, die echte thailändische Herzlichkeit vermitteln. (Kanita Kamha Travel, Holland)[32]

Während das Land sich eine neue, am Westen orientierte materialistische Moral aneignet, vermittelt das allgegenwärtige Angebot an käuflichem Sex eine klare Botschaft: Frauen kann man versklaven und ausbeuten, um damit Profit zu machen. Der Sextourismus trug dazu bei, die Bühne für eine Ausweitung der sexuellen Sklaverei zu bereiten.

Zudem ist Sextourismus Voraussetzung für einen Teil des Einkommens, mit dem thailändische Männer ihre Bordellbesuche finanzieren. Niemand weiß, wieviel Geld auf diese Weise in die Wirtschaft Thailands gepumpt wird, doch angenommen, auch nur ein Viertel der Beschäftigten im Sexgewerbe hat mit Sextouristen zu tun, angenommen, deren Kunden zahlen etwa genausoviel wie für Siri, dann kommen wir auf ungefähr 656 Milliarden Baht ($26,2 Milliarden) im Jahr. Das entspricht dem Dreizehnfachen des Betrags, den Thailand mit der Anfertigung und dem Export von Computern (einer der wichtigsten Industriezweige) einnimmt, und dieses Geld fließt ins Land, ohne daß man dafür irgendwelche zusätzlichen Fabriken bauen oder die Infrastruktur verbessern müßte. Es macht einen Teil des Aufschwungs aus, der den Lebensstandard allgemein hebt und einer ständig wachsenden Zahl von Männern aus der Arbeiterklasse erlaubt, käuflichen Sex zu bezahlen. Abertausende von Männern kaufen regelmäßig Sex, und jene, die gerade anfangen, den neuen Wohlstand auszukosten, wollen nicht davon ausgeschlossen bleiben. Frauen zu kaufen ist ein Zeichen für Leistung und Erfolg, das immer mehr Männer erwarten, jetzt, da Thailand Anschluß an die Weltwirtschaft sucht.

Für Thailands Handelsbilanz bewirkte dies Wunder, in seiner Gesellschaft jedoch Schreckliches. Die Wirtschaftswissenschaftler Pasuk Phongpaichit und Chris Baker untersuchten das wirtschaftliche Wachstum Thailands und erklären dazu:

Die Regierung erlaubte den Geschäftsleuten, die menschlichen und natürlichen Ressourcen des Landes zu plündern, um wirtschaftliches Wachstum zu erzielen. Und sie zwang sie nicht, viel davon zurückzuerstatten. Der letzte Schub des Wirtschaftswachstums erwies sich in vieler Hinsicht als katastrophal. Die Wälder sind vernichtet. Die Umwelt der Städte ist zerstört. Man unternahm kaum etwas, um die zunehmende Verschmutzung durch die Industrie und gefährliche Abfälle zu bekämpfen. Arbeitsbedingungen, Gesundheitszustand und Sicherheit vieler Menschen, deren Arbeitskraft den Aufschwung bewirkte, sind in trostlosem Zustand. Weder Gesetz noch Gewissen erwiesen sich als sonderlich wirksam bei der Begrenzung der sozialen Kosten des Wachstums. Die Geschäftswelt schwelgte in einem Klima schrankenloser Selbstbedienung. Die sozialen Schutzvorkehrungen erwiesen sich als sehr lasch. Der gesetzliche Rahmen ist lückenhaft, die Rechtsprechung fragwürdig. Auf die Polizei kann man sich nicht verlassen. Beständig versuchen die Behörden, von der Bevölkerung unterstützte Organisationen zu behindern, die sich für die Rechte der Menschen einsetzen.[33]

Die sozialen Schutzvorkehrungen sind in der Tat höchst unwirksam: Sie verhindern nicht, daß weiterhin Sklaven gekauft und verkauft werden. Was also bleibt uns und jenen, die versklavt werden? Viele Menschenrechtsorganisationen fordern die Regierung auf, ihren Gesetzen Geltung zu verschaffen. Würden sie buchstabengetreu durchgesetzt, gäbe es keine Sklaverei mehr. Doch wie wir gesehen haben, kann das Gesetz gegen die vereinten Kräfte einer sexistischen Kultur, einer rechtfertigenden Religion, einer amoralischen und ausbeuterischen Wirtschaft und einer korrupten Regierung kaum etwas ausrichten.

Thailand leidet an einer suchtähnlichen Abhängigkeit von der Sklaverei. Vom Dorf in die Stadt und wieder zurück fließen ihre Profite. Haben Behörden und Geschäftsleute sich erst einmal an diese Geldflut gewöhnt und ist jeglicher moralische Einwand darin ertrunken, läßt sich leicht eine Begründung der Sklaverei konstruieren – Kultur und Religion Thailands stehen dafür bereit. Die Situation

ähnelt der in den USA um 1850: Wenn ein bedeutender Teil der Wirtschaft von der Sklaverei abhängt, sind Religion und Kultur sogleich
zur Hand, um zu erklären, weshalb sie für alle das beste sei. Doch es
gibt auch einen gewichtigen Unterschied: Es handelt sich hier um
die neue Sklaverei, und deren Unbeständigkeit sowie der Einsatz von
Menschenrechtsaktivisten geben Anlaß zu ein wenig Hoffnung.

In ganz Thailand kämpfen Menschen und Organisationen gegen
die Sklaverei. Das Center for the Protection of Children's Rights
(Zentrum für den Schutz der Rechte von Kindern) rettet Kinder aus
Bordellen, betreut sie medizinisch und psychologisch und richtet
Rehabilitationszentren ein. Die Foundation for Women (Stiftung
für Frauen) und ihre Schwesterorganisation, die Global Alliance
against Traffic in Women (Globale Allianz gegen den Handel mit
Frauen), üben unaufhörlich Druck auf die Regierung aus, Gesetze
zu erlassen und durchzusetzen. ECPAT und die Task Force to End
Child Sexploitation (Sondereinheit zur Beendigung der sexuellen
Ausbeutung von Kindern) arbeiteten ungemein erfolgreich dafür, in
Europa und Nordamerika ein entsprechendes Bewußtsein zu schaffen; vor allem gelang es ihnen durchzusetzen, daß Gesetze erlassen
wurden, nach denen Westtouristen, die thailändische Kinder mißbrauchen, bestraft werden können. Doch in Thailand versuchen
diese Aktivisten, einen Berg sozialer Gleichgültigkeit zu bewegen.
Der Überfluß an potentiellen Sklaven – besonders in den politisch
instabilen Nachbarländern Birma, Laos und Kambodscha –, deren
niedrige Kosten und die daraus resultierenden hohen Gewinne behindern die Arbeit der Reformer. Im besten Fall gelingt es diesen Organisationen, einem Bruchteil der Sklaven in Thailand zu helfen; sie
können jedoch kaum etwas unternehmen, um die Wurzeln der Sklaverei auszurotten. Doch schon allein eine solche Arbeit wäre, wie wir
im nächsten Kapitel zeigen werden, im Umfeld der alten Sklaverei in
Mauretanien als großer Durchbruch anzusehen.

MAURETANIEN
SKLAVEREI WIE IN ALTEN ZEITEN

In gewisser Hinsicht hat Mauretanien etwas von *Alice im Wunderland* an sich. Trotz der dort herrschenden Militärdiktatur sind die meisten Menschen, selbst die allgegenwärtigen Soldaten, freundlich und zuvorkommend. Bei allen Verwaltungsangelegenheiten erwarten die Leute irgendeine Art von Bestechung, sind in der Hinsicht jedoch äußerst zurückhaltend, so daß oft ein freundliches Wort genügt. Es ist ein Polizeistaat, in dem es passieren kann, daß Menschen, die freie Wahlen fordern, verschwinden oder ermordet werden, doch selbst Polizisten überschlagen sich förmlich vor Entschuldigungen, wenn sie einen auf der Straße zufällig anrempeln. Mauretanien hat von allen Ländern im Verhältnis zur Gesamtbevölkerung den größten Sklavenanteil – und doch gibt es dort eigentlich gar keine Sklaven.

Das in Nordwestafrika gelegene Land grenzt nördlich unmittelbar an Marokko und bildet eine geographische Pufferzone: Bevölkerung und Geschichte sind von der durch Gewalt charakterisierten Beziehung zwischen dem schwarzen Süden und dem arabischen Norden geprägt. Die mauretanische Gesellschaft (derzeitige Bevölkerungszahl: 2,2 Millionen) setzt sich aus drei Hauptgruppen zusammen: den arabischen Mauren*, oft als »Weiße Mauren« bezeichnet (dazu gehören die »Kriegerkaste« der Hassanyi, die Marabuts, eine Priesterkaste, sowie die Zenaga-Vasallen), sodann den Sklaven und ehemaligen Sklaven, Harattin genannt, sowie den Afromauretaniern, die etwa 40 Prozent der Bevölkerung ausmachen und aus dem südlichen Teil des Landes stammen, dort, wo die arabische Sahara endet

* Moor = Maure: aus der Vermischung der Berber- und Araberstämme hervorgegangener, meist muslimischer Eingeborener Mauretaniens (Anm. d. Ü.)

und Schwarzafrika beginnt. Wie viele Menschen jede dieser Gruppen umfaßt, kann man nur schätzen. Die herrschenden Mauren hielten die Ergebnisse der allgemeinen Volkszählung geheim, da sie sich ihrer zahlenmäßigen Unterlegenheit sehr wohl bewußt sind. Höchstens 40 Prozent der Bevölkerung sind Mauren, doch wahrscheinlich liegt ihre Zahl näher bei 30 Prozent. Überdies ist ihre Geburtenrate niedriger als die der Harattin oder der Afromauretanier. Das neue, von den Zeitungen der Mauren propagierte islamische Gesetz drängt die Männer dazu, mehr als eine Frau zu nehmen, da man hofft, durch Vielweiberei die Geburtenrate der Mauren zu steigern. Die vorliegenden Zahlen wecken in den Kriegern und heiligen Männern der herrschenden Hassanyi-Kasten Befürchtungen, die durchaus nicht unbegründet sind.

Die Sklaverei wurde in Mauretanien des öfteren abgeschafft, zuletzt im Jahre 1980. Damals verfügte die Regierung, die Sklaverei sei beendet und existiere in Mauretanien nicht mehr. Ein beträchtlicher Teil der Bevölkerung, möglicherweise nahezu ein Drittel, wurde zu »ehemaligen Sklaven« erklärt. Diese Neueinstufung traf die bereits vorhandene Bevölkerung von »Exsklaven«, die Harratin, wie ein Schock. Wörtlich übersetzt bedeutet ihr Name: »Der befreit worden ist«, und in der mauretanischen Bevölkerung stellen sie die Mittelschicht. Als Abkömmlinge von Sklaven gehören sie zu den Weißen Mauren und sind ehemalige, im Lauf der Jahrhunderte befreite Sklaven. Viele Familien wurden vor über zweihundert Jahren freigelassen, und heute besitzen sie Geschäfte, Vermögen und Einfluß. Ihnen erschien es wie eine Beleidigung, als man sie plötzlich mit einem Haufen zerlumpter, ungebildeter Sklaven in einen Topf warf.

Für die Tausende von Sklaven, die 1980 von Gesetzes wegen befreit wurden, änderte sich das Leben in keiner Weise. Schön, die Regierung schaffte die Sklaverei ab, doch niemand machte sich die Mühe, dies den Sklaven mitzuteilen. Einige erfuhren nie von ihrer gesetzlich verbürgten Freiheit, manche hörten erst Jahre später davon, und für die meisten hat sich die auf dem Papier stehende Freiheit nie in eine reale Befreiung umgesetzt. Im heutigen Mauretanien gibt es keine Sklaverei, doch wohin man auch blickt, an jeder Straßenecke und in jedem Laden, auf allen Feldern und Weideflächen sieht man Sklaven. Sie fegen und putzen, sie kochen und betreuen die Kinder, sie bauen Häuser und hüten Schafe, sie schleppen Wasser und Ziegel – sie erledigen alle Arbeiten, die mühselig, unangenehm und schmutzig sind. Die Wirtschaft Mauretaniens lastet einzig auf ihren Schultern; erst ihre nie endende Plackerei ermöglicht den Herren ihr angenehmes Leben und garantiert sogar den Lebensunterhalt jener, die keine Sklaven halten.

»ERWEISE DICH DEN SKLAVEN GEGENÜBER, DIE DIR GEHÖREN, ALS FREUNDLICH ...«

In einem Polizeistaat Untersuchungen zu Menschenrechten und Sklaverei durchzuführen erfordert einige List. Eine Einreisegenehmigung nach Mauretanien ist nicht so ohne weiteres zu bekommen, und oft verweigert man Forschern ein Visum. Ich gab mich als Zoologe aus, der sich für das Verhalten der Hyänen und Schakale des Landes interessierte. Mit meinem neuen Mitgliedsausweis der *Royal Zoological Society*, meiner Sammlung von Artikeln und Büchern über Schakale und Hyänen, meinem Fernglas sowie den vergammelten Klamotten eines Zoologen, der Feldstudien betreibt, schaffte ich es, ein Visum zu bekommen. Ein kleines Bestechungsgeld genügte, um durch die Kontrollen auf dem Flughafen und anschließend in die Stadt zu gelangen, ohne behelligt zu werden. Während meines Aufenthalts in Mauretanien unterstützten mich einige sehr tapfere Leute, die ihre Freiheit und sogar ihr Leben aufs Spiel setzten, um mir die Sklaverei aus nächster Nähe zu zeigen. Ich wünschte, ich könnte Ihnen mehr über diese bemerkenswerten Menschen und ihre Arbeit für die Befreiung der Sklaven erzählen, aber zu ihrer eigenen Sicherheit müssen sie ungenannt bleiben, und ich darf sie nicht näher beschreiben.

In Mauretanien erlebte ich auch erstmals, was es heißt, verdeckt zu ermitteln. Es ist verboten, auf der Straße zu fotografieren oder zu filmen; wer eine Videokamera bei sich hat, wird auf der Stelle festgenommen, und überall wimmelt es von Polizisten. An praktisch jeder Straßenecke der Hauptstadt steht so ein Ordnungshüter, und fährt man irgendwohin, wird man fortwährend an Polizeisperren aufgehalten, wo immer wieder die Papiere und der Paß kontrolliert werden. Auch Beamte in Zivil fühlen sich bemüßigt, einen regelmäßig anzuhalten. Darauf war ich vorbereitet, nicht jedoch auf das gespenstische Gefühl, ständig beobachtet zu werden, das eindeutig auch meine dortigen Mitarbeiter ansteckte. Zur Dokumentation der Sklaverei in Mauretanien hatte ich sehr kleine Foto- und Videokameras mitgebracht. Der Fotoapparat paßte in meine Handfläche; ich konnte Aufnahmen machen, indem ich die Kamera einfach kurz aus der Hosentasche hielt, was mir auch manch seltsamen Bildausschnitt mit Abbildungen meines Knies bescherte. In einer speziell präparierten Umhängetasche trug ich die Videokamera; so gut es ging, machte ich die Aufnahmen, ohne durch den Sucher zu schauen – dabei »schoß« ich aus der Hüfte und erhielt so weitere seltsame Bildausschnitte (diesmal allerdings von meinem Bauch).

Steigt man aus dem Auto, bringt einem das vielleicht ein paar Blicke von Passanten oder von Leuten ein, die auf der Straße arbeiten oder irgendwohin unterwegs sind. Doch immer war da einer – manchmal in Uniform, manchmal ohne –, dessen Blicke sich auf uns hefteten und jede Bewegung verfolgten. Öffnete einer den Reißverschluß einer Tasche, hob eine Kamera hoch oder schlug ein Notizbuch auf, kam der Mann sofort auf uns zu. Und wenn wir uns nicht schnell in ein Haus oder ins Auto zurückzogen, fingen die Fragen an: »Wer sind Sie? Was machen Sie hier? Wo sind Ihre Papiere?« Mauretanien ist ein Polizeistaat, der das schmutzige Geheimnis seiner Sklaverei sorgsam hütet.

Ich stieß dort auf eine Art von Sklaverei, wie sie vor Jahrhunderten praktiziert wurde und heute an keinem anderen Ort der Welt mehr existiert. Die Sklaverei, jahrhundertelang ein wichtiger Bestandteil der mauretanischen Kultur, überlebt hier in einer ursprünglichen, stammesgebundenen Form. Die im antiken Rom verkauften afrikanischen Sklaven wurden von Mauren auf dem Gebiet des heutigen Südmauretanien eingefangen und nach Norden transportiert. Jahrhunderte hindurch gab es in dieser Region nur wenige nutzbare Ressourcen, und die beständigste und einträglichste waren seit jeher die Sklaven.

Wie im Überblick des ersten Kapitels verdeutlicht, nimmt die Sklaverei vielfältige Formen an. Hier handelt es sich um jene Art von Sklaverei, welche die meisten sich als die »wahre« Sklaverei vorstellen – die des transatlantischen Sklavenhandels der Zeit zwischen 1650 und 1850 und der amerikanischen Südstaaten. In unseren Augen ist die Sklaverei des 19. Jahrhunderts ein Musterbeispiel für die »alte« Sklaverei. Will man jedoch die mauretanische Sklaverei verstehen, muß man noch weiter zurückgehen, nämlich bis zur Sklaverei in alttestamentarischer Zeit. In ihr werden die Sklaven einerseits humaner behandelt, andererseits macht man sie noch abhängiger und hilfloser; sie ist nicht so sehr eine politische Wirklichkeit, sondern ein fester Bestandteil der Kultur. Hier wird dem Körper und dem Leben der Sklaven, besonders der weiblichen, ein größerer Wert beigemessen als in anderen Erscheinungsformen der Sklaverei. Sowohl im Denken des Sklaven wie in dem seines Herrn ist sie so fest verwurzelt, daß kaum Gewalt notwendig ist, um sie in Gang zu halten. Da es keiner offenen Gewaltanwendung bedarf, können außenstehende Beobachter – etwa die Regierungen Frankreichs und Amerikas – sogar leugnen, daß es diese Sklaverei gibt. Die Sklaven wissen es allerdings besser.

Eine geflüchtete dreiundzwanzigjährige Frau erzählte Mitgliedern einer Menschenrechtsgruppe: »Ich heiße Temrazgint mint M'Bareck und wurde wie meine Mutter und meine Großmutter als Sklavin des Herrn Abdallahi Salem ould Weddoud geboren.«[1] Temrazgint lebte im Haushalt ihres Herrn und »verrichtete den ganzen Tag und bis spät in die Nacht hinein alle Arbeiten, die mein Herr mir befahl«. In einer Geschichte, die die Schrecken der alten Sklaverei anklingen läßt, erklärte Fatma mint Souleymane, eine andere entflohene Sklavin: »Ich mußte meine drei Kinder zurücklassen; inzwischen habe ich erfahren, daß eines von ihnen gestorben ist.« Im Haus ihres Herrn hatte sie, wie sie selbst sagt, »kein Recht, irgend etwas zu besitzen oder mich frei zu bewegen; meine ganze Zeit war mit den Arbeiten ausgefüllt, die mir befohlen wurden. Mein Herr hat mich und den Vater meiner Kinder voneinander getrennt und uns verboten zu heiraten; außerdem hat er alle Kontakte mit der Welt außerhalb seines Hauses unterbunden.« Sechs Jahre nach ihrer Flucht meldete sie sich, immer noch verängstigt, denn sie will mit ihren Kindern in Freiheit zusammenleben.

Die Lebensläufe von Temrazgint und Fatma sind typisch. Die Weißen Mauren (korrekt heißen sie Hassaniya-Araber), die Mauretanien beherrschen, sind in Großfamilien organisiert, die sich ihrerseits zu mehreren Stämmen zusammenfassen lassen. Praktisch alle Großfamilien der herrschenden Hassaniya-Kasten besitzen seit Generationen Sklaven. Jeder einzelne Sklave ist das persönliche Eigentum eines bestimmten männlichen Familienmitglieds; als Eigentum werden die Sklaven vererbt und – dies allerdings nur sehr selten – verkauft. Sklavenfamilien leben in der Regel im Haushalt ihres Herrn. Manche Herren sind freundlich und behandeln ihre ererbten Sklaven fast wie ihre eigenen Kinder, andere hingegen sind brutal. Die Harattin – im Lauf der Zeit freigelassene Sklaven – sind meist Nachkommen von Sklavenmüttern und Weißen Maurenvätern (daher bezeichnet man sie gelegentlich als Schwarze Mauren). Sklavinnen bereiten das Essen, sie waschen und putzen für alle Angehörigen des weitläufigen Haushalts. Männliche Sklaven verrichten alle Arbeiten, die man ihnen befiehlt: Auf dem Land hüten sie das Vieh und betreiben einfache Landwirtschaft, in den Städten machen sie fast alles, was man sich nur vorstellen kann. Für ihre Arbeit werden sie nicht bezahlt, und im allgemeinen können sie nicht frei entscheiden, was sie tun oder wohin sie gehen wollen. Allerdings führt die Tatsache, daß Eltern, Großeltern und Urgroßeltern im Haushalt derselben Maurenfamilie arbeiteten und lebten, oft zu einer tiefen emotionalen Bindung zwischen Herrn und Sklaven.

Und genau dies ist das Paradoxon der mauretanischen Sklaverei. Viele Sklaven betrachten sich als Mitglieder der Familie ihres Herrn. Zudem sind viele Sklaven als gläubige Muslime überzeugt, Gott habe ihnen ihren Platz im Haushalt ihres Herrn zugewiesen, so daß es Sünde wäre, ihn zu verlassen. In einer kleinen Stadt, die ich ebenfalls aufsuchte, traf der Reporter David Hecht einen Schwarzen, der Hand in Hand mit einem Weißen Mauren dahinspazierte; beide trugen die gleiche Kleidung.[2] Sie erklärten, sowohl Sklave und Herr als auch die besten Freunde zu sein. Während manche Sklaven nur zu gern ihre Herren verlassen würden, dies jedoch nicht tun können, dürften andere gehen, tun es aber nicht. Anders als die neuen Sklavenhalter empfinden die meisten maurischen Herren ihren Sklaven gegenüber eine gewisse Verantwortung und Verpflichtung; sie betrachten sich als gute Familienväter und gläubige Muslime. In ihren Augen sind ihre Sklaven beinahe so etwas wie Kinder, die der Fürsorge und Führung bedürfen; dafür erwarten sie Gehorsam. Widerspenstige Sklaven werden bestraft, doch andererseits kümmert man sich häufig um ältere Sklaven, die nicht mehr von Nutzen sind. Die Beziehung zwischen Herr und Sklave ist tief, vielschichtig und langfristig. Da ein erheblicher Teil der Bevölkerung entweder Sklave oder Herr ist, nehmen individuelle Beziehungen alle nur erdenklichen Formen an, von freundlicher Vertrautheit bis zu brutaler Ausbeutung. Damit hier keine Mißverständnisse aufkommen: Herren, die ihre Sklaven achten und sie auch nur annähernd als Gleiche behandeln, sind äußerst selten; extreme Brutalität ist zwar weniger selten, aber auch nicht die Regel. Die Erfahrungen der großen Mehrheit der Sklaven liegen zwischen diesen beiden Extremen. Ihr Leben ist hart, ihr Lebensmut und ihre Entfaltungsmöglichkeiten werden unterdrückt und eingeschränkt, und man beraubt sie ihrer Freiheit. Sie sind Sklaven, doch man betrachtet sie nicht als Wegwerfmenschen, wie dies bei den versklavten Prostituierten in Thailand der Fall ist.

Die Religion schützt die Sklaven, hält sie aber zugleich in Knechtschaft. Der Koran bestimmt, daß nur die in einem Heiligen Krieg gemachten Gefangenen versklavt werden dürfen; sobald sie zum

Islam übertreten, müssen sie freigelassen werden. Möglicherweise
gerieten die Vorfahren der heutigen Sklaven auf diese Weise in Gefangenschaft, doch heute sind alle Mauretanier Muslime, und das
seit Jahrhunderten – ohne daß dies zu einer allgemeinen Befreiung
der Sklaven geführt hätte. Obwohl der Koran in dieser Hinsicht
eindeutig ist, halten die islamischen Juristen (die *Ulemas*) mit der
Wahrheit eher hinter dem Berg. Als 1980 die Sklaverei abgeschafft
wurde, beteuerte ein Rechtsgelehrter im Gegenzug »die allgemeine
Rechtmäßigkeit der Sklaverei im Islam«. Die Meinung der islamischen Richter hat Gewicht, da Mauretanien, ebenfalls im Jahre 1980
und möglicherweise als Bedingung für finanzielle Hilfen Saudi-
arabiens, die Scharia einführte, das fundamentalistische religiöse
Gesetz islamischer Länder. Heutzutage kennen die meisten die dra-
konischen Maßnahmen der Scharia: Ehebrecher werden gesteinigt,
Dieben wird die Hand abgehackt, und verurteilte Mörder werden
geköpft. Weniger bekannt sind die Gesetze, die sich auf Sklaven beziehen. Eine Regel bestimmt beispielsweise, daß jeder Mann, der
»seine fleischlichen Begierden nicht zügelt«, schwere Strafen zu erwarten hat, doch weiter heißt es dann, »außer mit seinen Frauen und
Sklavenmädchen, denn diese stehen ihm von Rechts wegen zu«.[3] Das
Gesetz zur Freilassung von Sklaven ist eindeutig: Sie ist das Vorrecht
einzig des Herrn (»einem Sklaven kann gestattet werden, die Freiheit
zu erlangen, so man der Ansicht ist, er habe eine Zukunft«). Und die
Macht, die die Scharia jedem Muslim über seine Frauen und Schwestern verleiht, erstreckt sich ebenso auf seine Sklavinnen und deren
Kinder. Obwohl der Koran auch befiehlt, daß ein Mann »den Sklaven in seinem Besitz Freundlichkeit erweisen« sollte, bediente man
sich der Scharia seit ihrer Einführung dazu, die Sklaven einzuschüchtern und nie vergessen zu lassen, wo ihr Platz ist. Ehemalige Sklaven
wurden hingerichtet; ein Sklave, dem man wegen Diebstahls eine
Hand abgehackt hatte, starb an den Folgen. Wegen der Ermordung
von Sklaven verurteilte Mauren hingegen wurden nicht hingerichtet. Um jedermann die Situation eindeutig klarzumachen, finden
Verurteilungen und Bestrafungen in aller Öffentlichkeit statt; dies

läßt kaum irgendwelche Zweifel daran, welcher Unterschied ganz offiziell zwischen Sklaven und Herren besteht. Eine weitere wichtige Unterscheidung betrifft männliche und weibliche Sklaven. In der maurischen Gesellschaft wurde Wohlstand traditionellerweise nach der Zahl der Sklavinnen bemessen, die ein Mann besaß. Zwar werden Sklaven nur selten verkauft, doch für einen jungen männlichen Sklaven erhält man vielleicht $500 bis 700, für eine reife Sklavin zwischen $700 und 1.000, für eine junge, gesunde Frau sogar noch mehr. Kinder von Sklavinnen gingen und gehen stets in den Besitz des Herrn über, obwohl die Sklaverei von Gesetzes wegen abgeschafft ist. Von erwachsenen männlichen Sklaven darf man *laut Gesetz* nicht verlangen, bei ihrem Herrn zu bleiben, doch erwachsene Frauen, besonders wenn sie Kinder haben, schützen die Gerichte nur selten. Gelegentlich wenden die Herren vielleicht Gewalt an, um eine Frau in Sklaverei zu halten, oder sie binden sie einfach dadurch an sich, daß sie ihre Kinder streng unter Kontrolle halten. Um eine Flucht zu verhindern, nimmt man den Müttern häufig ihre Kinder weg und bringt sie zu Angehörigen ihres Herrn in einen anderen Teil des Landes. In einigen Fällen aus jüngster Zeit klagten ehemalige Sklavinnen das Sorgerecht für ihre Kinder ein, die von ihren früheren Herren festgehalten wurden. Ein Sklavenhalter behauptet meist, die Kinder der Sklavin seien seine eigenen – ihre Mutter sei in Wirklichkeit seine Ehefrau. Er kann darauf zählen, daß die Richter und die Ulemas der islamischen Gerichtshöfe dieses Argument gelten lassen; schließlich haben sie in der Regel selbst Sklaven in ihrem Haushalt. Ein Mann darf in jedem Fall bis zu vier Frauen haben – wer kann schon wissen, ob die Sklavin nicht eine von ihnen ist? Möglicherweise leugnet die Frau eine Heirat, doch die Schiedsgerichte der Behörden erkennen das Sorgerecht normalerweise den Herren und nicht den Müttern zu – was in einem Rechtssystem nicht weiter verwundert, in dem die Aussage eines Mannes soviel wie die von zwei Frauen zählt und die Entschädigungssumme für das Leben einer Frau nur halb so hoch ist wie die für einen Mann.

Da die Sklaverei sämtliche Lebensbereiche durchdringt, haben Sklaven nahezu keine Alternativen. Ein Sklave, der den Haushalt seines Herrn verläßt, findet mit großer Wahrscheinlichkeit nirgendwo Arbeit. Die Familien der Weißen Mauren brauchen keine Arbeitskräfte einzustellen, da sie ihre eigenen Sklaven haben. Weniger begüterte Weiße Mauren wie die Viehhirten und Ackerbauern der Zenaga-Kaste sind als Zwangsvasallen von den Hassaniya abhängig und würden niemals entflohene Sklaven einstellen (zudem könnten sie sich dies aufgrund ihrer Armut gar nicht leisten). Die freien Nichtmauren des Landes halten keine Sklaven, doch sie haben in der Regel viele Familienmitglieder, die sie einstellen würden, ehe sie einen Außenstehenden in Betracht zögen. Wenn Sklaven ihren Herrn verlassen, gehen sie mit nichts. Ohne Bleibe, ohne gesicherten Lebensunterhalt, ohne ausreichende Bekleidung geraten sie binnen Kürze in Not. Einige entflohene Sklavinnen werden Prostituierte, etliche Männer fristen in der Stadt mit Gelegenheitsarbeiten ein armseliges Dasein, doch für die meisten ist Freiheit gleichbedeutend mit Hunger. In einem in Großfamilien organisierten Land ist der entflohene Sklave ein Ausgestoßener. Jeder potentielle Arbeitgeber würde einen entflohenen Sklaven, der aufgrund von Hautfarbe, Kleidung und Sprache leicht als solcher zu erkennen ist, als erstes fragen: »Wem gehörst du?« Aus der Sicht jener, die über die Arbeitsplätze und die entsprechenden Mittel verfügen, haben entflohene Sklaven bereits bewiesen, wie unzuverlässig sie sind, als sie ihren »Familien« den Rücken kehrten; diese Meinung teilen auch viele Sklaven. Auf den Straßen sieht man mittlerweile ziemlich viele Bettler, zahlreiche von ihnen behindert, die den Sklaven vor Augen führen, wo sie mit großer Sicherheit enden würden. Daher geraten Sklaven nur dann in Versuchung zu fliehen, wenn ein Herr sehr brutal oder gewalttätig ist – in Wirklichkeit sind körperliche Mißhandlungen jedoch eher selten. Alle meine Informanten, sogar ehemalige Sklaven, bestätigten dies. Die Schläge, von denen sie berichteten, wurden »um der Disziplin willen« mehr oder weniger hingenommen. In der Regel schienen sie zu glauben, Kinder wie auch Sklaven brauchten ab und zu eine Tracht

Prügel, um nicht aus der Reihe zu tanzen. Fälle extremer Gewaltanwendung wurden ohne Umschweife als Verstoß gegen das islamische Gesetz verurteilt.

Unter diesen Bedingungen haben die meisten Herren es gar nicht nötig, ihre Sklaven zum Bleiben zu zwingen. Sie können leicht sagen: »Geh, wenn du willst«, denn sie wissen, die Sklaven können nirgendwohin und finden keine andere Beschäftigung. Einem Sklaven steht es frei, seinen Herrn um Bezahlung zu bitten, doch dem Herrn steht es ebenso frei, sie zu verweigern. Die Gesetzesänderung von 1980 veränderte die gesetzliche Pflicht der Sklaven, ihrem Herrn zu dienen, nicht aber die Wirklichkeit von Arbeit und Ausbeutung. Zwar wurde die juristische Eigentümerschaft an Sklaven abgeschafft, doch eine veränderte Arbeitsbeziehung wurde nicht gesetzlich geregelt; weder müssen die Herren ihre Sklaven bezahlen, noch sind sie verpflichtet, für irgendeine Art sozialer Absicherung zu sorgen. Das macht es möglich, die juristische Fiktion einer Abschaffung der Sklaverei aufrechtzuerhalten. Zwar räumt die mauretanische Regierung ein, daß Hunderttausende »ehemaliger Sklaven« im Gegenzug für Nahrung und Kleidung unbezahlte Arbeit leisten, doch sie besteht darauf, daß dies keine Sklaverei sei. Selten ist Gewalt nötig, um Sklaven zum Gehorsam zu zwingen, da das gesamte gesellschaftliche System von einer Kultur des Befehlens und Gehorchens geprägt ist. Natürlich verfügen die herrschenden Weißen Mauren und die von ihnen gestellte Regierung über das Gewaltmonopol und können es je nach Bedarf gegen als solche wahrgenommene Bedrohungen einsetzen, und sie tun dies auch – zum Beispiel gegen politische Gegner oder Organisationen, die ehemalige Sklaven unterstützen.

Um diese Form von Sklaverei, die keine ist, zu verstehen, müssen wir uns die Verhältnisse in Mauretanien vor Augen halten. Dieses Land ist nicht Teil der modernen Welt, es hat sich kulturell abgeschottet. Die wenigen Informationsquellen unterstehen meist der Kontrolle der Regierung. »Internationale« Nachrichten in Fernsehen und Presse beziehen sich einzig auf die arabische Welt; sie konzentrieren sich auf den internationalen Kampf um den reinen Islam

und berühren nie das Thema Menschenrechte. Wenn die ungebil-
dete Mehrheit der Sklaven lesen *könnte*, erführe sie praktisch nichts,
das nicht den Status quo bestätigte.[4] Und so akzeptieren die meisten
Sklaven ihre Knechtschaft und fühlen sich in ihr – psychologisch gesehen – sicherer als die Herren. Die herrschenden Mauren kennen
die internationale Kritik an der von ihnen praktizierten Sklaverei.
Sie haben den Eindruck, sich vor einer Bloßstellung sowie davor hüten zu müssen, daß die Sklaven etwas von dem internationalen
Druck auf die Regierung erfahren, die ihrerseits alles in ihrer Macht
Stehende unternimmt, um die Sklaverei vor ausländischen Besuchern zu verhehlen. Ein Weißer Maure, der früher für die Regierung
arbeitete und inzwischen ausgewandert ist, erzählte uns folgende
Geschichte:

*Im Januar 1984 kamen vier Experten in unser Land, denen ein fünf-
ter aus London folgte. Ihr Besuch war mehrmals verschoben worden, da wir noch nicht darauf vorbereitet waren. Warum mußten
wir uns vorbereiten? Weil man ein paar Wochen zuvor uns junge
Leute angefordert hatte, um Armee und Polizei dabei zu helfen, die
Sklaven in andere Gebiete zu bringen und alle Spuren zu verwi-
schen, die unsere Besucher stören oder aufregen könnten. Manchmal übernahmen einige von uns sogar die Rolle freigelassener Sklaven und sprachen mit den Besuchern; wir erzählten ihnen, wie froh
wir seien, daß man uns befreit und die Chance gegeben habe, uns
weiterzubilden, Lesen, Schreiben und Rechnen und eine Fremd-
sprache zu erlernen. Diese Farce dauerte etwa zehn Tage. Wir kann-
ten die für die Gäste sorgsam geplante Reiseroute genau und fuhren
ihnen jeweils ein Stück voraus.[5]*

Der Wachsamkeit der Regierungsbeamten liegt Angst zugrunde, da
die Sklaverei, die sie zu verschleiern versuchen, deutlich sichtbar ist;
um sie zu verbergen, müssen sie mehr als nur sprachliche Verrenkungen zur Leugnung und Vernebelung vollführen. Ihr Erfolg hängt
eng mit der eigentümlichen Struktur der mauretanischen Gesell-

schaft zusammen: Die oberste Kaste der Weißen Mauren an der Spitze der Pyramide ist zwar isoliert, dennoch versucht sie verzweifelt, an ihren Privilegien – und an ihren Sklaven – festzuhalten.

VON DER REGIERUNG GEFÖRDERTE MASSAKER

Da die Regierung sich beobachtet und unter Druck gesetzt fühlt, wurde sie regelrecht paranoid und gewalttätig. Die Weißen Mauren, gegenüber den häufig wirtschaftlich unabhängigen und keine Sklaven haltenden Afromauretaniern in der Minderheit, würden alles tun, um an der Macht zu bleiben. Etwa ab 1989 wandten sie sich gegen die Afromauretanier, die auf umfassendere Anerkennung und demokratische Teilhabe an der Macht gedrungen hatten. 1990 hetzte die Regierung Gruppen von Harratin auf, Jagd auf Afromauretanier und Senegalesen zu machen. Allein in der Hauptstadt wurden mindestens zweihundert schwarze Senegalesen getötet. Mehr als 70.000 Afromauretanier wurden von Regierungstruppen attackiert und vertrieben, oder sie flohen in die Nachbarländer Senegal und Mali. Die Vereinten Nationen wiesen Folter, Verstümmelungen und Mord an mehr als fünfhundert Afromauretaniern nach, von denen viele dem Militär angehört oder öffentliche Stellungen innegehabt hatten. Nachdem so die afromauretanische Opposition zerschlagen und ihre Führung ermordet war, machte die Regierung 1993 im gleichen Stil weiter und erließ ein Amnestiegesetz, das alle ihre Angestellten und Soldaten, die an den Massakern und Vertreibungen beteiligt gewesen waren, vor jeglicher Strafverfolgung und Anklage schützte.

Folterungen, Massaker, spurloses Verschwinden von Menschen, Festnahmen und Verhaftungen sowie Hinrichtungen ohne Gerichtsverfahren in den Jahren 1989 bis 1991 machten deutlich, was jedem bevorstand, der den Status quo bedrohte. Wie so oft in Diktaturen war dieses Vorgehen eine krasse Überreaktion: Afromauretanier und Harratin sind gläubige Muslime, die Autorität respektieren und

peinlich genau auf die Einhaltung der öffentlichen Ordnung bedacht sind. Gegen die Gruppierungen, die sich für die Befreiung der
Sklaven einsetzen, ging man nicht derart gewalttätig vor – vermutlich weil sie aufgrund ihrer kleineren Zahl eine weit geringere Gefahr
darstellen. Doch auch sie sind kaum vor Übergriffen sicher. Als ich
Anfang 1997 einen Besuch in Mauretanien vorbereitete, plante ich
geheime Treffen mit den Führern von El Hor, der Vereinigung entflohener Sklaven, und mit SOS Esclaves, einer weiteren Organisation, die sich die Hilfe für Sklaven zum Ziel gesetzt hat. Zehn Tage
vor meiner Ankunft wurden die gesamte Führungsspitze beider Organisationen sowie eine Reihe weiterer mauretanischer Menschenrechtler festgenommen und ins Gefängnis geworfen. Einige ließ
man wieder frei, während ich mich noch in Mauretanien aufhielt; sie
standen jedoch unter Hausarrest und wurden überwacht. Daß wir
uns nicht treffen konnten, braucht wohl nicht eigens erwähnt zu
werden.

Es ist alles andere als leicht, die Widersprüchlichkeiten in Mauretanien auszuloten. Auf der einen Seite Sklaven, die frei sind, aber
nicht weggehen können, auf der anderen Seite Herren, die alles kontrollieren, aber jedermann fürchten. Eine fabelhafte Gastfreundschaft bildet den Rahmen für die unverfrorensten Lügen: Regierungsbeamte luden mich zu sich nach Hause ein und leugneten
dann die Existenz jeglicher Art von Sklaverei in Mauretanien. Das
Land ist derart streng in rivalisierende Gruppen unterteilt, daß man
meinen möchte, die Trennungslinien seien mit dem Lineal gezogen.
Ein Führer beschreibt es als »ein karges, fast mittelalterliches Land,
das seine Kraft aus dem Islam schöpft, zerrissen von Rassenhaß und
von Dürre geplagt«.[6] Irgendwann wurde mir klar, wie sehr Mauretanien ein Produkt seiner merkwürdigen Umwelt ist. Und wenn wir
das Leben einzelner Sklaven verstehen wollen, müssen wir zunächst
einen Blick auf die grausame Landschaft Mauretaniens und seine
wohl noch grausamere Geschichte werfen.

ALLE UNSERE STRASSEN SIND ASPHALTIERT – ALLE BEIDE

Aus den ganz unterschiedlichen Gruppen, aus denen sich die mauretanische Gesellschaft zusammensetzt, könnte man schließen, Mauretanien sei eines jener afrikanischen Länder, die von europäischen Kolonialmächten künstlich geschaffen wurden. Das Land ist riesig und leer. Es ist etwa so groß wie Kolumbien oder wie Kalifornien und Texas zusammengenommen, hat jedoch nur wenig mehr als zwei Millionen Einwohner – die niedrigste Bevölkerungsdichte der Welt. Mauretanien besteht praktisch nur aus Wüste: Im Grunde genommen ist es nichts weiter als der westliche Rand der großen Sahara. Über ein Drittel des Landes, der an Mali grenzende östliche Teil, wird als »die Öde« bezeichnet. Hier gibt es, auf einem Areal von den Ausmaßen Großbritanniens, keine Ortschaften, keine Straßen und kaum Menschen. Die einzelnen Regionen Mauretaniens sind einfach nur Variationen zum Thema Wüste. Als ich quer durch das Land reiste, wurde mir bewußt, daß es viele Arten von Wüste gibt. In der Mitte und im Norden sind es harte, felsige Mulden und Schotterhügel, auf denen ein wenig Gestrüpp wächst und Ziegen und Kamele leben können. Im Osten reichen Ausläufer der großen Wanderdünen in das übrige Land; der Sand, ständig in Bewegung, läßt keinerlei Vegetation Wurzeln schlagen. Tatsächlich breitet die Sahara sich ständig weiter aus; Wanderdünen überziehen allmählich felsige Wüstengegenden, die dann nicht mehr als Weideland taugen. Im Süden dringt der Sand auf die Ackerböden vor und macht Landwirtschaft unmöglich. Nördlich der Hauptstadt sind ganze Dörfer nur noch rechteckige Flecken im Treibsand. Einzig an der Grenze im Südwesten weicht die unerbittliche Wüste. Hier bewässert der Senegal-Fluß Felder und versorgt das fruchtbare Kernland der Stämme der Fula, Soninke und Wolof (sie bilden die Gesamtheit der Afromauretanier), mit ihrer langen Geschichte von Sklaverei und Widerstand.

Im 17. Jahrhundert vertrieben französische Kolonisatoren portugiesische Händler aus dem Gebiet entlang des Senegal und verlegten sich binnen kurzem auf ein äußerst einträgliches Geschäft – Skla-

venhandel. An der Mündung des Flusses errichteten sie den Stützpunkt St. Louis und transportierten europäische Handelsgüter den
Fluß hinauf in die Wüstenregionen. Sie sorgten für einen zuverläs-
sigen Nachschub an Sklaven von den einander bekämpfenden und
streng hierarchisch organisierten Stämmen im Landesinneren. Einen Großteil dieser Sklaven lieferten die Weißen Mauren; sie fingen
die Nichtaraber in den südlichen Gebieten ein und tauschten sie gegen Feuerwaffen, Kleidung und Zucker. Die Schwarzen, die den Fluß
hinunter verkauft und von St. Louis aus verschifft wurden, stellten
die Sklaven der Pflanzungen auf Haiti und in anderen französischen
Kolonien; zudem wurden sie auf dem gesamten amerikanischen
Kontinent verkauft. Als die Hassaniya-Araber zu Beginn des 19. Jahrhunderts ihren Zugriff auf das Gebiet verstärkten, wurde der größte
Teil Mauretaniens in rivalisierende Emirate aufgeteilt – streng unter-
gliederte Muslim-Gesellschaften, die einander erbittert bekämpf-
ten. Die Franzosen schürten den Bürgerkrieg in den Emiraten und
die Feindseligkeiten zwischen ihnen, um sie schwach zu halten und
einen steten Nachschub an kriegsgefangenen Sklaven zu gewährleisten.

Gegen Ende des 19. Jahrhunderts hatten die Franzosen, die von
ihrem Stützpunkt in Senegal aus nordwärts und von ihren Besit-
zungen in Marokko aus südwärts vorstießen, im Rahmen eines sogenannten Schutz- und Befriedungsprogramms einen großen Teil
Mauretaniens unter ihre Kontrolle gebracht. Die Ermordung eines
französischen Kommandeurs im Jahre 1905 bildete den Vorwand für
eine großangelegte Invasion und die Annexion. 1920 wurde Mauretanien offiziell eine französische Kolonie, auch wenn der Widerstand der Nomadenguerilla bis 1933 nicht vollständig »befriedet«
werden konnte. Im 19. Jahrhundert war der kommerzielle Export
von Sklaven zum Erliegen gekommen, und so hatte Mauretanien
wirtschaftlich gesehen nur mehr wenig zu bieten. Die Franzosen
ihrerseits erbrachten so gut wie keine Gegenleistung; sie nutzten die
Kolonie als Exil für politische Aufrührer aus anderen Kolonien und
sahen ostentativ über die endemische Sklaverei in der mauretani-

schen Gesellschaft hinweg. Als 1960 dann die Islamische Republik Mauretanien ausgerufen wurde, konnte sich das Land noch immer keiner asphaltierten Straße oder einer Eisenbahnstrecke rühmen.

Der erste Präsident des Landes war ein junger Weißer Maure, ein Rechtsanwalt, der sowohl bei den Mauren als auch bei den Franzosen erhebliches politisches Gewicht hatte (er war der Schwiegersohn Charles de Gaulles). Präsident Mokhtar ould Daddah unterlief die neue demokratische Verfassung, gliederte alle politischen Parteien in seine eigene ein, schaltete sämtliche politischen Konkurrenten aus und sicherte das Einparteiensystem innerhalb von nur drei Jahren gesetzlich ab. Um die Vorherrschaft der Weißen Mauren weiter zu festigen, gründete er in Nouakchott eine neue Hauptstadt. Zwar handelte es sich nur um ein verstaubtes Dorf mit 300 Einwohnern, doch es lag mitten im maurischen Teil des Landes, so daß dessen Gravitationszentrum aus dem afromauretanischen Süden verlagert wurde. Um die Herrschaft der Weißen Mauren abzusichern, wurde Arabisch per Dekret die offizielle Unterrichtssprache an den Schulen. Als die Afromauretanier in der Hauptstadt gegen ihren plötzlichen Ausschluß protestierten, ließ man die Armee aufmarschieren und die Opposition gewaltsam unterdrücken. Selbst die bloße *Diskussion* des Rassenkonflikts wurde verboten. Um abweichende Meinungen weiter einzudämmen, brachte die Regierungspartei auch noch sämtliche Gewerkschaften unter ihre Kontrolle. Anfang der siebziger Jahre war durch Repression der Regierung aus einer schläfrigen französischen Kolonie ein Polizeistaat mit einer Einparteienherrschaft geworden, der sich auf Rassendiskriminierung stützte. Die Diktatur ould Daddahs brachte Kritik zum Schweigen und zwang dem Land ein Arabisierungsprogramm auf; zwei Gefahren, die von außen her drohten, konnte sie jedoch nicht unter Kontrolle bringen: das Wetter und den Trümmerhaufen, den die Kolonisatoren hinterlassen hatten – diesmal war es der spanische Kolonialismus in der Westsahara.

1971 blieb selbst die winzige Regenmenge aus, die normalerweise auf Mauretanien niedergeht. Die Dürre war ein schwerer Schlag für den arabischen Norden und die Landesmitte und veränderte das Leben vieler Sklaven von Grund auf. Als die Nahrungsvorräte schwanden, mußten die Sklaven hungern, und ohne Regen bestand keinerlei Hoffnung, mehr Nahrungsmittel anzubauen. Die Weißen Mauren waren seit jeher Viehhirten; die Dürre tötete Rinder, Schafe, Ziegen und Kamele. Den Hungertod sowohl ihrer Familien als auch ihrer Sklaven vor Augen, zogen die Weißen Mauren in großer Zahl in die Städte, insbesonders nach Nouakchott; dies ließ die Bevölkerungszahl der Hauptstadt explodieren. Der in Städten lebende Anteil der Mauretanier stieg von 14 Prozent im Jahr 1970 auf 50 Prozent im Jahr 1990.

Die Dürre veränderte das Gesicht der mauretanischen Gesellschaft radikal; gleichzeitig setzte ein Guerillakrieg der Herrschaft Mokhtar ould Daddahs ein Ende. Schon seit langem erhob Mauretanien Anspruch auf das als Westsahara bekannte Gebiet, eine spanische Kolonie, die unmittelbar nördlich an das Land grenzt. Unglücklicherweise beanspruchten auch Algerien und Marokko diese Region, und als Spanien 1975 die Kolonie aufgab, fingen alle drei Länder an, sich sowohl gegenseitig als auch die dort lebenden Stämme zu bekriegen (diese hatten die Befreiungsfront Polisario gegründet, die eine Zukunft in Unabhängigkeit anstrebte). Noch heute ist umstritten, wem die Region untersteht, doch Mauretanien, in vieler Hinsicht der schwächste der vier an den Kriegen Beteiligten, wurde 1978 aus der Auseinandersetzung katapultiert, obwohl das Land von der Armee und der Luftwaffe der Franzosen unterstützt wurde. Eine neue Regierung aus Obristen, die den Präsidenten in einem unblutigen Militärputsch abgesetzt hatten, suchte um Frieden nach. Als diese neue Regierung 1980 die Sklaverei abschaffte, um so die Aufmerksamkeit von der fortdauernden rassischen Diskriminierung abzulenken, machte dies die übrige Welt überhaupt erst auf das Problem aufmerksam. 1981 erwies sich einer der Obristen, Maawiya Sid'Ahmed ould Taya, als der starke Mann; er regiert seit dieser Zeit Mauretanien.

Präsident ould Taya ordnete in den Jahren zwischen 1989 und

1991 die Angriffe auf die Afromauretanier an, und unter seinem Befehl wurden 1997 führende Mitglieder der Menschenrechtsgruppen verhaftet. Sein Verwaltungsapparat führte das als *Arabisierung* bezeichnete Programm der ethnischen Säuberung fort und dehnte es auf das afromauretanische Kernland im Gebiet des Senegal-Flusses aus. Seit Ende der achtziger Jahre setzte er ein »Programm der Vernunft« durch, in dessen Rahmen Weiße Mauren als Landkäufer die fruchtbaren Täler des Südens überschwemmten; er unterstützt Erschließungsvorhaben, die stets auf eine Enteignung afromauretanischer Bauern hinauslaufen. Indem die Regierung den Haß gegen die Afromauretanier schürt, lenkt sie vom Elend der Sklavenbevölkerung ab und ermuntert gleichzeitig die schwarzen maurischen Exsklaven, sich von den »verräterischen« Afromauretaniern zu distanzieren. Diese Strategie des »Teile und herrsche« erfordert, daß die Sklaven sich auf die Seite ihrer Herren stellen, statt ihre eigenen Interessen zu verfolgen. Aufgrund der sozialen Isolation und Machtlosigkeit der Sklaven funktioniert das zur Zeit noch, doch allmählich höhlt der gesellschaftliche und wirtschaftliche Wandel die Macht der Mauren aus.

BUMMELZUG IN DIE STEINZEIT

Mauretanien ist ein wirtschaftlicher Modellfall. Auf dem Land lastet eine geringfügig schwankende Auslandsschuld von über $ 2,5 Milliarden – mehr als das Fünffache seiner jährlichen Exporteinnahmen. Das Pro-Kopf-Einkommen sinkt ständig und beträgt mittlerweile $ 480 pro Jahr; die Bevölkerung Mauretaniens ist eine der ärmsten der Welt.[7] Auch wenn dies nur schwer vorstellbar ist, verschlechtert sich die wirtschaftliche Situation weiter. Mauretanien verfügt nur über zwei natürliche Ressourcen: Eisenerz und Fisch. Die einzige Eisenbahnlinie des Landes verbindet den Hafen von Nouadhibou mit dem Erztagebau 560 Kilometer landeinwärts. Gemächlich befördern die Erzzüge ihre Fracht aus Gestein und Geröll an die Küste. Maure-

tanien verfügt immer noch über reiche Erzvorkommen, doch weltweit geht seit Jahren die Nachfrage zurück, und der Preis sinkt entsprechend. Wenn Züge entgleisen oder die Schienen beschädigt
werden, ruht in unregelmäßigen Abständen auch der Bahnverkehr.
Gelegentlich verschütten riesige Wanderdünen die Schienen, die
dann mit Sandpflügen freigelegt werden müssen. Die Bahn ist eine
Art Sinnbild der mauretanischen Wirtschaft: Schwerfällig und verrottet, transportiert sie Waren von geringem Wert zu Märkten, auf
denen die Nachfrage schwindet.

Seit etwa zehn Jahren beutet die Regierung zudem die Fisch-
vorkommen entlang der Küsten aus. Die Öffnung der Fischgründe
für ausländische Firmen bewirkte allerdings nur eine dramatische
Verringerung der Fischbestände ohne nennenswerten Gewinn. Im
Norden holen russische, chinesische und koreanische Fabrikschiffe
riesige Mengen Fisch aus dem Meer, und näher an der Hauptstadt
liefert die aus kleinen Holzbooten bestehende mauretanische Fang-
flotte ihren täglichen Fang an eine japanische Verarbeitungsfabrik.
Der größte Teil der Exporte des Landes geht nach Japan; die meisten
Importe stammen aus Frankreich und Thailand. Da die meisten
gebildeten Mauretanier Französisch sprechen, ist Frankreich für sie
maßgeblich in Fragen der Kultur, der Mode und der Konsumgüter.
Die meisten Autos stammen aus Frankreich; Nahrungsmittel, Kleider
und sogar Spielzeug und Spiele werden zusammen mit Chemikalien, Arzneien und Rohstoffen aus Frankreich importiert. Thailand
steuert ein einziges Importgut bei: Reis. Die gegen die afromauretanischen Bauern im fruchtbaren Süden gerichtete Regierungspolitik
verminderte im Zusammenwirken mit dem Vordringen der Wüste
die Produktion in einem Maße, daß das Land inzwischen nur noch
30 Prozent seines Grundbedarfs an Nahrungsmitteln selber decken
kann. Die restlichen 70 Prozent – in Form von Reis, dem wichtigsten
Getreide – kommen aus Thailand. Ständig droht eine Katastrophe,
denn jede Unterbrechung des Reisnachschubs zöge eine Hungersnot
von riesigem Ausmaß nach sich. Um den Nachschub sicherzustellen,
muß Mauretanien seinen Gläubigern relativ freie Hand bei der

Ausbeutung seiner Ressourcen sowie der Vermarktung seiner Produkte lassen und sich dem Diktat ihrer Geschäftsbedingungen unterwerfen.

Infolge des wirtschaftlichen Niedergangs Mauretaniens wurde die Infrastruktur kaum ausgebaut. Das Land verfügt über genau zwei Straßen. Diese zweispurigen Überlandstraßen wurden nicht von der Regierung asphaltiert, sondern von ausländischen Staaten, die auf diese Weise Wirtschaftshilfe zu leisten versuchten. Die Straße in den Süden nach Senegal ist in derart schlechtem Zustand und so voller Schlaglöcher, daß sie fast nicht mehr befahrbar ist. Besonders bizarr: Die zweitgrößte Stadt des Landes – Nouadhibou, das Exportzentrum für Eisenerz – verfügt über keinerlei Straßenverbindung irgendwohin. Mit dem Auto kann man sie von der Hauptstadt aus nur erreichen, wenn man 400 Kilometer am Strand des Atlantik entlangfährt (Vierradantrieb ist hier unerläßlich), sofern Gezeiten, Stürme und Wanderdünen es zulassen. Da allerorten moderne Technik fehlt, ist Mauretanien eine der letzten Weltgegenden, in der man beobachten kann, wie das Leben in vorindustrieller Zeit wohl aussah. Lediglich ein Fünftel der Häuser verfügt über elektrischen Strom, und diese stehen vorwiegend in der Hauptstadt und den großen Städten. In den Dörfern wird es urplötzlich tiefschwarze Nacht; erst die gelbe Flamme einer Öllampe an den Zeltklappen hellt sie auf. Nur drei Prozent der Haushalte besitzen ein Telephon; für das gesamte Land existiert nur ein einziges Telephonbuch vom Umfang einer kleinen Druckschrift, und jede Nummer besteht aus nicht mehr als fünf Ziffern. Wären nicht die von ausländischen Wohltätigkeitsorganisationen errichteten und betriebenen Krankenhäuser, gäbe es – außer für die Reichen – keine medizinische Versorgung.

Was den privaten Lebensstandard angeht, leiden die Mauretanier unter einer schier unvorstellbaren Armut. Viele Menschen besitzen nur das Allernötigste: zwei oder drei Kleidungsstücke, einige Plastikkrüge, -kannen und -töpfe sowie Körbe, ein paar Eisenwerkzeuge, eine Teekanne und dazu ein paar Gläser, eine Decke oder Steppdecke, die je nach Bedarf als Teppich, Bett oder Zelt dienen. Sonst nichts. Das heiße, trockene Klima macht das Leben der Armen im Grunde leichter, da sie die meiste Zeit des Jahres nur einen notdürftigen Unterschlupf brauchen; Sklaven schlafen normalerweise auf dem Boden vor dem Haus ihres Herrn oder in primitiven Anbauten aus Zweigen und Abfallholz. Für die Armen und die Sklaven steht wenig mehr als Reis oder Couscous (etwa ein Pfund am Tag), vermengt mit den Knochen und Essensresten vom Tisch ihres Herrn auf dem Speiseplan. Auf der Straße erkennt man die Sklaven leicht an ihrer schmutzigen, zerlumpten Kleidung, die Herren an ihren makellosen, fließenden Gewändern. Weiße Mauren tragen fast ausnahmslos weite, sich bauschende himmelblaue oder weiße Gewänder, *Boubou* genannt. Solche Gewänder, deren lange, weite Ärmel man über den Kopf ziehen kann, werden nur in Mauretanien gefertigt. Die Roben der Mauren sind oft mit Goldstickereien verziert und immer makellos sauber und perfekt gestärkt. Um die soziale Abgrenzung deutlich zu machen, erhalten Sklaven kaum je ein *Boubou* als Bekleidung. Sie tragen eher abgelegte europäische, von französischen Lumpensammlern in großen Ballen hierher verfrachtete Klamotten. Auf den Straßen und in den Gassen leben und arbeiten männliche Sklaven in seltsamen Zusammenstellungen von Anzughosen aus Polyester, die an den Knien abgeschnitten sind, und fleckigen T-Shirts mit aufgedruckter Reklame für Waren, die in Mauretanien nie erhältlich waren. Trotz der Hitze und des glühendheißen Sandes und der Steine unter ihren Füßen tragen Sklaven praktisch nie Schuhe oder auch nur Sandalen.

So ist es kein Wunder, wenn die durchschnittliche Lebenserwartung der Männer nur bei einundvierzig Jahren und die der Sklaven noch etwas niedriger liegt. Runzlige, alt wirkende Sklavinnen sind in Wirklichkeit oft erst in den Dreißigern; die Sklavenkinder sind knochig und unterentwickelt; oft ist ihr Körper von Schnitten und Wunden übersät, die aufgrund ihrer Unterernährung nur langsam verheilen. Überall wimmelt es von Kindern: Fast die Hälfte der Bevölkerung ist jünger als vierzehn Jahre. Dies schränkt allerdings die Produktivität kaum ein, da Sklavenkinder keine Schule besuchen und im Alter von fünf oder sechs Jahren zu arbeiten beginnen. In der Stadt Boutilimit stieß ich hinter den großen Häusern der Weißen Mauren mit ihren Innenhöfen auf Verschläge und Hütten, die ich zunächst für primitive Ziegenställe hielt, aus denen jedoch verdreckte, in Lumpen gehüllte Sklavenkinder auftauchten. Im gleichen Augenblick kamen Kinder Weißer Mauren in ihren hellen *Boubous* die Straße herauf; sie waren mit ihren Büchern und Ranzen auf dem Weg zur Schule. Die Sklavenkinder, denen man nicht erlaubt, die Schule zu besuchen, spielten im Staub der Straße weiter; als Spielzeug dienten ihnen ausgebleichte Tierknochen und alte Konservendosen. Nur einer von fünf Mauretaniern kann lesen. In Nouakchott traf ich eine alte Sklavin, die zwar wunderschöne Quilts anfertigte, aber nicht weiter als bis zehn zählen konnte. Dieses Ausmaß erzwungener Unwissenheit hält die Menschen in der Sklaverei fest, selbst in der nicht so streng überwachten Atmosphäre der Hauptstadt.

AM ENDE VON NIRGENDWO

In der Hauptstadt Nouakchott, einer bemerkenswert unattraktiven Stadt, ist die Sklaverei am deutlichsten erkennbar; dort sieht man auch, wie sie sich zu neuen Formen weiterentwickelt. Nur ein von Rassenhaß verblendeter Diktator konnte eine so aberwitzige Entscheidung treffen: Abgesehen von einem bedeutungslosen, ein paar Kilometer entfernten Hafen gibt es keinen einzigen vernünftigen Grund, hier eine Hauptstadt zu errichten, hingegen sehr viele Gründe, dies nicht zu tun. Drei Viertel des Jahres schmirgeln Sandstürme die Hauptstadt ab. Dünen und Sandverwehungen bedecken die Straßen und drücken gegen die Häuser. Verkehr und Wind wirbeln so viel Sand auf, daß kaum ein Unterschied zwischen dem, worauf man geht, und dem, was man einatmet, zu bestehen scheint. Der Himmel ist von einem eintönigen sandfarbenen Braun. Überall dringt feiner Sand und Staub ein – in die Kleidung, das Essen und die Augen. Nach wenigen Tagen schon verstopft der feine Flugsand

Kehle und Lungen, und man leidet unter dem gleichen trockenen, bellenden Husten wie die Einheimischen.

Ehe Nouakchott 1960 zur Hauptstadt der jungen Republik gekürt wurde, war es ein winziges Dorf und französischer Außenposten an der unbefestigten Piste entlang der Küste. Das Stadtzentrum wurde in wenigen Jahren hochgezogen, die Gebäude auf befestigten Dünen errichtet; ausgelegt war die Stadt für 15.000 Einwohner. Als jedoch 1969 die erste große Dürre einsetzte und die Stadt zu einem Zentrum der Nahrungsmittelhilfe wurde, strömten vom Land die Flüchtlinge herein. Heute leben hier zwischen 500.000 und 600.000 Menschen – über ein Viertel der Gesamtbevölkerung des Landes. Wohin man in Nouakchott auch blickt, überall werden Gebäude errichtet: keine Büros oder Läden, sondern Abertausende auf dem konturlosen Sand verstreute kleine Häuser aus Betonblöcken mit flachen Dächern, sandbraun verputzt; normalerweise bestehen sie aus ein, zwei Räumen. Die meisten Bauarbeiten werden von Sklaven ausgeführt; sie mischen den Beton und stellen die Bausteine mit Hilfe primitiver Formen in Handarbeit her. Nach dem Trocknen schleppen sie die Blöcke ein Stück weiter und schichten sie aufeinander.

Die Arbeitskraft der Sklaven ermöglicht einen Bauboom auf Billigbasis. Ein Regierungsbeamter der USA erzählte mir, seine Botschaft könne nicht verstehen, wo das Geld für all diese Neubauten herkomme und wie es überhaupt eine ausreichende Wirtschaftstätigkeit geben könne, um die Bevölkerung zu ernähren. Unter der Voraussetzung, daß die Arbeiter bezahlt würden und ein minimaler Lebensstandard gesichert wäre, hätte er recht: Es ist nicht genügend Geld in Umlauf, um die Existenz aller zu sichern. Das System funktioniert nur, weil sehr viele Arbeitskräfte nicht bezahlt und erbärmlich ernährt und untergebracht werden. Vom übrigen Mauretanien unterscheidet sich Nouakchott insofern, als hier die Arbeitskraft der Sklaven die städtische Wirtschaft trägt.

Als Dürre und politische Unruhen die Weißen Mauren in die Hauptstadt trieben, brachten sie ihre Sklaven mit. In Zusammenarbeit mit ihren Verwandten in den Großfamilien fanden sie allmählich Mittel und Wege, in der neuen städtischen Umgebung zu Geld zu kommen. Da Nouakchott praktisch aus dem Nichts zur Stadt wurde, eröffneten sich ihnen viele Möglichkeiten. Jene, deren Sklaven geschickte Schmiede waren, gründeten Werkstätten für Metallbearbeitung. Andere Sklaven konnte man anlernen, Ziegel und Betonblöcke für die neuen Gebäude herzustellen. Etliche Weiße Mauren stiegen in den Einzelhandel ein, und so finden sich im Marktviertel garagenähnliche Bauwerke, in denen sich Möbel, Werkzeuge oder Autoteile stapeln. Die Ladenbetreiber brauchen ihre Ware nie selber in die Hand zu nehmen, denn die Sklaven erledigen alles: Sie schichten die Waren um, schleppen sie, liefern sie aus, stapeln und transportieren sie und machen sauber. Den fähigsten Sklaven bringt man bei, in kleinen Läden zu bedienen, was infolge der geringen Unkosten hervorragende Profite ermöglicht.

In Nouakchott traf ich einen Weißen Mauren, der vier kleine Ladengeschäfte nach Art der europäischen Tante-Emma-Läden besaß, in denen Lebensmittel und Haushaltswaren verkauft wurden. Da es in der Stadt keine Supermärkte oder Kaufhäuser gibt, muß man alle Lebensmittel, die man sich nicht auf dem Markt beschafft, in diesen kleinen Geschäften kaufen. Der Besitzer war zur Zeit der Dürre in die Hauptstadt gekommen und hatte mit Unterstützung seiner Familie den ersten Laden eröffnet. Aus seinem Heimatdorf hatte er vier Sklaven mitgebracht, denen er zeigte, wie man so ein Geschäft führt; die im Dorf zurückgelassenen Sklaven mußten die Produkte herstellen, die hier verkauft werden sollten. Außerdem schickte er vertrauenswürdige Sklaven nach Senegal, um dort Bohnen und anderes Gemüse en gros einzukaufen. Die Gewinne waren von Anfang an gut und finanzierten im Lauf der Zeit den Bau und die Ausstattung von drei weiteren Läden. Heute hat der Geschäftsmann in jedem Laden vier Sklaven »angestellt«; so kann er die Geschäfte vom frühen Morgen bis nach Mitternacht geöffnet halten, selbst wenn einer oder zwei der Sklaven Waren ausliefern oder Nachschub heranschaffen. Von den Sklavenfamilien des Herrn, die weiterhin auf dem Land leben, werden ständig Fleisch und Gemüse in die Läden geliefert; alle Arbeitskräfte werden mit Nahrungsmitteln »bezahlt«. Die Sklaven in der Stadt schlafen auf dem Fußboden des Ladens. Als ich den Geschäftsmann nach den tatsächlichen Kosten und Gewinnen fragte, flüchtete er sich rasch ins Ungefähre und gab sich desinteressiert; da man jedoch die Kosten für Nahrungsmittel kennt, können wir ein paar Schätzungen anstellen. Sechzehn Leute brauchen täglich etwa fünf Kilo Reis, dazu dürften vielleicht noch zwei Kilo Fleischreste kommen. Alles zusammen kostet etwa $5 bis 8, folglich muß man für sechzehn Arbeiter höchstens $240 im Monat ausgeben – nicht mehr als $15 pro Kopf, was wohl die niedrigsten »Lohnkosten« auf der Welt sein dürften.

Die Verstädterung eröffnete den weißen maurischen Herren äußerst einträgliche neue Geschäftsbereiche; mittlerweile sind sie in alle möglichen Unternehmungen eingestiegen, vom Baugewerbe bis zur Autoreparatur. Den Sklavenhaltern kommt zugute, daß sie in einer modernen Wirtschaft die Arbeitskraft von Sklaven einsetzen können. Es stimmt, die Importgüter, die sie kaufen, sind im Umfeld der mauretanischen Wirtschaft teuer, andererseits sind jedoch die auf Sklavenarbeit beruhenden Gewinne ebenfalls hoch. Die Profite wirken sich die gesamte Wertschöpfungskette hinauf aus. Den größten Teil der Konsumgüter liefern französische Exporteure nach Mauretanien. Schaut man sich in irgendeinem Laden um, stellt man fest, daß das Land eine Müllkippe für europäische Waren ist, deren Verfallsdatum überschritten ist (besonders beunruhigend für alle, die Arzneimittel brauchen, denn in den Apotheken ist kaum etwas unter der Haltbarkeitsgrenze zu bekommen). Um sich diesen Exportmarkt zu erhalten, unterstützt die französische Regierung aktiv das Regime von ould Taya, das sie als das »demokratischste in ganz Nordafrika« bezeichnet; zudem finanziert sie Entwicklungsvorhaben der Wirtschaft. Viele dieser Projekte erscheinen so unangemessen, daß es schon grotesk wirkt: In einem Land, in dem nur wenige über fließendes Wasser verfügen, investierte man ungeheure Summen in ein satellitengestütztes Kommunikationsnetz für die drei

Prozent der Bevölkerung, die ein Telephon besitzen. Natürlich kann man derart seltsame Prioritäten setzen, wenn die meisten Bürger kein Mitspracherecht bei der Zuteilung von Geldmitteln haben. Für die Sklaven ist die neue städtische Umgebung insofern anders, als man von ihnen erwartet, andere Arbeiten zu verrichten und neue Tätigkeiten zu erlernen; doch auch die Form ihrer Versklavung unterliegt Veränderungen. Diese neue Spielart der alten Sklaverei läßt sich vielleicht am ehesten verstehen, wenn wir uns die städtischen Sklaven ansehen, die mit ihrer Arbeit ein in Mauretanien sehr kostbares Gut bereitstellen – Wasser.

MEIN NAME IST BILAL

Die meisten Sklaven haben nur einen Namen, und bei vielen männlichen Sklaven lautet er Bilal. Bilal war der Name des Sklaven, den der Prophet Mohammed besaß und den er später freiließ. Er machte ihn zum ersten *Muezzin,* der vom Turm der Moschee aus die Muslime zum Gebet ruft. Kein Weißer Maure würde je den Namen Bilal tragen – nur Sklaven werden so genannt. Der Bilal, den ich getroffen habe, war einer der vielen Sklaven, die in der Hauptstadt mit der Verteilung von Wasser beschäftigt sind. Diese Aufgabe ist einfach und gewaltig zugleich. Einfach, weil man dafür nur einen Esel, einen kleinen Karren und ein, zwei Fässer benötigt; gewaltig, weil in der ausgetrockneten Wüstenstadt nur 40 bis 50 Prozent der Bevölkerung über fließendes Wasser verfügen. Das heißt, etwa 300.000 Menschen sind hinsichtlich ihres gesamten Wasserbedarfs auf die körperliche Arbeit anderer Menschen angewiesen.

Als Teilglied dieses Versorgungssystems steht Bilal vor Sonnenaufgang auf. Er hat irgendwo in der Nähe des Hauses seines Herrn in der wuchernden Stadtlandschaft Nouakchotts geschlafen, vielleicht auf der hinteren Veranda oder in einem Unterschlupf aus Pappkartons im ummauerten Hof. Sein Frühstück besteht aus etwas Reis oder Essensresten, serviert von der Sklavin, die noch früher aufsteht, um mit dem Kochen für den Haushalt zu beginnen. Bei Sonnenaufgang ist er bereits mit seinem Eselskarren zu einem der öffentlichen Brunnen unterwegs, wo er mühsam seine beiden Sechzigliterfässer von Hand füllt. Der Brunnen ist nichts weiter als ein mit ein paar Ziegeln eingefaßtes Erdloch. Es gibt keinen Hahn, kein Steigrohr und keine Pumpe, keine Seilrolle und keine Kurbel – nur einen großen Metalleimer an einem Seil. Bilal arbeitet schnell, immer wieder zieht er den gefüllten Eimer hoch und füllt das Wasser durch einen behelfsmäßigen Trichter in seine Fässer. Sind sie voll, beginnt der nächste Sklave seine Fässer zu füllen, und Bilal tritt seine Runde an.

Die Sklaven, die das Wasser transportieren, schwärmen in der ganzen Stadt aus und machen bei fast jedem Haus halt. Mit einem Stück Gummischlauch ziehen sie Wasser in Flaschen, Eimer, Fässer und Wassertanks ab. Manchmal werden sie zu Baustellen beordert, wo sie das Wasser für den Beton oder den Mörtel liefern, manchmal auch zur Gartengrundstücken. Mindestens eine Ladung Wasser transportiert Bilal zum Haus seines Herrn, und eine oder zwei weitere Ladungen gehen an dessen Verwandte. Die Landeswährung ist der Ouguiya (200 Ouguiya = 1 US-Dollar); Bilal kassiert etwa einen Ouguiya pro Liter von allen, die für sein Wasser bezahlen müssen. Sind die Fässer leer, fährt er zu einem der öffentlichen Brunnen und füllt sie erneut. Das verschafft ihm gelegentlich eine kleine Pause und erlaubt ihm ein Schwätzchen, wenn er sich unter die anderen Sklaven einreiht, die ebenfalls Wasser transportieren. Sein Tag ist ein ständiger Kreislauf – er füllt seine Fässer und transportiert das Wasser von Haus zu Haus. Sein Herr erwartet von Bilal, daß er zusätzlich zu dem Wasser, das er für die Familie seines Herrn transportiert, mindestens 800 Liter pro Tag verkauft. Dafür muß er sieben- bis zehnmal zum Brunnen fahren. Die restliche Zeit ist er ständig in Bewegung; er arbeitet auch während der heißesten Zeit des Tages, schuftet ohne Pause bis Sonnenuntergang. Dann muß er zum Haus seines Herrn zurückkehren, das eingenommene Geld abliefern und andere Arbeiten verrichten (gewöhnlich putzen oder irgend etwas transportieren), ehe er sich gegen Mitternacht schlafen legen kann.

Der nächste Tag läuft genauso ab; alle Tage gleichen sich, alle sieben Tage der Woche. Kehrt er nicht mit dem Geldbetrag zu seinem Herrn zurück, den dieser erwartet, wird er gescholten oder geschlagen, und man kürzt ihm die Essensration. Zu einer Unterbrechung seiner Arbeit kommt es allenfalls in der Regenzeit, die in Mauretanien nicht regelmäßig auftritt und nur kurz ist. Dann schickt sein Herr ihn aufs Land und läßt ihn bei der Feldbestellung helfen.

Bilal ist ungefähr zwanzig Jahre alt; vor etwa drei Jahren brachte sein Herr ihn in die Stadt. Im Haus seines Herrn auf dem Land verrichtete Bilal all die Arbeiten, die man von jungen Sklaven erwartet: Waschen, Putzen, Ziegen und Kamele versorgen, Gärtnern, Wasserschleppen, Erdarbeiten und Besorgungen aller Art. Für die herrschende Kaste der Hassaniya gilt jede landwirtschaftliche Arbeit als erniedrigend. Nur die Kamelzucht und die Lebensweise der Nomaden werden als ehrenvoll angesehen, daher bleibt praktisch alle Arbeit an den Sklaven hängen. Bilals Vater und Großvater waren ebenfalls Sklaven in der Familie seines Herrn. Aus der Zeit davor weiß er nichts über seine Familie. Seine Mutter arbeitet weiterhin im Haus seines Herrn auf dem Land.

Als ich das erste Mal mit Bilal sprach, gab er zu, kein Geld zu haben, doch er betonte:»Ich mache das nicht, um Geld dafür zu bekommen, sondern weil ich meinem Herrn helfen will.« Das ist die Standardantwort der Sklaven, wenn sie nicht genau wissen, mit wem sie es zu tun haben, und befürchten, ihrem Herrn könnte hinterbracht werden, was sie sagen. Im Lauf der Zeit überzeugten wir ihn von unseren Absichten, und er erklärte, sein Herr hätte ihm gesagt, er dürfe jetzt, wo er in der Stadt sei, niemals zugeben, daß er Sklave sei.»Aber natürlich bin ich ein Sklave«, meinte er. Seit er in der Hauptstadt ist, hat Bilal eine Menge gelernt. Mittlerweile hat er eine ungefähre Vorstellung von El Hor, der Vereinigung entflohener und freigelassener Sklaven. Zwar weiß er nicht, wo er ihre Mitglieder findet, aber er weiß, daß es die Organisation gibt. Außerdem hat er erfahren, daß das Leben mehr Möglichkeiten bereithält, als entweder Herr oder Sklave zu sein.»Was ich wirklich will«, sagte er,»ist eine

Entlohnung, einen festen Geldbetrag für meine Arbeit.« Er weiß
jetzt, daß andere manchmal gegen Bezahlung arbeiten; daß sie eine
Arbeitsstelle haben und abends in ihre eigene Wohnung zurückkehren.»Aber als ich meinen Herrn um Lohn bat, meinte er, es sei
besser, wenn er mir zu essen und vielleicht ein wenig Taschengeld
gäbe und ich in seinem Haushalt bliebe – was kann ich da schon machen?« Bilal kann kaum etwas dagegen unternehmen: Er sitzt in der
Falle. Er hat kein Geld und keine Möglichkeit, sich welches zu verdienen. Er kann Wasser verkaufen, aber der Esel, der Karren und die
Fässer gehören seinem Herrn. Wenn er ihn verläßt, hat er keine
Wohnung und auch keine Möglichkeit, Geld für ein gemietetes Zimmer zu verdienen.»Wenn ich mich beklage, schickt mein Herr mich
aufs Land zurück, wo er mich noch besser kontrollieren kann«, erklärte er mir. Zudem wissen Bilal und die anderen, was unter Umständen mit entflohenen Sklaven geschieht. Sie haben von den Sklaven gehört, die von ihren Herren gejagt und getötet wurden, und
sie wissen, daß die Gerichte kaum etwas gegen die Mörder unternehmen.

WO DAS GELD WIE WASSER FLIESST

Es überrascht nicht, daß Bilals Herr ihm keinen Lohn zahlen will: Als
Sklave sichert Bilal seinem Herrn hervorragende Gewinne. Obwohl
er das Wasser für die winzige Summe von einem Ouguiya pro Liter
verkauft, wirft seine Arbeit großen Profit ab. Bilal ist nämlich nur
einer von vier Sklaven, die für seinen Herrn Wasser verkaufen; dieses
kleine Geschäft sorgt für einen ständigen Geldfluß. Die Einstiegskosten sind relativ niedrig, und es ist unwahrscheinlich, daß der
Herr bei Null anfangen muß, da er normalerweise auf dem Land ein
paar Esel und vielleicht auch einen Karren besitzt. Doch selbst wenn
er ohne alles beginnt, braucht er nur sehr wenig Kapital. Der teuerste
Posten (abgesehen vom Sklaven) ist der Eselskarren. Aus Stahlteilen
zusammengeschweißt und mit alten Autoachsen und Reifen ausge-

stattet, kostet er zwischen 30.000 und 55.000 Ouguiya ($160 bis 290). Einen guten Esel kann man für 6.000 bis 10.000 Ouguiya ($32 bis 56) kaufen, und alte Fässer sind für etwa 600 Ouguiya ($3) das Stück zu haben. Insgesamt muß man also höchstens 66.000 Ouguiya ($350) aufbringen, und die Rendite ist in der Tat sehr hoch.

Im Schnitt bringt Bilal, ebenso wie die drei anderen Sklaven, die Wasser verkaufen, täglich 800 Ouguiya aus dem Wasserverkauf nach Hause. Das ist nicht sehr viel, doch es geht hier um ein Mengengeschäft, das ein regelmäßiges, verläßliches Einkommen garantiert. Jeden Monat nimmt Bilal 24.000 Ouguiya ($130) ein – alle Sklaven zusammen bringen es auf $96.000 –, und die Unkosten sind gering. Im Haus des Herrn kochen die Sklavinnen für den gesamten Haushalt; sie bereiten große Mengen Reis oder Couscous zu. Sklaven wie Bilal bekommen jeden Tag eine Portion Reis und dazu irgendwelche Reste, die von der Mahlzeit des Herrn übrigbleiben. Oft besteht das Essen des Sklaven aus Reis, vermischt mit dem Wasser, in dem das Fleisch für den Herrn gekocht wurde. Speist der Herr Gemüse oder Kartoffeln zum Fleisch, erhält Bilal vielleicht die Schalen und die eßbaren Reste. Es kostet den Herrn etwa 100 Ouguiya (ungefähr 50 Cent) pro Tag, Bilal zu ernähren. Das Futter für den Esel ist noch billiger. Gras, Zweige, Blätter, Dornengestrüpp, ungenießbares Getreide und Abfälle, die der Esel erhält, machen etwa 50 Ouguiya (25 Cent) pro Tag aus. Bilals »Taschengeld« ist die zweite große Geldausgabe. Weil er den ganzen Tag arbeitet, ohne zum Haus seines Herrn zurückzukehren, bekommt Bilal einen kleinen Betrag, um sich bei einem Straßenverkäufer gekochten Reis oder Couscous kaufen zu können. Zwar wäre es billiger, Bilal und die anderen Wasserverkäufer im Haus zu verpflegen, doch der verlängerte Arbeitstag macht die zusätzlichen Kosten mehr als wett. Als Taschengeld erhält Bilal zwischen 1.000 und 2.000 Ouguiya (etwa $8) pro Monat. Als letzter Ausgabeposten kommt noch die Gebühr für den städtischen Arbeiter hinzu, der die Wasservorräte und Brunnen in seinem Viertel beaufsichtigt. Für jeweils 1.000 Liter Wasser aus einem öffentlichen Brunnen muß der Herr eine »Steuer« von 5 Ouguiya bezahlen, was

im Monat insgesamt etwa 120 Ouguiya (ungefähr 65 Cent) pro
Sklave ausmacht. Tabelle 2 schlüsselt das Geschäft für Bilals Herrn
auf.

Zugegeben, ein monatlicher Profit von $ 371 scheint nicht son-
derlich hoch, doch die Gewinnspanne – 265 Prozent – ist beeindruckend. Man sollte auch nicht vergessen, daß Bilals Herr mit
seinen vier Wassersklaven jeden Monat etwa das durchschnittliche
Jahreseinkommen eines Mauretaniers einnimmt. Unter den dortigen Bedingungen reicht das aus, um sich jedes Jahr ein neues Auto
zu kaufen oder mehrere Sklaven zu erstehen. Natürlich ist die Gewinnspanne anfangs geringer, wenn ein Herr mit einem solchen Unternehmen bei Null beginnt, da er in diesem Fall die Anfangsin-
vestition wieder hereinbringen muß; im ersten Jahr kann er mit einen Profit von »nur« 220 Prozent rechnen; allerdings amortisieren
sich die Einstiegskosten innerhalb der ersten beiden Monate.

TABELLE 2
WASSERVERKÄUFE: AUSGABEN UND EINNAHMEN
(IN OUGUIYA)

Ausgaben

Position	Bilal	Vier Sklaven
Essen	3.000	12.000
»Taschengeld«	2.000	8.000
Futter für Esel	1.500	6.000
Wasser-»Steuer«	120	480
Summe	6.620	26.480
	($ 35)	($ 140)

Einnahmen

Position	Bilal	Vier Sklaven
Wasserverkauf (800 Liter täglich)	24.000	96.000
Summe	24.000	96.000
	($ 128)	($ 512)
Monatlicher Gewinn	17.380	69.500
	($ 93)	($ 371)

In vieler Hinsicht ist das mauretanische Wassergeschäft verblüffend einfach, und genau das ist ja das Schöne an der Sklavenarbeit: keine Renten, keine Lohnfortzahlung bei Krankheit, keine Löhne, keine Prämien – nur das, was Sklave und Esel am Leben hält. Und die Gesamtsumme für die Stadt Nouakchott ist, wie Ökonomen sagen würden, nicht unbedeutend. Etwa 300.000 Einwohner der Stadt haben kein fließendes Wasser. Nach Behördenangaben verbrauchen sie etwa 25 Liter Wasser pro Kopf und Tag; das ergibt 7,5 Millionen Liter täglich. Um keine Mißverständnisse aufkommen zu lassen: Nicht jeder kauft Wasser. Die Ärmsten, die sich selbst ihr Wasser am öffentlichen Brunnen holen, verbrauchen ungefähr 40 Prozent. Damit bleiben etwa vier Millionen Liter, die Bilal und seine Mitsklaven täglich liefern, nachdem sie das Wasser für die Familien und Unternehmen ihrer Herren transportiert haben. Zu diesem Zweck sind tagtäglich ungefähr 5.000 Sklaven mit ihren Eselskarren auf den Straßen unterwegs, und jedes Jahr erwirtschaften sie fast 6 Millionen Dollar Gewinn. Für ihre Herren stellt dies ein bedeutendes und vor allem sicheres Einkommen dar.

Die Wasserverteiler machen nur einen Bruchteil der Sklaven in der Hauptstadt aus, deren Zahl bei beachtlichen 100.000 liegen dürfte. In welchem Umfang sie zur Wirtschaft beitragen oder, wie die Wasserverkäufer, die Taschen ihrer Herren füllen, ist nur sehr schwer abzuschätzen. Doch falls die anderen Sklaven in Nouakchott im selben Umfang dazu beitragen wie die Wasserverteiler, erwirtschaften sie 160 Millionen Dollar Umsatz oder etwa zwölf Prozent des Bruttosozialprodukts des Landes. Die Gewinne fließen direkt an die Herren und sichern den üppigen, komfortablen Lebensstil der Minderheit Weißer Mauren.

Wirtschaftliche Schätzungen anzustellen ist schwierig, doch noch schwerer ist es, Bilals Zukunftsaussichten zu beurteilen. Anders als viele Sklaven in aller Welt ist er bei seiner Arbeit keinen ernstlichen Gefahren ausgesetzt. Er bekommt nicht ausreichend zu essen und ist unterernährt, er muß sehr hart und unter unangenehmen Bedingungen arbeiten, doch seine Arbeit schadet seiner Gesundheit oder seinem Wohlbefinden nicht zwangsläufig. Möglicherweise könnte Bilal sich sein Leben etwas leichter machen, wenn er einiges von dem eingenommenen Geld in die eigene Tasche steckte und für mehr Essen ausgäbe. Doch das würde er niemals tun, denn Bilal ist ehrlich. Man kann sich kaum vorstellen, daß Sklaven nicht mehr für sich abzweigen, wenn sich die Möglichkeit dazu bietet, doch so ist es. Versklavt zu sein ändert nicht zwangsläufig das Gefühl für gut oder schlecht, und für Bilal gilt Stehlen als schlecht. Dieser Sinn für Moral wird von den Weißen Mauren mit allem Nachdruck gefördert. Und auch aus den Moscheen und von den hohen Geistlichen dringt die Botschaft von Ehrlichkeit und Gehorsam. Man bringt den Sklaven bei, sie kämen nur dann in den Himmel, wenn sie ihren Herren gehorchen. Für einen Sklaven, dessen Leben so entsetzlich ist, gewinnt das versprochene Paradies im künftigen Leben große Bedeutung. Natürlich fühlen sich nicht alle Sklaven an das Gehorsamsgebot gebunden, doch die Kultur der Sklaverei ist mental so stark verwurzelt, daß viele eher wie vertrauenswürdige Angestellte handeln und nicht wie geknechtete Sklaven.

MACHT STADTLUFT FREI?

Bilals Zukunft ist auch deshalb schwer abzusehen, weil seine Arbeit keine kulturellen Vorläufer hat. Die Verlagerung einer eigentlich landwirtschaftlich geprägten Form der Sklaverei in die Stadt verwandelt sowohl die Stadt als auch die Sklaverei. Während Generationen von Bilals Vorfahren Hirten und Ackerbauer für die Weißen Mauren waren, ist er der erste, der als Wasserverteiler arbeitet. Das gleiche gilt für die versklavten Träger im Einzelhandel, die Ladenarbeiter, Schmiede und Automechaniker, die ebenfalls in Nouakchott schuften. In Deutschland hieß es im Mittelalter: »Stadtluft macht frei«, da die ländlichen Leibeigenen, die ihren Herren entflohen und ein Jahr und einen Tag in einer freien Stadt zubrachten, von ihren Pflichten gegenüber dem Feudalherren befreit waren. Kommt ir-

gendwer als Sklave nach Nouakchott, reicht das eindeutig nicht aus,
ihm zur Freiheit zu verhelfen, doch in der Luft der Hauptstadt kann
er zumindest den Duft der Befreiung erschnuppern. Auf dem Land
und in den Dörfern läßt jeder sich eindeutig abgegrenzten Kategorien zuordnen – Herr, Sklave, Vasall oder Händler. Auf den Straßen
der Stadt mischen sich Fremde darunter. Es können Sklaven und
Herren sein, aber ebenso Harattin, entflohene oder ehemalige Sklaven, Afromauretanier, Senegalesen und andere Ausländer oder sogar
jene höchst merkwürdigen Kreaturen: die Europäer.

Wenn sie dieser Vielfalt von Menschen und Gebräuchen begegnen, eröffnen sich den Sklaven neue Horizonte. Nicht nur sind
viele Leute auf den Straßen weder Herr noch Sklave, in der Hauptstadt werden allmählich auch die kulturellen Verhaltensregeln hin-
fällig. Man sieht Frauen Auto fahren; manche Frauen, die eindeutig
als Mauretanierinnen zu erkennen sind, bedecken nicht einmal
den Kopf. Was sie vom Leben der Exsklaven und Afromauretanier
sehen, mag nicht revolutionär sein, doch für Sklaven, die an den
strengen Kodex der Sklaverei gewöhnt sind, ist es eine Offenbarung.
Mit ihrem Beispiel führen entflohene Sklaven ihnen vor Augen, daß
ein Leben in Freiheit möglich ist. Dennoch ist die Freiheit für viele
Sklaven möglicherweise gar nicht wünschenswert: Quer durch die
große Sklavenbevölkerung gibt es viele Antworten darauf.

Vielen älteren Sklaven erscheint die Freiheit als düstere Perspektive. Sie sind zutiefst davon überzeugt, Gott wolle und erwarte von
ihnen, daß sie ihren Herren treu ergeben sind, und deshalb weisen
sie die Freiheit als falsch, ja sogar als Verrat zurück. Um Freiheit zu
kämpfen bedeutet in ihren Augen, die natürliche Ordnung Gottes
auf den Kopf zu stellen und das eigene Seelenheil aufs Spiel zu setzen. Derlei Vorstellungen hämmert man den jungen Sklaven regelrecht ein und drängt sie, das Beste aus ihrer Lage zu machen. Bei
diesem Bemühen werden sie von ihren Herren unterstützt, die treu
ergebene, hart arbeitende Sklaven belohnen, sie heiraten lassen und
gut behandeln. Überdies hängen diese Einwände gegen die Freiheit
auch mit den starken Bindungen zwischen Sklave und Herr zusam-

men. Sklavinnen füttern, versorgen und erziehen die Kinder ihrer Herren. Sie dienen den Frauen im Haushalt des Herrn, und auf beiden Seiten kann Achtung, ja sogar Zuneigung erwachsen. Männliche Sklaven sehen vielleicht, wie ihre Eltern im Alter vom Herrn versorgt werden. Ausbeutung über Generationen hinweg setzt sich nicht zwangsläufig in generationsübergreifenden Groll um, wenn Sklavenfamilien und ihre Herren gemeinsam Dürre und Mühsal ausgesetzt sind. Für viele Sklaven ist jedoch eine gemeinsame Geschichte kein ausreichender Grund. Die entflohenen Sklaven in der Hauptstadt bieten ein eindrucksvolles Vorbild, und je deutlicher sichtbar die Freiheit ist, desto stärkeren Reiz übt sie aus. Vielen Sklaven ist bewußt, daß sie ihre Freiheit wollen, doch sie sind sich nicht sicher, was das eigentlich bedeutet. Manche würden am liebsten auf halbem Weg zwischen Sklaverei und Freiheit stehenbleiben. Sie würden gern weiter im Haushalt ihres Herrn leben, innerhalb ihrer erweiterten »Familie« arbeiten, lediglich Lohn und ein paar begrenzte Freiheiten erbitten. Die Vorstellung, die gesamte Verantwortung für sich und seine Familie allein zu tragen, wie vollständige Freiheit es erforderte, kann erschreckend sein. Die Freiheit, zu gehen, wohin man will, garantiert weder, daß man etwas zu essen hat, noch daß man Arbeit findet. Vor die Wahl gestellt, würde die Mehrheit der städtischen Sklaven möglicherweise weiterhin für die jeweiligen Herren arbeiten, wenn auch in größerer Unabhängigkeit. Sklaven in Nouakchott wiederholten immer wieder, ihr Ziel sei es, unabhängig in ihrem eigenen Haushalt, also nicht in dem ihres Herrn, zu leben. Sie betrachten diese wenn auch noch so bescheidene Unabhängigkeit als Schlüssel zu einem besseren Leben. Viele Sklaven sind jedoch weiterhin unsicher, wie sie das erreichen könnten – was angesichts ihrer Verwundbarkeit und Ohnmacht nicht weiter überrascht. Denn trotz der Abschaffung der Sklaverei im Jahr 1980 leben die Sklaven nach wie vor in einer gesetzlichen Grauzone, die sie nur auf eigene Gefahr in Frage stellen können.

Das Gesetz zur Abschaffung von Sklaverei aus dem Jahre 1980 sah

zudem vor, Sklavenhaltern für die Befreiung ihrer Sklaven eine Entschädigung zu bezahlen. Wie die übrige zur Durchführung notwendige Gesetzgebung wurde auch das Gesetz zur Einführung einer
Entschädigung nie verabschiedet, und noch nie wurde eine solche
Entschädigung gezahlt. Während Menschenrechtsaktivisten die Ansicht vertreten, man sollte eher den Sklaven als den Herren etwas bezahlen, halten die meisten Sklavenhalter dem entgegen, sie müßten
ihre Sklaven nicht befreien, solange sie für den Verlust nicht entschädigt würden. An diesem Punkt wird die legalistische Argumentation
erneut paradox: Sklavenhalter weigern sich, ihre Sklaven freizuge-
ben, solange sie keine Ausgleichszahlung dafür erhalten, behaupten
jedoch gleichzeitig, infolge der Abschaffung der Sklaverei gar keine
Sklavenhalter mehr zu sein. Ihre Sklaven behandeln sie weiterhin als
solche und bringen vor, diese seien überhaupt keine Sklaven, sondern nur eine Art Sicherheit, die sie sich in Anbetracht der von der
Regierung geschuldeten Ausgleichszahlung vorbehalten wollen. Sie
haben dabei nichts zu befürchten, denn man hat keinerlei Gesetze
erlassen, die Strafen für das Halten von Sklaven vorsehen. Und nachdem die Sklaverei ja abgeschafft ist, weigern die Gerichte sich, ihre
Existenz anzuerkennen. Erhebt eine Menschenrechtsorganisation
wie SOS Esclaves Klage gegen einen Sklavenhalter, können ihre Aktivisten bestenfalls darauf hoffen, daß das Gericht auf rechtswidrige
Freiheitsberaubung, eine mindere Form von Entführung, erkennt.
Gelegentlich beschließt ein Gericht, es habe eine Entführung stattgefunden, doch noch nie ist ein »Entführer« bestraft worden.

Diese Gesetzesfarce wurde 1996 aufgeführt, als die entflohene
Sklavin Aichana mint Abeid Boilil SOS Esclaves um Hilfe bei dem
Versuch bat, ihre fünf Kinder zurückzubekommen.[8] Sie war ihrem
Herrn in der Trarza-Region nach schweren Mißhandlungen davongelaufen und hatte ihre Kinder zurückgelassen. In der für den Prozeß vorbereiteten eidesstattlichen Erklärung konnte Aichana neben
ihren eigenen Kindern noch Name und Alter von vierundzwanzig
weiteren Sklaven aufführen, die ihr Herr besaß. Zusammen mit
Rechtsbeiständen von SOS Esclaves suchte Aichana immer wieder

das Büro des Generalstaatsanwalts auf. Als die Menschenrechtsorganisation drohte, den Fall an internationale Hilfsorganisationen
weiterzuleiten, wies der Justizminister ein Gericht an, in dem Fall ein
Urteil zu sprechen. Um internationales Aufsehen zu vermeiden,
setzte die Regierung das Gericht unter Druck, die Herausgabe der
Kinder zu verfügen, und irgendwann gab ihr Herr, Mohammed ould
Moissa, vier ihrer fünf Kinder zurück. Das fünfte Kind (ein zwölf-
jähriges Mädchen) habe er, so erklärte er, seiner Tochter Boika übergeben; es gehe ihn also nichts mehr an. Ould Moissa brachte zudem
vor, er habe ein Recht auf alle Kinder, da Aichana seine Ehefrau und
er der Vater einiger (er sagte aber nicht, welcher) Kinder sei. Aichana
stritt ab, seine Frau zu sein, und bestand darauf, nie mit ihm intim
verkehrt zu haben. Gegen den Sklavenhalter wurde weder eine Geld-
buße noch eine Strafe verhängt, und Aichana kämpft noch immer
um die Herausgabe ihres fünften Kindes.

So etwas wie der Teilsieg Aichanas ist äußerst selten. Die meisten
von Sklaven und ehemaligen Sklaven erhobenen Forderungen werden nicht einmal vor einem Gericht verhandelt. Da keine Gesetze
schriftlich niedergelegt sind, die die Rechte der Sklaven betreffen
oder Strafen für Versklavung vorsehen, weigern die Hakem (Pro-
vinzbeamte) und die Wali (Gebietsgouverneure) sich schlicht, Klagen von Sklaven auch nur anzuhören oder ihre Forderungen zu den
Akten zu nehmen. Da vom Gesetzgeber, so argumentieren sie, keine
Rechtsprechung für solche Verstöße vorgesehen sei, könne man
von ihnen nicht erwarten, in irgendeiner Weise Verantwortung zu
übernehmen. Die Gerichte behaupten ebenfalls, nicht zuständig zu
sein; entweder weisen sie alle Fälle ab, die ihnen vorgelegt werden,
oder sie leiten die Klagen an islamische Gerichte weiter, deren Aufgabe es ist, der Scharia Geltung zu verschaffen. Wie wir bereits gesehen haben, sind die Ulemas der Ansicht, Sklaverei sei nach ihrer
Auslegung des Koran legal – aus dieser Ecke ist also wenig Hilfe zu
erwarten. Vielmehr fordern die Ulemas oft zu hartem Vorgehen gegen Sklaven auf.

Anfang 1996 zum Beispiel nahm ein islamisches Gericht in der

Stadt Aleg zwei Kinder ihren Eltern weg und erkannte sie dem ursprünglichen Herrn zu.[9] Der Vater S'Haba und die Mutter M'Barka waren zusammen mit ihren Kindern ihrem Herrn, Ahmed ould Nacer vom Stamm der Arouejatt, davongelaufen. Da die Sklaven in die nächstgelegene Stadt entkommen waren, wagte der Sklavenhalter nicht, sie unter körperlicher Gewaltanwendung zurückzuholen; er rief also die Ulemas an, ein Urteil zu sprechen. Die Sklavenfamilie wurde von der Polizei zu einem islamischen Gericht gebracht; nach einer kurzen Anhörung wurden die Tochter Zeid el Mar und der Sohn Bilal ihrem Herrn übergeben. Obwohl die Eltern beim zentralen Gerichtshof in Nouakchott Berufung einlegten, wurde ihr Fall bislang nicht verhandelt; die Kinder sind weiterhin versklavt.

Der Fall von M'Barka und S'Haba zeigt die besonders offenkundige Ohnmacht von Frauen und Kindern. Ihr Leben wird so umfassend kontrolliert, daß ihre Versklavung oft nur schwer zu erkennen ist. Im Haushalt ihres Herrn gibt man die Frauen häufig als Hausangestellte oder Familienmitglieder aus. Wie bereits erwähnt, spricht der Koran dem Herrn die sexuelle Verfügungsgewalt über seine Sklavinnen zu. Daß die Sklavinnen sexuell benutzt werden, spielt eine Schüsselrolle bei ihrer Unterjochung, und dies ist eines der Rechte, die die Sklavenhalter nur ungern aufgäben. Für den Herrn geht seine Bedeutung weit über sinnliche Befriedigung hinaus. Sklavinnen bringen weitere Sklaven zur Welt, und diese sind wertvoll. Ob er nun der Vater ist oder nicht, die Kinder einer Sklavin gehören ihrem Herrn, und die Gerichte unterstützen ihn in dieser Hinsicht. Der Herr entscheidet, ob und wen eine Sklavin heiraten darf, und er kann jede Heirat rückgängig machen, die er nicht billigt. Die entflohene Sklavin Temrazgint mint M'Bareck, die wir bereits vorgestellt haben, empfand diese Ungerechtigkeit als besonders hart: »Zusätzlich zu allem anderen hatte ich nicht das Recht, mich zu verheiraten. Ein Mann wollte mich zur Frau, doch mein Herr erklärte, dieser müsse für alle Zeit folgende Bedingungen akzeptieren: Ich würde nicht freigelassen, meine Kinder würden Sklaven meines Herrn bleiben, und auch nach der Hochzeit müsse ich weiter im Haushalt meines Herrn leben.«[10] Ob die Eltern verheiratet sind oder nicht, mit den Sklavenkindern kann der Herr machen, was er will. Sklavenhalter verschieben die Kinder in andere Haushalte, verleihen oder verkaufen sie an Freunde oder Verwandte; auf diese Weise fesseln sie die Sklavinnen an sich und bedienen sich der Kinder als Geiseln. Sklavenväter haben keinerlei Recht auf ihre Kinder und auf ihre Frauen nur so lange, wie es ihrem Herrn beliebt. Es steht nicht in ihrer Macht, eine von ihnen gegründete Familie zu schützen oder zusammenzuhalten. Die Folge sind Schicksalsergebenheit und Resignation. Da man ihnen jegliche Rechte an ihren Nachkommen verweigert und diese oft von ihren Familien trennt, fällt es männlichen Sklaven – psychologisch gesehen – leichter davonzulaufen. Sklavenhalter sind nicht besonders erpicht darauf, entflohene männliche Sklaven wieder einzufangen, da sie nicht in gleichem Maße zu ihrem Wohlstand beitragen wie die Sklavinnen. Männer, die weglaufen, finden wahrscheinlich nur minderwertige Arbeit; sie sind zwar frei, doch oft sind die Lebensbedingungen für sie jetzt noch härter. Für Sklavinnen ist Freiheit in der Regel noch schwerer durchzuhalten. Sie haben kaum Wahlmöglichkeiten: Arbeit als Prostituierte oder Dienstboten, Straßenverkauf von Couscous oder körperliche Arbeit. Ihre Sprößlinge werden zu Straßenkindern. Ohne Geburtsurkunde können sie nicht einmal die kleinen staatlichen Beihilfen beanspruchen, und da sie keinen festen Wohnsitz oder auch nur anständige Kleidung haben, wird ihnen ein Schulbesuch verwehrt. Als Kinder entflohener Sklaven haben sie wenig Wert und werden für die gefährlichsten und schmutzigsten Arbeiten eingesetzt. Die Regierung betrachtet Kinderarbeit als den Normalfall; sie hält sie für einen entscheidenden Faktor wirtschaftlichen Wachstums. Wenn befreite Sklaven keine andere Zukunft haben, welche Hoffnung auf einen Wandel besteht dann in Mauretanien?

Während die Kinder seines Herrn zur Schule gehen, verbringt dieses mauretanische Kind seinen Tag damit, das Kamel seines Herrn zu hüten. (Foto: Jean-Pierre Laffont [PK]) mit freundlicher Genehmigung von Anti-Slavery International und den Vereinten Nationen)

VIERZIG MORGEN UND EIN MAULTIER

Die Verfassung Mauretaniens garantiert die meisten Menschenrechte. Bei jedem Putsch verkünden die Sieger das Bürgerrecht für alle Mauretanier und versprechen Reformen sowie die Verteilung von Land an die Armen. Diese Versprechen sind nach wie vor unerfüllt, während Kommissionen ohne Ende an den Problemen »arbeiten«. Die Frage der Sklaverei ist für die Regierung besonders heikel, und die offiziellen Reaktionen sind vielschichtig. Eine wirkliche Abschaffung der Sklaverei bedeutete für die mauretanische Regierung mindestens in vierfacher Hinsicht eine ernsthafte Gefahr. Erstens kontrolliert die Oberschicht der Weißen Mauren – und das sind die Sklavenhalter – Mauretanien und dessen Regierung. Präsident ould Taya und sein Clan herrschen mit Billigung und Unterstützung der anderen Familien und Stämme der Weißen Mauren. Diese betrachten jeden noch so zaghaften Versuch, die Sklaverei wirklich abzuschaffen, als unmittelbaren Angriff auf ihr wirtschaftliches Wohlergehen. Wann immer über eine Abschaffung der Sklaverei diskutiert wird, reagiert man sofort: Die Herren werden brutaler, schaffen ihre Sklaven aufs Land, wo sie isoliert sind, und trennen Kinder von den Eltern, um sich ihrer als Geiseln zu bedienen. Sollte eine Regierung Gesetze zur Beendung der Sklaverei verabschieden und ihnen Geltung verschaffen, könnte es eher passieren, daß die Regierung dies nicht überlebt, als daß die Sklaverei ein Ende nimmt.

Zweitens würde selbst eine erfolgreiche Abschaffung der Sklaverei den Keim für den Untergang der Regierung legen. Da den Sklaven systematisch sämtliche politischen Rechte vorenthalten werden, spielen sie als Staatsbürger keine Rolle. Würden sie jedoch zu aktiven Mitgliedern der Gesellschaft, wäre die Kontrolle der Weißen Mauren über das Land gefährdet. Der schlimmste Alptraum der herrschenden Weißen Mauren ist eine Koalition zwischen befreiten Sklaven und Afromauretaniern. Die wichtigsten Oppositionsparteien werden von Afromauretaniern und für deren Interessen geführt; sie operieren von Frankreich, Marokko und dem Senegal aus. Viele Afromauretanier sind gebildet und haben Erfahrung in Geschäften und Verwaltungsangelegenheiten. Trotz ihrer Fähigkeiten bleiben sie in der Regel von Regierungspositionen ausgeschlossen, auch wenn einigen, die loyal zu den Herrschenden stehen, als Galionsfiguren irgendwelche Posten übertragen werden. Vertreter der afromauretanischen Opposition sind sich des politischen Potentials, das die Sklaven darstellen, sehr wohl bewußt und weisen in ihren Programmen der Befreiung eine entscheidende Rolle zu. Die Arabisierungskampagne wurde eingeleitet, um dieser Gefahr zu begegnen. Man lehrt die Sklaven nur Arabisch zu sprechen und erlaubt ihnen nur selten, lesen zu lernen. Afromauretanier sprechen ihre eigenen Sprachen sowie Französisch, daher müssen sie zusätzlich Arabisch lernen, wenn sie Verbindung mit den Sklaven aufnehmen wollen. Mittlerweile sorgen die Regierung und die Weißen Mauren für ein Sperrfeuer antiafrikanischer Propaganda. Schwarze Mauretanier werden als »Fremde« bezeichnet, und die Mauren bringen bei den Sklaven schreckliche Gerüchte in Umlauf, laut denen die Afromauretanier planen, die Gesellschaft zu zerstören und den Islam zu bekämpfen. Obwohl die Sklaven selbst eher Afrikaner als Araber sind, spielen die Weißen Mauren auch die rassische Karte aus. Sie versichern den Sklaven, sie seien Araber, auch wenn sie das privat verneinen; nicht im Traum dächten die Weißen Mauren daran, den Sklaven oder den Harratin die gleichen Rechte zuzugestehen wie den Arabern.

Drittens: Nähme die Sklaverei ein Ende und stimmten die Sklaven ihre Interessen mit denen der Afromauretanier ab, stünden die Weißen Mauren vor einem weiteren unüberwindlichen Problem: Land. Als die Sklaven in den Südstaaten Amerikas zu Ende des Bürgerkriegs befreit wurden, glaubten die meisten, man würde ihnen eine gewisse Summe auszahlen, damit sie sich auf eigene Füße stellen konnten. Man erwartete allgemein, jede Sklavenfamilie erhielte 40 Morgen (etwa 16 Hektar) und ein Maultier – in der landwirtschaftlich geprägten Region grundlegende Voraussetzung für eine Selbstversorgung. Denn wie könnte man, brachten Abolitionisten

und befreite Sklaven vor, vier Millionen Menschen einfach für frei
erklären, ohne ihnen auch nur einen Penny für ihren Unterhalt zu
geben? Wenn sie denn Bürger sein sollten, müßten sie dann nicht
das Recht auf öffentliche Unterstützung haben, um ein neues Leben
zu beginnen? Die amerikanische Regierung entschied sich dafür,
diese Bitte nicht zur Kenntnis zu nehmen, ignorierte allerdings
ebenso die Forderungen der ehemaligen Sklavenbesitzer, die für den
Verlust ihrer Sklaven mit vier Milliarden Dollar entschädigt werden
wollten. Ehemalige Sklaven wie ehemalige Herren mußten selber
sehen, wie sie zurechtkamen, und das führte zu einem weiteren von
Farmpacht, Vorurteilen, Rassentrennung und Tragödien geprägten
Jahrhundert. Mauretaniens Regierung beabsichtigt ebenfalls, der
Frage von Entschädigungen für Sklaven wie auch Herren auszuwei-
chen. Selbst wenn man bei der Anzahl der Sklaven die niedrigste
Schätzung zugrunde legt, müßte die Regierung beim gegenwärtigen
Marktpreis mehr als 176 Millionen Dollar Entschädigung an die Eigentümer bezahlen; das entspräche etwa 16 Prozent des mauretanischen Bruttoinlandsprodukts – eine Summe, die die Möglichkeiten der Regierung bei weitem übersteigt. Dennoch unterstreicht das
Gesetz zur Abschaffung der Sklaverei die Notwendigkeit einer solchen Entschädigung. Was aber noch wichtiger ist: Selbst wenn man
das Geld für die Sklavenhalter auftreiben könnte, das von den befreiten Sklaven benötigte Land könnte man nicht beschaffen. Geld
zu drucken, dazu wäre Mauretanien möglicherweise imstande,
doch es kann kein zusätzliches Land bereitstellen. In Wirklichkeit
geht das bestellbare Land mit erschreckender Geschwindigkeit an
die Wüste verloren. Es gäbe nur eine Option: den Familien der
Weißen Mauren Land abzunehmen, genau das Land, das die Sklaven
derzeit bestellen. Die Weißen Mauren würden diese Enteignung jedoch niemals hinnehmen; schon allein der Versuch könnte einen
Bürgerkrieg auslösen.

Die Frage, wer über das Land verfügt, führt mittlerweile zu Spannungen zwischen Sklaven und Sklavenhaltern. In der traditionellen
Form der arabischen Sklaverei lebten die Familien der Weißen Mau-

ren als Nomaden und trieben ihre Herden über ausgedehnte Weide-
gebiete. Einige ihrer Sklaven begleiteten sie, während andere zurück-
blieben, um auf dem Land, das ihnen gehörte, Feldfrüchte anzubauen. Heute leben viele Sklavenfamilien seit Generationen als seß-
hafte Bauern auf diesem Land, und manche glauben, sie hätten ein
Anrecht auf den Grund und Boden, den sie bestellen – wenn nicht
als Eigentum, so doch als eine gewisse Absicherung. Leider teilen weder ihre Herren noch die Regierung diese Meinung. In den zahlreichen Fällen, die zivilen oder islamischen Gerichten vorgelegt wurden, verjagte man Sklaven und ehemalige Sklaven jedesmal von dem
Land, das sie bestellten. Brachland, das vor mehr als fünfzig Jahren
von entflohenen Sklaven beansprucht wurde, gab man vor kurzem
ebenfalls an die maurischen Eigentümer »zurück«, die ihre Besitzurkunden erst wenige Wochen, ehe sie die Polizei und örtliche Amts-
träger einschalteten, erworben hatten.

Es gibt mehrere Gründe, weshalb die Mauren in zunehmendem
Umfang Land enteignen. Einige befürchten, die Sklaverei könnte abgeschafft oder eingeschränkt und den Sklaven ein Recht auf das von
ihnen bebaute Land zuerkannt werden. Wenn sie sie jetzt von dem
Land verjagen, sichern die Mauren sich für die Zukunft die Kontrolle darüber. Manche Sklaven haben von dem Abschaffungsgesetz
von 1980 erfahren und halten sich für frei. Sie gehen davon aus, daß
sie nun nicht mehr verpflichtet sind, die Hälfte oder mehr von ihrer
Ernte an den Herren abzuführen. Angesichts solchen Widerstands
vertreiben die Sklavenhalter die Familien einfach von dem Land.
Und da die städtische Wirtschaft wächst, finden immer mehr Sklavenhalter eine neue Verwendung für das Land, über das sie verfügen.
Wenn sie Grundstücke für Neubauten oder Erschließungsprojekte
benötigen, nehmen sie das Land den Sklaven ab, die es bisher bewirt-
schafteten. Unabhängig von den Motiven der Mauren unterstützen
die Gerichte regelmäßig die Landansprüche der Sklavenhalter. Sollte
die derzeitige Regierung versuchen, Mauren-Land an ehemalige
Sklaven abzutreten, wäre fast sicher mit einem neuerlichen Staats-
streich zu rechnen.

Im Vergleich zur Frage des Landes, der Kontrolle der Weißen
Mauren über die Regierung und der afromauretanischen Opposition ist die vierte Gefahr, die der Regierung aus der Sklaverei erwächst, eher zweitrangig. Nur in der Meinung des Auslands stellt
eher die Existenz der Sklaverei als deren Abschaffung ein Problem
dar. Die internationale Meinung ist für die mauretanische Regierung wichtig, da sie weitgehend von ausländischer Hilfe abhängig
ist. Um diese weiterhin zu erhalten, entschied sie sich für die einfachste Lösung. Lieber setzt sie eine Desinformationskampagne in
Gang, als das Problem der Sklaverei anzugehen. Wie wir bereits
gesehen haben, schaffte die Regierung die Sklaverei ab, ohne dies
den Sklaven mitzuteilen. Die Verschleierung reicht jedoch viel weiter. Da einige Menschenrechtsorganisationen hartnäckig immer
wieder nachweisen, daß Sklaverei existiert, gründete die Regierung
selber zwei »Menschenrechts«-Organisationen: das National Committee for the Struggle against the Vestiges of Slavery in Mauretania
(Nationaler Ausschuß für den Kampf gegen Spuren der Sklaverei in
Mauretanien) sowie die Initiative for the Support of the Activities of
the President (Initiative zur Unterstützung des Präsidenten). Während die Bezeichnung der zweiten Organisation ihre Rolle als Liefe-
rantin von Claqueuren und Jasagern eher verrät, geht die erste intelligenter vor. In den Augen der Vereinten Nationen und anderer Regierungen erscheint sie als »unabhängige« Organisation, die behauptet, in Mauretanien gebe es möglicherweise ein gewisses Maß
an Sklaverei, aber nur in *Spuren:* bedauerliche, aber winzige Inseln
unguter Arbeitsverhältnisse. Mitglieder der wirklich unabhängigen
Organisationen wie SOS Esclaves und El Hor, die gegen die Sklaverei
kämpfen, hält man im wahrsten Sinne des Wortes hinter Schloß und
Riegel. Gelingt es SOS Esclaves schließlich doch einmal, einen Fall
vor Gericht zu bringen oder die Freiheit eines entflohenen Sklaven
gegen die Widerstände der Regierung durchzusetzen, reagiert das
National Committee mit der Antwort: »Ach ja, gut, daß wieder einmal solche *Spuren* beseitigt wurden.« Und verweist auf die äußerst
geringe Anzahl der vor Gericht gebrachten Fälle von Sklaverei, ver-

gißt allerdings zu erwähnen, daß Richter solche Fälle abzuweisen pflegen, weil sie dafür angeblich nicht zuständig sind.

Die Bereitwilligkeit, mit der die UN und das Ausland die Aussagen dieser regierungsabhängigen Organisationen hinnehmen, läßt sich mit zwei Worten erklären: islamischer Fundamentalismus. Die Vereinigten Staaten und Frankreich, die Hauptstützen des mauretanischen Regimes, benötigen das Land als Puffer gegen den islamischen Fundamentalismus Algeriens und Libyens. Im Golfkrieg unterstützte Präsident ould Taya Saddam Hussein; er gestattete ihm, einen Teil der irakischen Luftwaffe in der mauretanischen Wüste zu verstecken. Das trug dem Land keine großen Sympathien bei seinen Gläubigern sowie den Vereinigten Staaten und Frankreich ein. Mittlerweile bemühen die ausländischen Mächte sich jedoch, Mauretanien für sich zu beanspruchen und zu verhindern, daß es als nächster Dominostein an die Fundamentalisten fällt. Die das Land beherrschenden Weißen Mauren fürchten die Fundamentalisten ebenfalls, da die Anziehungskraft, die diese auf die Armen und Besitzlosen ausüben, eine unmittelbare Bedrohung sowohl ihrer Macht als auch ihres relativ verwestlichten, luxuriösen Lebensstils darstellt. Auch der afromauretanischen Opposition bereitet der Aufstieg der Fundamentalisten Sorgen, da diese die liberale Politik der Opposition ablehnen. Und weil die Opposition so enttäuscht und uneinig ist, könnte es passieren, daß sie sich angesichts dieser Gefahr in eine unheilige Allianz mit der Regierung von ould Taya drängen läßt. Sollte das geschehen, dann könnte, wie ein zeitgenössischer Führer es ausdrückt,»der gottlose, undemokratische und korrupte Apparat noch jahrelang vor sich hinwursteln«.[11]

Um die Regierung Mauretaniens zu stützen, versorgen die USA und Frankreich das Regime sowohl mit umfangreichen Lieferungen von Hilfsgütern als auch mit einem reichhaltigen Bukett politischer Entschuldigungen. Wie wir gesehen haben, preisen die Franzosen das Regime als demokratisch und finanzieren große Entwicklungsprojekte; die Sklaverei übersehen sie geflissentlich. Die Amerikaner wehren alle Hinweise auf eine im Land weitverbreitete Sklaverei ab.

In ihrem »Menschenrechtsbericht für Mauretanien« des Jahres 1996 stellten sie fest:»Sklaverei in der Form offiziell gebilligter erzwungener oder unfreiwilliger Knechtschaft ist äußerst selten, und eine systematische Versklaverung, bei der Regierung und Gesellschaft zusammenarbeiten und Einzelpersonen dazu zwingen, Herren zu dienen, existiert nicht mehr.« Der Bericht verschleiert grauenvolle Praktiken mit verharmlosenden Beschönigungen:»Ab und zu kommt es zu einem ›Transfer‹ einzelner Personen – häufig sind es Kinder – von einem Arbeitgeber zum anderen, normalerweise zu Angehörigen der Großfamilie. Berichte über Verkäufe sind selten, können nicht bestätigt werden und beschränken sich auf die Vergangenheit.«[12]

Handelte es sich um amerikanische Kinder, die zwischen Herren »transferiert« würden, hätte dies sogleich einen Aufschrei der Empörung zur Folge – aber das ist ja nicht der Fall. Für die Amerikaner ist es politisch nützlich, an der Fiktion festzuhalten, daß es in Mauretanien nur noch *Spuren* von Sklaverei gibt. Mit der Regierung ould Tayas können die Amerikaner und Franzosen Geschäfte machen, auch wenn das bedeutet, daß sie hinsichtlich so mancher dortigen Bräuche ein Auge zudrücken müssen. Das ist eine Schande. Die Sklaverei in Mauretanien unterscheidet sich grundlegend von der neuen Sklaverei, die die übrige Welt erfaßt, und sie erfordert nicht weniger, sondern mehr Aufmerksamkeit und Einmischung. Sie ist tiefer in der Geschichte und den Sitten verwurzelt als die neue Sklaverei und deshalb zählebiger. Aus diesem Grund ist es kaum wahrscheinlich, daß sie wirtschaftlichem Druck nachgibt. Hier geht es nicht um Geschäftsleute, die sich entschlossen haben, in Sklaverei zu investieren, und die ihr Geld ebensogut wieder aus dem Geschäft ziehen könnten; vielmehr verteidigt die gesamte herrschende Klasse eines Landes vereint ihre Lebensweise.

ZURÜCK IN DIE ZUKUNFT

Die Sklaverei Mauretaniens ist alte Sklaverei, die in die Gegenwart hineinreicht. Der isolierte Anachronismus, den die Westsahara bildet, hat dieses spezielle Relikt der Vergangenheit – ähnlich einer Mumie – bemerkenswert gut konserviert. Und da es sich um eine Form der alten Sklaverei handelt, ergeben sich hier spezielle Probleme, die im Rahmen der neuen Sklaverei nicht auftreten. Sehen wir uns noch einmal – mit besonderem Augenmerk auf Mauretanien – die Unterschiede zwischen alter und neuer Sklaverei an:

Alte Sklaverei	Mauretanien	Neue Sklaverei
Besitzrecht juristisch abgesichert	Besitzrecht illegal, aber von den Gerichten mit getragen	Besitzrecht vermieden
Hoher Kaufpreis	Relativ hoher Kaufpreis	Äußerst geringer Kaufpreis
Kaum Profit	Relativ hoher Profit	Sehr hoher Profit
Knappheit an potentiellen Sklaven	Knappheit an und Wettbewerb um Sklaven	Überschuß an potentiellen Sklaven
Langfristiges Verhältnis	Langfristiges Verhältnis	Kurzfristiges Verhältnis
Sklaven werden behalten	Sklaven werden behalten	Man entledigt sich der Sklaven
Ethnische Unterschiede wichtig	Ethnische Unterschiede werden betont	Ethnische Unterschiede unwichtig

Da die Situation in Mauretanien der alten Sklaverei derart nahe kommt, erweist sie sich einem Wandel gegenüber als erstaunlich widerstandsfähig und ist, da sie niemals verschwand oder eine neue Gestalt annahm, in diesem kulturellen Umfeld weitgehend akzeptiert. Viele Mauretanier betrachten sie als natürlichen und normalen Bestandteil des Alltagslebens, nicht als Verirrung oder auch nur als Problem – in ihren Augen entspricht sie der richtigen, althergebrachten Ordnung der Dinge. Und aufgrund der hohen Kosten und

des Wertes der Sklaven hätten die Herren, wenn denn die Sklaverei
wirklich abgeschafft würde, weit mehr zu verlieren als die neuen
Sklavenhalter. Eben deswegen müssen sie härter darum kämpfen,
und sie geben auch klar zu erkennen, daß sie nicht auf ein System
verzichten werden, in das sie so viel investiert haben und das ihnen
so sehr nützt. Natürlich bringen es die hohen Kosten und der Wert
der Sklaven auch mit sich, daß man sie besser behandelt und versorgt als die neuen Sklaven. Diese bessere Behandlung macht es
leichter, die Sklaverei in Mauretanien zu ignorieren oder zu entschuldigen. Gelegentlich beschränkt die Argumentation sich auf den
angeblichen Nutzen für die Sklaven:»Würden nicht die Herren sich
um sie kümmern, müßten sie hungern«, und:»In einem so armen
Land ist es wirklich das beste; es bedeutet, daß jeder Arbeit und
Essen hat.« Stellt man Sklaverei als eine Art rudimentärer sozialer
Absicherung in einer»traditionellen« Kultur dar, können sogar
Staaten wie die USA und Frankreich auf diesem Auge blind sein.
Wäre ihr Gedächtnis weniger von Eigeninteresse geprägt, würden sie
sich daran erinnern, daß einst die gleichen Argumente zugunsten
der Sklaverei im amerikanischen Süden vorgebracht wurden.

Wie in den amerikanischen Südstaaten des 19. Jahrhunderts ist
auch in Mauretanien die Rasse von überragender Bedeutung. Rassismus ist der Motor, der die mauretanische Gesellschaft am Laufen
hält. Trotz häufiger Mischehen verachten die Weißen Mauren ihre
schwarzen Sklaven in der Regel und sehen sie als minderwertige Wesen an. Die Weltsicht der Weißen Mauren ist eindeutig hierarchisch
strukturiert, wobei sie sich selber als in jeder Hinsicht überlegen
betrachten. Dieses Überlegenheitsgefühl schürt auch die Ängste und
die Abneigung gegenüber den Afromauretaniern, die einen ge-
rechten Anteil an der Regierungsgewalt anstreben. Diese Form von
Rassismus ist für Beobachter, die nicht aus Mauretanien stammen,
manchmal kaum zu erkennen, da die schwarzen Sklaven in den
Haushalten der Weißen Mauren leben, alle die gleichen Moscheen
besuchen und mit den gleichen Bussen fahren. Doch er ist so ausgeprägt, daß keine offizielle Rassentrennung nötig ist: Die Trennlinien,

die Familie und Stamm setzen, sind exakt gezogen und unüberwindbar. Die Weißen Mauren halten eifersüchtig an dem fest, was ihnen gehört.

Die Sklaverei zu beenden wird in Mauretanien mit Sicherheit schwieriger sein als in Ländern, in denen die neue Sklaverei floriert. Infolge des kulturell und wirtschaftlich tief verwurzelten Eigeninteresses der herrschenden Weißen Mauren an der Sklaverei sind sie bereit, für ihre Privilegien ebenso zu kämpfen wie einst die Südstaaten der USA. Und in Mauretanien gibt es keinen Abraham Lincoln, keine Armee der Nordstaaten – nur eine winzige und verfolgte Abolitionistenbewegung. Zudem wird Mauretanien, wie einst die Konföderierten, die in Großbritannien einen starken Verbündeten hatten, da dieses auf die Baumwolle des Südens angewiesen war, von Frankreich und den USA unterstützt, die Hilfe brauchen, um den islamischen Fundamentalismus einzudämmen. Alles in allem läßt dies einen langen Kampf erwarten. Für jene, die der Sklaverei in Mauretanien ein Ende setzen wollen, sind die Perspektiven entmutigender als für die amerikanischen Abolitionisten um 1850, als diese nach Süden blickten und vier Millionen durch zweihundert Jahre Gewalt, Gewohnheit und Gesetz gefesselte Sklaven sahen.

Aber es besteht durchaus Hoffnung. Obwohl die Sklaverei so tief in die mauretanische Kultur eingebettet ist, wird sie schließlich ein Ende finden. Einige werden die Freiheit schneller erlangen als andere. Würden die westlichen Staaten den Erlaß der schwindelerregenden Auslandsschulden Mauretaniens von einem Regierungsprogramm abhängig machen, in dessen Rahmen den Sklaven Land zugeteilt wird, könnte dies für Tausende dauerhafte Freiheit bedeuten. Würden Lebensmittelhilfe und Entwicklungsprojekte anders konzipiert, nämlich um befreiten Sklaven einen Weg zur Selbstversorgung zu ermöglichen, dann würden lediglich die größten Sklvenhalter nicht von dem allgemeinen wirtschaftlichen Wachstum profitieren.

Doch was auch immer die Regierungen des Westens an Macht und Ressourcen zur Lösung dieses Problems einsetzen – es wird nicht die Ursache der Befreiung dieser Sklaven sein. Tag für Tag bemühen sich Mitglieder der mauretanischen Organisationen SOS Esclaves und El Hor darum, Sklaven zur Freiheit zu verhelfen. Die Geschichte, die sie den Sklaven erzählen, und das Beispiel, das sie ihnen geben, weisen den Weg aus der Knechtschaft. Auch wenn man ihre Führer verhaftet und ins Gefängnis wirft, auch wenn man ihre Versammlungen gewaltsam beendet und ihre Veröffentlichungen zensiert, sie geben nicht auf. Viele der Führer und Mitglieder beider Organisationen sind ehemalige Sklaven, und wie Frederick Douglass oder Harriet Tubman werden sie bis zum Ende kämpfen. Doch am wichtigsten und wirkungsvollsten wäre, wenn die Sklaven Mauretaniens von ihren Rechten erführen. Dann erwüchse in ihnen die unauslöschliche Sehnsucht, frei zu sein, und sobald diese einmal Wurzel gefaßt hat, kann man sie nicht mehr ausrotten.

BRASILIEN
EIN LEBEN AN DER KIPPE

Wo alte Regeln und alte Lebensweisen zusammenbrechen, floriert die neue Sklaverei. Die weithin publik gemachte Vernichtung des Regenwalds und des übrigen undurchdringlichen Landesinneren Brasiliens stellt auch das Leben der Menschen, die in diesen Gegenden leben, auf den Kopf. Ein Großteil der Sklaverei in Brasilien erwächst aus diesem sozialen Chaos. Man braucht sich zur Illustration nur vorzustellen, wie schwere Überschwemmungen oder ein Erdbeben die sanitären Einrichtungen zerstören und die Ausbreitung von Seuchen fördern. Wenn natürliche oder vom Menschen verursachte Katastrophen die Wasserversorgung und Kanalisation einer Stadt lahmlegen, brechen selbst in den fortschrittlichsten Ländern tödliche Seuchen wie Ruhr oder Cholera aus und infizieren die Bevölkerung. Auf ähnliche Weise können Umweltzerstörung und wirtschaftlicher Niedergang den Zusammenbruch eines Gesellschaftssystems auslösen – und aus den Trümmern erwächst die Seuche der Sklaverei.

Doch Zerstörung ist nie von Dauer; kein Land oder Volk gleitet ins Chaos ab und verharrt für immer dort. Die von wirtschaftlichen Kräften angetriebene Zerstörung überspülte Brasilien wie eine Flutwelle. In den Gebieten vor der Flut wuchern die Buschwälder des *Cerrado* und die Regenwälder Amazoniens, dahinter bleiben Eukalyptusplantagen und die neuen Rinderfarmen zurück. Dort wächst nun landesuntypisches Gras, und die heimischen Tierarten verschwinden. Diese Ranches liefern Fleisch für die Märkte der Städte. Dort, wo die Woge über das Land hereinbricht, herrscht Aufruhr. Der Raum zwischen den ursprünglichen Wäldern und der »Zivilisation« ist ein Schlachtfeld, auf dem die alten Regeln nicht mehr gelten und neue sich erst durchsetzen müssen. Das bodenständige Ökosystem und die Bevölkerung werden von ihren Wurzeln abgeschnitten, und die vertriebenen Arbeiter, ja sogar die städtischen Arbeitslosen werden für eine Versklavung anfällig. Die Menschen, die man ködert und dazu zwingt, die Zerstörung der Wälder voranzutreiben, leben ohne Elektrizität, fließendes Wasser oder Kontakt mit der Außenwelt. Sie unterstehen vollkommen der Kontrolle ihrer Herren. Die Versklavung wandert mit der Welle weiter. Vor ihr ist das Land noch ausbeutbar, dahinter bleibt es verödet zurück, und wenn das ganze Land ausgeplündert ist, entledigt man sich der Sklaven.

Meist stellen wir uns Umweltzerstörung so vor, daß gewaltige Bulldozer sich durch unberührte Wälder fressen, alles Leben unter ihren stählernen Ketten zermalmen und die Natur abfräsen, um anschließend das Land zuzubetonieren. In Wirklichkeit ist es ein schleichender Prozeß. In unserem Fall werden in der Regel die Menschen, die im und vom Wald leben, gezwungen, ihn selber zu zerstören. Baum für Baum reißen die Sklaven das Leben aus ihrem eigenen Land heraus und bereiten es für eine neue Art der Verwertung vor. Die Sklaverei in Brasilien ist eine vorübergehende, da auch Umweltzerstörung ein zeitlich begrenzter Vorgang ist: Einen Wald kann man nur einmal vernichten, und das geht ziemlich schnell.

Manchmal wird ein Wald zerstört, wenn man etwas Wertvolles daraus wegnimmt; in anderen Fällen liefert die Zerstörung nichts von Wert. In Mato Grosso do Sul geschah beides. Als man vor fünfundzwanzig Jahren den *Cerrado* rodete, um Platz für Eukalyptuspflanzungen zu schaffen, schichtete man das anfallende Holz zu Haufen und verbrannte es. Heute, da die letzte Woge der Zerstörung über Mato Grosso hinwegrollt, werden der *Cerrado* und jetzt auch der Eukalyptus erneut verbrannt – doch diesmal macht man sie zu Geld. Das Holz wird zu Holzkohle von der Art verarbeitet, wie wir sie zum Grillen verwenden. Es handelt sich um eine ganz besondere Art von Holzkohle, denn sie wird unter Einsatz der körperlichen Arbeit von Sklaven hergestellt. Doch am Ende ist das vielleicht gar nichts so Besonderes – in Brasilien hat die Sklaverei eine lange Geschichte.

DAMIT ES DIE ENGLÄNDER SEHEN ...

Als die ersten Europäer – vorwiegend Portugiesen – nach Brasilien
kamen, brachten sie Sklaverei in großem Maßstab mit. Acht Jahre,
nachdem Kolumbus Amerika »entdeckt« hatte, »fand« ein portu-
giesischer Seemann namens Pedro Alvares Cabral Brasilien. Die
Entdecker merkten bald, welche Reichtümer sie anhäufen konnten,
wenn sie Zucker für den europäischen Markt anbauten. Die einge-
borenen Indianer waren rasch besiegt und versklavt, um den neuen
Herren zu dienen, doch es zeigte sich, daß sie weder zahlreich noch
widerstandsfähig genug waren, um den Arbeitskräftebedarf der
wachsenden Zahl von Plantagen zu decken (die Europäer schleppten
Seuchen ein, die viele Stämme auslöschten). Für die Siedler war das
kein Problem, denn bereits damals fingen die Portugiesen an der
Küste Afrikas Sklaven ein. Sie nach Brasilien zu verschiffen war nicht
weiter schwierig, da diese Reise kürzer war als die zu den Karibischen
Inseln oder nach Nordamerika. Bald wurde in allen besiedelten Gebieten Brasiliens völlig legal Sklavenwirtschaft praktiziert, und auf
dem Rücken von Sklaven gedieh die aufstrebende Wirtschaft des
Landes.

Seit Beginn der Kolonisierung und bis weit ins 19. Jahrhundert
hinein wurden Sklaven in großer Zahl von Afrika nach Brasilien verfrachtet. Nach Brasilien wurden mehr als zehnmal so viele Sklaven
verschifft wie in die Vereinigten Staaten: etwa zehn Millionen Menschen. Da jedoch auf den Zuckerplantagen viele starben, war die
Sklavenbevölkerung Brasiliens immer nur ungefähr halb so groß
wie die in den Vereinigten Staaten. Als man im 18. Jahrhundert Gold
entdeckte, drang die Sklaverei weiter ins Landesinnere und nach
Amazonien vor. Im 19. Jahrhundert wurde Brasilien Schauplatz eines Kampfes für und gegen die Sklaverei, aber im Unterschied zu den
USA kam es hier nicht zu einem Bürgerkrieg. Da die Portugiesen
immer abhängiger von der wirtschaftlichen Unterstützung und dem
Schutz der Engländer geworden waren, stellten diese die entscheidende Kraft dar, die sich gegen die Sklaverei in Brasilien richtete. Von

1832 an überwachte die britische Marine das Meer vor Brasiliens Küste; sie fing alle afrikanischen Sklaven ab und befreite sie. Im brasilianischen Binnenland bemühten die Sklavenhalter sich unermüdlich, den Rassismus und die Angst zu schüren, die zur Aufrechterhaltung der Sklaverei notwendig waren. Die Regierung erließ Gesetze *para Inglês ver* (»Damit es die Engländer sehen«) – mit dieser Redensart umschreibt man heute noch listiges Vorgehen. 1854 wurden die Einfuhr von Sklaven und der internationale Sklavenhandel abgeschafft, nicht jedoch die Sklaverei im Land selbst. Die Macht der Briten hatte ihre Grenzen, und letztendlich besiegte die brasilianische Antisklavereibewegung, eine Koalition aus Nationalisten, Antikolonialisten und Liberalen unter der Führung von Joaquim Nabuco, die Grundbesitzer und Sklavenhalter nach zwanzig Jahren politischer Auseinandersetzungen. Als Brasilien im Mai 1888 als letztes Land der beiden amerikanischen Subkontinente die legale Sklaverei abschaffte, kam es zur vollständigen Befreiung.

Es ist schwer festzustellen, ob die Sklaverei in Brasilien jemals ganz verschwand. In den großen Plantagen der Küstenregionen, die die Regierung leichter inspizieren konnte, schaffte man binnen weniger Jahre die Sklaverei ab, doch in den unzugänglichen Gebieten Amazoniens und im fernen Westen setzte man das Gesetz nur lasch um. Jene entlegenen Gebiete des Landes blieben relativ unberührt, bis man in den fünfziger Jahren des letzten Jahrhunderts ernsthaft mit ihrer Erkundung und Nutzung begann. Als Brasilien in den sechziger und siebziger Jahren einen wirtschaftlichen Aufschwung erlebte, kam es zu massiven Umwälzungen, die sich auf Brasilien ähnlich auswirkten wie der bereits geschilderte Boom der achtziger und neunziger Jahre auf Thailand. Geringere Säuglingssterblichkeit sowie Einwanderung lösten eine Bevölkerungsexplosion aus. Die Städte wuchsen, die Industrie expandierte, und die Armutsgebiete dehnten sich immer weiter aus. Die Militärregierung hofierte ausländische Investoren mit der Zusage billiger Arbeitskräfte und großzügigen Umwelt- und Steuergesetzen. Doch die Mechanisierung trieb mehr Menschen vom Land in die Städte, als die neuen Indu-

striezweige aufnehmen konnten, und so entstanden in Rio und São
Paulo riesige, von Bandenbossen beherrschte Slums, die sogenann-
ten *Favelas*. Darüber hinaus nahm die Militärregierung gewaltige
Darlehen auf, um die Kernkraft und Bergbauprojekte zu fördern.
Die Rückkehr zu demokratisch gewählten Regierungen konnte den
Bankrott in den achtziger Jahren nicht verhindern, und die unaus-
geglichene Entwicklung der vorangegangenen zwanzig Jahren brach
in sich zusammen. Eine galoppierende Inflation verschlang die Er-
sparnisse, und die Zinszahlungen für die mittlerweile 120 Milliarden
Dollar Auslandsschulden lähmten die Wirtschaft.

In den neunziger Jahren erholte die Wirtschaft sich allmählich,
doch die zugrundeliegenden Probleme der Ungleichheit wurden nie
gelöst. Heute grassiert in Brasilien (wie auch im Nachbarland Para-
guay) die schlimmste wirtschaftliche Ungleichheit weltweit. An dem
einen Ende der Skala stehen die 50.000 Brasilianer (bei einer Gesamtbevölkerung von 165 Millionen), denen fast alles, insbesondere
das Land, gehört. Am anderen Ende des Spektrums leben vier Millionen Bauern, die sich drei Prozent der Landfläche teilen. Die meisten
besitzen natürlich überhaupt kein Land. In den Städten und Slums
sind Millionen arbeitslos. Die Sparprogramme, mit denen man die
Hyperinflation unter Kontrolle brachte, ließen das Gesundheits-
und Bildungswesen fast vollständig zusammenbrechen. Und in Zeiten der Instabilität wurde die ohnehin schon gravierende staatliche
Korruption noch schlimmer.

»EINE BRUST AUS EISEN ...«

Wir haben bereits gesehen, wie Regierungskorruption mit der Sklaverei Hand in Hand geht. In Brasilien fördert sie auch die Umweltzerstörung. Das zu Beginn des Kapitels erwähnte Anlegen von Eukalyptusplantagen war Teil eines gewaltigen Plans zur Umgehung von
Steuerzahlungen, den die Militärregierung in den siebziger Jahren
gemeinsam mit multinationalen Unternehmen ausheckte. Wie ge-

nau der Plan zustande kam, läßt sich nicht rekonstruieren, doch es ist klar, worauf es dabei ankam: Die Regierung gestattete großen Firmen und multinationalen Unternehmen, Land aus Bundesbesitz sehr billig und in einer Größenordnung von mehreren hunderttausend Hektar zu kaufen. Rodeten die Firmen den ursprünglichen Wald und pflanzten Eukalyptus, konnten sie anschließend mit Billigung der Regierung die Kosten für den Landkauf und die Neuanpflanzung von ihren Unternehmenssteuern abziehen. Zuletzt sollten die Eukalyptusbäume gefällt und in einer Papierfabrik verarbeitet werden, die die Regierung zu bauen versprach. Nachdem man ihnen ausgedehnte Ländereien auf dem Silbertablett serviert hatte, erhielten die Großunternehmen – darunter auch internationale Riesen wie Nestlé und Volkswagen – mehr als 175 Millionen Dollar Steuernachlaß.[1] Zu Beginn der neunziger Jahre gab es immer noch keine Papierfabrik, und viele der Eigentümer gingen dazu über, ortsansässige Firmen mit der Rodung des Landes und der Herstellung von Holzkohle zu beauftragen.

Als zu Beginn des 19. Jahrhunderts ein Geologe auf seiner Erkundungstour das Gebiet nördlich von Rio de Janeiro durchkämmte, erklärte er, das Land besitze eine »Brust aus Eisen und ein Herz aus Gold«.[2] Die Region mit ihren reichhaltigen Mineralvorkommen wurde zum Bundesstaat Minas Gerais (»Minengebiet«). Heute ist der Staat ein Bergbau- und Industriezentrum, in dem große Mengen Eisen und Stahl hergestellt werden. Für die Stahlproduktion benötigt man Holzkohle. Und die modernen Industrien Brasiliens, ob sie nun Autos oder Möbel produzieren, verwenden Stahl, der mit Hilfe von Sklaven hergestellt wird. Viele Fabriken und Eisenschmelzen arbeiten äußerst effizient und befinden sich auf dem neuesten Stand, doch die Holzkohle, die sie verwenden, ist nach wie vor das Produkt des Kahlschlags von Wäldern und der Schufterei von Sklaven.

Nachdem man die Wälder von Minas Gerais und die des benachbarten Bundesstaats Bahia abgeholzt hatte, mußte man neuen Rohstoff für Holzkohle finden, und so kehren wir wieder zu dem im Westen gelegenen Staat Mato Grosso do Sul zurück, mehr als tausend Meilen von den Stahlwerken in Minas Gerais entfernt. Als die Grenze weiter in den Westen vorgeschoben wurde, schlug man Schneisen durch den *Cerrado*, um Wege für den Abtransport der Holzkohle zu schaffen. Und angesichts der Millionen Hektar, auf denen heimische Gehölze oder Eukalyptus wachsen, stellt die Produktion von Holzkohle eine Möglichkeit dar, in kurzer Zeit mehr Geld aus dem Land zu pressen und es gleichzeitig für Rinderfarmen zu roden. Die einzige Zutat, die in diesem entlegenen Gebiet fehlt, sind die Arbeiter.

Holzkohle herzustellen ist eine Kunst; diese Fertigkeit muß man erlernen und einüben, ehe man beständig Holzkohle von guter Qualität produzieren kann. Als es in ihren Heimatstaaten keine Wälder mehr gab, strömten die Holzkohlearbeiter in die Städte, in der Hoffnung, dort Arbeit zu finden. Doch wie Millionen anderer vertriebener Arbeiter in Brasilien stellten sie fest, es gab keine Jobs. Ganze Familien in den Städten des Ostens taumeln am Rande des Hungertodes dahin: Einige leben auf den öffentlichen Müllhalden und durchwühlen sie nach Metallteilen, die sie verkaufen können; andere betteln, manche verlegen sich auf den Handel mit Drogen. Diese Familien sitzen in der Falle und sind bereit, alles zu tun, um ihre Kinder ernähren zu können. Wenn in den Städten von Minas Gerais Anwerber auftauchen, die gut bezahlte Arbeit versprechen, lassen sie sich diese Chance nicht entgehen.

»SIE KOMMEN UND REDEN SCHÖN DAHER ...«

Anfang der achtziger Jahre, als die Woge der Entwicklung auf Mato Grosso do Sul überschwappte, tauchten die ersten Anwerber in den Slums von Minas Gerais auf und suchten Arbeiter mit einiger Erfahrung bei der Herstellung von Holzkohle. Man nennt sie *Gatos*, Kater, und sie spielen eine Schlüsselrolle bei der Versklavung. Wenn sie mit ihren Viehtransportern in die Slums gefahren kommen und verkünden, sie wollten Männer oder sogar ganze Familien einstellen, sprin-

gen die verzweifelten Bewohner sofort darauf an. Die Gatos gehen
von Tür zu Tür oder benutzen Lautsprecher, um die Leute auf die
Straße zu locken. Gelegentlich erlauben ihnen die örtlichen Politiker
oder sogar Kirchengemeinden, öffentliche Gebäude zu nutzen, und
helfen ihnen, Arbeiter anzuwerben. Die Gatos erklären, sie bräuch-
ten Arbeiter auf den Farmen und in den Wäldern von Mato Grosso.
Wie gute Verkäufer legen sie die vielfältigen Vorteile regelmäßiger
Arbeit zu vorteilhaften Bedingungen dar. Sie bieten eine Transport-
gelegenheit nach Mato Grosso, gutes Essen vor Ort, regelmäßige
Entlohnung, Werkzeuge und kostenlose Heimfahrten für einen Besuch bei der Familie an. Einer hungernden Familie erscheint das als
wunderbares Angebot eines Neuanfangs. In einem Köhlerlager in
Mato Grosso sprach ich mit einem Mann namens Renaldo, der beschrieb, wie man ihn angeworben hatte:

Meine Eltern lebten in einer sehr trockenen ländlichen Gegend, und
als ich älter wurde, gab es keine Arbeit; nirgends gab es dort Arbeit.
So beschloß ich, in die Stadt zu gehen. Ich ging nach São Paulo, doch
da war es sogar noch schlimmer; keine Arbeit, alles war sehr teuer,
und es war gefährlich dort – so viele Verbrechen! Ich ging also nach
Minas Gerais, weil ich gehört hatte, daß es da Arbeit gab. Wenn das
so war, so habe ich sie nicht gefunden, aber eines Tages kam ein
Gato und begann Leute anzuwerben, die hier draußen in Mato
Grosso arbeiten sollten. Der Gato sagte, man würde uns jeden Tag
zu essen geben, und außerdem würde man uns einen guten Lohn
zahlen. Er versprach, daß er die Leute mit seinem Lastwagen jeden
Monat nach Minas Gerais zurückbringen würde, damit sie ihre
Familien besuchen und ihnen ihr Geld bringen könnten. Einigen
Männern gab er sogar Geld, das sie vor der Abfahrt ihren Familien
geben oder mit dem sie sich Lebensmittel für die Fahrt kaufen konn-
ten. Er hatte keine Probleme, seinen Lastwagen mit Leuten zu fül-
len, und wir brachen zu der Fahrt nach Westen auf. Unterwegs, als
wir zum Tanken anhielten, sagte der Gato: »Geht ins Café und eßt,
was ihr wollt, ich bezahle alles.« Wir hatten schon lange gehungert.

Sie können sich also vorstellen, wie wir reingehauen haben! Nachdem wir Mato Grosso erreicht hatten, fuhren wir immer weiter ins Land hinein. Das Lager ist fast fünfzig Meilen von allem entfernt; erst nach fünfzig Meilen Cerrado stößt man auf eine Ranch, und es gibt nur diese eine Straße. Als wir im Lager ankamen, sahen wir, wie schrecklich es dort war. Die Bedingungen waren schlechter als für Tiere. Um das Lager waren Männer mit Gewehren postiert. Und dann sagte der Gato:»Ihr schuldet mir eine Menge Geld. Erstens die Reisekosten, sodann alles, was ihr gegessen habt, und außerdem das Geld, das ich euch für eure Familien gegeben habe – ihr braucht also gar nicht daran zu denken, hier abzuhauen.«

Renaldo saß in der Falle. Wie die anderen Arbeiter stellte er fest, daß er das Lager nicht verlassen konnte und kein Mitspracherecht bei der Arbeit hatte, die man ihn verrichten hieß. Als die Arbeiter nach zwei Monaten fragten, ob sie nach Hause fahren könnten, um ihre Familien zu besuchen, erklärte man ihnen, sie seien noch zu hoch verschuldet, als daß man ihnen das gestatten könnte.

Eine Mutter dreier Söhne, die später aus der Schuldarbeit floh, erklärte:»Wenn es hier [in den Slums] schlecht geht, kommt es einem so vor, als ob die Gatos die Not riechen, und dann kommen sie und tricksen die Armen aus ... Sie kommen und reden schön daher und versprechen dir den ganzen Arm, aber wenn du dort bist, geben sie dir noch nicht einmal die Spitze des kleinen Fingers.«[3]

Zu Beginn der Fahrt verlangen die Gatos von den Arbeitern zwei Dokumente: ihren Personalausweis und ihre »Arbeitskarte«. Diese Papiere sind für das Leben in Brasilien von entscheidender Bedeutung. Der Personalausweis dient als Nachweis der Staatsangehörigkeit und ist unerläßlich für sämtliche Angelegenheiten, bei denen man mit der Polizei oder der Verwaltung zu tun hat; die Arbeitskarte ist der Schlüssel zu legaler Beschäftigung. Mit seiner Unterschrift auf der Rückseite der Arbeitskarte geht der Arbeitgeber ein bindendes Arbeitsverhältnis ein und erkennt damit die Arbeitsgesetze wie zum Beispiel den vorgeschriebenen Mindestlohn an. Ohne die Arbeits-

Ihr Arbeitsplatz gleicht eher einem Straflager: Die brasilianischen Schuldknechte warten auf ihre Essensration – den einzigen »Lohn«, den sie für ihre Arbeit erhalten. (Foto: Joao R. Ripper/Imagens de Terre; mit freundlicher Genehmigung von Anti-Slavery International)

karte ist es für Arbeiter schwierig, ihre Rechte geltend zu machen.
Die Gatos behaupten, sie benötigten die Dokumente, um ihre Unterlagen auf den neuesten Stand zu bringen, doch in Wirklichkeit
kann es passieren, daß die Arbeiter sie zum letzten Mal gesehen haben. Indem sie die Papiere einbehalten, bringen die Gatos die Arbeiter völlig unter ihre Kontrolle. Wie schlimm ihre Lage auch sein mag,
die Arbeiter gehen ungern ohne ihre Dokumente. Da die Karten
nicht unterzeichnet wurden, haben sie keinen Beleg für eine Beschäftigung und kaum rechtlichen Schutz. Ein brasilianischer Forscher drückt es so aus:»Von dem Augenblick an ist der Arbeiter als
Staatsbürger gestorben und als Sklave geboren.«[4]

Für die Gatos bringt es erhebliche Vorteile mit sich, Arbeiter in
großer Entfernung anzuwerben. Weit weg von ihrer Heimat, sind sie
nicht mit der Umgebung vertraut und von Freunden und ihrer Familie abgeschnitten, die ihnen helfen könnten. Selbst wenn es ihnen
gelingt zu entkommen, haben sie keinen Pfennig in der Tasche und
sind verschuldet. Sie können nicht einmal die Heimreise bezahlen.
Oft arbeiten sie unter grauenhaften Bedingungen weiter, da sie hoffen, ein wenig Bargeld zusammenzubekommen, das für die Heimreise reicht. Und wenn sie doch aus den Köhlerlagern fliehen, werden
sie von den Einheimischen häufig als Außenseiter beschimpft und
gefürchtet. Ohne Personalausweis kann die Polizei sie als Landstrei-
cher oder mutmaßliche Kriminelle festnehmen. Ohne ihre Arbeits-
karten können sie nicht arbeiten, außerdem sind sie an ihrem neuen
Arbeitsplatz – wenn sie denn einen bekommen – nicht registriert, so
daß die von der Regierung beauftragten Arbeitsinspektoren und Ge-
werkschaftsvertreter keine Ahnung haben, daß es sie überhaupt gibt.

In den Holzkohlecamps sind die Arbeiter ähnlich isoliert wie die
in den thailändischen Bordellen festgehaltenen und mißhandelten
Mädchen: In Brasilien finden wir ein weiteres Beispiel für die»Kon-
zentrationslagermethode« der Versklavung. Ein solches Köhlerlager
ist eine Welt für sich. Der Gato und seine Schläger kontrollieren alles
und wenden nach Belieben Gewalt an. Sie wünschen sich Arbeiter,
die sich aufgegeben haben und alles tun, was man von ihnen ver-

langt. Gleichzeitig wollen sie, daß ihre Gefangenen hart arbeiten, also versprechen sie ständig Bezahlung, mehr Essen und bessere Behandlung. Mit einer ausgewogenen Mischung aus Hoffnung und Terror ketten sie die neuen Sklaven an ihren Arbeitsplatz. Wie die zur Prostitution gezwungenen jungen Frauen werden die Holzkohlearbeiter nicht lebenslang versklavt; tatsächlich bleiben sie in der Regel sogar für kürzere Zeit in den Lagern als die Frauen in den thailändischen Bordellen. Die Gatos und ihre Bosse wollen die Arbeiter nicht *besitzen*, nur möglichst viel Arbeit aus ihnen herauspressen. Die Arbeiter, mit denen ich gesprochen habe, waren zwischen drei Monaten und zwei Jahren, selten länger in Schuldknechtschaft festgehalten worden. Es gab mehrere Gründe, weshalb sie nur für so kurze Zeit beschäftigt wurden. Ein Holzkohlecamp bleibt nur zwei oder drei Jahre lang an einer Stelle, bis der Wald in der Umgebung nichts mehr hergibt. Und nur selten nimmt man die Arbeiter von einem Lager zum nächsten mit. Außerdem sind die Arbeiter nach wenigen Monaten Arbeit an den Meilern krank und erschöpft. Anstatt Leute zu behalten, die nicht mehr mit ganzer Kraft arbeiten können, ist es kostengünstiger, sie fallenzulassen und an ihrer Stelle neue Kräfte anzuwerben. Da sie in der Regel keinen Pfennig besitzen, wenn man sie aus den Lagern wirft, schaffen viele es nicht, in ihre Heimat nach Minas Gerais zurückzukehren. Häufig bleiben sie in den Städten von Mato Grosso hängen, und viele zieht es schließlich doch wieder in die *Batterias* genannten Köhlerlager zurück.

Ein Lager, in dem man Holzkohle herstellt, nennt man *Batteria*, weil sich dort eine Batterie von Holzkohlenmeilern (*Fornos*) aneinanderreiht. Eine Batteria besteht aus zwanzig bis über hundert Meilern mit jeweils acht bis vierzig Arbeitern. Hitze, Rauch und die Trostlosigkeit der Batteria lassen das Lager wie ein Stück Hölle erscheinen, das in den Wald verlegt wurde. Die Holzkohlenmeiler sind runde Kuppeln aus Ziegeln und Lehm, etwas mehr als zwei Meter hoch und mit einem Durchmesser von etwa drei Metern. Zwanzig oder dreißig Meiler reihen sich in einem Abstand von etwas mehr als einem Meter in langen geraden Linien aneinander. Eine kleine, spitz zulaufende Öffnung in etwa einem Meter Höhe stellt den einzigen Zugang dar. Durch diese Tür packen die Arbeiter den Meiler mit Holz voll. Es muß sehr dicht und sorgfältig vom Boden bis zur abgerundeten Decke gestapelt werden, damit es richtig zu Holzkohle abbrennt. Ist der Meiler mit Holz beschickt, verschließt man die Öffnung mit Ziegeln und Lehm und legt Feuer. Holzkohle entsteht, wenn Holz bei minimaler Sauerstoffzufuhr verbrennt. Gelangt zuviel Luft in den Meiler, verbrennt das Holz vollständig, und es bleibt nichts als Asche zurück. Kommt nicht genügend Luft in den Ofen, erhält man nutzlose halbverkohlte Holzstücke. Um die Luftzufuhr zu kontrollieren, werden kleine Luftlöcher in der Meilerwand geöffnet oder geschlossen, indem man ein Stück herauskratzt oder Löcher mit Lehm verschmiert. Der eigentliche Brennvorgang dauert etwa zwei Tage; um sicherzustellen, daß der Meiler in der richtigen Temperatur brennt, müssen die Arbeiter ihn Tag und Nacht ständig überwachen. Nach dem Ende des Brands läßt man den Meiler abkühlen, ehe man die Holzkohle herausnimmt.

Im Umkreis von etwa einer Meile um das Lager ist das Land kahl und wie umgepflügt. Die nackte Erde ist rot und ausgewaschen. Baumstümpfe, große Flecken mit versengtem Gras und Holz, Gräben und Löcher und die ständige Dunstglocke aus Rauch lassen die Gegend wie ein Schlachtfeld erscheinen. Überall sind Überreste des Waldes zu sehen. Die mit schwarzem Ruß und grauer Asche verschmierten und schweißglänzenden Arbeiter bewegen sich wie Gespenster durch den Rauch in der Umgebung der Meiler. Alle Arbeiter, die ich gesehen habe, bestanden nur aus Muskeln, Knochen und Narben; alles Fett war durch die Hitze und die Anstrengung verbrannt. Der überwältigende, erstickende Qualm färbt alles ein und durchdringt es mit Brandgeruch. Der Rauch von Eukalyptusholz ist mit den scharfen Ölen des Harzes gesättigt, beißt und brennt in Augen, Nase und Kehle. Die Köhler husten ständig; sie räuspern sich, spucken und versuchen, die stets von Rauch, Asche, Hitze und Holzkohlenstaub verstopften Lungen freizubekommen. Die meisten haben schließlich eine Staublunge, wenn sie überhaupt lange genug leben.

Fast alle Meiler qualmen und stoßen Rauch aus; die Temperaturen sind mörderisch. Sobald man die Batteria betritt, erschlägt einen die Hitze schier. In diesem Teil Brasiliens ist es ohnehin heiß und feucht; beseitigt man dann noch jeglichen Sonnenschutz, den die Bäume vielleicht böten, und rechnet die von dreißig Meilern abgestrahlte Wärme hinzu, ergibt das einen höllischen Backofen. Die Hitze, die den Arbeitern entgegenschlägt, die in die heißen Öfen klettern müssen, um die Holzkohle herauszuholen, ist unvorstellbar. Als ich zusammen mit einem Mann, der die Holzkohle herausschaufelte, in einen Meiler stieg, war mein Kopf infolge der drückenden Hitze binnen Minuten schweißüberströmt, meine Kleidung schweißdurchtränkt, und der mit heißer Kohle bedeckte Boden verbrannte mir durch meine schweren Stiefel hindurch die Füße. Unter dem spitz zulaufenden Dach konzentrierte sich die Hitze, und nach wenigen Augenblicken war ich benebelt, drehte vor Angst fast durch und fühlte mich ungeheuer schlapp. Die Arbeiter schwanken zwischen Hitzschlag und Austrocknung hin und her. Manchmal redeten sie wirres Zeug, als hätte es ihnen das Gehirn zerkocht. Die Arbeiter, die die Meiler ausräumen, sind fast nackt; dadurch setzen sie ihre Haut möglichen Verbrennungen aus. Manchmal stolpern sie, wenn sie auf den Holzkohlehaufen stehen, oder der Stapel gibt nach, und sie fallen in rotglühende Kohle. Bei allen Köhlern, die ich traf, waren Hände, Arme und Beine kreuz und quer von häßlichen Brandnarben übersät, von denen manche noch angeschwollen waren und eiterten.

Vor den Meilern liegen riesige Stapel von Holz, das auf etwa einen Meter Länge zurechtgeschnitten ist, zur Beschickung bereit. Hinter den Meilern stapelt sich die Holzkohle, die darauf wartet, für den Abtransport zu den Eisenschmelzen in riesige Säcke geschaufelt zu werden. Die Meiler sind der letzte Schritt bei der Vernichtung der Wälder, die in einem ständig größer werdenden Umkreis um die Batterias verschwinden. Am äußeren Rand der zerstörten Fläche rund um die Meiler brennen Arbeiter das Unterholz ab und fällen weitere Bäume und drängen so den Waldrand immer weiter zurück.

Das gefällte Holz wird auf Anhänger geladen und von Traktoren zu den Meilern transportiert; dort wird es binnen kurzem zu Holzkohle gebrannt.

ZWEITAUSEND MEILEN UND EIN ZEITSPRUNG VON ZWEIHUNDERT JAHREN ...

Im Frühjahr 1997 besuchte ich in einem Teil von Mato Grosso do Sul einige Batterias. Ich war mit Luciano Padrão unterwegs, einem jungen brasilianischen Fachmann für Armutsfragen und Arbeitszuteilung aus Rio de Janeiro. Unsere Reise schien nicht nur quer durch einen großen Teil des Landes zu führen, sondern auch vom 20. ins 19. Jahrhundert. Brasilien steht mit einem Bein in der ersten Welt, mit dem anderen mitten in der dritten. Wir brachen von Rio de Janeiro auf, einer Stadt, die auch in den Vereinigten Staaten liegen könnte. Mit seinen McDonald's-Filialen, seiner U-Bahn, den Reihen von Eigentumswohnungen mit Blick auf den Strand und mit seinen Drogenbanden könnte es auch eine wohlhabende Stadt in Florida sein. Allerdings ist Rio, wie man gerechterweise einräumen muß, weit faszinierender als jede Stadt in Florida: Die üppig bewaldeten Vulkanberge, die die Stadt durchziehen und in den Ozean abfallen, bilden eine atemberaubende Kulisse. Um zu den Batterias zu kommen, flogen wir von Rio in das noch größere São Paulo. Alles in Brasilien ist einfach *groß*, und es war eine umwerfende Erfahrung, über eine Stadt mit 16 Millionen Einwohnern hinwegzufliegen: Die hoch aufragenden Gebäude erstreckten sich bis zum Horizont. In São Paulo stiegen wir in ein anderes Flugzeug um und flogen tausend Meilen westwärts nach Campo Grande im Bundesstaat Mato Grosso do Sul.

Auf dem Weg von São Paulo nach Campo Grande erlebten wir die erste Reise von einer Zeit und Kultur in eine andere. Campo Grande ist eine Rinderstadt voller Viehhöfe, Läden für Cowboybedarf und zerbeulter Lastwagen der Bauern, eine Stadt mit staubigen, verwahrlosten Straßen, auf denen die Menschen sich mit halber Geschwindigkeit zu bewegen scheinen. Am späten Nachmittag macht die Bierkneipe auf, und junge Männer in Arbeitskleidung setzen sich davor, trinken und schwitzen. Es ähnelte der halb von der Sonne ausgedörrten, halb verfallenen Verwaltungssstadt in Oklahoma, wo ich aufgewachsen bin, so sehr, daß es mir vorkam, als sei ich schon einmal hier gewesen.

Am nächsten Morgen verließen wir Campo Grande in einem allradgetriebenen Pickup. Die Straßen waren geteert und liefen schnurstracks geradeaus; ich konnte gar nicht begreifen, weshalb Luciano darauf bestanden hatte, daß wir einen geländegängigen Wagen samt Fahrer benötigten. Über etwa zweihundert Meilen war es, als führen wir durch das östliche Texas. Wellig erstreckte sich das Land um uns. Baumgruppen lockerten die ausgedehnten Weideflächen mit grasenden Rindern auf, und unter den flauschig-weißen Wolken erstreckte sich eine Landschaft von sattem Grün. Wo der Boden aufgegraben war, hatte die Erde eine grellrote Farbe und verwitterte offenbar rasch. Die Wasserläufe zeugten von schweren Regenfällen und Überschwemmungen. Viele Meilen von irgendwelchen Ansiedlungen entfernt trafen wir gelegentlich auf einen Mann oder einen Jungen in zerlumpten Kleidern, der mit seinem Bündel auf dem Rücken die Überlandstraße entlangwanderte. Ab und zu sah man an einem Fleckchen des *Cerrado*, wie es hier früher einmal gewesen war.

Nach einigen Stunden kamen wir in dem Städtchen Ribas do Rio Pardo an, und das versetzte uns noch weiter in eine andere Kultur zurück. Nun befanden wir uns in der jüngsten Vergangenheit, in der trägen Melasse eines Ortes, der im Grunde nichts weiter als eine Anzahl miteinander verschmolzener Farmen war. Auf der Straße sahen wir Traktoren und Vieh, und es wurde klar, wir waren weit entfernt von jedem Ort, in dem sich irgend jemand für Weltereignisse oder auch nur die Landespolitik interessierte. Wenige Meilen hinter der Stadt bogen wir auf eine ungeteerte Straße, die ins Land hineinführte. Jetzt verstand ich, weshalb wir den speziellen Truck mit Fahrer brauchten: Wir rumpelten durch Bachbetten und in ausgewaschene Flußläufe hinunter und auf der anderen Seite wieder hinauf, saßen in tiefen Spurrillen auf und fuhren uns in Sandbänken fest. Als wir tiefer in den *Cerrado* hineinfuhren, wurden die offenen Weideflächen immer mehr zu vereinzelten Flecken. Selbst mit dem Vierradantrieb benötigten wir an die vier Stunden für die fünfzig Meilen bis zur ersten Batteria. Während dieser Zeit begegneten wir nur zwei anderen Fahrzeugen. Das eine war ein alter Kleinwagen, der von einem Mann, wahrscheinlich einem Gato, gefahren wurde. Das andere war ein klappriger, mit Säcken voller Holzkohle beladener Laster, der sich im Schrittempo über die Piste voranarbeitete.

Als ich unseren Fahrer Augusto fragte, welche Tiere im *Cerrado* gelebt hätten, ehe man mit den Abholzungen anfing, erwiderte er: »Hier hat nie was gelebt.« Doch als wir tiefer in den Wald hineinfuhren, entdeckte ich eine erstaunliche Tierwelt, insbesondere Vögel. Im goldenen Licht des Nachmittags kamen wir an einem kleinen Baum mit dunkelgrünen Blättern vorbei, den hellgrüne Papageien in Beschlag genommen hatten. Entlang der Piste stießen wir regelmäßig auf Schlangen – große Schlangen, die sich im Staub sonnten. Einmal, wir fuhren gerade aus einem Flußbett heraus, scheuchten wir einen Schwarm von etwa dreißig Vögeln von der Piste auf. So etwas hatte ich noch nie gesehen: Etwa ein Drittel der Vögel hatte tiefschwarz glänzendes Gefieder, ein weiteres Drittel war ebenfalls schwarz, doch die Flügel und Körper waren mit hellgelben Streifen überzogen. Das Federkleid der übrigen Vögel war von leuchtendem Grün mit roten Einsprengseln. In einer anderen Kurve scheuchten wir einen großen Raubvogel mit einer Flügelspannweite von fast zwei Metern auf. Und dann, etwa eine Meile weiter, bemerkte ich – allerdings erst auf den zweiten Blick –, daß ich einen mehr als einen Meter großen Emu beobachtete, der seinerseits mich anstarrte.

Als wir die Batteria erreichten, waren wir am Ende der Welt angelangt. Das Gelände für das Lager hatte man dem dichten, undurchdringlichen Wald direkt neben der Piste abgerungen. Jetzt begriff ich allmählich, weshalb die Gatos die Arbeiter derart unter Kontrolle haben. Die Batteria ist vollkommen isoliert; die einzige Verbindung

zur Außenwelt ist der Lastwagen, mit dem die Holzkohle abtrans-
portiert wird, und das Auto, in dem der Gato kommt. Jeder Arbeiter,
der das Lager zu verlassen versucht, hat einen Fußmarsch von fünfzig Meilen bis zum nächsten Ort vor sich. Da die Polizei sich nie
hierher verirrt und die Familien der Arbeiter keine Ahnung haben,
wo diese sich aufhalten, kann man sich ohne weiteres vorstellen, wie
leicht es ist, einen aufsässigen Arbeiter einfach umzubringen und
irgendwo im Wald zu verscharren. Doch eben aufgrund dieser Isolation, in der die Arbeiter gefangen sind, fiel es ihnen offenbar leichter,
uns von ihrem Leben zu erzählen. In derart abgelegenen Batterias
macht sich der Gato nicht die Mühe, ständig anwesend zu sein. Er
weiß, die Arbeiter können nicht entkommen und sind davon abhängig, daß er Nahrungsmittel ins Lager bringt. Alle zwei oder drei Tage
bringt der Gato Vorräte zur Batteria und überprüft die Produktion.
Wir fuhren in dieses Lager, weil wir von Kontaktleuten in Ribas do
Rio Pardo wußten, daß der Gato noch in der Stadt war.

»ER HATTE MICH AM WICKEL ...«

Als wir ankamen, waren die Leute in der Batteria überrascht und
mißtrauisch. Doch bald gelang es Luciano aufgrund seiner jahrelan-
gen Erfahrung im Umgang mit armen, in Knechtschaft gehaltenen
Arbeitern, ihren Argwohn zu zerstreuen und sie zum Reden zu bringen. Als sie uns das Lager zeigten, konnten wir uns kaum vorstellen,
daß an diesem Ort Menschen leben. Pfosten und Äste, die man im
Wald geschnitten, aber nicht einmal abgerindet hatte, waren mit Nä-
geln und Stricken miteinander verbunden und bildeten einen rohen
Rahmen, in dem man weitere Holztrümmer lose zu Wänden zusam-
mengefügt hatte, durch die man überall hindurchschauen konnte;
darüber war eine schwarze Plastikfolie gespannt. Hier schliefen die
Arbeiter. Das ganze »Bauwerk« war derart armselig, daß man es noch
nicht einmal als Verschlag bezeichnen konnte. Als Unterschlupf war
es einem Zelt eindeutig unterlegen. Der Fußboden bestand aus

nackter Erde, und Hühner, Hunde sowie Schlangen konnten frei ein- und ausspazieren. Im Inneren hatte man einen weiteren rohen Holzrahmen zusammengeschustert, damit die Männer nicht auf dem Boden schlafen mußten. Darauf lagen kleine Bündel mit Kleidung und ein, zwei Decken: die gesamte Habe der Männer. In dem Lager gab es nur eine einzige Frau und keine Kinder; diese hatte man, wie wir weiter unten erläutern werden, davongejagt.

Gekocht wurde über einem offenen Holzfeuer, und als Toilette diente tagsüber der Wald und nachts ein Eimer. Der Gato hatte einen Wassertank hiergelassen; in einem weiteren Behälter sammelte sich Regenwasser. Für die Arbeiter war es ein Ort voll Hunger, Durst und Dreck. Obwohl sie mit scharfen Werkzeugen wie Äxten und mit brennender Holzkohle hantierten, gab es keinerlei Verbandsmaterial oder Medikamente und Salben. Mehrere Männer litten eindeutig an entzündeten Verbrennungen und Schnittverletzungen, andere wirkten schwach und krank. Wie man mir erklärte, hatten viele von ihnen Darmparasiten.

Mit Luciano als Vermittler begann ich mich mit den Leuten zu unterhalten. Zunächst fragte ich einfach einen Mann, wo er herstamme und ob er eine Familie habe. Er wollte wissen, warum ich nach Brasilien gekommen sei und was ich davon hielte. Ein wenig später stellte ich ihm dann die Frage, ob er schon etwas von Sklaverei gehört habe.

O ja, darüber weiß ich eine Menge.
Und was ist das genau, Sklaverei?
Sklaverei, das ist das, was hier mit uns passiert. So wie ich das sehe, sind wir hier alle Sklaven. Schau, ich rode den Cerrado und schleppe das Zeug zu den Meilern, wo Holzkohle daraus gemacht wird. Man hat mir gesagt, ich würde 2 Real (etwa $2) pro Ladung bekommen. Doch gekriegt habe ich gar nichts. Der Gato sagt, meine ganze Schufterei reicht gerade aus, um die Kosten für mein Essen und meine Schulden zu decken. Er berechnet uns weit mehr als den tatsächlichen Preis für das Essen, das er uns bringt. Wir müssen für

alles bezahlen, was wir kriegen, doch wir selbst bekommen nichts.
Alles, was wir arbeiten, wird in Pfennigen abgerechnet, und alles,
was wir brauchen oder essen, ist sehr teuer.

Du bist seit drei Monaten hier; wieviel Lohn hast du in der Zeit
bekommen?

Nichts, rein gar nichts. Verstehst du, beim Gato laufen meine Schul-
den immer schneller auf als mein Verdienst.

Du bist jetzt also seit drei Monaten hier und hast keinen Lohn
gesehen. Warum bleibst du dann? Warum gehst du nicht einfach
weg von hier?

Ich kann nicht einfach davonlaufen und mit der Arbeit aufhören.
Ich muß mit dem Gato reden und sehen, wie die Dinge stehen und
schauen, wie ich mit meinen Schulden fertigwerde. Ein Mann muß
seine Angelegenheiten in Ordnung bringen, wenn er gehen will, er
muß vorher seine Schulden bezahlen. Du mußt deine Schulden
zahlen, das muß sein, und deshalb muß ich weiterarbeiten, bis ich
es geschafft habe. Tu ich das nicht und brauche dann früher oder
später einen Job und gehe woanders hin, würde der Gato den Leu-
ten ausrichten lassen: »*Der Mann hat für mich gearbeitet und seine*
Schulden nicht bezahlt.« *Dann würde ich nie mehr Arbeit finden.*
Jetzt kann ich nicht weg, wegen meiner Schulden; ich muß eben
hart arbeiten. Wenn ich alles versucht und am Ende keinen Erfolg
damit habe, dann muß ich einfach mit dem Gato reden, von Mann
zu Mann, und ihm sagen: »*Schau, was soll ich machen? Ich habe*
gearbeitet, nichts als geschuftet, und schulde dir noch immer densel-
ben Betrag. Was können wir tun, um das in Ordnung zu bringen?«
Manchmal sagt der Gato dann nur: »*Vergiß es.*«

Ein anderer Arbeiter meldete sich zu Wort:
So etwas ist mir auch schon passiert. Bei der letzten Batteria habe
ich als Holzfäller gearbeitet. Ich hatte meine eigene Motorsäge und
schnitt und schleppte Holz. Als wir dort nach drei Monaten Arbeit
aufhörten, sagte der Gato zu mir: »*Du schuldest mir fast 800 Real.*«
Und weil ich bei keinem Schulden haben will, mußte ich ihm meine

Motorsäge überlassen. Er hatte mich am Wickel; es war die einzige Möglichkeit, da rauszukommen.

Ein dritter Arbeiter fügte hinzu:
Ich bin seit zwei Monaten hier, aber ich weiß nicht, ob ich irgend etwas bekomme, wir haben noch nicht darüber gesprochen. Keiner redet hier von Geld, der Gato will immer nur über die Arbeit reden; wir sollen härter arbeiten und mehr Holzkohle herstellen.

Ich fragte ihn, ob er wüßte, wieviel er bekäme, wenn sie hier fertig wären.
Nein, keine Ahnung, ich weiß nicht, wie ich das rauskriegen könnte. Wir wissen nicht mal, wie die Batteria hier heißt oder wo wir sind. Ich kenne nur den Namen des Gato.

Für uns schien es ziemlich offensichtlich, daß der Gato diese Männer mit Tricks dazu brachte, für nichts zu arbeiten, und ihnen auch noch das stahl, was ihnen zustand. Doch die hier völlig isoliert lebenden Arbeiter waren Analphabeten und zu redlich, um zu merken, daß man sie in eine Falle gelockt hatte.

Unredlichkeit lebt von der Redlichkeit. Gerade die Regeln von Vertrauen und Ehrlichkeit, von denen die meisten dieser armen Brasilianer sich bei ihrem Umgang mit anderen Menschen leiten lassen, sind der Schlüssel zu der Methode, wie der Gato sie zu Sklaven macht. Alle Arbeiter, die ich traf, waren zutiefst überzeugt, ihre Schulden bezahlen zu *müssen;* jemand, der seine Schulden nicht bezahlte, war für sie Abschaum. Durch sein schlaues Ausnützen dieser Einstellung erreicht der Gato seine Ziele sehr viel wirkungsvoller als durch Gewalt: Es ist weit einfacher und steigert die Produktivität der Arbeiter. In der Tat begreifen die Arbeiter, sobald der Gato erst einmal Gewalt anwendet, daß sie ihre Schulden nie werden abzahlen können; dann ist es nicht mehr möglich, ihr Ehrgefühl gegen sie auszuspielen. Aus diesem Grund wird der Gato solange wie möglich an ihren Sinn für »Fairneß« appellieren. Da sie glauben, Vertrauen *könnte* sich vielleicht auszahlen, und wissen, daß es nichts nützt, wenn sie weglaufen, sitzen sie in der Falle. Einer der Köhler erklärte mir die Situation so:

Die Holzkohle geht immer zur Verhüttung, aber es kommt nie Geld zurück. Deshalb müssen wir eben abwarten und schauen, was passiert. Vielleicht entscheiden wir uns, noch einmal zwei Monate zu warten. Ab und zu fragen wir den Gato. Er sagt immer, daß er uns nichts bezahlt, weil wir alle ihm soviel Geld schulden, aber in Wahrheit schuldet ihm keiner was. Manchmal müssen wir uns von unseren Freunden Geld leihen; jeder kann in solch eine Lage geraten. Das geht uns allen so, und wir wissen nicht, was wir tun sollen. Manchmal denke ich, ich laufe ohne Bezahlung davon. Manchmal will ich bleiben, weil ich glaube, daß der Gato mich bezahlen wird. Wir wissen nie, was wir tun sollen – gehen oder bleiben; vielleicht kriegen wir ja was, vielleicht auch nicht.

In der Tat bezahlen die Gatos immer wieder einmal einen der Arbeiter. In einigen der von mir besuchten Batterias entlohnte man die Arbeiter, wenn auch in der Regel spät und mit geringeren Summen als vereinbart. Die Tatsache, daß sie *vielleicht* ihren Lohn (oder wenigstens einen kleinen Teil davon) bekommen, bringt sie dazu weiterzuarbeiten, besonders dann, wenn die Alternative heißt: keine Arbeit, kein Geld und einen Fußmarsch von tausend Meilen nach Hause. Alfeo Prandel ist Priester und arbeitet mit Familien in den Köhlerlagern. Er erzählte mir folgende Geschichte:

Die Arbeiter werden nicht immer von Leuten mit Gewehren in den Lagern festhalten. Vielmehr nutzen sie eine Eigenheit der armen Brasilianer aus: Diese haben das Gefühl, ihre Schulden bezahlen zu müssen. Wir hatten den Fall einer Familie, der man sagte, sie schuldeten dem Gato 800 Real. Und die brachten es tatsächlich fertig, wegen einer Beerdigung mit einem der Holzkohlelaster in ihre Heimat nach Minas Gerais zu trampen. Und sie kamen wieder

zurück! Ich fragte sie: »*Warum seid ihr wieder zurückgekommen?*«
Sie antworteten: »*Wir mußten wiederkommen, weil wir dem Gato
800 Real schulden und versuchen wollen, ihn zu bezahlen.*« *Ich erwiderte:* »*Aber ihr wißt doch, daß man euch weit mehr als 800 Real
abgeknöpft hat.*« *Doch sie sagten bloß:* »*Schulden sind Schulden,
und wir müssen sie abzahlen.*«

Selbstverständlich können die Gatos nicht immer auf die Gutmütig-
keit und Redlichkeit der Arbeiter bauen. Für diese wird es schließlich
offensichtlich, daß man sie betrügt, und in diesem Fall sind die
Gatos bereit, Gewalt anzuwenden. Viele Arbeiter erzählten uns, man
hätte sie bedroht oder geschlagen und sie wüßten von Leuten, die
einfach verschwunden seien. In einem anderen Köhlerlager traf ich
einen Mann, der in einer Batteria als Wachmann gearbeitet hatte
und sich erinnerte:

*Als ich von Minas Gerais hierhergekommen bin, hat man mich erst
mal als Wachmann eingesetzt. Ich habe gedacht, ich würde Holzkohle herstellen, doch der Gato hat wohl gemeint, ich sähe wie ein
harter Bursche aus oder so. Der Gato hat mir also ein Gewehr gegeben. Es war eine riesige Batteria, und meine Aufgabe war es, alle
Arbeiter, die weglaufen wollten, daran zu hindern. Ich habe zu ihm
gesagt, daß ich so was noch nie gemacht habe und kein Wachmann
sein will, doch er hat bloß gesagt, ich soll es machen, oder es würde
mir schlecht ergehen. Ich mußte es tun. Wachmann zu sein war
dann doch nicht so schlimm, deshalb habe ich es eine Weile gemacht. Nach drei Monaten Arbeit in der Batteria hatte man mir
noch immer nichts bezahlt. Es hat mir gar nicht gefallen, Wachmann zu sein und die Leute herumzustoßen, also habe ich nach
diesen drei Monaten zu dem Gato gesagt, daß ich gehen und meine
Abrechung haben will. Da ist der Gato richtig durchgedreht und hat
erklärte:* »*Du bist zum Arbeiten hergekommen. Ich habe nichts mit
dir abzurechnen.*« *Daraufhin habe ich gesagt:* »*Na gut, ich arbeite
weiter, aber ich will kein bewaffneter Wachmann mehr sein, ich*

mag das nicht.« Der Gato erklärte:»Schön, ich habe eine andere
Aufgabe für dich, steig in den Lastwagen.«*Dann hat der Gato mich*
siebzig Meilen weit ins Landesinnere hineingefahren, zu einer abge-
legenen kleinen Hütte; als wir angekommen sind, hat er nur gesagt:
»Steig aus und bleib da«, und ist dann davongefahren. Da war ich
also, kein Essen, kein Wasser, nichts, und siebzig Meilen bis zum
nächsten Ort. Doch dann habe ich beschlossen, sofort abzuhauen,
also habe ich mich durch den Wald geschlagen. Die Straße kam
nicht in Frage, damit ich nicht dem Gato über den Weg laufe, wenn
er zurückkommt. Nach zwei Tagen habe ich jemanden getroffen,
den ich aus einem anderen Köhlerlager kannte. Der hat mir berich-
tet, daß die Gatos nach mir suchten und sagten, sie würden mich
umbringen, wenn sie mich finden. Mein Gato hatte mich bei der
Hütte zurückgelassen und die anderen Gatos zusammengeholt, weil
sie ihm helfen sollten, mich loszuwerden – ich hab also Glück ge-
habt, daß ich gleich weggelaufen bin. Noch ein paar Tage später bin
ich dann näher bei der Straße geblieben und habe nach einem Auto
oder einem Lastwagen Ausschau gehalten, der nicht einem Gato
gehörte. Schließlich habe ich einen Wagen gesehen, der von einem
Priester gefahren wurde, und es ist mir gelungen, in den nächsten
Ort zu trampen; auf diese Weise bin ich entkommen.

Zwar war der Mann jetzt frei, doch er hatte keinen Pfennig und war
mehr als tausend Meilen von zu Hause weg. Es blieb ihm also keine
andere Wahl, als bei einem anderen Gato zu unterschreiben und zu
hoffen, daß dieser ihn nicht versklavte.

Im selben Lager erzählte mir ein Arbeiter, als wir mit seinen
Kumpeln zusammensaßen, seine Geschichte:

Vor sechs Monaten haben wir alle in diesem Lager gearbeitet, hat-
ten aber einen anderen Gato. Das war ein sehr böser Mensch. [Die
anderen Männer murmelten zustimmend.] Er ist mit dem ganzen
Geld abgehauen. Als wir aus Minas Gerais hierhergekommen sind,
hat er uns mit Schlägen beigebracht, wie wir zu arbeiten haben. Wir

Pater Ricardo Rezende und der siebzehnjährige José Pereira Ferreira, der von bewaffneten Männern gefangengenommen, in den Hals geschossen und, da man ihn
für tot hielt, einfach liegengelassen wurde; er hatte versucht, von einem Gut in Brasilien zu fliehen. Ein Arbeitskollege, der ebenfalls die Flucht gewagt hatte, kam ums
Leben. Pater Ricardo überredete Ferreira, vor der Polizei auszusagen, um die 60 anderen Arbeiter auf dem Gut befreien zu können. (Fotokopie aus dem CPT-Archiv;
mit freundlicher Genehmigung von Anti-Slavery International)

haben zuviel Angst gehabt, um etwas zu sagen, denn es war klar, er konnte mit uns machen, was er wollte. Ziemlich bald haben wir dann gemerkt, daß er uns nicht bezahlen würde. Als wir nach dem Geld gefragt haben, hat er uns geschlagen. Ein paar von meinen Freunden aus Bahia sind davongelaufen, doch der Gato hat sie mit Hunden gejagt und wieder eingefangen. Mit vorgehaltener Waffe hat er sie zurückgebracht und vor unseren Augen geschlagen. Nachts hat er die Hunde freigelassen, die gebellt haben, wenn einer abzuhauen versucht hat. Schließlich ist es meinen Freunden aus Bahia gelungen, nachts hinauszuschlüpfen und zu entkommen. Kurz darauf ist der Gato dann verschwunden, und ein paar Tage später ist der Empreitero [der Mann, der den Gato als Subunternehmer für die Produktion der Holzkohle angestellt hatte] aufgetaucht, und es hat sich herausgestellt, daß der Gato auch sein Geld gestohlen hatte.

»ICH WAR EINMAL EIN GATO...«

Bis jetzt sieht es so aus, als wären die Gatos die Schurken in diesem Stück. Sie beuten ganze Familien und Kinder aus, locken Arbeiter mit Tricks in die Sklaverei, mißbrauchen sie und töten sie manchmal. Ihre Verbrechen sind durch nichts zu entschuldigen. Doch nicht alle Gatos sind Sklavenhalter. Manche bezahlen ihre Arbeiter und behandeln sie gut. Meiner Schätzung nach geht es in 10 bis 15 Prozent der Batterias relativ gerecht zu. Leider halten sich solche Gatos im Geschäft mit der Holzkohle nicht, denn sie sind lediglich Subunternehmer und den großen Unternehmen, denen das Land und das Holz gehört, Rechenschaft schuldig. Das läßt sich leichter verstehen, wenn wir einen kurzen Blick auf die wirtschaftlichen Bedingungen werfen, unter denen Holzkohle hergestellt wird.

Anhand einer kleinen Batteria mit fünfundzwanzig Meilern und nur vier Arbeitern können wir verdeutlichen, wie man mit Holzkohle Gewinne macht. Eine Batteria dieser Größe produziert in einem Monat zehn Lastwagenladungen Holzkohle, die für 18.750 Real (etwa $ 17.000) an die Eisenhütte in Minas Gerais verkauft werden. Zieht man die Kosten für den Lastwagentransport der Holzkohle zur Schmelze ab, bleiben 12.000 Real. Falls die Arbeiter bezahlt und nicht als Sklaven mißbraucht werden, mindert das den Profit nicht nennenswert. Ein Köhler verdient höchstens 200 bis 300 Real im Monat. Demnach kosten die Arbeiter insgesamt pro Monat 1.200 Real, dazu kommen noch weitere 400 bis 500 Real für Nahrungsmittel. Nehmen wir noch ein paar Werkzeuge, Treibstoff und Extras hinzu, beläuft sich der monatliche Gewinn immer noch auf 100 Prozent. Die Einrichtung einer Batteria ist ausgesprochen billig: Einen Holzkohlenmeiler zu bauen kostet nicht mehr als etwa 100 Real; die Verschläge für die Arbeiter werden größtenteils mit kostenlosem Holz gebaut. Ungefähr 3.000 bis 4.000 Real genügen, um eine Batteria in Betrieb zu nehmen; diese Kosten lassen sich bereits im ersten Monat hereinholen, und es bleibt sogar ein kleiner Gewinn übrig. Folglich wirft so eine kleine Batteria einen jährlichen Nettogewinn von 100.000 Real ($ 90.000) ab. Sicher, eine Batteria kann man nur zwei oder drei Jahre lang betreiben, bis der Wald in der näheren Umgebung abgeholzt ist, doch es ist kein Problem, das Holzkohlecamp zu verlegen, wenn es soweit ist.

Die wirtschaftlich sehr stabile Holzkohleproduktion leitet zu einer naheliegenden Frage über: Warum macht man sich angesichts derartig niedriger Arbeitskosten die Mühe, die Arbeiter zu versklaven? 300 Real Monatslohn sind nicht gerade viel, doch es gibt genügend Brasilianer, die bereit sind, dafür zu arbeiten. Ebenso leicht kann man Arbeiter für zehn Real pro Tag anheuern; das gleiche gilt für einen entsprechenden Akkordlohn, der sich pro Kubikmeter Holzkohle oder nach der Zahl der beschickten oder geleerten Meiler berechnet. Bezahlt man die Arbeiter im üblichen Rahmen, wirkt sich das kaum auf das Ergebnis aus. Warum also setzt man Sklaven ein? Die Antwort auf diese Frage besteht eigentlich aus zwei Teilantworten: Erstens, und das ist der wichtigere Aspekt, sind die Gatos als Betreiber der Batterias nicht deren Eigentümer. Die Besitzer oder deren

Agenten, die *Empreiteros*, haben das Sagen – sie legen die Regeln fest. Aufgrund der hohen Arbeitslosigkeit sind Arbeiter billig und leicht zu übertölpeln, und das gilt auch für die Gatos. Die Eigentümer können sie enorm unter Druck setzen. Sie bieten ihnen einen bestimmten Prozentsatz vom Gesamtgewinn und legen Minimalquoten für die Holzkohleproduktion fest. Wenn es dem Gato nicht paßt, ist immer ein anderer zur Stelle, der versuchen will, eine Batteria zu betreiben. Die Besitzer schließen Verträge mit den Eisenhütten ab, und das Geld für die Holzkohle geht direkt an sie. Einige der Gatos, mit denen ich sprechen konnte, wurden nach der Produktionsmenge bezahlt. Der Gato einer kleinen Batteria erklärte, er erhalte 420 Real, solange monatlich 500 Kubikmeter Holzkohle erzeugt würden (dies wurde aus anderer Quelle bestätigt). Fiel der Ausstoß unter diese Marke, erhielt er 336 Real – annähernd soviel wie die Köhler. Einer der Holzkohlearbeiter berichtete:»Ich war einmal ein Gato, habe aber die geforderte Quote nicht geschafft, und schon war ich meinen Lastwagen und meine Motorsäge los; jetzt arbeite ich einfach so wie alle anderen.«

Der kleine Laden, der in der Nähe einiger Köhlerlager Lebensmittel zu weit überhöhten Preisen verkauft, gehört dem *Empreitero*; er liefert dem Gato Werkzeug und Treibstoff, und zwar ebenfalls mit hohem Gewinn. Oft erwartet man von einem Gato, ebenfalls in die Batteria zu investieren oder zumindest seinen Lastwagen oder seine Motorsäge als Sicherheit zu verpfänden. Die Eigentümer halten die Gatos stets am Rande des Scheiterns und versuchen, möglichst viel an ihnen zu verdienen. Und warum auch nicht? Es wird immer wieder einen anderen Gato geben, der gewillt ist, die Chance zu ergreifen, und bereit, noch ein wenig rücksichtsloser zu sein, wenn es um die eine Quelle möglicher Gewinne geht: um die Arbeiter. Gatos können nur dann gewinnen, wenn sie ihre Arbeitskosten möglichst gering halten. Normalerweise erwartet man von einem Gato, daß er die Arbeiter von seinem Gewinnanteil bezahlt, und weil niemand Benzin oder Lebensmittel (die anderen Grundkosten) umsonst hergibt, kann man die Arbeiter manchmal durch Täuschung oder

Zwang dazu bringen, umsonst zu arbeiten. Um es im Holzkohlege-
schäft zu etwas zu bringen, muß der Gato die Arbeiter betrügen oder
versklaven.

Der zweite Grund, weshalb die Holzkohlearbeiter versklavt werden, ist ganz einfach: weil es möglich ist. Für den Gato ergibt sich
praktisch kein Nachteil, wenn er Sklaven beschäftigt; solange er keine
moralischen Skrupel hat, ist Sklaverei eine gute Geschäftsstrategie
und leicht zu bewerkstelligen – wir haben bereits gesehen, wie man
Vertrauen mißbrauchen kann, um die Arbeiter zur übervorteilen.
Die Landbesitzer haben gewiß nichts dagegen – die Sklaverei ermöglicht ihnen, ihr Einkommen risikolos zu steigern. Die behördlichen
Inspektoren können sich kaum durchsetzen, und die Polizei hat kein
Interesse daran, den Gesetzen Geltung zu verschaffen. Ihre vollkommene Gleichgültigkeit der Sklaverei gegenüber läßt unmißverständ-
lich darauf schließen, wer für ihr Gehalt aufkommt. Die Geschäftsleute in den Bürohäusern der Provinzhauptstadt oder gar in Rio de
Janeiro oder São Paulo – fern von den Batterias und den Sklaven –,
die die Wälder besitzen oder pachten, verrechnen die Polizei einfach
als weitere Position ihrer Unkosten.

Nur wenige Gatos sind wirklich – zumindest kurzzeitig – Eigentümer und Betreiber von Holzkohlelagern; der größte Teil des Landes
gehört großen Firmen. Gelegentlich sind die großen multinationalen
Unternehmen, die sich in das Waldüberlassungsprogramm der Regierung eingekauft haben, immer noch Eigentümer des Landes; in
anderen Fällen verkauften sie es weiter oder tauschten es ein, nachdem die Steuernachlässe aufgebraucht waren. Andere brasilianische
Großfirmen konzentrieren sich auf diese Art »Forstmanagement«
und kaufen oder pachten Land von den multinationalen Eigentümern. Diese Land- und Holzfirmen kontrollieren derzeit den größten Teil der Holzkohleproduktion. Ein mittleres Unternehmen in
dem Ort Agua Clara, das ich mir näher ansah, besaß ein ausgedehntes Waldgebiet. Darin wurden fünfzig Batterias betrieben. Zusätzlich
gehörten der Firma die Holzkohlelastwagen, die Holztransporter,
alle Traktoren, eine Reparaturwerkstatt mit Tankstelle sowie ein

Bürogebäude für die Verwaltung des ganzen Betriebs. Die Gatos, die für diese Firma als Subunternehmer arbeiten, müssen die Lastwagen des Unternehmens verwenden, sie in der Werkstatt der Firma warten und reparieren lassen und alle Vorräte im firmeneigenen Laden (und zwar zu den Preisen des Unternehmens) kaufen. Die beiden Eigentümer sind reiche und angesehene Mitglieder ihrer Gemeinde. Sie machen sich die Hände nie schmutzig, da sie großen Wert darauf legen, sich aus dem Betrieb der Batterias herauszuhalten.

Obwohl diese Firmen das Land besitzen und die meisten Gewinne aus der Holzkohleproduktion für sich beanspruchen, wehren sie alle Vorwürfe einer Versklavung ab, indem sie die Arbeit auf eine Reihe von Subunternehmern verteilen. Beispielsweise vergibt das Unternehmen Lizenzen an einen Mittelsmann (den *Empreitero*), der eine bestimmte Waldfläche abholzt. Diese reicht aus, um vielleicht zwanzig oder dreißig Batterias zu beliefern, die das Holz zu Holzkohle verarbeiten. Beim Verkauf der Holzkohle an die Eisenhütten erhält der Mittelsmann einen Anteil der Einkünfte. Dieser wiederum überläßt den Betrieb der einzelnen Batterias mehreren Gatos. Und diese sind dafür verantwortlich, Arbeitskräfte zu beschaffen und die Produktionsquoten zu erfüllen. Obwohl den Eigentümern vollkommen klar ist, was auf ihrem Grund und Boden geschieht, können sie abstreiten, auch nur das geringste von Sklaverei oder Mißhandlungen zu wissen. Wenn Inspektoren der Regierung oder Menschenrechtsaktivisten herausfinden und veröffentlichen, daß Sklaven eingesetzt werden, heucheln sie Entsetzen darüber und lassen die schuldigen Gatos (vorübergehend) fallen, verbessern das Sicherheitssystem, um künftige Inspektionen zu verhindern, und machen dann weiter wie zuvor. Wie die japanischen und thailändischen Geschäftsleute, die in Bordelle mit versklavten Frauen investieren, können die brasilianischen Geschäftsleute sich auf ihr Betriebsergebnis konzentrieren, ohne je wirklich wissen zu müssen, was in Wahrheit die Grundlage ihrer fabelhaften Gewinnspanne ist: ein perfektes Beispiel für moderne Sklaverei – gesichtslos, vorübergehend, äußerst profitabel, gesetzeskonform getarnt und vollkommen rücksichtslos.

DAMIT ES DIE AMERIKANER SEHEN ...

Die Ereignisse, die den Einsatz von Kinderarbeit in den Holzkohlecamps in den Jahren 1995–96 dramatisch veränderten, zeigen deutlich die Macht dieser Unternehmen und ihre Verbindungen zu Regierungskreisen.[5] Seit Mitte der achtziger Jahre deckten eine Reihe
Forscher und Menschenrechtler die grauenhaften Bedingungen und
den Einsatz von Sklavenarbeitern in den Holzkohlecamps von
Mato Grosso auf. Zu jener Zeit rekrutierten und versklavten die
Gatos ganze Familien, und überall sah man Kinder, die die Meiler
beschickten und ausräumten. Viele Kinder starben an Verbrennungen
und bei anderen Unfällen. Gegen Ende der achtziger Jahre veröffentlichte die bedeutendste Menschenrechtsorganisation in Brasilien, die
Pastoral Land Commission CPT (Pastorale Landkommission), mehrere anschließend von der nationalen Presse und dem Fernsehen auf-
gegriffene Berichte, in denen die Situation in den Batterias angeprangert wurde. Dennoch unternahm die Regierung nichts. 1991
setzten Menschenrechtsanwälte und die Kirchen die Regierung weiter unter Druck und verlangten die Einsetzung einer Untersuchungs-
kommission. Wieder verging die Zeit, ohne daß sich etwas änderte;
die Regierungskommission lieferte nie einen Bericht ab. Um den
Druck aufrechtzuerhalten, tat die CPT sich mit anderen regierungs-
unabhängigen Organisationen (NGOs) zusammen und setzte 1993
einen unabhängigen Untersuchungsausschuß ein, der die Medien
mit einer Flut von Berichten und Dokumentationen belieferte.
Doch es vergingen erneut zwei Jahre, ehe irgendwelche Maßnahmen
ergriffen wurden. Mittlerweile war ein ganzes Jahrzehnt verstrichen,
seit man die unmißverständlichen und fortgesetzten Verstöße gegen
das brasilianische Gesetz betreffend Sklaverei eindeutig dokumen-
tiert hatte, doch die Behörden des Landes, der Bundesländer und der
regionalen Verwaltungen blieben untätig.

Im August 1995 geschahen plötzlich mehrere Dinge gleichzeitig.
Zunächst reiste der Gouverneur des Bundesstaates Mato Grosso do
Sul nach New York, um Investoren aufzutreiben. Während seines

Aufenthalts strahlte die BBC einen Film über die Holzkohleherstellung in seinem Staat aus, und die *New York Times* brachte eine Titelgeschichte über den Einsatz von Sklavenarbeitern in Mato Grosso.[6] Vor diesen eindeutigen Beweisen für Sklavenarbei schreckten die amerikanischen Investoren zurück; dem Gouverneur teilte man mit, es würden keine Investitionen getätigt, solange das Problem nicht gelöst sei.

Wieder nach Brasilien zurückgekehrt, machte der Gouverneur der CPT und den Menschenrechtlern Vorwürfe, sie hätten Schande über den Staat gebracht, und drohte ihnen Ermittlungen und gerichtliche Schritte an. Doch zur gleichen Zeit und zweifellos infolge einer Reihe nicht bekannt gewordener Konferenzen zwischen Gouverneur, Landbesitzern und Geschäftsleuten sprachen sich plötzlich alle Gatos gegen Kinderarbeit aus. Dieser allgemeine Gesinnungswandel erfolgte mit Sicherheit auf Anordnung der *Empreiteros* und Eigentümer hin, doch wie immer er zustande gekommen sein mag: Die Auswirkungen waren dramatisch. Aus über 200 Baterias wurden die Frauen und Kinder vertrieben, und an die Bäume am Eingang der Holzkohlecamps nagelte man hastig hergestellte Schilder mit der Aufschrift:»Frauen und Kindern ist es nicht gestattet, hier zu arbeiten.« Als die Gefährdung ausländischer Investitionen zu den großen Unternehmen durchgesickert war, führte die Bundesregierung – in bewundernswerter Abstimmung mit den *Empreiteros* Mato Grossos – ein Stipendienprogramm ein, in dessen Rahmen jedem nicht in einer Bateria beschäftigten Kind eines Holzkohlearbeiters 50 Real pro Monat bezahlt wurden.

Für die Familien hatte dieses Ergebnis sowohl gute wie auch schlechte Seiten. Einerseits schafften es manche Familien, der Sklaverei in den Batarias ganz zu entfliehen und nach Minas Gerais zurückzukehren. Andererseits wurden etwa 3.000 Frauen und Kinder mit Lastwagen nach Ribas do Rio Pardo verfrachtet und dort ausgesetzt. Mittellos und ohne zu wissen, wohin sie gehen sollten, leben sie jetzt in einem Slum, der auf Ödland am Ortsrand von Ribas entstand. Ohne Unterstützung durch die Kirche und die»Erzie-

hungsgelder« müßten sie hungern. Immerhin besuchen jetzt ungefähr 1.000 Kinder zum ersten Mal in ihrem Leben eine Schule. In den
von mir besuchten Batterias traf ich nach wie vor auf Kinder (die
folglich nicht zur Schule gingen), doch es gab keinerlei Hinweise,
daß auch nur eines dieser Kinder arbeitete. Wie mir ein Mitarbeiter
der CPT mitteilte, sei Kinderarbeit inzwischen nur noch in den ent-
legensten Batterias zu finden.

Die Öffentlichkeitsmaßnahmen der brasilianischen Regierung
endeten nicht bei den Erziehungsbeihilfen. Seit jeher gab es Regie-
rungsangestellte, die für Reformen kämpften, und einer kleinen
Gruppe von ihnen wurde nun eine spezielle Aufgabe zugewiesen. Sie
sollten ein besonderes Vorzeigelager für Holzkohlearbeiter (und
ausländische Investoren) einrichten. Ich besuchte dieses Projekt – es
ist tatsächlich beeindruckend. Zwischen dem *Cerrado* und Eukalyp-
tuswäldern gelegen, befindet sich hier die mit mehr als 400 Meilern
größte Batteria, die ich je gesehen habe. In der Nähe der Meiler liegt
eine Ölmühle, die das Öl der von den Eukalyptusbäumen entfernten
Blätter extrahiert. Für die Arbeiter ist es fast ein Paradies: Strom,
Wasserleitungen, WC, eine Schule und Lehrer, Gemüsegärten, große
Gemeinschaftsküchen, ein Speisesaal für die Arbeiter und Spiel-
plätze sowie Spielzeug für die Kinder. Hier wohnen die Familien in
verputzten Ziegelhäusern mit dichten Ziegeldächern. Von allen
Holzkohlecamps, die ich besuchte, war dies das einzige, in dem die
Arbeiter vergnügt waren und Scherze machten, das einzige, in dem
ich jemanden singen hörte und in dem jeder Schuhe besaß. Die hier
lebenden Familien konnten ihr Glück kaum fassen – und sie hatten
in der Tat großes Glück, denn sie waren die einzigen unter Tausenden von Familien in diesem Staat, die so leben konnten.

Das Demonstrationsprojekt ist ein Aushängeschild. Mit dem
Geld ausländischer Wohltätigkeitsorganisationen schuf die Regierung in einem Ozean der Ausbeutung eine Insel gerechter Behandlung. Es war nicht leicht, ohne die stets wachsamen Regierungsbeamten mit den Holzkohlearbeiter zu sprechen, doch als es uns
schließlich gelang, erfuhren wir eine Menge. Obwohl sie mit ihren

Lebensumständen höchst zufrieden waren, erklärten die Arbeiter, ihr Verhältnis zum Landbesitzer und dem Empreitero sei unverändert. Zwar waren sie nicht versklavt, doch sie arbeiteten weiterhin unter den gleichen gefährlichen Bedingungen für einen Hungerlohn und hatten keinerlei Recht, bei ihrer Arbeit mitzubestimmen. Nach ihrem Verständnis konnte der Landbesitzer sich auf dem Weg zu seiner Bank ins Fäustchen lachen: Seine Arbeiter stellten mit der gewohnten Profitrate Holzkohle her; die Regierung zahlte für ihn die Miete, baute Straßen, Häuser und Scheunen auf seinem Grund, und die ausländischen Wohltätigkeitsorganisationen stellten die Nahrungsmittel und die medizinische Versorgung für seine Arbeiter bereit. Er mußte nichts weiter tun, als sich gelegentlich mit Gruppen ausländischer Besucher zusammenzusetzen und zu erzählen, um wieviel besser dieses neue System sei. Es gibt keine Pläne, dieses Vorzeigeprojekt auf andere Baterias auszudehnen; folglich handelt es sich lediglich um einen weiteren Fall von »Damit es die Engländer sehen«, nur daß man sich diesmal vorrangig an amerikanische Investoren wendet. Im Grunde genommen zeigt das jedoch lediglich, daß die Unterstützung einer ausgewählten Gruppe von Arbeitern durch die Regierung die Gewinne der Landbesitzer und der großen Unternehmen in entscheidender Weise schützen kann.

Was die wirtschaftliche Entwicklung des ländlich geprägten Staates angeht, soll der Landwirtschaftsminister das letzte Wort erhalten. Als er gefragt wurde, wie es um die Schaffung von Arbeitsplätzen in dem Gebiet bestellt sei, antwortete er unverblümt: »Hier ist außer der Holzkohle und den Sklaven nichts mehr übrig.«[7]

EINE NEUE ANTISKLAVEREIBEWEGUNG?

Auch wenn eindeutig viel Heuchelei mit im Spiel war, als man der Kinderarbeit in den Holzkohlecamps schnell ein Ende setzte und das Vorzeigeprojekt einrichtete, lassen sich aus dem Geschehen doch wichtige Lehren ziehen. Nach Jahren der Untätigkeit wurde die Regierungspolitik schnell umgestellt und verändert. Dies zeigt taktische und strategische Möglichkeiten auf, wie man gegen die Sklaverei vorgehen könnte. Ein erster entscheidender Punkt ist die sehr reale Macht der Medien. Eine Dokumentarsendung der BBC alarmierte in Verbindung mit einer Titelgeschichte der *New York Times* all jene, in deren Macht es stand, die offiziellen Vertreter Brasiliens zu beeinflussen. Der zweite entscheidende Punkt ist noch wichtiger: *Wirtschaftlicher* Druck führte zu raschen und nachweislichen Verbesserungen in den Holzkohlecamps. Wenn wir nach Wegen suchen, Menschen aus der Sklaverei zu führen, müssen wir in Betracht ziehen, daß Geld sich Aufmerksamkeit verschafft, wo Appelle zur Einhaltung der Menschenrechte ungehört verhallen.

Die Verbindung zwischen Medienskandal und wirtschaftlichem Druck ist jedoch keineswegs stabil. Die Empörung, die die aufsehenerregende Story von heute hervorruft, schwindet schnell, wenn am nächsten Tag eine andere die Gemüter erhitzt. Die Aufdeckung von Sklaverei und Mißbrauch ist sensationell – eine tiefschürfende Analyse der langfristigen sozialen und wirtschaftlichen Entwicklung, die erforderlich ist, wenn die Sklaverei beendet werden soll, bringt die Leute hingegen eher zum Gähnen. Den Medien, besonders denen des Westens, fällt bei der Bekämpfung der Sklaverei eine enorme Macht zu, doch die Wirkung hält in der Regel nicht lange vor. In ähnlicher Weise können Geschäftsinteressen sich durchschlagend auf Sklavereipraktiken auswirken, allerdings nur selten auf lange Sicht. Das sollten wir ihnen jedoch nicht vorwerfen. Die Erschließungsfirmen, die sich weigerten, in Mato Grosso zu investieren, solange die Arbeitsverhältnisse nicht besser würden, verhielten sich bewundernswert, doch eine langfristige Überwachung der Einhaltung der Menschenrechte ist nicht ihre Aufgabe. Sie wollen Verbesserungen sehen, die es ihnen ermöglichen, Geschäfte zu machen, und sich dann wieder ihrer Arbeit zuwenden. Wichtig ist es, eine Verbindung zwischen Regierung und Geschäftswelt herzustellen. Ausschließlich aus politischen oder wirtschaftlichen Erwägungen unternommene Versuche, die Sklaverei in Entwicklungs-

ländern zu beenden, funktionieren nur selten. Sobald Menschenrechte mit Profit konkurrieren, siegt der Profit. Wenn die Regierungen Europas und Nordamerikas etwas gegen die Sklaverei ausrichten wollen, muß das über eine strenge Überwachung der mit dem
Einsatz von Sklavenarbeit (und sei es auch nur mittelbar) verbundenen Geschäftsbereiche erfolgen.

In Brasilien sind die Aktivitäten von Wirtschaft und Regierung
äußerst vielschichtig. Die Sklaverei in den Holzkohlecamps von
Mato Grosso do Sul ist nur ein Beispiel für vielfältige Arten der Versklavung in diesem Land. Sklaven roden die Regenwälder Amazoniens und ernten Zuckerrohr. Sie schürfen Gold und Edelsteine oder
arbeiten als Prostituierte. Die Gummiindustrie ist ebenso auf Sklavenarbeit angewiesen wie die Rinderzucht und die Holzindustrie.
Bei Indianern besteht eine besonders große Wahrscheinlichkeit, daß
man sie versklavt, doch im Grunde droht allen armen Brasilianer
diese Gefahr. Anders als Thailand oder Mauretanien ist Brasilien
jedoch ein durchaus modernes und demokratisches Land. Es gibt
dort eine breite, gebildete Mittelschicht, die Presse ist frei und verschafft sich Gehör; es existieren gut organisierte, aktive Gruppen wie
die CPT, die ungehindert gegen die Sklaverei ankämpfen. Zugegeben, diese Aktivisten setzen sich Gefahren aus. Menschenrechtler,
Gewerkschaftsführer, Anwälte, Priester und Nonnen wurden wegen
ihres Eintretens gegen Sklaverei und Mißbrauch ermordet. In dem
kleinen Ort Rio Maria im Bundesstaat Para standen die Namen von
acht Mitarbeitern einer Kampagne gegen Sklaverei auf einer »Todes-
liste«; sechs von ihnen sind mittlerweile tot. Inzwischen kennt man
Rio Maria als die »Stadt des angekündigten Todes«.[8] Das verheißt
nichts Gutes, doch die Reformer lassen sich davon nicht beirren.
Sämtliche Aktivisten, die ich in Mato Grosso getroffen habe, sehen
diesen Gefahren mit ruhiger Entschlossenheit entgegen.

Diese Vorkämpfer können jedoch nur auf Probleme reagieren,
denen sie sich gegenübersehen. Es ist Sache der Regierung, den Men-
schenrechtsgesetzen aktiv und vorbeugend Geltung zu verschaffen
und die Wirtschaft zu überwachen. Da in Brasilien inzwischen wie-

der demokratische Verhältnisse einkehrten, müssen die Bürger selbst sich die Frage stellen, wie lange sie die Sklaverei in ihrem Land noch dulden wollen. Ebenso wie die britische Politik im 19. Jahrhundert können heute ausländische Zeitungen und Investmentbanken Einfluß ausüben. Doch ein wirkliches Ende der Sklaverei können – heute wie 1888 – nur die Brasilianer selber herbeiführen.

PAKISTAN
WANN IST EIN SKLAVE EIN SKLAVE?

Im sanften Licht des Morgens, die Luft ist noch schwer vom Tau der Nacht, vermengen Kinder Wasser und Erde und formen daraus Klumpen, die wie Brotlaibe aussehen. Sie schwatzen und lachen bei der Arbeit, die ihnen leicht von der Hand geht – die Sonne steht tief, und noch ist es kühl: Kurz nach sechs Uhr morgens ist es, doch bereits seit zwei Stunden stellt die Familie Masih Ziegel her. Die Mithilfe der Kinder – zwei Jungen im Alter von elf und neun sowie ein Mädchen von sechs Jahren – ist entscheidend für das Überleben der Familie. Sie bereiten den Lehm vor, den ihre Eltern zu Ziegeln formen. Mit einer Hacke lösen die Kinder Lehm aus einer Erdschicht in der Grube, in der sie arbeiten, und zerbröckeln ihn mit den Händen. Glücklicherweise ist die Erde hier im Pandschab nicht zu steinig oder zu fest. Das kleine Mädchen hat einen Kanister mit zehn Litern Wasser vom Brunnen hergeschleppt, und die Kinder kneten das Wasser in die Erde ein, um den für die Ziegel benötigten glatten Lehm zu erhalten. Ist der Lehm angemischt, werfen sie ihrer Mutter einen Klumpen von der Größe eines Brotlaibs zu. Diese kauert neben einer langen Reihe von Ziegeln, die ihr Mann geformt hat. Sie knetet den Klumpen erneut und bestäubt ihn mit trockener Erde. Nun läßt er sich in die Form pressen; sie schiebt ihn ihrem Mann hin, der ihn in einen Holzrahmen klatscht. Sobald er den Klumpen im Rahmen festgeklopft hat, härtet dieser zu einem Block; den überschüssigen Lehm kratzt er weg, und schon wird ein neuer Rohziegel aus der Form auf den Boden gekippt, um zu trocknen.

Alle zehn Sekunden fliegt so ein Klumpen von einem der Kinder zur Mutter, von dieser zum Vater und dann in den Holzrahmen. Allmählich steigt die Sonne über den Rand der Grube, und es werden immer mehr Ziegel. Ab und zu, wenn eine neue Reihe aufgelegt wird oder die Jungen auf frisches Wasser aus dem Brunnen warten müssen, geht es ein wenig langsamer voran. Als sie beim achthundertsten Ziegel angelangt sind, ist der milde Morgen in einen drückend heißen, schwülen Tag übergegangen. Die Temperatur liegt bei 28 Grad; die Luft in der Grube ist stickig. Jetzt schwatzen und lachen die Kinder nicht mehr; sie bewegen sich nur mehr träge, fangen an zu keuchen und zu schwitzen. Von der Hitze ermattet, arbeiten sie jetzt wie Roboter – sie hacken und mischen, mischen und hacken. Mittlerweile trinken sie mehr von dem Wasser aus dem Brunnen und schlingen Tücher um Kopf und Schultern, um sich vor der Sonne zu schützen. Zwölfhundert Ziegel sind nun in der Grube nebeneinander aufgereiht; die schwüle Luft drückt die Kinder nieder, ganz schwach sind sie vor Hitze und Hunger. Doch sie arbeiten weiter, sie hacken und mischen und werfen ihrem Vater unablässig Lehmklumpen zu, der daraus Ziegel um Ziegel formt. Als schließlich zwischen ein und zwei Uhr nachmittags etwa vierzehnhundert Ziegel fertig sind, hören sie auf. Jetzt, bei dieser Hitze, kann man nicht mehr arbeiten. Sie ziehen sich in den Raum mit dem Boden aus gestampftem Lehm zurück, in dem sie hausen. Dort nehmen sie hastig eine Mahlzeit zu sich und legen sich dann schlafen. Schlaf ist die einzige Möglichkeit, die größte Hitze des Tages zu überstehen.

Nach ein paar Stunden kühlt es ein wenig ab. Jetzt ist es an der Zeit, noch einmal zwei oder drei Stunden lang Erde in der Grube aufzuhacken, auf einen Haufen zu werfen und anzufeuchten, um sie am nächsten Morgen gleich zu verarbeiten. Aber natürlich ist auch noch anderes zu tun. Die Mutter bereitet die abendliche Hauptmahlzeit zu, und wenn Vater und Kinder nicht in der Grube Erde hacken, schleppen sie die Ziegel zu dem massiven Brennofen und schichten sie dort auf. Die Familie Masih ist nur eine von fünfzehn, die in dem Ofen Ziegel brennen, und manchmal, am späten Nachmittag, haben die Kinder der einzelnen Familien sogar Zeit, miteinander zu spielen.

Kinder stellen einen bedeutenden Anteil der Arbeitskräfte in

Tagtäglich hackt dieser
kleine Junge in Pakistan
von morgens bis abends
Lehm für die Ziegelher-
stellung. (Foto: Jean-
Pierre Laffont/Sygma;
mit freundlicher Geneh-
migung des Internatio-
nal Labour Office)

Schon vor Sonnenauf-
gang begann dieses paki-
stanische Kind mit dem
Formen von Ziegeln:
Seine Familie wurde vom
Verwalter der Ziegelei
versklavt. (Foto: L. Ro-
berts; mit freundlicher
Genehmigung von Anti-
Slavery International)

einer Ziegelbrennerei in Pakistan. Sie arbeiten mit ihren Eltern zusammen und mischen den Lehm für die Rohziegel an. Andere Kinder helfen den Trägern, die die Rohziegel von den Gruben zum Brennofen befördern, oder legen beim Stapeln der Ziegel im Ofen Hand an, einem Arbeitsvorgang, der besonderes Geschick erfordert. Werden die Ziegel nicht sorgsam genug aufeinandergeschichtet, bricht unter Umständen der Brennofen ein, und das hätte katastrophale Folgen. Später müssen die frisch gebrannten, noch heißen Ziegel aus dem Ofen geholt und gestapelt werden; sobald sie einen Käufer gefunden haben, heißt es, sie auf Karren oder Lastwagen zu laden und wegzufahren. Doch vorher müssen sie die Kohle für den Brennofen zum obersten Teil des Ofens befördern und in die Feuerlöcher schaufeln. Dort oben herrscht eine Temperatur von über 50 Grad, und zum Schutz vor der Hitze, die der Ofen abstrahlt, tragen die Arbeiter einschließlich der Kinder Sandalen mit dicken Holzsohlen. Trotz der schweren Schuhe treten sie ungemein vorsichtig auf; jetzt sind die Kinder ein wenig im Vorteil, denn wenn im Ofen das Feuer wütet, gibt die oberste Ziegelschicht gelegentlich nach, und unter Umständen fällt einer der Arbeiter hinein. Dann ist sein Schicksal besiegelt – die Temperatur im Inneren liegt bei 800 Grad, so daß jeder auf der Stelle eingeäschert wird. Brechen nur ein Bein oder die Füße ein, gibt es vielleicht noch Hoffnung, je nachdem, wie schnell man den Mann herausziehen kann. Doch die Verbrennungen sind schwer und haben meist dauerhafte Behinderungen zur Folge.

Trotz der Gefahr arbeiten die Kinder weiter – die Familien brauchen ihre Hilfe, um über die Runden zu kommen. Und manche Familien schaffen es trotzdem nicht, obwohl ihre Kinder sich derart abmühen. Ihre Mithilfe ist so wichtig, daß ich bei meinen zahlreichen Besichtigungen von Ziegeleien im ganzen Pandschab nur eine Handvoll Kinder traf, die eine Schule besuchen konnten. Oft erhielt kein einziges Kind eine Schulausbildung. In einigen Fällen konnten vielleicht drei oder vier Jungen zur Schule gehen (Mädchen werden nur selten in die Schule geschickt). In manchen Ziegeleien kam ein-

mal in der Woche ein Mann vorbei, der die Kinder im Koran unter-
wies, doch dies galt nur für Muslimkinder; die vielen christlichen
Kinder, die ebenfalls hier arbeiteten, blieben ausgeschlossen. Für
die Kinder ist der Arbeitstag an den Ziegelbrennöfen lang und an-
strengend; dennoch garantieren harte Arbeit und Fleiß noch keinen Erfolg.

Als wären die *Arbeitsbedingungen* nicht schon schlimm genug,
bringt das *Arbeitssystem* in den Ziegeleien weitere Gefahren und
Belastungen mit sich. Praktisch alle Familien, die Ziegel herstellen,
arbeiten gegen Schulden an, die sie beim Eigentümer des Brennofens haben – eine Gefahr besonders für die Kinder, denn manchmal
nimmt der Eigentümer eines Brennofens, wenn er den Verdacht
hegt, daß eine Familie sich aus dem Staub machen will, ohne ihre
Schulden zurückzuzahlen, ein Kind als Geisel, um die Familie zum
Bleiben zu zwingen. Irgendwer lockt die Kinder aus der Ziegelei;
anschließend werden sie gewaltsam festgehalten: Man sperrt sie im
Haus des Eigentümers oder eines seiner Verwandten ein. Hier trägt
man ihnen alle möglichen Arbeiten auf, die der Eigentümer bestimmt; zu essen gibt er ihnen nur soviel wie unbedingt nötig.

Daß Kinder als Sicherheit verwendet werden, ist schlimm genug –
doch das ist noch nicht einmal das Ärgste. Die Schulden beim Eigner
des Brennofens bleiben bestehen, wenn der Familienvater stirbt: Sie
gehen auf seine Witwe und die Kinder über. Ein Junge von dreizehn
oder vierzehn Jahren kann daher mit Schulden belastet sein, die er
viele Jahre hindurch, wenn nicht sein ganzes Leben lang, abzahlen
muß. Die ererbte Schuld bindet ihn an den Brennofen und an das
unaufhörliche Anmischen des Lehms und das Formen der Rohziegel. Zudem werden seiner Schuld auch noch die Kosten für die
Beerdigung seines Vaters zugeschlagen. Die Vererbung der Schulden
ist ein entscheidender Faktor bei der Art von Versklavung, die ich als
Schuldknechtschaft bezeichnet habe. Dieses System hält viele pakistanische Familien in einem Leben zermürbender Plackerei fest.

... ANOTHER DAY OLDER AND DEEPER IN DEBT*

Um in Pakistan einen Ziegelbrennofen in Betrieb zu nehmen, benötigt man nur wenig Kapital. Zwar ist für die meisten Kleinbauern
die Gründung eines solchen Kleinunternehmens trotzdem uner-
schwinglich, doch Leute mit Ersparnissen können es sich durchaus
leisten: einer der Gründe, weshalb es in dem Land annähernd 7.000
Ziegeleien gibt, die winzigen Hinterhofbrennöfen für den Eigenbedarf nicht eingerechnet. Das Bemerkenswerte an diesen Brennöfen
ist, daß sie aus dem bestehen, was sie herstellen – aus Ziegeln. Da er
aus der Erde, die man für die Ziegel aushebt, aufgeschichtet wird,
wächst der Brennofen ganz einfach wie von selbst, taucht aus einem
Feld auf und verwandelt Erde und Lehm in ein ausgedehntes, von
einem hohen Kamin aus Ziegeln gekröntes Bauwerk. Das Anlegen
eines großen Brennofens ist eine Meisterleistung primitiver Bau-
kunst, da praktisch alles von Hand gebaut wird.

Sobald ein Standort festgelegt ist, heuert man zwei Gruppen von
Arbeitern an – Familien von Muslim-Sheikhs oder Christen, die
Ziegel formen, sowie die spezialisierten Brennofenbauer. Fast wie
Samenkörner werden als erste Lieferung zunächst Ziegel von einem
anderen Brennofen herangeschafft, aus denen man Behausungen
für die Arbeiter errichtet. Während die Ofenbauer mit der Unterstützung von Zimmerleuten die Unterkünfte bauen, fangen die Former damit an, Lehm zu mischen und zu Rohziegeln zu formen.
Möglicherweise beginnen sie direkt am künftigen Standort des
Brennofens mit dem Graben und Formen; zu diesem Zweck heben
sie eine große ovale Fläche aus und planieren sie. Im Vergleich zu
den kleinen Holzkohlemeilern in Brasilien hat ein solcher Ziegelbrennofen im Pandschab gewaltige Ausmaße; die gesamte Anlage ist
fast so groß wie ein Fußballfeld. Wie ein niedriger, abgeflachter Hü-
gel wächst der Brennofen mit seinem weithin sichtbaren Schlot aus

---

* Englisches Volkslied über Schuldknechtschaft: »Einen Tag älter und noch höher
  verschuldet ...« (Anm. d. Ü.)

den Feldern empor. Er besteht aus rohen, ungebrannten Ziegeln; die
Außenwände sind mit Lehm abgedichtet. Wird das Feuer entzündet,
werden die Ziegel des Brennofens gebrannt, und nach ein, zwei Monaten Betriebszeit ist er ausgehärtet und stabil.

Steht der Brennofen, stellt man weitere Arbeitskräfte ein. Einzelne Gruppen befördern die Rohziegel mit Eselkarren vom Feld
zum Brennofen; spezialisierte Stapler füllen den Brennraum. Das
Schichten der Ziegel ist eine heikle, schwierige Aufgabe. Die Rohziegel müssen so angeordnet werden, daß die Hitze während des
Brennvorgangs um sie herum zirkulieren kann. Gleichzeitig müssen
die Ziegel das Dach tragen, ohne von Mörtel zusammengehalten zu
werden. Das Ganze gleicht einem aus Spielzeugsteinen aufgeschichteten riesigen Bienenkorb. Als letztes ordnen die Stapler ganz oben
Ziegel in Form eines Daches an; anschließend deckt man die ganze
Konstruktion mit Sand und Kies ab.

Durch Löcher im obersten Teil des mit Rohziegeln gefüllten
Ofens wird Holz und Kohle eingefüllt, dann entzündet man das
Feuer, das nun vier bis fünf Monate lang fortwährend brennt. Unaufhörlich wandert es durch den ovalen Brennofen, der daher ständig mit neuen Rohziegeln beschickt werden muß. Vor dem Feuer arbeiten Tag und Nacht die Stapler, dahinter die Leute, die die fertigen
Ziegel ausräumen, und oben auf dem Brennofen stehen die Heizer.
Je nach Größe des Brennofens enthält das gesamte Oval zwischen
500.000 und 2 Millionen Ziegel. Vier bis sechs Wochen dauert es, das
Feuer einmal um das ganze Oval zu führen und diese Anzahl von
Ziegeln zu brennen.

Eine Befeuerungsrunde bezeichnet man als *Gher;* in jeder der
beiden Produktionsphasen pro Jahr werden fünf oder sechs solcher
Ghers durchlaufen. Die 7.000 Brennöfen Pakistans ergeben somit
eine Jahresproduktion von etwa 65 Milliarden Ziegeln. Im Akkord
formen die Familien jeden einzelnen Rohziegel von Hand und erhalten dafür einen bestimmten Stücklohn. Geht man von fünfzehn
bis fünfunddreißig Familien bei jedem Brennofen aus, verrichten
zwischen 150.000 und 200.000 Familien diese Arbeit. Wie wir wis-

In der glühenden Hitze räumen die Schuldknechte in einer pakistanischen Ziegelei frischgebrannte Ziegel aus dem Ofen. (Foto: Ben Buxton; mit freundlicher Genehmigung von Anti-Slavery International)

sen, besteht eine Durchschnittsfamilie aus 5,3 Personen; da die Kinder meist mit den Eltern zusammenarbeiten, läßt sich die Gesamtzahl der Ziegelformer auf rund 750.000 schätzen. Als nach dem Zweiten Weltkrieg der Bedarf an Ziegeln stieg, nahm gerade auch die Zahl der für die Brennöfen verfügbaren Arbeitskräfte zu. Vor der Unabhängigkeit Pakistans waren die meisten späteren Ziegeleiarbeiter landwirtschaftliche Hilfskräfte gewesen, die an Grund und Boden gebunden waren oder als Tagelöhner arbeiteten. Im Zuge der durch die Teilung erzwungenen Abwanderung wurden die von den Feudalbesitzern – Hindus und Sikhs – aufgegebenen Ländereien in kleinere Parzellen geteilt und an muslimische Flüchtlinge vergeben. Die neuen Bauern bestellten ihr Land selbst und brauchten die Tagelöhner und an das Land gebundenen Bauern des alten Feudalsystems nicht mehr. Die Folge war eine massenhafte Arbeitslosigkeit auf dem Land, die sich in den sechziger Jahren noch verschärfte. Zu der Zeit nahm die Regierung zwei wichtige Projekte in Angriff: die Modernisierung der Landwirtschaft und eine Landreform. Viele Großgrundbesitzer befürchteten eine Neuaufteilung der Ländereien und glaubten, man würde ihren Besitz enteignen und den dort lebenden Bauern zuweisen. Um dem zuvorzukommen, vertrieben zahlreiche Feudalherren einfach die Familien von dem Land, auf dem sie jahrhundertelang gelebt und das sie bestellt hatten. Als Ersatz für ihre Arbeitskraft bestellten sie Traktoren und andere Maschinen; auf diese Weise trieben sie die Modernisierung, das andere Ziel der Regierung, voran. Doch als dann die Landreform kam, wurden die landlosen Bauern nicht berücksichtigt, vielmehr fiel das Land an kleine Feudalherren. Mit größeren Ländereien war es für die kleinen Grundherren leichter, ihre Betriebe zu modernisieren, und die landlosen Bauern am unteren Ende der ökonomischen Leiter wurden noch eine Stufe tiefer gestoßen. Nach neueren Schätzungen dürfte ein Drittel des gesamten pakistanischen Ackerlands im Besitz von Grundherren sein, die 0,5 Prozent der Bevölkerung ausmachen. Diesen stehen etwa 15 Millionen landlose Bauern gegenüber.

Viele Bauernfamilien, die wenig Alternativen und oft nicht einmal ein Dach über dem Kopf hatten, verdingten sich in Schuldknechtschaft bei den Eigentümern der Ziegeleien, deren Zahl stetig zunahm. Für die rasch wachsende Infrastruktur – Straßen, Gebäude und Brücken – benötigte man ungeheure Mengen Ziegelsteine; folglich wurden auch immer mehr Brennöfen installiert. Die erste Generation der Ziegeleiarbeiter rekrutierte sich fast ausschließlich aus den Reihen der vertriebenen Landarbeiter. Heute erben deren Kinder und Enkel sowohl deren Arbeitsplatz als auch oft die Schulden, die sie dort festhalten.

Abgesehen vom Grad der Versklavung sieht das Leben in den Ziegeleien überall ziemlich gleich aus. In der Nähe des Brennofens steht ein langes, niedriges, schmales Gebäude; es ist in einzelne Räume unterteilt, von denen jeweils eine Tür ins Freie führt. Jede Familie verfügt über einen solchen Raum, der etwa zweieinhalb mal zweieinhalb Meter mißt. Der Fußboden besteht aus gestampfter Erde oder Ziegeln; in der Wand gegenüber der Tür ist meist ein kleines, unverglastes Fenster eingelassen. In einer Ecke steht ein kleiner irdener Ofen, der zum Kochen und im Winter zum Heizen dient. Dieser Raum beherbergt die gesamte Familie und all ihre Habseligkeiten – ein, zwei Bettgestelle aus Drahtgeflecht, ein paar Töpfe, Pfannen und Krüge, dazu die Kleidung. In einigen Ziegeleien sind die Häuser an die Stromversorgung angeschlossen – dann haben die Leute Licht und möglicherweise ein paar der wenigen Luxusgegenstände, die diese Familien sich leisten können, etwa ein Radio oder einen elektrischen Ventilator. Fließend Wasser oder Kühlmöglichkeiten für Lebensmittel sind nicht vorhanden; allerdings hatten in einer der von mir besuchten Ziegeleien ein paar Familien zusammengelegt und sich einen kleinen Schwarzweißfernseher gekauft. Als Toilette dient ein gemeinschaftlich genutztes Ziegelhaus abseits der Wohnungen; das Wasser zum Baden, Waschen, Kochen und Trinken muß man sich entweder von einem handbetriebenen Pumpbrunnen oder einem Wasserlauf holen. Viele Ziegelbrennereien graben eigene Brunnen, da man zum Anmischen des Lehms reichlich Wasser benötigt. Aller-

dings gibt es keine Garantie dafür, daß der Brunnen sauber und frei
von Krankheitserregern ist: Wie ein Forscher feststellte, liefert die
Hälfte der Brunnen bei Ziegeleien kein Trinkwasser. Die in Pakistan
lebende Journalistin Cassandra Balchin, die in Ziegeleien recher-
chierte, bemerkte:»Da sie sich selbst die geringen Arztkosten der
von der Regierung betriebenen Kliniken nicht leisten können, leiden
die in überfüllten Gemeinschaftsunterkünften lebenden Ziegeleiarbeiter an Tuberkulose, Typhus, Malaria, Cholera und Durchfall –
gelegentlich sterben Kinder im Winter schon an einer Erkältung.«[1]
   Wie die zu Beginn dieses Kapitels beschriebene Arbeit der Familie
Masih ist die Schufterei aller Ziegeleiarbeiter hart und eintönig. Die
Familien müssen schwer arbeiten, da der Stücklohn gerade soviel
abwirft, um über die Runden zu kommen. Ein verlorener Tag bedeutet mehr Schulden oder Hunger. Wie bereits erwähnt, ist der Lohn so
niedrig, daß die Familien ihre Schulden kaum abarbeiten können.
Im Durchschnitt erhalten die Familien 100 Rupien ($ 2) für jeweils
1.000 Ziegel. Bei vollem Einsatz stellt eine Familie 1.200 bis 1.500 Ziegel pro Tag her, doch 10 Prozent davon trocknen möglicherweise
nicht richtig und werden deshalb ausgemustert. In einer guten Woche kann eine Familie, falls ihr nicht der Regen einen Strich durch
die Rechnung macht, 700 bis 800 Rupien ($ 14 bis 16) verdienen. Das
reicht gerade aus, um sie mit dem Notwendigsten zu versorgen. Bei
wöchentlichen Einkünften von 700 Rupien stehen auf dem kargen
Speiseplan einer vier- oder fünfköpfigen Familie ungesäuerte Wei-
zenfladen, Pflanzenöl, Linsen, Zwiebeln und manchmal ein paar
weitere Gemüsesorten. Wenn sie das Glück haben, eine Ziege oder
ein paar Hühner zu besitzen, können sie ihre Mahlzeiten mit ein
wenig Milch oder Eiern aufbessern, doch Fleisch essen sie nur sehr
selten. Ein Frau erklärte, ihre Familie würde nur zweimal jährlich,
anläßlich der muslimischen Feiertage Eid und Shab-e-Barat, Fleisch
essen.»Und nur gelegentlich«, berichtete sie,»haben wir anderes
Gemüse. Wir leben von Fladenbrot und Linsen, dazu hin und wieder
ein paar grüne Pfefferschoten oder ein wenig Tomatenchutney.«
Diese genaue Entsprechung zwischen Einkommen und Lebenshal-

tungskosten treibt die Familie immer tiefer in die Verschuldung. Läuft die Arbeit gut, ist die Bilanz der Familie ausgeglichen, doch Unfälle, Krankheiten oder naturbedingte Verluste durch Regen bedeuten schwere Rückschläge. Krankheit kann sich zu einer Katastrophe auswachsen. Wenn eine Familie hungert, weil sie Arzneimittel zu bezahlen versucht, kann sie nicht richtig arbeiten, und ihr Einkommen sinkt. Andere einschneidende Ereignisse haben ähnliche Folgen. Eine Hochzeit, eine Beerdigung, die Verhaftung eines Familienmitglieds (dann benötigt man Schmiergelder), ein Unfall, schwere Regenfälle, Dürre, einfach alles, was zusätzlich Geld kostet, vergrößert die Schulden der Familie. Die in der Ziegelproduktion tätigen Familien befinden sich in einer aussichtslosen Situation. Einige wenige schaffen es, ihre Schulden allmählich abzutragen. Am ehesten ist das in einem Jahr möglich, in dem die Kinder einer Familie alt genug sind – etwa elf oder zwölf Jahre alt –, um ebenso hart zu arbeiten wie Erwachsene; zudem muß das Wetter gut sein, und es darf nicht zu einem Unfall oder zu einer Erkrankung kommen. Ist jedoch der Verwalter der Ziegelei nicht ehrlich, schaffen natürlich auch diese Familien es nicht. Wenn alles gutgeht, könnten manche Familien ihre Schulden vielleicht abzahlen, doch gegen die gefälschten Abrechnungen eines Verwalters können sie *niemals* gewinnen.

Eine Ziegelbrennerei wird von zwei Klassen von Verwaltern geleitet. Einer ist für den gesamten Ablauf verantwortlich (er wird *Munshi* genannt) und untersteht unmittelbar dem Eigentümer der Ziegelei. Unter dem Munshi folgen die Vorarbeiter der verschiedenen Gruppen, die *Jamadare*. Weitverzweigten Familien von Ziegelformern steht gelegentlich ihr ältestes männliches Mitglied als Jamadar vor; er verhandelt mit dem Munshi über die Stücklöhne und die Schulden. In vielen Ziegeleien ist der Jamadar jedoch ein unabhängiger Subunternehmer, der Familien für die Arbeit am Brennofen anwirbt und selbst nach der Menge der von ihnen hergestellten Ziegel bezahlt wird. Oft arbeiten diese unabhängigen Jamadare in den Ziegeleien mit den schlimmsten Arbeitsbedingungen. Sie verspre-

chen den Familien gute Bezahlung und locken sie so an; anschließend machen sie mit dem Munshi gemeinsame Sache, um sie in der
Falle der Schuldknechtschaft zu fangen. Die ständig steigende Schul-
denlast und die Ausbeutung führen zu wachsenden Spannungen in
der Ziegelei. Der Verwalter und der Vorarbeiter schüchtern die Arbeiter ein und halten sie so davon ab, einfach wegzulaufen. Zur
Bewachung mancher Brennöfen werden bewaffnete Aufseher eingestellt, und »ungehorsame« Arbeiter werden hart bestraft, um den
anderen Angst einzujagen und sie einer umfassenden Kontrolle zu
unterwerfen. Human Rights Watch berichtet vom Fall eines gewissen »Salman«,

eines muslimischen Pandschabi in den Dreißigern, der in einer
Ziegelei in der Nähe von Kasur nicht mit dem Jamadar zurecht-
kam, da dieser ihn unter allen möglichen Vorwänden schlug, eine
Behandlung, die ihm zahlreiche Narben eintrug. Einmal, im Juni
1993, wurde er nach einer Meinungsverschiedenheit mit dem
Jamadar bewußtlos geschlagen und anschließend drei Tage lang
ohne Nahrung in einen kleinen Verschlag gesperrt. Nach dem
dritten Tag brachte man ihn hinaus vor die anderen Ziegeleiarbeiter, hängte ihn mit einem Seil kopfunter auf und prügelte ihn
mit einem langen Stock. Höhnend erklärte der Jamadar den anderen Arbeitern, sie würden genauso bestraft, wenn sie ihm nicht
gehorchten. »Salman«, dem der Jamadar mitteilte, seine Schulden überstiegen bereits 5.000 Rupien, versuchte sich Gerechtigkeit zu verschaffen und beklagte sich beim Eigentümer des
Brennofens. Dieser lachte ihn jedoch nur aus und meinte, er solle
härter arbeiten.[2]

In dem Maß, wie die Schulden anwachsen, verlieren die Familien
Stück für Stück ihre Freiheit. Einen bemerkenswerten Einblick in
das Leben dieser Arbeiter bietet der Bericht eines ehemaligen Ziegeleibesitzers namens Zafar Iqbal. Iqbal hatte eine Ziegelbrennerei geerbt, sie jedoch bald verkauft, als ihm klar wurde, wie unmenschlich

man die Arbeiter behandelte. »Dahinter stand der Gedanke«, erklärte er, »daß der Arbeiter niemals eine Rupie übrigbehalten sollte,
so daß er nicht weglaufen kann.«[3] In den schlimmsten Ziegeleien,
erzählte Iqbal, »sind die Arbeiter vollkommen von der Willkür des
Besitzers abhängig. Oft vergehen der Eigentümer des Brennofens
und seine Schläger sich an den Frauen und Töchter, und ohne Einwilligung des Besitzers kann keine Ehe geschlossen werden.« Gelegentlich wird eine regelrechte Schreckensherrschaft errichtet: »Um
die Leute einzuschüchtern, kommt der Besitzer hin und wieder vorbei und zerbricht einfach alle gerade hergestellten Rohziegel, die Arbeit eines ganzen Tages – und das ohne jeden Grund.« Keine Ziegel,
das heißt keine Bezahlung, und so lebt der Arbeiter in der ständigen
Furcht, man könnte ihn noch schlimmer behandeln. Zafar Iqbal
bestätigte Berichte, wonach in manchen Ziegeleien gefoltert wird:
»Wenn ein junger Arbeiter aufsässig wird oder sonstwie Ärger macht,
hält man sein Bein für eine Sekunde in den Ofen, um es zu verbrennen. Das geschieht häufig. Man zwingt die anderen Arbeiter, vor
dem Ofen anzutreten und dabei zuzusehen.«

Daß Eheschließungen der Zustimmung des Besitzers bedürfen,
gewinnt besondere Bedeutung, wenn ein Mann stirbt oder davonläuft und außer seiner Familie auch seine Schulden zurückläßt. Die
Frau erbt die Schulden, doch der Eigentümer weiß, sie wird nie imstande sein, diese nur mit ihrer und der Kinder Arbeit abzustottern.
In einem solchen Fall bedrängt der Munshi einige alleinstehende
Männer, die Witwe oder verlassene Frau zu heiraten und damit deren Schulden zu übernehmen. Willigt der Mann ein, wird die Schuld
auf sein Konto überschrieben. Die Muslime akzeptieren das, weil es
bei ihnen Brauch ist, daß der Mann vor der Hochzeit einen »Brautpreis« an die Familie der Frau entrichtet. Die Übernahme ihrer
Schulden gilt als gleichwertig. In einem in der Presse veröffentlichten Fall versuchte ein Brennofenbesitzer einen Ziegeleiarbeiter namens Yaqoob Masih zu zwingen, die Frau seines Cousins zu heiraten, nachdem dieser aus der Ziegelei weggelaufen war. Doch niemand
will eine Frau heiraten, die zu alt oder nicht gesund ist; andererseits

wird der Ziegeleibesitzer fast alles tun, um eine Schuld nicht ab-
schreiben zu müssen. Manche Witwen zwingt man, sich mit dem
Ziegeleibesitzer oder mit dem Verwalter zu prostituieren. Zafar Iqbal
erklärte dazu: »Dies ist unter Umständen die einzige Möglichkeit,
die ihr bleibt, um ihre Schulden abzutragen.«[4]

Hat ein Besitzer den Eindruck, eine Familie arbeite nicht hart
genug, verkauft er sie möglicherweise an einen anderen Ziegeleibesitzer, indem er ihre Schulden verkauft. Ziegeleibesitzer in entlegenen Gebieten können manchmal nur auf diese Weise neue Arbeiter
rekrutieren. Im Pandschab sind die Ziegeleien des benachbarten
Rawalpindi für ihre harten Arbeitsbedingungen und die schlechte
Behandlung berüchtigt. Daher können Ziegeleibesitzer und deren
Munshis im Pandschab Arbeiterfamilien unter Kontrolle halten, indem sie ihnen androhen, ihre Schulden an eine Ziegelei in Rawalpindi zu verkaufen. Wurden die Schulden einer Familie verkauft,
fährt der Munshi der neuen Ziegelbrennerei in Begleitung eines
bewaffneten Wachmanns mit einem Lastwagen vor und siedelt die
Familie um. Diese Methode, ganze Familien zu verkaufen, ist ein
Aspekt dieser Art der Versklavung. Wenn Menschen nicht mehr
bestimmen können, wo sie leben und arbeiten, wenn sie sich und
ihre Familie nicht mehr beschützen können, sind sie grundlegender
Menschenrechte beraubt. Zu den zentralen Erfahrungen innerhalb
des Systems der alten Sklaverei im amerikanischen Süden gehörte,
daß sogar Sklaven in »guten« Plantagen stets in der Furcht lebten,
man könnte sie »den Fluß hinunter« an einen gewalttätigen Herrn
verkaufen. Ende der achtziger Jahre wurde eine Großfamilie von
vierundvierzig Menschen, vorwiegend Frauen und Kinder, aus einer
Ziegelei in Rawalpindi in die entlegene Region Azad Kaschmir verkauft. Dort wurden sie eingesperrt und mußten von morgens bis
abends schuften. Pro Tag erhielten sie zwei Mahlzeiten, aber keine
Bezahlung. Nach etwas mehr als einem Jahr warf man sie hinaus –
ein anschauliches Beispiel für die neue Sklaverei: billige Sklaven, die
man einfach ausmustern kann und immer nur so lange behält, bis
man sie aufs äußerste ausgenutzt hat.

Schuldknechtschaft ist schon schlimm genug, wird hier jedoch durch einen weiteren Faktor noch belastender. Dieses spezielle Problem betrifft sowohl das ganze Land als auch viele einzelne Ziegeleien: Es ist gang und gäbe, Frauen sexistisch zu behandeln und zu mißbrauchen. Auf den ersten Blick mag es seltsam erscheinen, daß Sexismus sich störend auf die Herstellung von Ziegeln auswirkt, doch es ist so. Das stellte ich fest, als ich mich im Juni 1997 ausführlich mit Ziegeleiarbeitern unterhielt. Immer wieder kam es zu Konflikten, da Familien aus einer Ziegelei flohen und ihre Schulden und gelegentlich auch ihre gesamte Habe zurückließen. Wenn sie wegliefen, wurden sie von den Besitzern verfolgt; diese nahmen Geiseln oder bestachen die Polizei. Als ich Arbeiter fragte, warum sie weggelaufen waren, antworteten sie in der Regel, man habe nicht ehrlich abgerechnet, ein Vorwurf, den die Ziegeleibesitzer bestritten. Als wir eindringlicher nachfragten, kam eine ganz andere Geschichte ans Licht. Wiederholt erklärten Ziegeleiarbeiter, der Verwalter oder der Eigentümer der Ziegelei hätten »ihre« Frauen, insbesondere die jungen, belästigt. Verwalter und Besitzer mißbrauchten die Macht, die sie über ihre Arbeiter hatten. Sie machten sich den beengten Raum und die ständige Anwesenheit der Frauen zunutze, um sich diesen zu nähern oder einfach auf sie loszugehen. In den schlimmsten Fällen wurden die Frauen entführt und vergewaltigt. Dazu ist leider festzustellen, daß infolge der nahezu vollständigen Absonderung der Frauen von den Männern in der pakistanischen Gesellschaft die Tendenz besteht, Frauen zwei Kategorien zuzuordnen: zum einen die Frauen, die ein Mann achtet und beschützt und die in der Regel seiner Familie angehören, zum anderen alle übrigen Frauen, die viele Männer am liebsten vergewaltigen würden, böte sich ihnen die Gelegenheit dazu. Für Frauen ethnischer oder religiöser Minderheiten – zu denen die meisten Ziegeleiarbeiterfamilien gehören – ist es noch wahrscheinlicher, daß sie derartigen Übergriffen ausgesetzt sind.

In einer solchen Gesellschaft haben die Männer ein fast übermächtiges Bedürfnis, »ihre« Frauen zu beschützen. Sie gehen sehr weit, um ihre Frauen davon abzuhalten, sich in der Öffentlichkeit zu

zeigen, und versuchen, jeden nicht mit ihnen verwandten Mann
daran zu hindern, eine Frau aus ihrer Familie anzusprechen, sie zu
berühren oder neben ihr zu sitzen. Zwischen Familien, deren Wohlstand es ihnen erlaubt, ihre Frauen zu Hause einzuschließen, und
denen, die so arm sind, daß die Frauen in der Welt draußen arbeiten
müssen, tut sich gesellschaftlich eine breite Kluft auf. Die Frauen der
Ziegeleiarbeiter gehören natürlich der zweiten Gruppe an und müssen daher ständig auf der Hut sein; häufig ist ihre Angst und Sorge
mehr als berechtigt. Wer in Pakistan wirtschaftlich oder sozial benachteiligt ist, muß stets mit sexuellen Übergriffen rechnen. Derlei
Belästigungen können weitreichende Folgen haben. In dieser Welt
der Machos mit ihrem Kodex männlicher Ehre kann die Beleidigung, wie sie ein sexuelles Vergehen darstellt, zu blutigen Fehden
führen, die ganze Familien dezimieren. Denn ein Mann, der seine
Ehre und seinen Stolz zu verteidigen weiß, muß seine Frauen beschützen können. Werden die Frauen einer Familie Opfer solcher
Übergriffe, schämen sich alle, besonders die Männer. In diesem
Licht ergibt die Flucht armer Familien aus einer Ziegelei schon eher
einen Sinn. Sie stecken in der Falle zwischen der Notwendigkeit zu
arbeiten, und der Verpflichtung, ihren Stolz zu wahren. In Pakistan
wiegt Schande jedoch schwerer als Hunger, und aus einer Brennerei,
deren Verwalter ihre Frauen belästigt, fliehen die Ziegeleiarbeiter,
ohne lange zu zögern. In ihren Augen macht ein Angriff auf ihre
Frauen jede Arbeitsvereinbarung, die vielleicht besteht, null und
nichtig. Den Grund, weshalb sie weggelaufen sind, wollen sie jedoch
nicht preisgeben, denn damit würden sie ihre Schande eingestehen.

IM PRINZIP SIND WIR GROSSZÜGIG!

Bei meinen Reisen im Pandschab und in Rawalpindi traf ich eine
ganze Reihe von Ziegeleibesitzern. Unter denen, mit denen ich aus-
führlicher sprach, waren mit Sicherheit einige der menschlicheren
Eigentümer, die (einigermaßen) ehrlich waren. In Ziegelbrenne-

reien, in denen größerer Zwang zu herrschen schien und die Arbeiter offenbar Angst hatten, mit uns zu sprechen, war es wahrscheinlicher, daß der Besitzer oder sein Munshi uns etwas vormachten, ein
Gespräch verweigerten oder mich und meinen pakistanischen Mitarbeiter vom Gelände verwiesen. Zwar wurden wir in einer Ziegelei
nie bedroht oder angegriffen, doch wir ließen auch nie ein Wort darüber verlauten, daß wir etwas über Schuldknechtschaft in Erfahrung
bringen wollten. Vielmehr erklärten wir den Ziegeleibesitzern, wir
seien Wirtschaftswissenschaftler und interessierten uns für Unkosten wie Aufwendungen für Treibstoff, Transportgebühren und Steuern; auf diese Weise erfuhren wir eine Menge über die Besonderhei-
ten des Ziegelgeschäfts. Und früher oder später kamen sie immer auf
das Thema Arbeiter, Vorauszahlungen *(Peshgi)* und Schuldknechtschaft zu sprechen, da die Kosten für Arbeitskräfte einen Teil des Zie-
geleietats ausmachen.

Einige Eigentümer waren bemerkenswert mitteilsam, was Entführungen oder das Festhalten von Kindern als Sicherheit für die
Schulden eines Arbeiters anging. Ihrer Meinung nach war das zwar
bedauerlich, ließ sich jedoch nicht vermeiden, wenn sie nicht betrogen werden wollten. Aus ihrer Sicht konnte man vielen Arbeitern
nicht trauen. Einer der Ziegeleibesitzer erzählte mir folgende Geschichte, die, wie er erklärte, »typisch« sei:

*Ich hatte hier eine Arbeiterfamilie, zwei junge Männer und deren
Mutter. Sie schuldeten mir 3.200 Rupien ($ 64) und wollten mehr
Geld. Da ich mich geweigert habe, ihnen mehr vorzustrecken, haben sie sich einen anderen Ziegeleibesitzer gesucht, der sich bereit
erklärt hat, ihre Schuld zu übernehmen und ihnen zusätzlich
20.000 Rupien ($ 400) zu leihen, die sie angeblich für eine Hochzeit
brauchten. Doch es hat gar keine Hochzeit stattgefunden; vielmehr
hat einer der Söhne den größten Teil des Geldes für Glücksspiele
und Drogen verschleudert (ich weiß nicht, ob Sie wissen, daß alle
Ziegelformer hier Haschisch rauchen). Als er alles Geld ausgegeben
hatte, ist seine Mutter zu mir gekommen und hat mich gebeten, sie*

wieder einzustellen. Sie war eine gute Frau, also habe ich zuge-stimmt und ihre Schulden bei dem anderen Ziegeleibesitzer be-zahlt. Nachdem sie eine Weile hier waren, ist die Mutter krank ge-worden. Mit der medizinischen Versorgung und den Kosten für die Beerdigung nach ihrem Tod sind die Schulden um weitere 20.000 Rupien angewachsen. In der letzten Woche sind die beiden jungen Männer dann davongelaufen. Ich habe ihre Spur bis in ihr Dorf verfolgt und dort ihren Vater angetroffen, der der gleichen Ansicht war wie ich, nämlich daß sie mich betrogen hätten. Der Vater hat mich zu einer anderen Ziegelbrennerei geführt, in der sie jetzt arbeiteten. Als sie mich gesehen haben, baten sie mich, sie wieder einzustellen, weil sie in dieser Ziegelei sehr schlecht behandelt wür-den; offenbar wurden sie von bewaffneten Männern überwacht. Ich habe mich mit dem Besitzer unterhalten und dann beschlossen, sie für eine Weile dortzulassen, um ihnen eine Lektion zu erteilen.

Als er mit seiner gestenreich und in Urdu vorgetragenen Geschichte fertig war, wandte er sich zu mir und erklärte auf Englisch: »Im Prin-zip sind wir großzügig!« Doch unmittelbar darauf erzählte derselbe Eigentümer eine ganz andere Geschichte von unzuverlässigen Ar-beitern; in diesem Fall hatte er schließlich zwei Menschen (und drei Kühe!) als Geiseln für die Schulden genommen. Seine Geschäfts-politik war möglicherweise vergleichsweise liberal, denn seine Arbei-ter schienen nicht verängstigt und sprachen offen über ihre Situation. Doch es fiel uns schwer, in Begeisterung auszubrechen – in der um uns versammelten Gruppe von zehn oder fünfzehn Kindern, viele mit Hautkrankheiten und trockenem Husten, konnte er uns nur einen Jungen vorführen, der die Schule besuchte.

Oft schieben die Eigentümer die Probleme ihrer Ziegeleien den Arbeitern in die Schuhe, insbesondere den Minderheiten der Mus-lim-Sheikhs und Christen. Der Vorsitzende eines regionalen Ziege-leibesitzerverbands gab mir zu verstehen, die Muslim-Sheikhs verstünden sich sehr gut darauf, das Peshgi-Verfahren listig auszu-nutzen:

Sie halten die Schulden so hoch wie möglich und denken nicht im geringsten daran, sie abzuzahlen. Kaum haben sie ein wenig Geld in der Tasche, hauen sie einfach ab, geben es aus und lassen es sich gutgehen. Wenn sie wissen, du hast einen großen Auftrag für Ziegel und die Ziegelei steht unter Druck, weil sie möglichst viele Ziegel herstellen muß, arbeiten sie langsamer und fragen dann, ob sie einen noch größeren Vorschuß bekommen können. Oder sie hören für ein paar Tage einfach ganz zu arbeiten auf und behaupten, sie würden zu einer Hochzeit gehen oder so – alles, um dich über den Tisch zu ziehen und mehr Geld aus dir herauszuholen.

Der Vorsitzende des pakistanischen Ziegeleibesitzerverbands war zudem überzeugt, Außenstehende könnten das Peshgi-System im Grunde gar nicht verstehen:

Sehen Sie, wenn Sie keinen Vorschuß zahlen, kriegen Sie keine Arbeiter. Am Ende jeder Produktionsphase für Ziegel gehen die Arbeiter weg und verdingen sich für Gelegenheitsarbeiten. Sie wollen das Darlehen, um diese Zeit zu überbrücken; gibt man es ihnen nicht, gehen sie zu einer anderen Ziegelei. Doch die Ziegeleibesitzer wollen den Betrag, den sie vorstrecken, möglichst gering halten. Man muß nämlich eine Menge Geld zahlen, ehe die überhaupt erst mal einen Finger rühren. Das Geld könnte man besser dafür verwenden, Kohle im Großhandel einzukaufen. In Wirklichkeit würden wir das ganze Peshgi-Verfahren gern beenden. Für uns wäre es sehr viel wirtschaftlicher, wenn wir die Arbeiter so wie in einer Fabrik bezahlen könnten.

Wo liegt die Wahrheit? Wie viele Ziegeleibesitzer teilen wirklich diese Überzeugung? Wie viele verhalten sich ihren Arbeitern gegenüber ehrlich? Wie viele nutzen das Peshgi-System, um Arbeiter durch Schuldknechtschaft als Sklaven an sich zu binden? Die Antworten auf diese Fragen können nicht mehr sein als begründete Vermutungen. Der Landesvorsitzende des Ziegeleibesitzerverbands

räumte ein, daß einige Eigentümer Arbeiter mißbrauchten und es
gelegentlich schreckliche Probleme gebe, die das gesamte Gewerbe
in Verruf brächten. Seiner Ansicht nach beuteten 2 bis 3 Prozent der
Ziegeleibesitzer ihre Arbeiter aus und betrögen sie. Selbst der Führer
der Ziegeleiarbeitergewerkschaft gab zu, daß nur ein Teil der Ziegeleibesitzer unehrlich sei, doch er meinte, 30 bis 40 Prozent der Eigner
hintergingen und versklavten Arbeiter. Ich stieß auf Ziegelbrennereien, in denen die Arbeitsabläufe offensichtlich vollkommen durch-
schaubar waren; dort erlaubte man uns, alle finanziellen Unterlagen
zu fotokopieren und sie den Arbeitern zur Bestätigung vorzulegen.
Ich analysierte Einnahmen wie auch Schulden in der Ziegelei mit
den vollständigsten Unterlagen und stellte fest, daß manche Familien Schulden anhäuften, andere die ihren allmählich abtrugen oder
sogar innerhalb einer einzigen Produktionsphase zurückzahlten.
Zwar gaben einige Eigentümer zu, daß die Stücklöhne gerade zum
Überleben reichten, brachten jedoch vor, sie wären nicht mehr
wettbewerbsfähig und würden aus dem Geschäft gedrängt, wenn sie
mehr bezahlten.

Aufgrund meiner Untersuchungen habe ich den Verdacht, daß
bis zu 30 Prozent der Ziegeleien ihre Arbeiter regelmäßig betrügen,
wenn auch nur in geringem Maße. Anderen Berichten und den Aussagen vieler Arbeiter zufolge bin ich andererseits überzeugt, daß bis
zu 10 Prozent der Ziegeleien ihre Arbeiter ernstlich mißbrauchen.
Folglich ist diese Praxis nicht so weit verbreitet, wie manche Menschenrechtsorganisationen behaupten, betrifft aber immerhin noch
annähernd 75.000 Menschen, die gewaltsam in Schuldknechtschaft
gehalten werden. Natürlich werden wir nie die ganze Wahrheit
erfahren, solange keine umfassende Zählung in allen Ziegeleien
durchgeführt wird, im Idealfall von einer internationalen Organisation. Zafar Iqbal drückt es so aus:»Die Arbeitsinspektoren der pakistanischen Regierung tauchen einmal jährlich in den Ziegeleien
auf, nehmen ihr Schmiergeld in Empfang und gehen wieder.«[5]
Noch einen weiteren Grund gibt es, Schuldknechtschaft und
Mißbrauch zurückhaltend einzuschätzen: Die Ziegeleien unterlie-

gen ständigen Veränderungen. Wie die Akten eines Bezirksverbands von Ziegeleibesitzern zeigten, befand sich die Hälfte aller in den vergangenen zwei Jahren in Betrieb genommenen Ziegeleien im Besitz von Leuten, die noch nie zuvor einen Brennofen besessen und bisweilen eine völlig andere Einstellung dazu hatten als langfristige Eigentümer. Diese Fluktuation überrascht eigentlich nicht, denn Brennöfen werden eingerichtet, um landwirtschaftliche Nutzflächen tieferzulegen und zu planieren. Wenn der Boden dann nach zwei oder drei Jahren bewässert werden kann, wird die Ziegelei geschlossen. Vielleicht läßt der Eigentümer anfänglich noch Lehm zum Brennofen schaffen, doch angesichts der zusätzlichen Transportkosten können die Ziegel auf dem Markt preislich nicht mithalten. Für eine Familie, die über ein wenig Land und Kapital verfügt (für die Einrichtung einer Ziegelei sind etwa $ 24.000 erforderlich), ist es eine durchaus attraktive Option, Ziegel herzustellen. Fehlende Erfahrung wird nicht als ernstliches Hindernis betrachtet, da man einen Munshi einstellen kann, der alles organisiert und die Ziegelei leitet. Einige der jungen und gebildeten Ziegeleibesitzer, mit denen ich mich unterhielt, waren eindeutig der Meinung, Schuldknechtschaft bringe mehr Ärger als Vorteile mit sich. Sie wollten die Vorschüsse möglichst niedrig halten, um ihr Geld verfügbar zu haben, und sich auf den Verkauf der Ziegel konzentrieren.

Die Situation in den Ziegeleien verändert sich also mit der Zeit, doch es läßt sich schwer voraussagen, inwieweit und in welcher Richtung. Eine weitere neue Unbekannte sind die Wanderarbeiter aus Afghanistan. Diese Familien weigern sich, Vorschüsse anzunehmen, und lehnen es außerdem ab, sich für die gesamte Saison zu verdingen. Die Ziegeleibesitzer waren sich nicht einig, was sie von diesen Arbeitern aus Afghanistan halten sollten; man sagt ihnen nach, sehr hart und sehr schnell zu arbeiten und gelegentlich doppelt soviel Ziegel pro Tag herzustellen wie die muslimischen und christlichen Familien. Gleichzeitig stimmten alle Besitzer und Verwalter darin überein, daß sie nachlässig und schludrig arbeiteten; man könne sich, so ihre Klage, nicht darauf verlassen, daß sie Ziegel von der hohen Qua-

lität herstellten, wie viele Käufern sie erwarteten. Die afghanischen
Arbeiter, die keinen Vorschuß verlangten, sparten den Eigentümern
Geld, doch die Verwalter wußten nie, ob sie von einer Woche auf die
andere noch blieben. »Bei den Familien, die nach dem Peshgi-Verfahren arbeiten, weiß man zumindest, sie sind da, wenn man sie
braucht«, erklärte ein Verwalter.

DURCH EWIGE SCHULDEN GEBUNDEN

Das Peshgi-System der Schuldknechtschaft in Pakistan ist mehrere
hundert, wenn nicht einige tausend Jahre alt. In der feudalen Beziehung zwischen Grundherren und Bauern verwurzelt, hat es sich
im Lauf der Zeit zu einem System entwickelt, in dem das dem Arbeiter vorgeschossene Geld die Voraussetzung für seine Versklavung
schafft. Andererseits ist dieses Verfahren, wenn es ehrlich und ohne
Zwang betrieben wird, für die Arbeiter nicht notwendigerweise von
Nachteil. Wenn alles seine Ordnung hat, funktioniert es folgendermaßen: Eine Familie auf der Suche nach Arbeit kommt zu einem
Ziegeleibesitzer. Vielleicht hat die Familie den Anspruch auf das
Land verloren, das sie als traditionelle Bauern bestellten, oder man
hat sie von dem Grund und Boden vertrieben, als dessen Inhaber auf
Mechanisierung umstellte und die Arbeitskraft der Bauern durch
Traktoren ersetzte. Vielleicht sind es sogar Flüchtlinge, die vor den
Kämpfen in Afghanistan oder Kaschmir geflohen sind. In jedem Fall
ist die Familie verzweifelt und bereit, selbst die harte Arbeit in der
Gluthitze einer Ziegelbrennerei anzunehmen.

Ist der Ziegeleibesitzer damit einverstanden, sie als Arbeiter einzustellen, schießt er ihnen einen Geldbetrag vor, der ausreicht, um
sich in der von der Ziegelei gestellten Unterkunft einzurichten, alle
möglicherweise benötigten Werkzeuge zu beschaffen und ein paar
Nahrungsmittel zu kaufen. Für die Familie kann es durchaus seine
Vorteile haben, in der Ziegelei zu wohnen, vor allem wenn es sich um
obdachlose Flüchtlinge handelt. Zwar sind sie dort nur notdürftig

untergebracht und hausen primitiv, doch immerhin haben sie jetzt ein Dach über dem Kopf und Wasser sowie Brennstoff in Reichweite. Hat die Familie den Vorschuß angenommen, ist sie verpflichtet, für den Besitzer zu arbeiten, bis alles zurückgezahlt ist. Sie bezieht kein Gehalt, sondern wird nach Stückzahl entlohnt. Je mehr Ziegelsteine die Familie herstellt, desto mehr verdient sie. Je mehr Tage sie arbeiten können, desto besser; doch wenn es regnet, müssen sie die Arbeit unterbrechen und verdienen nichts mehr. Ziegeleibesitzer oder ihre Munshis führen Buch über die Vorschüsse und die Zahl der hergestellten Ziegel. Manche Familien notieren sich am Ende eines jeden Arbeitstags die Zahl der Ziegel selbst, doch viele können weder schreiben noch rechnen und müssen sich daher auf die Buchführung des Verwalters verlassen.

Die hergestellten Ziegel werden gegen die Schulden aufgerechnet. Da diese jedoch in der Regel hoch sind (sie entsprechen mehreren Wochen harter Arbeit), muß die Familie sich schon bald erneut Geld vom Munshi leihen, um Lebensmittel und andere notwendige Dinge kaufen zu können. Je nach Zahl der hergestellten Ziegel und dem zusätzlich aufgenommenen Geldbetrag kann der Schuldenstand innerhalb einiger Monate leicht zurückgehen oder allmählich immer höher werden. Falls die Familie hart arbeitet und keinen Ärger macht, kümmert es den Munshi und den Eigentümer nicht weiter, wenn die Schulden nicht zurückgezahlt werden, denn sie binden die Arbeiter an die Ziegelei, und darauf ist der Besitzer angewiesen, weil man für den Brennofen ständig Nachschub an Rohziegeln benötigt. Einen Brennofen zu befeuern ist teuer; gehen Arbeiter mitten in der »Saison« weg, muß der Ofen heruntergefahren werden, und das bringt beträchtliche finanzielle Einbußen mit sich.

Ziegel werden in zwei Phasen pro Jahr hergestellt; die eine ist Ende Dezember abgeschlossen, die andere Ende Juni. Nach jeder Saison können die Familien entscheiden, ob sie ihre Schulden in die nächste übertragen wollen, die sechs Wochen später beginnt, oder ob sie sich einen anderen Ziegeleibesitzer suchen, der dem jetzigen Verwalter ihre Schulden »abkauft« und sie in seine Ziegelei holt. Im

Juli und August, der Regenzeit, ruht die Arbeit; im Januar und Februar ist es zu kalt und zu dunkel, um die Rohziegel vor dem Brennen zu trocknen.

Im Rahmen dieses Verfahrens erhalten die Arbeiter, wenn nötig, ausreichend Geld für einen bescheidenen Lebensunterhalt; zudem haben sie einen einigermaßen sicheren Arbeitsplatz. Die Besitzer ihrerseits können sich darauf verlassen, die notwendigen Arbeitskräfte zur Verfügung zu haben, wenn sie gebraucht werden. Die Arbeit ist hart, aber regelmäßig, und die Unterkunft beim Arbeitsplatz ist unter Umständen für eine vertriebene oder geflüchtete Familie der erste Schritt, um allmählich wieder Fuß zu fassen. Mit Glück und harter Arbeit kann eine Familie ihre Schulden abarbeiten und vielleicht ein wenig weiterkommen. Erleidet die Familie – beispielsweise infolge Krankheit oder eines Todesfalls – einen Rückschlag, verschuldet sie sich normalerweise noch höher, da die medizinische Behandlung und gegebenenfalls die Beisetzung bezahlt werden müssen; dann beginnt die Rückzahlung der Schulden wieder von vorn. Ein Vorschuß für zugesagte Arbeit kann sowohl für den Arbeiter wie für den Ziegeleibesitzer von Vorteil sein. Damit keine Mißverständnisse aufkommen: Für die Familien der Arbeiter ist es nur im Vergleich mit der nackten Not ein Vorteil. Gäbe es in Pakistan sichere Arbeitsplätze oder eine gewisse Garantie für ein Existenzminimum, würde keine Familie freiwillig nach dem Peshgi-System arbeiten. Auch wenn man dabei etwas mehr verdient als mit Gelegenheitsarbeit, bedeutet es immer noch, in größter Armut zu leben. Es ist ein Zeichen von Verzweiflung, wenn eine Familie sich durch Schulden an eine Ziegelbrennerei bindet, nicht die Entscheidung eines freien Arbeiters. Selbst wenn das Peshgi-System ehrlich betrieben wird, ist es eine beschwerliche, bedrückende Lebensweise.

Wird Peshgi in der Art praktiziert, wie ich es bisher beschrieben habe, handelt es sich nicht um Sklaverei in Form von Schuldknechtschaft. Es ist eine schreckliche Art, seinen Lebensunterhalt zu bestreiten, hart für die Kinder wie für die Erwachsenen, aber es ist

nicht besser oder schlechter als viele andere Beschäftigungen in den
Entwicklungsländern – und allemal besser, als gar keine Arbeit zu
haben und hungern zu müssen. Allerdings geht es im Peshgi-System
nicht immer ehrlich zu. Es kann leicht aus einem System der Vor-
schußzahlungen und Entlohnung je nach Stückzahl in ein System
der Versklavung umschlagen, und dann wird aus dem Ziegeleiarbeiter ein Sklave. Dafür gibt es zwei Schlüsselverfahren. Zum einen
können die Verwalter die Schulden sowie den Stücklohn manipulieren, um die Familien in fortwährender Verschuldung zu halten. Um
dies zu erreichen, bieten sich mehrere Möglichkeiten an, die um so
einfacher durchzusetzen sind, als die Arbeitskräfte nie eine Schule
besucht haben und ungebildet sind. Am üblichsten ist, daß der Verwalter mehr Schulden verbucht, als die Familie tatsächlich hat. Er-
bittet die Familie einen geringfügigen Betrag für Nahrungsmittel, so
bekommt sie das Geld, doch der Verwalter stockt die Schulden um
den zweifachen Betrag auf. Ebenso können andere Gebühren die
Schulden erhöhen – für unbrauchbare oder beschädigte Ziegel, für
Treibstoff- und Transportkosten sowie Steuern. In manchen Ziegeleien erwartet man von den Arbeitern, daß sie ihre Lebensmittel
vom Verwalter kaufen; in diesem Fall sind sie überteuert und werden
(zu gelegentlich noch einmal überhöhtem Preis) direkt der Schuld
zugeschlagen. Wenn dann die Ziegel gezählt werden, trägt der Verwalter eine zu niedrige Zahl ein und zieht außerdem einen festen
Prozentsatz als »unbrauchbar« ab. Später wird die Buchführung
möglicherweise nochmals manipuliert und der Betrag verringert,
der der Familie für die hergestellten Ziegel eigentlich zustünde. Das
führt zu Schulden, die sie mit Sicherheit nie abtragen kann, gleichgültig, wie hart die ganze Familie arbeitet. Und dies entspricht genau
der Definition von Schuldknechtschaft, wie die Vereinten Nationen
sie im »Zusatzabkommen über die Abschaffung der Sklaverei (1956)«
formulierten. Diesem Dokument zufolge ist Schuldknechtschaft
dann gegeben, wenn jemand Arbeits- oder Dienstleistungen erbringt,
um eine Schuld abzutragen, aber »der in angemessener Weise festgesetzte Wert dieser Dienstleistungen nicht zur Tilgung der Schuld

dient, oder wenn diese Dienstleistungen nicht sowohl nach ihrer
Dauer wie auch nach ihrer Art begrenzt und bestimmt sind«*. Anders gesagt: Die Familie sitzt aufgrund unredlicher Buchführung in
der Falle.

Auf diese Weise werden Familien betrogen und so lange festgehalten, bis ihnen schließlich klar wird, auch mit noch so harter
Arbeit können sie ihre Schulden nicht tilgen. Familien, die merken,
daß der Verwalter sie betrügt, planen dann häufig ihre Flucht. An
diesem Punkt kommt der zweite Faktor ins Spiel: Gewalt, um die
Versklavung aufrechtzuerhalten. Wie wir gesehen haben, werden gelegentlich Kinder als Geiseln genommen, um eine Sicherheit für die
»Schuld« zu haben. In manchen Ziegeleien schließt man die Tore in
dem Zaun rund um die Häuser nachts ab und stellt bewaffnete Posten auf. Zwar erhöhen sich die Unkosten der Ziegelei dadurch, doch
es ist billiger, drei solche Bewacher zu beschäftigen, als fünfzehn Familien Lohn zu bezahlen. Falls eine Familie oder auch nur eine einzelne Person entkommt, nehmen der Verwalter und die Wachen die
Verfolgung auf. In Pakistan ist die Polizei käuflich, und man schickt
sie hinter den entflohenen Arbeitern her. Die vom Verwalter aufge-
zeichneten Schulden einer Familie rechtfertigen die Verhaftung von
Familienmitgliedern, die von der Polizei umgehend zur Ziegelei zurückgebracht werden. Dort verprügelt man sie oft, »um ihnen eine
Lektion zu erteilen«. Die Kosten für die Bezahlung der Polizisten
werden ihren Schulden zugerechnet.

Haben sie gegen die Grundvereinbarung des Peshgi-Systems verstoßen, arbeiten die Familienmitglieder nur noch für Kost und Un-
terbringung. Sie sind ihrer Freiheit beraubt, und ständig droht ihnen
Gewaltanwendung. Wie bei den meisten anderen Arten moderner
Sklaverei verhehlt man ihre Versklavung durch einen Scheinvertrag
oder ähnliches. Bei jeder Nachfrage verweist der Ziegeleibesitzer
dann auf die Schuldenbilanz sowie die niedrige Produktivität, die
seine Kontrolle über die arbeitende Familie rechtfertigten. Und wie

---

* Siehe Kap. 1, Anm. 22, sowie Anhang 2, S. 437 (Anm. d. Übers.)

die anderen Opfer der neuen Sklaverei in aller Welt sind diese Arbeiterfamilien Verfügungsmasse. Der Betrag, den eine Familie schuldet,
ist oft gering im Vergleich zu dem Gewinn, den der Ziegeleibesitzer
aus ihrer Arbeit zieht. Falls der Eigner die Ziegelei schließt, oder falls
die wichtigsten Arbeitskräfte in einer Familie krank werden oder
sich verletzen, ist es das einfachste, sie aus der Ziegelbrennerei zu
verjagen und so wieder obdachlos zu machen. Kann der Eigentümer
die Familie und ihre Schulden an eine andere Ziegelei »verkaufen«,
ist dies natürlich noch besser. Da die Schulden vererbt werden, kann
ein gewiefter Ziegeleiverwalter eine Familie über Generationen hinweg festhalten. Er bezahlt gerade so viel, daß alle einigermaßen gesund bleiben, hält die Schulden aber hoch genug, um sie auf Dauer
an die Ziegelei zu binden. In diesem Fall stellen die Arbeiter sich psychisch allmählich auf ihre Lage ein. Die Schulden werden zu einem
festen Bestandteil ihres Lebens, so wie die Sonne im Sommer und
der Regen im Winter. In der Ziegelei sind sie von der Welt abgeschnitten und haben allmählich nur noch eine vage Vorstellung davon, welche anderen Möglichkeiten ihnen vielleicht offenstünden.
Und ihre Kinder erfahren kaum etwas darüber, wie man sein Leben
anders gestalten könnte.

Noch etwas bindet sie: ihre Ehrlichkeit. Wie die brasilianischen
Köhler fühlen die Ziegeleiarbeiter sich selbst dann verpflichtet, ihre
Schulden zu bezahlen, wenn man sie betrügt. Vielleicht sind sie sich
nicht ganz sicher, ob man sie hereinlegt, doch sie wissen, sie haben
vom Verwalter Geld bekommen, um sich Nahrungsmittel zu kaufen. Falls sie eine Familienkrise wie Krankheit oder Tod durchstehen mußten, wurden ihre Schulden dadurch um eine beträchtliche
Summe höher. Mag sein, daß die ärmsten Arbeiter keinerlei Besitz
oder Perspektiven haben, doch sie haben ihren Stolz und ihren guten
Ruf – und daran klammern sie sich. Und man sollte nicht vergessen:
Diesen Menschen bedeutet ihr guter Name viel. Ein als unzuverlässig und unehrlich bekannter Gelegenheitsarbeiter wird nie eingestellt; ein Ziegeleiarbeiter, der in dem Ruf steht, hoch verschuldet zu
sein, wird niemals einen Vorschuß erhalten, um mit einem Notfall in

der Familie fertigzuwerden. Sie sind gefangen in dem Konflikt zwischen Ehre und wirtschaftlicher Notwendigkeit.

Um die neue Sklaverei in den Ziegeleien zu verstehen, wäre es praktisch, wenn die Ziegeleibesitzer sich eindeutig in zwei Gruppen einteilen ließen: diejenigen, die das Peshgi-System ehrlich betreiben, und jene, die es unterlaufen und in Schuldknechtschaft umwandeln. Leider ist das nicht der Fall – schließlich und endlich sind auch sie nur Menschen. Statt dessen haben wir ein breites Spektrum vor uns, vom vollkommen ehrlichen Geschäftsmann bis hin zum brutalen Sklavenhalter. Das macht es noch schwerer, Schuldknechtschaft als solche zu erkennen oder auch nur das Ausmaß des Problems abzuschätzen. In manchen Ziegeleien ist der Besitzer ein wenig unehrlich und operiert mit falschen Zahlen, um seinen Profit zu steigern, doch zumindest gefährdet dies weder das Leben der Arbeiter, noch beraubt es sie jeglicher Möglichkeit, letztlich doch freizukommen. Noch zwei weitere Faktoren sind in Betracht zu ziehen. Erstens werden auf die Schulden einer Familie keine Zinsen erhoben. In vielen Ländern, in denen die Menschen durch Schuldknechtschaft versklavt werden, sind es die hohen Zinsen, die sie in die Falle geraten lassen. Zinsen von 50 Prozent pro Monat machen eine betrügerische Buchführung überflüssig, da die Schulden unweigerlich über die Einflußmöglichkeiten des Schuldners hinauswachsen. Doch Pakistan ist wie Mauretanien ein islamisches Land; Schuldknechtschaft verbietet das islamische Recht zwar nicht, sehr wohl aber Wucher, den Geldverleih zu übermäßig hohen Zinsen. Es ist schon verblüffend: Ziegeleibesitzer verletzen unter Umständen die elementarsten Menschenrechte, doch sie erheben keine Zinsen auf die Schulden ihrer Arbeiter.

Der zweite Haken am Peshgi-System und der mit ihm verbundenen Schuldknechtschaft ist die Wanderung der Arbeiter am Ende jeder Saison. Wenn die Brennöfen Ende Juni und Ende Dezember abkühlen und die Produktion ruht, beginnt eine Art Transfermarkt für Arbeitskräfte. Zu diesem Zeitpunkt bekommen die Familienoberhäupter, wenn sie dies wünschen, vom Verwalter ein Stück Papier, auf dem ihr Name, ihre Aufgabe (Former von Rohziegeln, Heizer, Ofenausräumer und so weiter) sowie der Gesamtbetrag ihrer Schulden verzeichnet sind. Damit pilgern sie zu anderen Ziegeleien und verhandeln mit deren Verwaltern, ob diese ihre Schulden kaufen und sie übernehmen. Nur der Mann darf weggehen – die übrige Familie bleibt als Sicherheit zurück. In Ziegeleien, in denen Peshgi zu Schuldknechtschaft wurde, darf möglicherweise gar kein Arbeiter gehen. Doch in diesem Fall muß der Verwalter die Familie durchfüttern, bis die nächste Ziegelsaison beginnt.

Für die Arbeiter ist der Transfermarkt ein Glücksspiel. Ziegeleiverwalter, die Arbeiter versklaven wollen, versprechen mit Sicherheit hohe Stücklöhne und gute Arbeitsbedingungen und locken damit die Familien gezielt an. So kann es passieren, daß eine Familie die kleinen Unehrlichkeiten der einen Ziegelei gegen die gewaltsame Unterdrückung durch Schuldknechtschaft in einer anderen eintauscht. Anderen Arbeitern gelingt es möglicherweise, ihren Stücklohn oder die Arbeitsbedingungen zu verbessern, wenn sie eine gute Wahl treffen. Unehrliche Ziegeleibesitzer können bei dem Handel nicht verlieren: entweder behalten sie ihre Arbeiter für eine weitere Saison der Sklavenarbeit, oder sie erhalten gutes Geld für eine betrügerisch überhöhte Schuld. Die Wanderung der Arbeiter am Ende jeder Saison nutzt den Eigentümern auch insofern, als sie auf diese Weise ihre tatsächliche Macht verhehlen können – da Familien und Schulden zwischen den Ziegeleien ausgetauscht werden, können die Eigner auf die »Freizügigkeit« ihrer Arbeiter verweisen.

SCHÜTZLING, KNECHT, VASALL UND SKLAVE

Im heutigen Pakistan ist »Freiheit« ein dehnbarer Begriff; bis vor kurzem war er nahezu bedeutungslos. Im 17. und 18. Jahrhundert war die Freizügigkeit der Arbeiter untrennbar mit Europas Übergang vom Feudalismus zum Frühkapitalismus verknüpft. Ein weiterer bedeutsamer Wandel bestand im Aufbrechen der starren Hierar-

chien, die das Leben der Menschen geprägt und beherrscht hatten.
Grundherr und Bauer, Adeliger und Handwerker – in der Welt des
Feudalismus waren alle durch strenge persönliche Verpflichtungen
miteinander verbunden, die sich über die gesamte Stufenleiter eines
starren Systems sozialer Klassen erstreckten. In Pakistan wurden
diese Hierarchien nie durchbrochen. Das Land ist nach wie vor feu-
dalistisch strukturiert und nur mit einem denkbar dünnen Firnis
von zeitgenössischem Kapitalismus überzogen. Viele Historiker sind
überzeugt, daß die moderne Gesellschaft entstand, als unpersön-
liche, aber vorgeblich rationale bürokratische Organisationen an
die Stelle der persönlichen Macht starker Einzelpersönlichkeiten
oder Clans traten. Wer in Europa oder Nordamerika lebt, vergißt
leicht, daß noch vor nicht allzu langer Zeit, im Feudalismus, die
Rechtsprechung in den Händen von Grundherren oder mächtigen
Einzelpersönlichkeiten lag und nicht auf kodifizierten Gesetzen be-
ruhte – diese Art von»Gerechtigkeit« oder Justiz war oft willkürlich,
ungerecht und grausam und diente eher den Interessen der örtlichen Herren als einem abstrakten Sinn für Gerechtigkeit. Diese
historische Perspektive ist wichtig, wenn wir das Phänomen Schuldknechtschaft begreifen wollen: In Pakistan ist der Feudalismus nach
wie vor lebendig und stark.

Stellen Sie sich vor, ein grundlegender Wandel würde die Stadt
auf den Kopf stellen, in der Sie leben, und von einem Tag auf den anderen hätten Polizei, Verwaltung, Gesundheitsbehörden, selbst die
Regierung des Landes keine Macht mehr. Wer ist nun verantwortlich? Wenn Sie einen Laden besitzen, wie halten Sie andere davon
ab, einfach mit ihren Waren davonzuspazieren? Wie hindern Sie die
Leute daran, Ihre Wohnung in Besitz zu nehmen? Wer garantiert,
daß die elementaren Handelsregeln in Kraft bleiben? Sie werden
feststellen, daß Sie sich auf Ihre eigene Macht oder Ihre persönlichen
Beziehungen zu jenen stützen müssen, die über Macht verfügen. In
Pakistan werden Sie als Ladeninhaber einen bewaffneten Wachmann an der Ladentür postieren, und selbst Straßenverkäufer tun
sich zusammen und heuern Männer mit Maschinenpistolen an, die

auf den Bürgersteigen patrouillieren, wo sie ihre Stände aufbauen. Doch bewaffnete Posten bieten wenig Schutz. Die wahre Macht liegt beim Oberhaupt des Clans, dem zahlreiche Bewaffnete unterstehen und der enormes Durchsetzungsvermögen unter Beweis stellen kann, wenn es sein muß. Und wenn die gesamte Macht in einer Gesellschaft unter solche Clanführer aufgeteilt ist, kann nur derjenige in Sicherheit leben, der wechselseitige Verpflichtungen mit einem starken Clanführer eingegangen ist.

In einer solchen Welt werden persönliche Beziehungen entscheidend. Sie stellen Ihren Schutz und Ihre Lebensgrundlage dar, sie bestimmen über Ihr Vorwärtskommen und garantieren Ihnen Sicherheit. In Pakistan, insbesondere in den ländlichen Gebieten, sind solche Beziehungen von überragender Bedeutung. Wird jemand betrogen oder mißhandelt, ist es in der Regel zwecklos, sich an die Polizei zu wenden. Sie ist auch nichts weiter als eine bewaffnete Bande, die ihre eigenen Interessen verfolgt, und in der Regel verkauft sie sich an den Meistbietenden. Wurde jemand Unrecht getan, muß er sich an das Oberhaupt seines Clans wenden, an den Mann, der seinen Ruf und seine Macht einsetzen kann, um das erlittene Unrecht wiedergutzumachen. Doch wie kommt man an einen solchen Clanführer heran? Wie wird man zum Schützling oder Vasallen eines starken Mannes?

Die meisten Menschen haben bereits bei der Geburt einen Clanherrn, der sich um sie kümmert. Wo Macht personalisiert ist, werden Familien zum entscheidenden Faktor. Blutsbande sind die erste unmittelbare und grundlegende Unterscheidung zwischen *uns* und *denen*. In Pakistan *kennt* man seine Familie, bis hin zum Cousin dritten Grades und zum Urgroßonkel. Man weiß, wer in der eigenen Familie Macht besitzt und wer nicht, und an jene, die Macht haben, wendet man sich, um in den Genuß einer Vorzugsbehandlung oder einer Anstellung zu kommen und protegiert zu werden. Zudem sind diese familiären Machtbeziehungen von Kasten- und Religionszugehörigkeit überwölbt. Der Rang der Kaste bringt unabhängig vom finanziellen Status gesellschaftliche Macht mit sich, und jeder Paki-

stani kennt seinen von der Kastenzugehörigkeit abhängigen Rang
sehr genau. Die Sayids, direkte Nachkommen des Propheten Mohammed, stehen an der Spitze der Gesellschaft und tragen häufig
den Beinamen *Shah.* Die Rangfolge der Kasten reicht über Groß-
und Ackerbauern, Geschäftsleute und Handwerker bis hinunter zu
den niedrigsten Kasten, die ekelerregende Arbeiten wie die Bestat-
tung der Toten verrichten oder die Straßen reinigen. Derlei Tätigkeiten werden oft Gruppen zugewiesen, die sich erst spät zum Islam
bekehrten oder keine Muslime sind.

Die Menschen auf der untersten Stufe des Kastensystems sind,
und das dürfte eigentlich niemanden überraschen, auch die ärmsten
und ungebildetsten. In den Ziegeleien gehören die Arbeiter fast ausnahmslos den beiden niedrigsten Kasten in Pakistan an: den Muslim-Sheikhs und den Christen. Die Muslim-Sheikhs, oft mit der
abschätzigen Bezeichnung *Musselis* bedacht, zahlen den Preis dafür,
daß sie erst spät zum Islam konvertierten. Mehrmals fragte ich in Pakistan Leute, weshalb die Muslim-Sheikhs so verachtet und diskriminiert würden. Und jedesmal erklärte man mir, das liege an ihrem
»Konvertitentum«. Wenn ich dann nachhakte, ob nicht alle Muslime
einmal »Konvertiten« gewesen seien, lautete die Antwort: Ja, schon,
doch diese Muslim-Sheikhs seien ungehobelt und ungebildet und
erst vor *zwei- oder dreihundert* Jahren zum Islam übergetreten.
Ebenso wie der Rassismus sind auch Kastenvorurteile niemals
logisch. Will man schon mit den Muslim-Sheiks* lieber nichts zu tun
haben, so sind die Christen völlig indiskutabel. Manche Familien
sind bereits seit vielen Generationen Christen, andere, oft aus den
niedrigsten Kasten, konvertierten, als Pakistan noch zum britischen
Empire gehörte. Von allen nimmt man von vornehrein an, sie seien
einfältig und nicht vertrauenswürdig. Als pakistanische Ziegeleibesitzer ihre christlichen Arbeiter beschrieben, bedienten sie sich
genau der gleichen Formulierungen, die ich vor zwanzig Jahren von
Rassisten in Alabama gehört hatte: »Verstehen Sie«, meinte einer,

---

* Die Muslim-Sheiks bilden eine besonders niedere Kaste.

»die sind nicht imstande, vorauszuplanen oder zu sparen. Sie leben nur für den Augenblick – wenn sie ein wenig Geld in die Hand bekommen, vertrinken sie es einfach oder werfen es zum Fenster hinaus.« Es fehlte nur noch die Beteuerung, sie besäßen einen angeborenen Sinn für Rhythmus. Man versicherte mir, für diese tumben Christen sei das Peshgi-System nur von Vorteil, da es ihnen die Verantwortung abnehme, ihre Finanzen selbst zu verwalten, und ihre ungezügelten Triebe einigermaßen unter Kontrolle halte.

Den Muslim-Sheiks wie auch den Christen fehlt häufig die ungeheuer wichtige Beziehung zum Oberhaupt eines Clans. Da sie nicht mit Mächtigen in Verbindung gebracht werden, steht ihnen nur ein Weg in eine schützende Sphäre offen: Sie müssen sich als Klient (oder »Schutzbefohlener«) einem Mächtigen anschließen. *Klient* klingt recht modern, nach der Beziehung zwischen einem Anwalt und seinem Klienten – doch ich meine etwas ganz anderes. Das alte feudalistische Wort für einen Schützling im Rahmen des Feudalsystems war *Vasall*, und dies entspricht eher der Realität in Pakistan. Laut Lexikon ist der Vasall ein Gefolgsmann, ein Abhängiger, schlimmstenfalls ein Sklave. Vasallen stehen auf der niedrigsten Stufe der Machthierarchie und werden am leichtesten vergessen oder fallengelassen. Manche Ziegeleiarbeiter wanderten zu den Brennereien ab, als sie von ihrem Grundherrn, der für sie einem Clanführer am nächsten kam, hinausgeworfen wurden, weil sie der Modernisierung seines Betrieb im Weg standen. Viele, die nie in eine mächtige Familie eingebunden waren, schlugen sich allein durch, so gut sie konnten, und wurden regelmäßig ausgebeutet. Als Vasall ist man dem Oberhaupt des Clans verpflichtet und kann dafür zumindest Schutz für Leib und Leben beanspruchen. Das Peshgi-System in den Ziegeleien dient dazu, eine enge, wenn auch befristete Beziehung zwischen abhängigem Vasallen und Clanführer herzustellen. Die Verpflichtung des Ziegeleibesitzers ist unmittelbar und entsprechend dem vorgestreckten Geld quantifizierbar. Überdies bietet er Schutz vor Hunger und den Elementen. Die Familie gibt im Gegenzug ihre Freiheit auf und stellt ihm zumindest für eine Saison ihre

gesamte Arbeitskraft zur Verfügung. Peshgi ist Feudalismus, der in
eine kurzfristige kapitalistische Produktionsweise umgesetzt wurde.
In ganz Pakistan herrscht, sobald feudale Beziehungen und moderner Kapitalismus sich vermischen, eine besorgniserregende
Spannung. Ausländische Medien überschwemmen das Land, hauptsächlich in Form von Fernsehprogrammen, die von Satelliten ausge-
strahlt werden und in der konservativen Muslimbevölkerung Ärger
und Wut hervorrufen. Während einige Politiker und Intellektuelle
Pakistan in die moderne Welt eingliedern wollen, versuchen die
Fundamentalisten, alle Probleme des Landes dem korrumpierenden
Einfluß der materialistischen und gottlosen westlichen Mächte an-
zulasten. Für die Traditionalisten verbreiten die wirbelnden Tänzer
von MTV die Botschaft der Rebellion und des Konsums, die die Seele
von Pakistans Jugend vergifte. Die aus dieser Spannung erwachsen-
den Konflikte sind in der Geschichte nicht einzigartig. Als Europa
den Feudalismus hinter sich ließ, durchlebte es etliche Jahrhunderte
voller Kriege, Gewalt, Intoleranz und Schrecken. Es ist absehbar, daß
sich die Spannungen zwischen Feudalismus und Modernisierung in
Pakistan ebenfalls in Konflikten und Gewalt niederschlagen. Tatsächlich ist es schwer, in Pakistan eine umstrittene Frage zu finden,
deren Vorgeschichte nicht mit Blut geschrieben ist. Da immer größere Teile der Gesellschaft sich religiös oder politisch motivierter
Gewalt bedienen, in der die grundlegenden Spannungen sichtbar
werden, verschwinden Themen wie Sklaverei und Schuldknechtschaft aus dem Blickfeld. In der Hitze des Heiligen Kriegs nimmt
keiner die Probleme von Ziegeleiarbeitern zur Kenntnis.

FEUDALISTISCHE FEHDEN

In Pakistan können Konflikte ungeheuer personalisiert oder aber
vollkommen unpersönlich politisch sein. Über den meisten Menschen liegt aufgrund irgendwelcher Familienfehden der Schatten
von Gewalt. Eine pakistanische Zeitung zu lesen ist eine ernüch-

ternde und verwirrende Erfahrung. Jeden Tag erfährt man von
neuen Morden, von bewaffneten Banden, die ganze Familien auslö-
schen, von Entführungen und Vergewaltigungen, und jedesmal wird
das gleiche Motiv angegeben: eine »alte Feindschaft«. Die Kehrseite
des persönlichen Schutzes, den das Oberhaupt eines Clans garantieren muß, besteht darin, daß er nie zur Ruhe kommt. Jede Kränkung,
jede Beleidigung muß gerächt werden, oder die gesellschaftliche
Macht des Clanführers (und damit seiner ganzen Sippe) schwindet.
Jeder Racheakt zieht eine neue Gewalttat nach sich, und so geht der
Kreislauf von Tod und Zerstörung immer weiter. Die gewaltsam aus-
getragenen Fehden zwischen Familien und Clans überdauern oft
Generationen. Jemand erzählte mir allen Ernstes: »Ein Mann braucht
viele Söhne, denn einige werden immer in Fehden getötet.« Würden
die Gegner wie in der Vergangenheit mit Schwertern und Messern
aufeinander losgehen, wäre der Blutzoll möglicherweise geringer.
Doch der Krieg in Afghanistan überschwemmte das Land mit Waffen: Eine Kalaschnikow kostet etwa 100 Dollar und ist in jedem Waf-
fengeschäft zu haben. Automatische Waffen und Toyota-Pickups
werden für Blitzüberfälle von tödlicher Wucht eingesetzt. Als ich aus
Pakistan abreiste, brachte das Parlament ein Gesetz ein, das von allen
Beifahrern auf Motorrädern verlangt, im »Damensitz« mitzufahren,
um so die Zahl der Morde zu verringern, die von dahinrasenden
Motorrädern aus begangen werden. Eine noch schrecklichere Folge
dieser Fehden ist die hohe Zahl von Vergewaltigungen und Folterungen von Frauen. Es gilt als zuverlässige Methode, eine Beleidigung zu
rächen und den Gegner das Gesicht verlieren zu lassen, wenn man
eine Frau aus seiner Familie gefangennimmt und vergewaltigt. In
den Tageszeitungen folgen auf die Berichte über Mordtaten unmittelbar die Geschichten von Mädchen und Frauen, die von Banden
entführt und vergewaltigt wurden. Zwar schreibt die Presse diese
Vorfälle in der Regel nicht »alter Feindschaft« zu, dennoch versicherte
man mir, diese Angriffe seien die Folgen von Fehden.

Und die gesellschaftlichen Institutionen, die eigentlich dafür zuständig wären, diesem Kreislauf der Gewalt Einhalt zu gebieten? Un-

glücklicherweise sind sie in ihre eigenen kleinen Kriege verstrickt. In der islamischen Republik, in der die Staatsreligion über ungeheure Macht verfügt, haben religiöse Führer kaum Interesse daran, auf ein friedliches Zusammenleben hinzuarbeiten. Parallel zu den Blutfehden der Familien und eng mit ihnen verwoben herrscht ständig Kriegszustand zwischen den islamischen Splittergruppen und Sekten. In manchen Vierteln tragen Moscheen, die unterschiedliche Koranauslegungen vertreten, mit Hilfe der Lautsprecher ihrer Minarette ein Duell aus. Tag und Nacht dröhnen Gebete und Gesänge aus den überdimensionierten Anlagen, verleumden die jeweiligen religiösen Gegner und fordern die »Gläubigen« auf, sie zu ächten oder gar anzugreifen. Der Menschenrechtsbericht des Jahres 1996 für Pakistan berichtete von einem bedeutenden Durchbruch: »1996 wurde kein Beispiel eines aufgehetzten Mobs bekannt, der einen Ketzer verbrannt oder zu Tode gesteinigt hätte.«[6] Doch seine Verfasser räumten gleichzeitig ein, daß andere Vorfälle auf ein hohes Maß an religiöser Intoleranz und Gewalt hinwiesen. Den Kämpfen zwischen den islamischen Sekten der Schiiten und der Sunniten fallen jährlich etwa 400 Menschen zum Opfer. 1996 führte eine Reihe von Schmähungen, die irgend jemand in einem ländlichen Gebiet an eine Wand geschmiert hatte, zu einer zehntägigen Schlacht. Die Kommunikation mit dem übrigen Land wurde unterbrochen, als beide Seiten Mörser und Raketenwerfer einsetzten. Nach der offiziellen Bilanz gab es 97 Tote und 89 Verwundete; Menschenrechtler beziffern die Zahl der Toten jedoch auf über 200.[7]

Derlei Kämpfe sind in puncto Sektierertum nur die Spitze des Eisbergs. Da die einzelnen Gruppierungen die Führer der jeweils anderen aufs Korn nehmen, kommt es zu einem nie abreißenden Strom von Morden. Allein die Schiiten verloren 1996 22 ihrer Führer und Würdenträger durch Mord. Als Vergeltung für diese Morde greifen bewaffnete Banden willkürlich an und schießen wahllos mit Maschinengewehren in Menschenmengen, die sich zum Gebet oder zu religiösen Veranstaltungen versammeln. 1997 kamen bei drei solchen Zwischenfällen innerhalb eines Vierteljahres 53 Menschen ums

Leben, 312 wurden verletzt. Jedes Jahr werden in sechs oder sieben Moscheen Bomben gelegt. Eine Todesschwadron der Sunniten, die in Lahore festgenommen wurde, gestand Berichten zufolge 21 Morde im Zeitraum von zwei Jahren. Aufgrund derart hoher Verluste bemühen sich die Sekten mit allen Mitteln, neue Anhänger zu rekrutieren. Da es in Pakistan kein effektives öffentliches Schulsystem gibt, richten militante Sekten eigene Schulen ein. Allein im Bundesstaat Pandschab gibt es mehr als 2.500 solcher *Deeni Madressahs,* religiöser Unterweisungsstätten. Laut einer amtlichen Statistik besuchen 219.000 Kinder, vorwiegend Knaben, solche Schulen. In einem Land, in dem die Hälfte der Bevölkerung unter achtzehn Jahre alt ist, herrscht kein Mangel an Jungen, die man zu selbstmörderischer religiöser Eiferei verführen kann.

Eine Stufe unter dem allumfassenden Krieg zwischen Sunniten und Schiiten rangieren die Gewaltakte dieser beiden muslimischen Hauptströmungen gegen kleinere abweichende Gruppen wie die Ahmadi-Muslime, die als Ketzer gelten. Wie Christen und Hindus haben sie sowohl unter Gewalt wie auch unter ständiger Diskriminierung zu leiden. Gesetze gegen Gotteslästerung und abweichende religiöse Bräuche verstoßen zwar gegen Pakistans Verfassung, erweisen sich jedoch in den Händen von Eiferern als wirksame Waffen. 1996 wurden aufgrund dieser Gesetze 2.467 Ahmadis und Christen verhaftet und wegen Verbrechen wie »Predigen« oder »Auftreten als Muslime« angeklagt. Im ganzen Land werden Ahmadis und Christen zudem systematisch benachteiligt. Man verweigert ihnen Anstellungen, Darlehen, Wohnungen und sogar die Postzustellung. Horden von Muslimen der Hauptströmungen greifen christliche Kirchen sowie Moscheen der Ahmadis an, mißhandeln Betende, reißen Gebäude ein und entweihen Friedhöfe. Eine Muslimfamilie wollte den Übertritt ihres Sohns zur Ahmadi-Sekte nicht hinnehmen und verlobte ihn kurzerhand mit seiner Cousine, einem muslimischen Mädchen. Als er zwei Monate später immer noch nicht nachgegeben hatte, verklagten die Brauteltern ihn wegen arglistiger Täuschung und Betrugs in Gemeinschaft mit

Ehebruch[8], einem Verbrechen, auf das in Pakistan die Todesstrafe
steht. Auch Regierungsbeamte und Mitglieder politischer Parteien, von
denen einige religiösen Sekten vorstehen, leben in ständiger Todes-
gefahr. Praktisch alle Parteien haben bewaffnete Flügel und gehen regelmäßig aufeinander und auf die Regierung los. Bei Angriffen auf
politisch Engagierte sterben jährlich mehr als 300 Menschen. In Karatschi, der größten Stadt, schaukelte sich dieser Zustand im Sommer
1997 zu einer nicht mehr kontrollierbaren Spirale der Gewalt auf;
tagtäglich wurde über bewaffnete Angriffe und Hinrichtungen im
Mafiastil berichtet. Am Tag vor meiner Abreise aus Pakistan zer-
störte in Karatschi eine Bombe das Hauptquartier einer Partei; mehr
als zwanzig Menschen kamen dabei ums Leben. Das Ausmaß der
Gewalt zwingt Regierungsvertreter dazu, im Zusammenhang mit
strittigen Fragen äußerst vorsichtig aufzutreten. Die Bürokraten
ziehen es vor, Verfassungsgarantien auf religiöse Freiheit oder Ar-
beiterrechte zu ignorieren, da sie Vergeltungsschläge der Fundamentalisten fürchten. Das Rechtssystem ist aufgrund der Morde an
Rechtsanwälten und Richtern lahmgelegt; ist im Fall einer Anklage
ein Urteil absehbar, das die Fundamentalisten verärgern könnte,
»prüfen« die Richter die Angelegenheit manchmal jahrelang. Willkürlich stellte man eine Anwältin, Spezialistin für Menschenrechte,
die Ziegeleiarbeiter vertrat, an den Pranger, da sie »junge Leute
angestiftet hatte, gegen die Religion zu rebellieren«. Religiöse Führer dekretierten, sie hätte es »verdient, gesteinigt zu werden«, und
gaben Eiferern die Erlaubnis, auf sie loszugehen. Vermutlich ist ihr
nur dank der bewaffneten Wachmänner in ihrem Büro bisher noch
nichts zugestoßen.

Das Chaos innerhalb und im Umfeld des Rechtswesens vereitelte
bisher jede Lösung für die um sich greifende Gewalt. Wie in Mauretanien ist auch in Pakistan das Rechtssystem gespalten, und zwar in
staatliches Recht (das heißt Zivil- und Strafjustiz) auf der einen Seite
und das vom Koran vorgegebene Recht der Scharia-Gerichte andererseits. Dieses zweigleisige Rechtswesen führt zu ständigen Ausein-

andersetzungen über Rechtsprechung und Präzedenzfälle. Da beide Rechtssysteme als rechtlich bindend gelten, gelegentlich jedoch miteinander in Konflikt geraten, entscheidet häufig der Druck der Fundamentalisten oder politischer Gruppierungen über den Ausgang eines Verfahrens. Als Beispiel hierfür mögen zwei Fälle aus dem Jahr 1996 dienen, bei denen es um das Recht der Frauen ging, sich ihren Ehemann selbst zu wählen. Zwei erwachsene muslimische Frauen, die ihre Ehemänner selbst ausgesucht und geheiratet hatten und sich darauf beriefen, als freie Individuen unter dem Schutz der pakistanischen Verfassung gehandelt zu haben, wurden von den eigenen Eltern wegen Ehebruchs angeklagt. Die dem Recht des Koran folgenden und unter enormem Druck fundamentalistischer Gruppen stehenden Gerichte urteilten, Eheschließungen ohne elterliche Erlaubnis seien selbst bei erwachsenen Frauen ungültig. Überdies entschieden sie, daß »die Polizei diese Fälle untersuchen und zu ihrem logischen Abschluß führen solle« – was darauf hinauslief, die Ehemänner wegen Ehebruchs, eines Kapitalverbrechens, anzuklagen.[9]

Dieser Gesetzeswirrwarr und der Zusammenbruch des Rechtssystems sind für unsere Untersuchung insofern wichtig, als sie ein Umfeld schaffen, in dem Sklaverei gedeiht. Wenn nur den Gesetzen Geltung verschafft wird, die von einflußreichen Gruppen vertreten werden, wenn das Recht nur für Leute mit Macht gilt, haben die Machtlosen überhaupt keine Rechte. Ziegelei- und andere versklavte Arbeiter verfügen weder über Einfluß noch über politische Macht oder wirtschaftliches Durchsetzungsvermögen. Sie befinden sich auf der falschen Seite der durch Religion und Kaste gesetzten Schranken. Gesetze gegen Schuldknechtschaft werden nicht angewandt, und das Recht wird sogar gebeugt, um die Sklaverei zu stützen. Wenn bewaffnete Banden sich skrupellos über das Rechtssystem hinwegsetzen können, verliert das Recht jede Bedeutung. Pakistan taumelt am Rand des Umschlagens in eine Gewaltherrschaft dahin. Wie der Sonderberichterstatter der Vereinten Nationen, Nigel Rodley, feststellte, »ist es in Pakistan üblich und weit verbreitet, daß Personen im Gewahrsam der Polizei und paramilitärischer Gruppen systematisch gefoltert werden, um Informationen zu erhalten, um zu bestrafen, zu demütigen oder einzuschüchtern, um Rache zu nehmen oder um Geld von den Häftlingen oder ihren Angehörigen zu erpressen«.[10] Dann folgte in dem Bericht eine grauenerregende Aufzählung spezieller Foltermethoden, zu denen Vergewaltigung, Elektroschocks an den Genitalien sowie der Einsatz einer elektrischen Bohrmaschine gehörten, mit der man Löcher in diverse Körperteile bohrt. Wenn Polizisten zu Kriminellen werden, kann die Sklaverei Wurzeln schlagen.

Es gehört zu den Kernelementen der neuen Sklaverei, daß Polizisten die Schuldknechtschaft gewaltsam durchsetzen. In der alten Sklaverei stützte sich das Besitzrecht einer Person an einer anderen auf schriftliche Gesetze, doch in der neuen Sklaverei, die in der Regel gegen schriftlich festgelegte Gesetze verstößt, wird die Exekutive kriminell und verteidigt nicht legalen Besitz, sondern Kontrolle. Eigentlich sollte das Gewaltmonopol bei der Regierung liegen, die davon nur nach den gesetzlichen Bestimmungen und im Notfall Gebrauch macht. Ist die Gewaltkontrolle dezentralisiert und auf jene Gruppen verteilt, die über die höchste Feuerkraft verfügen (in der Regel die Polizei), dann gedeiht Sklaverei. Dieser wichtige Aspekt begleitet Ausbreitung der neuen Sklaverei. In Thailand, Brasilien und jetzt in Pakistan stoßen wir auf Regierungen, die die Sklaverei verbieten, während die Polizei sie fördert und von ihr profitiert. Eine Geschichte, die mir ein Ziegeleiarbeiter namens Ataullah erzählte, verdeutlicht, wie die Polizei an der Kontrolle versklavter Arbeiter beteiligt ist:

Vor etwa fünf Jahren zog ein Teil meiner Familie zu einer Ziegelei in Rawalpindi [etwa 200 Meilen von ihrer Heimat im Pandschab entfernt], um dort zu arbeiten. Sie gingen dorthin, weil wir gehört hatten, daß der Stücklohn für die Herstellung von Ziegeln 100 Rupien [$ 2] für 1.000 Ziegel betrug. Im Pandschab bekamen wir nur 80 Rupien [$ 1,60] für diese Stückzahl; sie glaubten daher, sie würden dort besser verdienen. Mit den Kindern waren es insgesamt etwa *zwanzig Personen: mein Vater und meine Mutter, mein Bruder mit seiner Familie und meine Schwester mit ihrem Ehemann und ihren vier Kindern. Zusammen schuldeten sie dem Ziegeleibesitzer im Pandschab 70.000 Rupien [$ 1.400], die sich auf die elf oder zwölf von ihnen verteilten, die arbeiteten. Ich blieb mit meiner Familie in der Ziegelei im Pandschab.*

Meine Leute waren froh, daß der Ziegeleibesitzer in Rawalpindi bereit war, ihre Schulden zu übernehmen; sie zogen also dorthin und begannen zu arbeiten. Sie merkten sofort, daß sie da in etwas hineingeraten waren, das nicht richtig war. Es stimmte, der Stücklohn war höher, doch der Lehm war ganz anders, viel schwerer zu bearbeiten und zu Ziegeln zu formen, und es gab echte Probleme, das Wasser heranzuschaffen, das sie für die Herstellung der Ziegel brauchten. Sie stellten sogar weniger her als im Pandschab! Schlimmer noch, die Ziegelei war wie ein Gefängnis. Ein bewaffneter Wachmann hinderte alle daran wegzugehen, und der Verwalter sprang sehr grob mit ihnen um. Einige aus meiner Familie können lesen und schreiben, und bald kam ihnen der Verdacht und schließlich waren sie sich sicher, daß man sie bei den Abrechnungen betrog. Die Lage spitzte sich zu, als zwei der Kinder meiner Schwester krank wurden. Mein Schwager bat den Verwalter um Geld [es sollte ihrer Schuld zugeschlagen werden], um Arznei für die beiden kaufen zu können. Der Verwalter weigerte sich und wies ihn an, wieder an die Arbeit zu gehen. Mein Schwager regte sich deswegen sehr auf; er sorgte sich um seine Kinder. Daher begann er, ihre Flucht aus der Ziegelei zu planen.

Ein paar Tage später erzählte er dem Wachmann nach der Morgenarbeit, er wolle Medikamente für die Kinder kaufen. Er nahm zwei der Kinder und machte sich ins nahe gelegene Dorf auf. Kurz darauf ging meine Schwester mit den beiden anderen Kinder und einem Bündel Kleidungsstücke zum Fluß; sie erklärte, sie wolle die Sachen waschen. Als sie die Ziegelei verließ, bat sie den Wachmann, ein Auge auf ihre Hütte zu haben. Sie schloß die Tür nicht, ließ alles andere zurück und traf sich in der Nähe des Dorfs mit ihrem Mann.

Von dort gingen sie schnell zu einer Überlandstraße, wo sie einen Bus zurück ins Pandschab nahmen.

Hier im Pandschab blieben sie bei mir und meiner Familie in der Ziegelei; sie hofften, wieder für deren Besitzer arbeiten zu dürfen. Etwa eine Woche darauf tauchte der Ziegeleibesitzer aus Rawalpindi mit fünf oder sechs Männern auf und befahl meinem Schwager, mit ihm zurückzukommen. Mein Schwager weigerte sich, und als der Ziegeleibesitzer aus Rawalpindi ihn zwingen wollte, erhoben sich alle Arbeiter hier gegen ihn und ließen nicht zu, daß er meinen Schwager mitnahm.

Zehn Tage darauf, gegen elf Uhr nachts, als wir alle schliefen, brach ein Polizeikommando in unser Haus ein. Die Polizisten verhafteten mich, meinen Bruder und meinen Schwager; sie behaupteten, wir wären Diebe und hätten Waffen versteckt (natürlich hatten wir keine Waffen; wir konnten uns nie Waffen leisten und können auch nichts damit anfangen). Man legte uns allen Handschellen an, dann schlug man uns und warf uns hinten auf einen Lastwagen, der uns in vier Stunden Fahrt nach Rawalpindi brachte. Die Polizisten kamen von einem Revier, das etwa zwanzig Meilen von der Ziegelei entfernt liegt, in Rawalpindi. Im Pandschab hatten sie kein Recht zum Eingreifen, doch sie wurden von dem Ziegeleibesitzer bezahlt und hatten ein paar von den heimischen Polizisten im Pandschab Geld gegeben, damit diese sie bei dem Überfall auf unser Haus begleiteten.

Mein Schwager wurde verhaftet, doch meinen Bruder und mich hat man nie regulär festgenommen, sondern nur mit Handschellen gefesselt, geschlagen und dann in Zellen gesperrt. Nach ein paar Tagen im Gefängnis führten die Polizisten meinen Schwager dem Staatsanwalt vor und brachten es fertig, ihn für vierzehn Tage in Gewahrsam halten zu dürfen, während sie »ermittelten«. Mein Bruder und ich waren noch immer eingesperrt und durften mit niemandem sprechen. Im Gefängnis ließ man uns hungern und sprang grob mit uns um. Nach Ablauf der vierzehn Tage wurden wir alle dem Staatsanwalt vorgeführt; mein Schwager wurde freigelassen, als ein

Verwandter von uns aus dem Pandschab kam und mit dem Richter sprach. Meinen Bruder und mich brachte man ins Gefängnis zurück, während die Polizei weiter »ermittelte«. Nach einer weiteren Woche wurden wir erneut dem Staatsanwalt vorgeführt, der uns freiließ, weil die Polizei keine Anklage erhob. Einen ganzen Monat lang waren wir eingesperrt gewesen.

Ohne einen Penny in der Tasche warf man uns aus dem Gerichtssaal auf die Straße hinaus; wir besaßen nur mehr die Kleider, die wir am Leib trugen. Einer der Gerichtspolizisten fragte uns, ob wir Geld für die Heimfahrt hätten, und als wir verneinten, bot er an, uns zur Bushaltestelle zu fahren und uns genügend Geld für die Fahrkarten vorzustrecken. Wir konnten unser Glück nicht glauben, und das hätten wir auch besser nicht getan, denn als wir in seinem Wagen saßen, zeigte er uns sein Schießeisen und fuhr uns direkt zu einem anderen Polizeirevier. Hier wartete der Ziegeleibesitzer aus Rawalpindi und trank mit dem Polizeichef Tee. Wieder sperrten sie uns ein, und mehrere Stunden später, nachdem der Ziegeleibesitzer sein Geschäft mit dem Polizeichef abgeschlossen hatte, brachte man uns in die Ziegelei in Rawalpindi zurück.

Das war der reinste Irrsinn! Nie zuvor in meinem Leben war ich in dieser Ziegelbrennerei gewesen, hatte nie dort gearbeitet. Ich schuldete diesem Mann kein Geld, und ich sagte ihm, ich hätte nichts mit alledem zu tun. Der Besitzer erklärte einfach, das sei zwar hart, aber er müsse mich und meinen Bruder als Sicherheit für die Schulden meines Schwagers festhalten. In der Ziegelei zwang man mich zu arbeiten und erklärte, sie würden mich schlagen oder erschießen, falls ich zu fliehen versuchte. Nachts schloß man meinen Bruder und mich in einen fensterlosen Raum ein, in dem es schrecklich heiß war. Schließlich konnten wir sie überreden, uns im Freien schlafen zu lassen, doch sie schlossen uns mit Ketten an die Bettgestelle an, auf denen wir lagen. Die anderen Arbeiter lebten in einem bei Nacht abgeschlossenen, umzäunten Lager, und tagsüber hielt ein Bewaffneter ein Auge auf alles und bedrohte jeden, der aus der Reihe tanzte.

Nachdem so drei Wochen vergangen waren, kam jemand aus dem Pandschab. Meine Familie hatte es geschafft, einen Grundherrn aus der Gegend zu überreden, die Schulden meines Schwagers abzulösen; er arbeitete jetzt für den Grundherrn. Mein Bruder und ich wurden freigelassen, und es gelang uns, zu unserer Ziegelei im Pandschab zurückzukehren. Fast einen ganzen Monat lang hatte man uns gefangengehalten und hungern lassen, uns angekettet und geschlagen. Meine Familie war jetzt höher verschuldet als zuvor, da ich die ganze Zeit über kein Geld verdient hatte. Außerdem hatten sie auch noch Geld für die Hin- und Rückfahrt ausgeben müssen, als sie versucht hatten, uns freizubekommen. All das haben uns die Polizei und der Ziegeleibesitzer in Rawalpindi angetan, aber wir wußten, es wäre zwecklos, uns Gerechtigkeit verschaffen zu wollen. Der Ziegeleibesitzer in Rawalpindi hat uns die gesamte Zeit über für sich arbeiten lassen und nie einen Penny bezahlt, und dann hat er auch noch seinen ursprünglichen Vorschuß zurückbekommen. Ich schätze, er mußte die Polizei bezahlen.

Ataullahs Geschichte ist lang und verwickelt, aber typisch. Die Verknüpfungen, die sich über Familienverbände spannen und die Menschen den Zwangsmaßnahmen und Manipulationen der Ziegeleibesitzer ausliefern, entsprechen den Verwicklungen, die Familien in Fehden und Konflikte treiben. Würde Ataullahs Familie nicht zu den landlosen Muslim-Sheikhs gehören, die bereits jede Hoffnung auf Genugtuung aufgegeben haben, würde sie jetzt Pläne schmieden, wie sie sich an dem Ziegeleibesitzer rächen könnte. Doch es ist gut, daß sie nicht nach Rache trachten, denn dann würde wiederum die Polizei Vergeltung üben; sie ist über jede schmutzige Arbeit froh, die ein Ziegeleibesitzer ihr aufträgt. Da es überall auch andere bewaffnete Gruppen gibt, hat die Polizei kein Monopol auf Gewalt, doch sie kann sie als einzige Gruppe völlig straflos anwenden.

In einer unwirtlichen Gegend, in der man verzweifelt ums Überleben kämpft, wäre die Unterdrückung der Ziegeleiarbeiter vielleicht eher verständlich. Doch im Pandschab, wo ich das Leben in den Ziegeleien genauer untersuchte, ist der natürliche Reichtum so groß, daß es eigentlich für alle reichen sollte.

DIE ERDE DES PANDSCHAB

Das Pandschab scheint in vieler Hinsicht nicht der richtige Ort für derlei Zwang und Knechtschaft zu sein. Das Land ist ungeheuer fruchtbar und von üppiger Schönheit. Heiße Sommer und Monsunregen ermöglichen zwei reiche Ernten pro Jahr, und lange Zeit diente die Gegend dem ganzen Subkontinent als Kornkammer. Reis, Weizen, Sojabohnen, Linsen, Mais, Zuckerrohr, Baumwolle und Senfsaat sind die wichtigsten Feldfrüchte. Auch Zitronen, Limonen und Orangen wachsen auf den Feldern. In den Gärten gedeihen fast alle nur erdenklichen Gemüsesorten – Wassermelonen, Kürbisse, Okras, Tomaten, Kartoffeln, Zwiebeln, Knoblauch – sowie Tabak. Mit Alfalfagras als Viehfutter und genügend Weideflächen für die Herden ermöglicht das Pandschab seinen Bauern ein gutes, gesundes Leben.

Gerade weil es so reich und leicht zugänglich ist, wurde es jahrtausendelang heftig umkämpft. Heute ist der größte Teil des Landes im Besitz von Grundherren, doch die ständige Aufteilung des Landes unter die Söhne jeder Generation führte zusammen mit den Auswirkungen der Landreform zu einer Verkleinerung der einzelnen Landgüter. Bis vor kurzem waren die meisten Menschen im Pandschab wie die Hintersassen im Feudalismus an Grund und Boden gebunden. Die Engländer sahen während der langen Zeit ihrer imperialistischen Herrschaft keinen Anlaß, dies zu ändern. Als das Land 1947 seine Unabhängigkeit erlangte, wurde das Pandschab zwischen Pakistan und Indien aufgeteilt; dies brachte ungeheures menschliches Leid mit sich. Viele Sikhs flohen ostwärts in den indischen Teil, während die Muslime westwärts nach Pakistan zogen.

Dieser Exodus in beide Richtungen war von Massakern, Gewalt und
Enteignungen von Land und Besitz begleitet.

In der Zeit seit der Teilung hat sich im Pandschab vieles verändert.
Vor fünfzig Jahren waren die Kastenschranken noch sehr starr. Die
Kleinbauern der Muslim-Sheikhs lebten in ständiger Armut – das
von ihnen bestellte Land gehörte nie ihnen, und von Generation zu
Generation dienten sie stets dem gleichen Grundherrn. Die niedrigen Kasten wurden aufs äußerste diskriminiert. Angehörigen dieser
Kasten, einschließlich der Kleinbauern, war es nicht erlaubt, Nahrungsmittel anzufassen oder auch nur auf derselben Bank zu sitzen
wie jemand aus einer höheren Kaste (daher stammt eine der Bezeichnungen für diese Kasten: die »Unberührbaren«). Heute kommt
es kaum mehr vor, daß sie aktiv von irgendeiner Arbeit ausgeschlossen werden. Auch im sozialen Umgang haben die Diskriminierun-
gen nachgelassen; Muslim-Sheikhs sitzen nun auf denselben Bänken
wie Menschen »höherer« Kasten, geben ihnen die Hand und trinken
mit ihnen Tee. Dieser Wandel ist zum Teil auf den Zusammenbruch
des herkömmlichen Arbeitsmarkts zurückzuführen. Als die Landwirtschaft mechanisiert wurde und Fremdkapital in die Landbestellung floß, veränderte sich das Feudalsystem. Gleichzeitig wurden
die niedrigeren Kasten sich ihrer Rechte stärker bewußt. Einige
politische Gruppierungen bemühten sich darum, den unteren Kasten
eine Ausbildung zu ermöglichen und sie in das politische System
einzubeziehen. Ab den siebziger und achtziger Jahren beteiligten
sich die meisten Ziegeleiarbeiter an Wahlen, auch wenn viele dies
mittlerweile wieder aufgegeben haben, da die Politiker ihnen ihrer
Meinung nach nichts zu bieten haben.

Auch das rasante Bevölkerungswachstum wirkte sich nachhaltig
aus. Verbesserte Gesundheitsfürsorge und die höhere Nahrungs-
mittelproduktion der modernen Landwirtschaft führten zu einem
Anwachsen der ländlichen Bevölkerung. Die Folgen sind dramatisch: In Pakistan sind die Geburtenraten höher und die Familien
größer als in Indien; die Tatsache, daß die Hälfte der Bevölkerung
jünger als siebzehn ist, sagt eigentlich alles. Wie zu erwarten, wim-

melt es nur so von Kindern, und das Pandschab macht da keine Ausnahme. Wo man auch hinblickt, überall arbeiten oder spielen Kinder, auch wenn sie nur selten zur Schule gehen, da das pakistanische Erziehungssystem auf dem flachen Land weitgehend zusammengebrochen ist. Es ist ein Skandal, daß man trotz der immer jüngerer werdenden Bevölkerung Pakistans immer weniger Vorsorge für ihre Ausbildung trifft. Die extrem hohe Kinderzahl bringt es mit sich, daß das jährlich Pro-Kopf-Einkommen in Pakistan mit etwa 400 Dollar sehr niedrig ist. Das ist noch weniger als in Mauretanien, doch die Lebensweise der Armen in den beiden Ländern könnte unterschiedlicher nicht sein. Die stetig vordringende Wüste in Mauretanien führt dazu, daß man um jeden Bissen Nahrung kämpfen muß, und die Geburtenrate wird durch schlechte Ernährung und ständige Überforderung niedrig gehalten. Im Pandschab hingegen gibt es, solange es nicht zu Dürren und Überschwemmungen kommt, genügend, ja reichlich Nahrung. Der Speisezettel ist abwechslungsreich, und man hat sogar ein wenig Zeit für Freizeitvergnügen.

Trotz der Wirren im Verlauf der Teilung und des tiefgreifenden gesellschaftlichen Umbruchs blieb das Pandschab fruchtbar und ertragreich. Die großen Bewässerungsprojekte gegen Ende des 19. und zu Beginn des 20. Jahrhunderts steigerten die Fruchtbarkeit noch. In dieser Gegend lassen sich so gut wie alle Bedürfnisse befriedigen, die ein Mensch hat – einschließlich Behausung. Die fruchtbare Erde des Pandschab hat noch eine weitere bemerkenswerte Eigenschaft: Sie eignet sich größtenteils gut zur Herstellung schwerer, dichter, äußerst haltbarer Ziegel. Fast alle Häuser, Scheunen und Schuppen bestehen aus Ziegeln, ebenso die Wände der Ställe, die Pflasterung der Gehsteige, die Fußböden vieler Häuser und die Straßenbegrenzungen und Gartenmauern. Ziegel sind allgegenwärtig: Man verwendet sie für den Bau von Öfen, Wassertrögen, Terrassen und Regalen sowie Bänken und Treppen. Holz setzt man nur sparsam ein – für Türen und Fenster, für Deckenbalken und Stürze. Die meisten Dächer bestehen aus speziellen, besonders dünnen Ziegeln. Für das Klima sind sie bestens geeignet: Bei drückender Hitze spenden Ziegelwände Kühle, und oft hörte ich Pakistanis über die Backofenhitze in den »modernen« Betonbauten mit Metalldächern klagen. Als universeller Baustoff gehören Ziegel zum *Big Business*, auch wenn sie immer noch auf herkömmliche Weise von Tausenden Muslim-Sheikh- und Christenfamilien hergestellt werden.

Gegen Ende der achtziger Jahre gerieten diese Familien in einen Strudel von Ereignissen, die die gesamte Ziegelindustrie in Aufruhr versetzten und einige Ziegeleibesitzer dazu brachten, ihr Gewerbe ganz aufzugeben. Nicht nur im Pandschab, sondern in ganz Pakistan brach das Peshgi-System in sich zusammen, und es schien, als wende das Leben der Ziegeleiarbeiter sich zum Besseren. Wie so viele Geschichten in Pakistan ist auch diese sehr verwickelt, voll von Persönlichkeiten, die vom Helden zum Schurken werden, je nachdem, wer sie erzählt. Wir könnten sie als die Geschichte der Revolution der Ziegeleiarbeiter im Jahre 1988 bezeichnen.

DIE REVOLUTION VON 1988

Ende 1988 sah Rehmat Masik sich einem schier nicht zu bewältigenden Problem gegenüber. Er gehörte zu einer verzweifelten Familie christlicher Ziegeleiarbeiter, die aus einer Ziegelei befreit worden waren, in der man sie schrecklich mißhandelt hatte. Drei von ihnen waren von den Ziegeleibesitzern wieder eingefangen worden, und jetzt fühlten sich alle gejagt und bedroht. Sie waren nach Lahore geflohen, hatten aber weder eine Unterkunft noch zu essen. Schließlich fanden sie bei der Gewerkschaft der Ziegeleiarbeiter Zuflucht. Rehmat nahm Verbindung zu der Menschenrechtsanwältin Asma Jehangir auf und unternahm einen kühnen Schritt – er schickte folgendes Telegramm:

An den Präsidenten des Obersten Gerichts von Pakistan

Wir bitten um Schutz und Brot für unsere Familie. Wir sind ver-
sklavte Ziegeleiarbeiter. Ein Gericht hat uns die Freiheit gegeben.
Doch nun haben unsere früheren Eigentümer drei von uns ent-
führt. Unsere Kinder und Frauen sind in Gefahr. Wir haben Klage
eingereicht. Nichts ist geschehen. Wir haben uns versteckt wie
Tiere, ohne Schutz und Nahrung. Wir haben Angst und hungern.
Bitte helfen Sie uns. Wir sind über die Anwältin Asma Jehangir zu
erreichen. Man kann sich davon überzeugen, in welchem Zustand
wir uns befinden. Wir wollen wie Menschen leben. Uns schützt das
Gesetz nicht.

Darshan Masih und 20 Gefährten mit Frauen und Kindern

Den Präsidenten des Gerichtshofs, Muhammad Afzal Zullah, rührte
die Not der Arbeiter. Er schickte einen Boten zum Polizeichef des
Pandschab und befahl diesem, den Fall persönlich zu untersuchen
und sofort Bericht zu erstatten. Es ist bezeichnend für das Verhältnis
zwischen Gerichten und Polizei in Pakistan, daß der Polizeichef die
Anordnung nicht beachtete. Statt dessen gab er sie an einen Stellver-
treter weiter, der einen Bezirkschef beauftragte, der die Angelegenheit wiederum an einen lokalen Polizeikommissar weiterleitete, der
sie schließlich an einen Polizisten delegierte. Dieser Polizist, der nun
eine Anordnung des Vorsitzenden Richters am Obersten Gerichtshof in Händen hielt, begab sich auf der Stelle zu dem Ziegeleibesitzer
und zeigte diesem das offizielle Schreiben. So gewarnt, reichten dieser und die Polizei sogleich Klage gegen alle entflohenen Ziegeleiarbeiter ein und behaupteten, sie hätten Vorschüsse von insgesamt
400.000 Rupien ($ 8.000) entgegengenommen und seien mit dem
Geld geflohen. Schließlich spürte die Polizei vierzehn der beklagten
Arbeiter auf und verhaftete sie.

Als der Gerichtsvorsitzende zwei Wochen später eine Untersuchung des Falles einleitete, wurde die Angelegenheit noch komplizierter. Die drei Arbeiter, die der Ziegeleibesitzer – so glaubte man –

als Geiseln festgehalten hatte, waren verschwunden. Einige der Ziegeleiarbeiter, die vor Gericht auftraten, schienen schreckliche Angst
vor der Polizei zu haben und antworteten kaum auf die Fragen des
Richters. Viele sorgten sich um Angehörige, die sich nach wie vor in
Polizeigewahrsam befanden. Zwei der Arbeiter, die sich am meisten
vor der Polizei zu fürchten schienen, ließ der Gerichtsvorsitzende
untersuchen; man stellte an ihnen Narben und Blutergüsse fest, da
man sie im Polizeigewahrsam geschlagen hatte. Trotzdem wollten sie
keine Anzeige erstatten. Laut Gerichtsakten war einer von ihnen
»immer noch verängstigt und praktisch sprachlos, als man ihn nach
den Umständen fragte, unter denen er angeblich festgehalten und
körperlich mißhandelt worden war«.[11]

Im Verlauf der Vernehmung durch den Gerichtsvorsitzenden
brach der Polizist, der dem Ziegeleibesitzer die Anordnung des Gerichts überbracht hatte, zusammen und gab zu, daß vom Ziegeleibesitzer bezahlte Polizisten Ziegeleiarbeiter eingesperrt und geschlagen hatten. Am nächsten Tag tauchten weitere Geiseln auf und
gaben auf Befragen zu, sie hätten sich aus Angst versteckt gehabt.
Gegen Abend waren alle Geiseln, deren Gefangennahme die Untersuchung ursprünglich ausgelöst hatte, wieder da. Der Vorsitzende
Richter setzte die Anhörung jedoch fort, da er Arbeiter, Besitzer, örtliche religiöse Führer, Fürsorgebeamte und andere zusammenbrin-
gen wollte. Sie sollten langfristige Maßnahmen ausarbeiten, um
»Schuldknechtschaft in den Ziegeleien zu verhindern«. Einige Fürsorgebeamte sowie etliche Arbeiter legten Beweise vor, wonach die
Polizei für die Ziegeleibesitzer arbeitete und »illegale Verhaftungen,
Folterungen und falsche Protokollierungen« vornahm. Doch nun
fielen die einzelnen Gruppen übereinander her. Die Arbeiter beklagten sich über Zwangsarbeit und Mißhandlungen, während die
Ziegeleibesitzer den Arbeitern und Gewerkschaften vorwarfen, sie
würden »betrügen, schlampig arbeiten und andere einschüchtern«.

Nachdem das eine Woche lang so gegangen war, gebot der Vorsitzende Richter dem Ganzen Einhalt und erließ eine gerichtliche
Anordnung. Sie besagte unter anderem, daß (1) das Peshgi-System

beendet werden sollte und Vorschüsse nur noch in Höhe eines Wochenlohn gezahlt werden dürften und (2) alle noch ausstehenden Peshgi-Darlehen zwar weiterbestehen, alle Rückzahlungen jedoch für ein halbes Jahr ausgesetzt werden sollten, während das Gericht über den Geschäftszweig ermittelte; (3) dürften Frauen und Kinder nicht mehr gezwungen werden, in Ziegeleien zu arbeiten; und (4) sollten die Stücklöhne voll ausbezahlt werden. Alle Seiten akzeptierten diese Anordnung, und das Gericht stellte Überlegungen an, ob neue Gesetze formuliert werden sollten. Doch was wie ein Sieg unaufgeregter Rechtsprechung erschien, sollte sich binnen einer Woche zerschlagen.

Ein paar Tage nach der gerichtlichen Anordnung begannen Ziegeleiarbeiter in ganz Pakistan, massenweise die Ziegeleien zu verlassen. Zur Verwirrung der Verwalter und Eigentümer wiesen die Arbeiter einen scheinbar offiziellen Erlaß vor, wonach sie laut Anordnung des Obersten Gerichtshofs von allen Schulden befreit waren. Einige der Besitzer reagierten mit Gewalt und versuchten, die Arbeiter unter Zwang wieder in die Ziegeleien zurückzubringen, doch das hatte wenig Zweck: Praktisch alle Arbeiter waren gegangen, und die Zurückgebliebenen reichten nicht aus, um die Brennöfen in Betrieb zu halten. Plötzlich war die Ziegelindustrie zum Erliegen gekommen. Vorräte trockneten ein; einige Ziegeleien gingen bankrott und mußten schließen. Alle Ziegeleibesitzer, ob sie nun Arbeiter mißhandelt hatten oder nicht, verloren das Geld, das sie als Peshgi vorgestreckt hatten. Der derzeitige Vorsitzende der Ziegeleiarbeitergewerkschaft, Inayat Masih, erklärte mir, was geschehen war: Nachdem in den Zeitungen Berichte über den Erlaß des Obersten Gerichtshofs erschienen waren, glaubten viele Ziegeleiarbeiter, die Regierung hätte alle ihre Schulden für null und nichtig erklärt. Etliche Arbeiter taten sich zusammen, marschierten zu den Ziegeleibesitzern und wiesen die Presseberichte über die Anordnung vor. Da sie weit in der Überzahl waren und endlich einmal gemeinsam vorgingen, sah man kaum eine Möglichkeit, sie aufzuhalten. Annähernd 500.000 Familien verließen damals die Ziegeleien.

Während der »Revolution« der Ziegeleiarbeiter, 1988 in Pakistan, hängt ein Gewerk-schaftler Plakate auf, mit denen Schuldknechte aufgefordert werden, die Ziegeleien zu verlassen. (Photo: Ben Buxton; mit freundlicher Genehmigung von Anti-Slavery International)

Die Ziegeleiarbeitergewerkschaft nutzte das Aufsehen, das der Fall erregte, und holte das Beste aus der Gerichtsanordnung heraus, indem sie sie in unmittelbare Aktion umsetzte. Vier Wochen nach der gerichtlichen Verfügung rief der Gerichtsvorsitzende erneut alle zusammen. Der Exodus aus den Ziegeleien schien ihm unerklärlich, doch laut den Akten des Obersten Gerichtshofs verstand er allmählich, was geschehen war:

Den Grund für diese neue Entwicklung entdeckte man eher zufällig, als Ziegeleiarbeiter sich beklagten, obwohl sie ihrer Ansicht nach laut der Anordnung des Gerichts, die die Arbeiter all ihrer vertraglichen Verpflichtungen entbunden und die Rückzahlung ihrer Schulden ausgesetzt hatte, der Arbeit fernbleiben könnten, poche der Ziegeleibesitzer auf seine vertraglichen Rechte. Sie fügten Kopien der – weitgehend falschen – Informationen bei, die man ihnen hatte zukommen lassen. (All Pakistan Legal Decisions, 1990, XLII, S. 534–535)

Um diese Zeit, im Frühjahr 1989, fing die neue Saison der Ziegelherstellung an, und die Arbeiter kehrten wieder in die Ziegeleien zurück. Da während der Wintermonate keiner etwas verdient hatte, war sowohl den Besitzern als auch den Ziegeleiarbeitern sehr daran gelegen, die Arbeit wieder aufzunehmen. Der Gerichtspräsident erließ eine neue Anordnung, in der die ursprünglichen Forderungen wiederholt und zwei wichtige neue hinzugefügt wurden: (1) wurden frühere Darlehen, die die Besitzer für Hochzeiten oder medizinische Behandlung vorgestreckt hatten, annulliert und sollten als »Schenkung« gelten, und (2) wurden alle Besitzer angewiesen, den zurückkehrenden Arbeitern schriftlich zu versichern, sie würden keinen Zwang ausüben oder illegale Polizeiaktionen gegen sie veranlassen. Die »Schenkung«, zuzüglich der Darlehen, deren Rückzahlung die Ziegeleiarbeiter nach wie vor verweigerten, stellte eine finanzielle Umschichtung von den Besitzern zu den Arbeitern in Millionenhöhe (Rupien) dar; die Familien mit den größten Schulden profitierten davon am meisten.

Für die Arbeiter waren der Massenexodus und die rechtsgültige
Streichung aller ausstehenden Darlehen ein ungeheurer Durchbruch. Der Gerichtsvorsitzende nannte es eine »Revolution« und
stellte fest, zwar sei sie den Ziegeleibesitzern gegenüber ungerecht, es
gebe aber keine andere unmißverständliche Lösung des Problems,
ohne Unmögliches zu verlangen – nämlich die Rückzahlung durch
Hunderttausende armer Arbeiter, die weder die Mittel noch den
Willen dazu hätten. Seit Beginn der Ziegelsaison des Jahres 1989
hatte die Beziehung zwischen Arbeitern und Ziegeleibesitzern vorübergehend eine neue Grundlage. Besitzer, die Zwang ausgeübt hatten, mußten sich nun zurückhalten, andere fingen an, ihre Bücher
gewissenhafter und durchschaubarer zu führen, und im ganzen Land
stieg der Stücklohn für die Ziegelformer auf fast das Doppelte, da die
Eigentümer um Arbeiter konkurrierten (viele Familien hatten ihre
plötzliche Schuldenfreiheit genutzt, um der Ziegelherstellung den
Rücken zu kehren). Hätte die Ziegeleiarbeitergewerkschaft sich damals darauf konzentriert, daß die in der gerichtlichen Anordnung
vorgesehenen Maßnahmen wirklich befolgt wurden, wäre die Schuldknechtschaft vielleicht allmählich verschwunden. Leider kam es ganz
anders. Der derzeitige Vorsitzende der Ziegeleiarbeitergewerkschaft
erinnert sich:

> *Nachdem den Ziegeleiarbeitern ihre Schulden erlassen worden wa-*
> *ren, kamen Leute aus all den anderen Beschäftigungszweigen, die*
> *nach dem Peshgi-System arbeiteten, beispielsweise aus der Land-*
> *wirtschaft und der Teppichherstellung, zur Gewerkschaft. Sie woll-*
> *ten ebenfalls von ihren Schulden befreit werden.*

Diese plötzlich auf sie einstürmende Unmenge von Forderungen
aus anderen Wirtschaftsbereichen stellte eine ungeheure Belastung
für die Gewerkschaft dar. Gerade als sie versuchte, neue Programme
für Arbeiter durchzusetzen, beispielsweise Schulausbildung für die
Kinder, stand sie plötzlich im Mittelpunkt internationaler Kampagnen. Ausgerechnet jetzt, als die Ziegeleiarbeiter starke Anführer

brauchten, um das Erreichte abzusichern, erwies ihre Führung sich
als völlig überfordert, sowohl durch die Arbeit, die all dies mit sich
brachte, als auch aufgrund der feindseligen Haltung der Regierungs-
stellen. Einer der ersten Unterstützer der Ziegeleiarbeitergewerkschaft war der Präsident der Public Health Association of Pakistan,
der Medizingenetiker Professor M. Aslamkhan. Als ich mit ihm
sprach, beschrieb Aslamkhan, wie er als ehrenamtlicher Mitarbeiter
Ziegeleien inspiziert und verletzte oder kranke Arbeiter und deren
Familien behandelt hatte. Doch irgendwann nach der »Revolution
von 1988« überwarfen sich viele der ursprünglichen Wortführer miteinander. Sie brachten ungeheuerliche Vorwürfe gegeneinander vor,
und jede Seite bezichtigte die andere, die Ziegeleiarbeiter getäuscht
und für ihre eigenen ehrgeizigen Pläne mißbraucht zu haben. Als ich
die verschiedenen an der »Revolution« beteiligten Persönlichkeiten
befragte, drängte sich mir – vor allem da die Aufzeichnungen und
Berichte, die man mir gegeben hatte, nicht mit ihren Aussagen über-
einstimmten – der Verdacht auf, man wolle sich meiner bedienen,
um persönliche Feindseligkeiten auszutragen.

Als die Ziegeleiarbeitergewerkschaft rasch an Einfluß gewann, reagierte die Regierung ausgesprochen unwirsch. Die Fehde zwischen
einigen Organisatoren lenkte das Augenmerk der Öffentlichkeit von
dem Problem der Schuldknechtschaft auf die innergewerkschaft-
lichen Auseinandersetzungen. Andere Organisationen zur Unterstützung von durch das Peshgi-System ausgebeuteten Arbeitern wurden
ins Leben gerufen, und der Einfluß der Ziegeleiarbeitergewerkschaft
schwand. Derzeit hat sie lediglich 5.000 Mitglieder; ihr Vorsitzender
erklärte, nach den Erfahrungen von 1988 wolle man nichts mehr mit
»Intellektuellen« oder ausländischen Menschenrechtsorganisationen zu tun haben. »Es ist das beste«, erklärte er mir, »wenn wir unter
uns bleiben.«

Die Revolution von 1988 wirkte jedoch fort, und Anfang 1992
wurde ein Gesetz verabschiedet, das die Schuldknechtschaft abschaffte. Laut Definition handelte es sich um Schuldknechtschaft,
wenn ein Arbeiter als Gegenleistung für ein Peshgi-Darlehen seine

Freiheit der Arbeitsplatzwahl, seine Freizügigkeit oder das Recht auf einen Mindestlohn aufgab. Das Gesetz verbot ausdrücklich, Zwang anzuwenden oder jemanden zur Arbeit zu nötigen. Außerdem annullierte es alle Schulden von Arbeitern in Schuldknechtschaft und verbot die Beschlagnahmung etwaigen Besitzes als Aufrechnung gegen diese Schulden. Zusätzlich konnte jeder, der neunzig Tage nach Inkrafttreten des Gesetzes nach wie vor Arbeiter in Schuldknechtschaft festhielt, mit bis zu fünf Jahren Gefängnis bestraft werden. Dieses außergewöhnliche Gesetz kam zustande, weil nationale und internationale Interessen zusammenfielen. Seit Mitte der achtziger Jahre hatten Menschenrechtsorganisationen Berichte über das Elend der Schuldknechtschaft in Pakistan, vor allem in der Ziegel- und der Teppichindustrie, veröffentlicht. Die Regierung Pakistans sah sich zunehmend internationalem Druck ausgesetzt, etwas zu unternehmen. Dennoch hätte sie wahrscheinlich nicht reagiert, wäre es nicht im Land selbst zu dramatischen Ereignissen gekommen. 1989 kam General Zia, der Militärdiktator Pakistans, bei einem Flugzeugabsturz ums Leben; kurz darauf fanden Wahlen statt. Der neue Premierminister, Nawaz Sharif, ordnete die Wiedereinsetzung des Parlaments an und sicherte Pressefreiheit zu; er blieb bis 1992 im Amt. Kurz bevor eine »Interimsregierung« ihn ablöste, wurde das Bonded Labour Abolition Act (»Gesetz zur Abschaffung der Schuldknechtschaft«) verabschiedet. Einige Monate später wurde Benazir Bhutto, eine in Großbritannien ausgebildete Anwältin, Premierministerin. Da sie mehr Gespür für die internationale Meinung hatte, hoffte man, ihre Regierung werde dem neuen Gesetz Geltung verschaffen. Doch bislang wurde noch nie jemand unter Berufung auf dieses Gesetz angeklagt.

Alles in allem war es ein hervorragendes Gesetz und hätte sich unmittelbar auswirken sollen. Da man sich jedoch nicht darauf verlassen kann, daß die Polizei den Gesetzen unparteiisch Geltung verschafft, benötigen relativ machtlose Gruppen Fürsprecher. Ziegeleibesitzer, die das Peshgi-System unbedingt beibehalten wollten, gingen hart gegen Arbeiter vor und verstärkten die Sicherheits-

vorkehrungen in den Ziegeleien. Wie die pakistanische Menschen-
rechtskommission 1994 feststellte, wurde »weiterhin in großem
Umfang Arbeit erzwungen ... und zwar betraf dies schätzungsweise 20 Millionen Menschen«.[12] Heute häufen Familien, wie bereits beschrieben, wieder riesige Schulden an und werden deswegen zwangsweise festgehalten. Die Inflation zehrte die Erhöhung
der Stücklöhne von 1989 auf. Das Recht der Arbeiter auf Freizügigkeit und gerechte Bezahlung wird ihnen regelmäßig verweigert.
Weiterhin wird das Peshgi-System praktiziert, obwohl es gegen
das Gesetz verstößt. In einer Ziegelei nach der anderen berichteten
Ziegeleibesitzer wie auch Arbeiter, nach den Unruhen von 1988
und trotz der Verabschiedung des neuen Gesetzes sei alles wieder
so wie früher.

DRECK, GELD UND ZIEGELHERSTELLUNG

Was wird wohl aus den Familien, die in Pakistan Ziegel herstellen?
In vieler Hinsicht ist es noch zu früh, dazu etwas zu sagen. Wenn
man sieht, wie das Land sich zunehmend in interne Konflikten verstrickt und die Korruption sich ständig verschlimmert, besteht wenig Hoffnung auf eine Veränderung durch ein Eingreifen der Regierung. Doch in einer Hinsicht unterscheidet die Ziegelherstellung in
Pakistan sich grundlegend von allen anderen Formen der neuen
Sklaverei: Sie bringt keine hohen Gewinne ein. Das Rohmaterial für
Ziegel ist billig wie Dreck, weil es Dreck *ist*. Weit höher sind die anderen Unkosten. Durchschnittlich werden Ziegel in Pakistan heute
für 1.000 Rupien ($ 20) pro 1.000 Stück verkauft. Wie wir bereits ge-
sehen haben, erhalten die Familien der Ziegeleiarbeiter etwa 100 Rupien ($ 2) dafür, Lehm zu 1.000 Rohziegeln zu verarbeiten. Außer-
dem müssen noch die Träger, die Stapler, die Heizer, die Ausräumer
und die Transportarbeiter bezahlt werden. Das steigert die Kosten
für die Herstellung von 1.000 Ziegeln noch einmal um 200 Rupien
($ 4). Bei weitem am meisten kostet jedoch der Brennstoff. Um einen

Ofen rund um die Uhr auf etwa 800 Grad zu erhitzen, benötigt man
sehr viel Kohle – jeden Monat mehrere hundert Tonnen. Die Brenn-
stoffkosten für Kohle, Holz und Öl schlagen so mit weiteren 500 Rupien ($ 10) pro 1.000 Ziegel zu Buche. Außerdem muß man noch das
Gehalt des Verwalters sowie die Ausgaben für Reparaturen, Wasser,
Miete, Fahrzeugwartung und so weiter dazurechnen; letztlich kostet
es den Ziegeleibesitzer insgesamt 900 Rupien ($ 18), die Ziegel her-
zustellen, die er für 1.000 Rupien ($ 20) verkaufen kann.

Ein Gewinn von 10 bis 15 Prozent – mehr kann man aus einer
Ziegelei kaum herausholen. Selbst wenn man die Arbeiter versklavt
und ihnen nichts bezahlt, läßt sich der Profit allenfalls auf 25 Prozent
steigern. Manche Ziegeleibesitzer verbessern ihre Lage, indem sie
ins Baugewerbe einsteigen und so die Ziegelei nutzen, um den Zwi-
schenhändler für die Ziegel zu umgehen. Doch die meisten Eigentümer können allenfalls auf einen bescheidenen Gewinn hoffen. Zudem sorgen die etwa 7.000 Ziegeleien im Land immer für genügend
Wettbewerb, so daß die Preise niedrig bleiben, und die Gesamtnach-
frage hat mittlerweile stark nachgelassen. In Verbindung mit der instabilen, auf Kurzfristigkeit anlegten Art des Gewerbes plaziert diese
niedrige Profitrate die Ziegelherstellung in Pakistan in eine gesonderte Kategorie der neuen Sklaverei. Obwohl das Peshgi-System aus
einer äußerst ungerechten und von Ungleichheit geprägten wirtschaftlichen Realität erwächst, ist es für Arme fast die einzige Möglichkeit, einen Kredit zu erhalten. In dieser Methode vermengen sich
einige aus dem Feudalismus überkommene Beziehungen zwischen
Besitzer und Arbeiter mit der Übergangswirtschaft des modernen
Kapitalismus; dies führt zu einer Art von Knechtschaft, die in der
Mitte zwischen der alten und der neuen liegt. Deshalb läßt sich kaum
vorhersehen, wie es in diesem Wirtschaftszweig weitergeht.

Auf den ersten Blick scheint die Ziegelherstellung sich sehr für
eine Mechanisierung zu eignen. Schließlich sprechen wir hier von
handgemachten Ziegeln. Moderne Maschinen zur Ziegelherstellung
arbeiten zehnmal schneller als die fleißigste Familie, und selbst die
kleinsten automatisierten Ziegeleien haben einen Ausstoß von

40.000 Ziegeln täglich; das ist doppelt soviel, wie man von Hand herstellen kann. Doch bis heute bringt die Mechanisierung die kleinen Hersteller nicht in Gefahr, aus dem Geschäft gedrängt zu werden. Die Kosten für eine Neuausstattung sind hoch, und ein Investor dürfte nur auf sehr lange Sicht imstande sein, die bereits an der untersten Schwelle liegenden Preise für handgefertigte Ziegel zu unterbieten. Die Ziegelindustrie ist in eine Art Sackgasse geraten: Ziegel sind so billig, daß selbst Maschinen nicht konkurrieren können, doch die Gewinne stagnieren auf niedrigem Niveau. Folglich bleibt die Familie, die Ziegel formt, selbst in der besten Ziegelei immer in einer Lebensweise gefangen, die nicht mehr als das bloße Überleben sichert. Und angesichts der derzeitigen wirtschaftlichen Misere Pakistans können Ziegelmacher, die ihre Stelle verlieren, sehr schnell vom Existenzminimum ins Elend abgleiten. Wir stehen hier vor einem grundlegenden moralischen Dilemma der Sklaverei: Was ist vorzuziehen, Hungern in Freiheit oder Knechtschaft mit ausreichend zu essen?

Sexueller Mißbrauch am Arbeitsplatz, Löhne, die lediglich das Überleben sichern, wachsende Verschuldung, die geringe Rentabilität der Ziegeleien, religiöse und ethnische Diskriminierung, eine korrupte Polizei und Gesetze, denen keine Geltung verschafft wird – all dies trägt dazu bei, Menschen in eine Armutsfalle zu locken und schlimmstenfalls in Schuldknechtschaft zu zwingen. Und da alle diese Faktoren sich verschlimmern, sind die Aussichten für die Ziegeleiarbeiter nicht gut. Wäre den Fundamentalisten, die in Pakistan einen derart großen Einfluß ausüben, mehr an Respekt gegenüber Frauen, an Ehrlichkeit im Geschäftswesen sowie am Schutz der Armen – wie der Koran es fordert – gelegen, sähe das Ganze möglicherweise anders aus. Würde die Regierung den von ihr erlassenen Gesetzen Geltung verschaffen, die Korruption ausrotten und die Polizei dem Gesetz unterwerfen, gäbe es vielleicht Hoffnung. Würde den Ziegeleiarbeitern zudem klar, daß ihre Anzahl ihre Stärke ausmacht, und würden sie sich straff organisieren sowie die Ereignisse von 1988 bis 1989 hinter sich lassen, könnte es zu dramatischen Veränderungen kommen. Da es jedoch immer häufiger zu Streitigkeiten kommt, ist kein Anzeichen für einen Wandel zu erkennen. Die düsteren Aussichten sind um so entmutigender, wenn wir sehen, daß die Lage nicht weit entfernt hinter der Grenze zu Indien ganz anders aussieht. In einem Land, das großteils unter genau den gleichen Problemen leidet, mit denen auch Pakistan zu kämpfen hat, lassen Familien die Schuldknechtschaft hinter sich. Eine Schlüsselrolle spielen dabei offenbar unser alter Freund, das Maultier, und jene vierzig Morgen Land.

INDIEN
DIE PFLÜGERMAHLZEIT

Wie lebt es sich als indischer Landarbeiter in Schuldknechtschaft? Vielleicht können Sie sich eine annähernde Vorstellung von seinem Alltag machen, wenn Sie bei sich zu Hause folgendes Experiment durchführen:

Besorgen Sie einen kleinen Sack Reis oder, besser noch, schlicht ungemahlenen Weizen. Füllen sie einen Becher viermal mit Reis oder Weizen. Und dann ernähren Sie eine fünfköpfige Familie einen Tag lang mit der abgemessenen Menge. Zu jeder Mahlzeit steht jedem nur ein Drittel eines Kaffeebechers Körner zu, damit es für den ganzen Tag reicht. Falls Sie Weizen verwenden, müssen Sie ihn zu Mehl mahlen und mit Wasser mischen, um daraus weiches, ungesäuertes Brot zu backen. Reis brauchen Sie nur wie gewohnt zu kochen. Und dann wiederholen Sie das für den Rest Ihres Lebens, Tag für Tag.

Es gibt sogar ein paar Möglichkeiten, für Abwechslung zu sorgen. Alle zwei Wochen ersetzen Sie die Hälfte der Reis- oder Weizenkörner durch Bohnen oder Linsen. Im Hinterhof finden Sie vielleicht ein wenig Löwenzahn oder Klee; das Grünzeug kochen Sie mit dem Reis (glauben Sie mir, nach etwa einer Woche schmecken auch Unkräuter recht gut). Und wenn Sie noch etwas Energie übrig haben, bauen Sie ein paar Paprikastauden oder Zwiebeln oder zusätzliche Bohnen an. Dann arbeiten Sie noch härter, um genügend Zwiebeln ernten und einige davon gegen Speiseöl und Salz eintauschen zu können. Und so geht das zwanzig oder dreißig Jahre lang.

Falls Sie den Versuch wirklich realistisch gestalten wollen, sollten Sie auch für die richtigen Umstände sorgen und in einer Lehmhütte hausen, die aus einem einzigen Raum mit einem Fußboden aus nackter Erde besteht; das Wasser zum Kochen schleppen Sie aus einer Entfernung von mindestens einer halben Meile heran. Um Ihr Essen zuzubereiten und sich warmzuhalten, verbrennen Sie in einer Ecke Ihres Raums Kuhdung. Erkrankt eines Ihrer Kinder infolge des Rauchs an Lungenentzündung, verkaufen Sie Ihr Getreide, anstatt es zu essen, um Medikamente besorgen zu können. An solchen Tagen essen Sie dann gar nichts.

Dies kommt einem langsamen Verhungern gleich, ist die auf grausame Weise ausgewogene Art, bei minimalen Unkosten soviel Arbeit wie möglich aus den aufgrund ihrer Verschuldung versklavten Arbeitern herauszuholen. In Indien wurden die verschiedenen Versionen von Knechtschaft über die Jahrhunderte hinweg verfeinert – vermutlich handelt es sich um die ältesten und langlebigsten Versklavungsmuster der Welt. Am Beispiel Indiens sehen wir, wie die Knechtschaft im Verlauf der Menschheitsgeschichte ihren Anfang nahm. Doch was weit wichtiger ist: Es erlaubt uns auch einen Ausblick auf Möglichkeiten, der Sklaverei ein Ende zu setzen. Indien, ein Land, in dem es wohl mehr Sklaven gibt als in allen anderen Länder der Welt zusammengenommen, macht bei der Beendigung der Sklaverei mehr Fortschritte als jeder andere Staat.

Die Sklaverei abzuschaffen ist eine ungeheure Aufgabe. Zusätzlich zu den althergebrachten Formen der Knechtschaft auf dem Land bilden sich in den Städten zahlreiche neue Arten der Sklaverei heraus. In Indien existiert Knechtschaft in einer verblüffenden Vielfalt von Formen. Angesichts der Armut des Landes und der Größenordnung der diversen Versklavungsysteme ist es erstaunlich, wie man dort mittlerweile bei der Bekämpfung der Sklaverei vorankommt. Was hat man hier unternommen, das in Thailand, Brasilien und Pakistan versäumt wurde? Der Unterschied liegt gewiß nicht in den natürlichen Reichtümern: Indien ist ärmer als die drei anderen Länder. Und wie diese ist es von Korruption und Zwietracht durchsetzt. Um eindeutigere Antworten zu erhalten, müssen wir uns von den globalen Maßstäben wirtschaftlichen Wachstums oder des Bruttoinlandsprodukts lösen und mit Landarbeitern reden, die aus der

Knechtschaft freigekommen sind. Doch um den Weg zu ihren Reisfeldern zu finden, müssen wir uns zunächst das Land als Ganzes mit
seinen vielen Sklaven ansehen.

IHR TÄGLICH BROT (UNGESÄUERT)

Zu unserem oben beschriebenen Experiment können wir deswegen
so genaue Angaben machen, weil eine bestimmte Art der indischen
Schuldknechtschaft sehr präzisen Regeln unterliegt. Ein Arbeiter,
der in die Schuldenfalle geraten ist, erhält für seine tägliche Arbeit
kein Geld, sondern statt dessen nur etwas mehr als ein Kilogramm
Weizen (das ist die Regel), Reis oder Bohnen (eher selten). Als Gegenleistung für diese tägliche Getreideration arbeiten die Leute tagtäglich von morgens bis abends für ihren Grundherrn. Falls sie noch
etwas Zeit und Kraft übrig haben, können sie versuchen, auf der
Fläche von etwa einem Morgen, die ihnen der Grundherr überläßt,
ein wenig zusätzliche Nahrung anzubauen. Die indische Schuldknechtschaft ist weit entfernt vom Peshgi-System Pakistans. In den
Ziegelbrennereien dort wurde für die Herstellung der Ziegel ein
Stücklohn bezahlt; daher war es für eine Familie möglich, wenn
auch nicht wahrscheinlich, mit ihrem Einkommen nach und nach
die Schulden zurückzuzahlen. Im Rahmen der in der indischen
Landwirtschaft üblichen Schuldknechtschaft büßt eine Familie jegliche Freiheit ein und erhält keinen Lohn oder Stücklohn. Sobald sie
Schulden aufnimmt oder sich einfach nur in den »Schutz« eines
Grundherrn begibt, erhält sie von diesem zweierlei: die tägliche Getreideration und Zugang zu einem kleinen Fleckchen Land, auf dem
sie zusätzlich Nahrung anbauen kann, mehr nicht.

In dieser Knechtschaft überlebte eine der ältesten Formen der
Versklavung. Sklaverei, wie wir sie kennen, nahm ihren Anfang, als
die Menschen seßhaft wurden, mit dem Anbau von Feldfrüchten
begannen und nicht mehr als Jäger und Sammler umherzogen. Was
wir als Beginn der Menschheitsgeschichte bezeichnen, war oft auch

der Beginn der Knechtschaft. Vor etwa 11.000 Jahren wurden in drei
Regionen die Menschen allmählich seßhaft: in Mesopotamien,
Ägypten und den Ebenen Indiens. Die Anfänge der Landwirtschaft
führten zur Herausbildung neuer Gesellschaften. Diese umfaßten
Menschen, die für uns ohne weiteres unterscheidbar sind: Bauern
und Städter, Anführer und Gefolgsleute, Soldaten und Bürger, Herren und Sklaven. Die Bürokratien, die erforderlich waren, um diese
großen Menschenansammlungen zu verwalten, entsprachen in etwa
den heutigen. Bestimmte Leute saßen in irgendwelchen Räumen
und schoben irgendwelche Papier hin und her (na schön, zumindest
Tontafeln), während die meisten anderen schuften mußten. Die
Nahrung für die Anführer, Soldaten, Bürokraten und Herren mußte
von den Leuten auf den Feldern erwirtschaftet werden, und es war
viel leichter, sich diese Lebensmittel anzueignen, wenn man die Bauern streng überwachte. An diesem Punkt kamen die Soldaten ins
Spiel, die Menschen »eroberten« (versklavten) und sie unter Kontrolle hielten – und so ging das jahrtausendelang. Im Verlauf der
letzten dreihundert Jahre veränderten die Verhältnisse im einstigen
Mesopotamien und in Ägypten sich dramatisch. In Indien hingegen
arbeiten die Bauern trotz vieler Invasionen und klimatischer Veränderungen weiterhin unter der Knute ihrer Grundherren. Es ist eine
erschreckende und zugleich ehrfurchteinflößende Vorstellung, daß
einer der versklavten Landarbeiter, denen wir etwas später begegnen
werden, ein direkter Nachkomme eines Sklavenarbeiters aus jener
Zeit sein könnte, eines Vorfahren, der uns so fern ist, daß man drei-
hundertmal »Ur« vor das Wort Großvater setzen müßte, um ihn
einzuordnen.

In Indien ist die Schuldknechtschaft nicht nur langlebig, sondern
auch weit verbreitet. Der Pflüger und seine Familie gehören zu den
Millionen versklavten Landarbeitern; Hunderte ähnliche Tätigkei-
ten werden von anderen erledigt, die fast genauso leben. Der Tee, den
Sie trinken, wurde möglicherweise von versklavten Arbeitern in
Assam gepflückt. Schmuck, Edelsteine, Ziegel, Holz, Stein, Zucker,
Feuerwerkskörper, Kleider, Teppiche – in Indien werden fast alle in

Ein Großteil der Arbeit in der indischen Landwirtschaft wird von Arbeitern in Schuldknechtschaft erledigt, beispielsweise von diesen Frauen, die Viehfutter sammeln. (Foto: J. Maillard; mit freundlicher Genehmigung des International Labour Office)

Handarbeit hergestellten Güter vermutlich von Schuldsklaven angefertigt. Oft werden sie auch für Zubereitung und Verkauf von Essen,
Tragen und Schleppen, Viehhüten, Prostitution und sogar Betteln
und organisierten Diebstahl eingesetzt. Niemand weiß, wie viele
Schuldknechte es in Indien gibt; Schätzungen zufolge sind es Millionen, doch ob es sich um zwei, zehn oder zwanzig Millionen handelt,
ist nicht klar. Regierungsberichte geben bekanntlich immer viel zu
niedrige Zahlen an – viele Bundesstaaten bestehen darauf, daß es im
Bereich ihrer Rechtshoheit keine Schuldknechtschaft mehr gebe,
obwohl zahlreiche Dokumentationen das Gegenteil beweisen.

Angesichts der Größe des Landes ist es natürlich ungeheuer
schwer, irgend etwas in Indien als ganzem betrachtet zu beschreiben.
Mit 950 Millionen Menschen (vor fünfzig Jahren waren es noch 350
Millionen) lebt hier ein Sechstel der Weltbevölkerung. Die Menschen sprechen mehr als tausend Sprachen und Dialekte und verteilen sich auf etwa sechshundert als solche anerkannte »Stämme« Eingeborener mit einigen hundert weiteren Untergliederungen. Allein
diese sprechen mehr als dreihundert Sprachen. Einige der 22 Bundesstaaten Indiens unterscheiden sich voneinander wie ferne Länder, und eine Fahrt von hundert Meilen kann bedeuten, daß man auf
völlig andere Sitten, eine andere Sprache, andere gesellschaftliche
und familiäre Strukturen und Lebensweisen trifft. Es gibt nur sehr
wenig, das man in ganz Indien findet, doch Schuldknechtschaft
dürfte dazugehören.

Angesichts derart vieler verschiedenen Kulturen in einem einzigen Land ist es nicht verwunderlich, daß man Versklavung durch
Verschuldung in vielen Variationen findet. Manche Schuldknecht-
schaften gehen von den Eltern auf die Kindern über. In anderen
Fällen überläßt eine Familie ihr Kind einem Grund- oder Handels-
herrn, meist als Viehhüter oder Dienstbote. Einige Formen sind
reiner Feudalismus: Arbeiter schuften für ihren Herrn und erhalten im Gegenzug ihre tägliche Nahrung. Sie sind jederzeit für jede
Arbeit verfügbar und haben nicht das Recht, ohne die Erlaubnis
ihres Herrn für andere zu arbeiten oder wegzugehen. Oft geraten

Witwen in Knechtschaft; als Gegenleistung dafür, daß sie jegliche Unabhängigkeit sowie die Kontrolle über ihre Arbeit aufgeben, erhalten sie zwei Mahlzeiten täglich; meistens werden sie in den Haushalt ihres Herrn aufgenommen und wohnen dann oft in einem Rinderstall oder einem anderen landwirtschaftlichen Gebäude. Die Form der Schuldknechtschaft, die wir zu Beginn des Kapitels vorgestellt haben, heißt *Koliya*-(=Land-)System. Hier gibt der Arbeiter seine Freizügigkeit auf und erhält im Gegenzug das Nutzungsrecht für ein kleines Stück Land sowie einen Zuschuß für Nahrungsmittel. Wir werden uns das Leben mehrerer Familien näher ansehen, die im Bundesstaat Uttar Pradesh in dieser Art von Schuldknechtschaft festgehalten werden.

Sämtliche unterschiedlichen Arten von Knechtschaft haben einiges gemeinsam: Alle versklavten Arbeiter leben unter der Androhung von Gewalt. Sie haben das Recht auf Freizügigkeit eingebüßt und dürfen ihre Arbeitskraft nicht mehr nach Belieben verkaufen. Ihre Arbeitszeiten sind stets extrem lang, und sie erhalten entweder gar keinen Lohn, oder aber dieser liegt weit unter dem Existenzminimum. Und es braucht nicht eigens erwähnt werden, daß sie oft als Untermenschen behandelt und ihrer Menschenwürde beraubt werden. Da es sich hier häufig um traditionelle Formen der Sklaverei handelt, wirft die Arbeit in Schuldknechtschaft unter Umständen hohe Gewinne ab – oder auch nicht. Schon allein das Ausmaß der in Form von Schuldknechtschaft in Indien geleisteten Arbeit bringt es mit sich, daß vielfältige Formen sowohl der alten als auch der neuen Sklaverei nebeneinander bestehen. Einige nutzen althergekommene Bräuche und Aberglauben, um die Versklavten unter Kontrolle zu halten.

Man braucht sich nur den Fall einer *Devadasi* anzusehen, einer jungen Frau, die man mit einem Gott verheiratet, was durchaus nicht so erfreulich ist, wie es sich vielleicht anhört. Arme Familien, die lokale Gottheiten besänftigen und sich eine glückliche Zukunft sichern wollen, opfern eine Tochter, indem sie sie mit einer solchen Gottheit »verheiraten«. Ist das Mädchen erst einmal »verheiratet«, wird es zur »Heiligen« erklärt, muß in den Tempel ziehen und sich um ihn kümmern. Andere Arbeiten darf sie nicht verrichten; sie darf das Dorf nicht verlassen, sich nicht »scheiden« lassen und einen anderen heiraten und steht unter der Aufsicht der Männer, die den Tempel verwalten. Seit Jahrhunderten zwingen diese die jungen Frauen zur Prostitution; auf diese Weise wird der Tempel zugleich zum Bordell. Alle weiblichen Kinder der »Heiligen« werden ebenfalls als *Devadasi* aufgezogen; die Frauen bringen ihr ganzes Leben als versklavte Prostituierte zu, während die Männer, die den Tempel unterhalten, die Profite einstecken.

Kinder stellen auch einen großen Teil der versklavten Arbeitskräfte in Indien. Besonders bekannt sind die Kinder, die in der Gegend um die Stadt Sivakasi im Bundesstaat Tamil Nadu Feuerwerkskörper und Streichhölzer herstellen. In diesen Fabriken arbeiten etwa 45.000 Kinder – vermutlich die weltweit größte Konzentration von Kinderarbeit. Jeden Morgen zwischen drei und fünf Uhr fahren Busse der Fabriken die Dörfer in der Umgebung ab. Ortsansässige Vermittler führen Listen der Kinder, deren Alter zwischen dreieinhalb und fünfzehn Jahren liegt; sie bezahlen den Eltern einen Vorschuß und legen damit den Grundstein zur Schuldknechtschaft. Sie sorgen dafür, daß die Kinder bereits auf den Beinen sind und in den Bus für die Fahrt zu der Fabrik steigen, in der sie dann zwölf Stunden lang arbeiten. Im Rahmen einer Untersuchung von UNICEF, in deren Verlauf 33 Busse überwacht wurden, stellte man fest, daß jeden Tag 150 bis 200 Kinder in einen einzigen Bus gepfercht werden und erst nach sieben Uhr abends wieder in ihre Dörfer zurückkehren. Während der Vorbereitungen zum großen Diwali (dem Lichterfest) weiten die Fabriken die Arbeitszeiten aus und produzieren sieben Tage pro Woche.

In schmuddeligen, düsteren Verschlägen rollen und verpacken die Kinder die Feuerwerkskörper. Die Schießpulvermischung ist aggressiv und ätzt ihnen im Lauf der Zeit die Haut von den Fingern. Blasen bilden sich, und die Kinder können nicht weiterarbeiten, da die Chemikalien sich schnell in das freiliegende Fleisch fressen. Fünf oder sechs Tage würde es dauern, bis die Blasen verheilt sind, aber eine so lange Arbeitsunterbrechung würde bedeuten, daß das Kind entlassen wird. Also drückt man statt dessen in der Regel ein glühendes Kohlestück oder eine glimmende Zigarette auf die Blase, um sie aufplatzen zu lassen und die Wunde auszubrennen. Mit der Zeit bildet sich auf den Fingerspitzen der Kinder ein dichtes Narbengewebe. Außerdem gelangen gemahlenes Kaliumchlorat sowie Phosphor und Zinkoxyde in die Lungen und führen so zu Atemproblemen und Blutvergiftungen.

Die *Devadasi* und die Kinder in den Feuerwerksfabriken sind nur zwei Beispiele für die zahlreichen Arten von Sklavenarbeit in Indien. Wollte man die vielen hundert Spielarten der Schuldknechtschaft im ganzen Land beschreiben, würde das etliche Bücher füllen. Die Lebensläufe dieser versklavten Menschen stehen für Millionen Tragödien. Um gegen das Aufkommen der neuen Sklaverei anzukämpfen, müssen wir Indien verstehen. Doch das Land ist so groß, und es gibt so viele Formen der Knechtschaft – wo sollen wir da anfangen? Ich beschloß, mich auf Uttar Pradesh zu konzentrieren.

WO DER TOD DIE SEELE HINWEGTRÄGT

Wenn man von einem Bundesstaat sagen kann, daß er für Indien repräsentiv ist, so ist das Uttar Pradesh, eine der bevölkerungsreichsten und vielgestaltigsten Regionen des Landes, die einen Großteil der indischen Kultur und Politik bestimmt. Es ist das Kernland des Hindi, der wichtigsten einheimischen Sprache, die zugleich die offizielle Amtssprache ist. Im Norden grenzt es im Himalaja an China; dort entspringt der heilige Fluß Ganges. Am anderen Ende des Staates liegt der heilige Ganges-Übergang bei Varanasi, dem Ort, wo gemäß dem Hindu-Glauben der Tod die Seele zu ihrer endgültigen Befreiung übersetzt. Die Gegend hier war eine der Wiegen des prähistorischen Ackerbaus. Überall findet man heilige Stätten der Hindus, der Buddhisten und der Muslime. Und diesen Teil Indiens

sehen wohl alle ausländischen Besucher des Landes. In der Stadt
Agra, unter den Moguln Hauptstadt ganz Indiens, steht das be-
rühmte Tadsch Mahal. Weiter im Osten liegt Allahabad, die Heimat
der Familie Nehru, die in den letzten fünfzig Jahren drei indische
Premierminister stellte. Den Touristen, die zum Tadsch Mahal fahren, bietet die Szenerie von Uttar Pradesh mit ihren sich weit hin-
dehnenden, wogenden Feldern, bestellt von Arbeitern, die hinter
Ochsen pflügen oder Reisfelder bewässern, den typischen Anblick
einer indischen Landschaft. Allerdings bemerken Besucher, die die
pittoresken Bauern fotografieren, wohl kaum, daß diese wahrscheinlich Schuldknechte sind.

Versklavung infolge Verschuldung ist charakteristisch für Uttar
Pradesh. Sie tritt unter verschiedenen Bezeichnungen und in jeder
der oben aufgeführten Formen auf. Männer, Frauen und Kinder
arbeiten versklavt in der Landwirtschaft, in Steinbrüchen, Ziegeleien, Bergwerken und Fabriken für Streichholzschachteln und Feuerwerkskörper; sie stellen Zigaretten, Messinggegenstände, gläserne
Armreife, Töpfereiwaren und Teppiche her. Besonders im Norden
von Uttar Pradesh, wo die ländlichen Grundherren über große
Macht verfügen, können Familien auseinandergerissen werden, wenn
Frauen und Kinder gegen die Schulden des Mannes versteigert werden. Niemand weiß, wie viele durch Schulden gefesselte Arbeiter es
in diesem Staat gibt. Eine Studie untersuchte 235 Dörfer und kam auf
eine Gesamtzahl von schätzungsweise 500.000 versklavten Arbeitern. Wie viele es auch sein mögen, die meisten sind in Landarbeit
eingespannt und stammen aus den unteren Kasten (in Indien nennt
man sie offiziell »verspätete« oder »rückständige« Kasten). Ihre
Schulden rühren meist von einer aktuellen Krise – Krankheit, Verletzung oder Hungersnot – oder von der Notwendigkeit her, die Kosten
für Bestattungsriten oder Hochzeitsfeierlichkeiten aufzubringen.
Natürlich ist es auch durchaus möglich, daß die Schuld schon seit
Generationen besteht. Tatsächlich können die Familien der versklavten Arbeiter und die Grundherren bereits seit Jahrhunderten in
diese parasitäre Beziehung eingebunden sein.

Fast alle Grundherren stammen aus den oberen Kasten und besitzen ausgedehnte Ländereien. Hingegen sind nahezu alle in Schuldknechtschaft verstrickten Arbeiter Analphabeten und landlos; diejenigen, denen eine Parzelle gehört, müssen sie oft als Sicherheit für ihre Schulden verpfänden (und schließlich aufgeben). Wenn ein so großer Anteil der ländlichen Arbeitskraft in Schuldknechtschaft lebt, kann dies unterschiedliche Auswirkungen haben. So wie es im amerikanischen Süden »gute« und »schlechte« Plantagenbesitzer gab, finden sich auch in Uttar Pradesh »gute« und »schlechte« Grundherren. Die meisten erlauben ihren Arbeitern nicht, ihre Ländereien zu verlassen oder in ihrer Freizeit für jemand anderen zu arbeiten. Manche achten streng darauf, die Familien ihrer Arbeiter nicht auseinanderbrechen zu lassen, halten sie jedoch gleichzeitig langfristig in Abhängigkeit. Andere quälen und mißbrauchen ihre Arbeiter, und sexuelle Übergriffe Frauen gegenüber sind nichts Außergewöhnliches.

Im abgeschiedenen nördlichen Teil des Bundesstaats, nahe den Bergen, haben die Grundherren praktisch unbeschränkte Macht über die landlosen Arbeiter. Die zu den höchsten Kasten zählenden Brahmanen und Rajputs haben sämtliche öffentlichen Stellungen inne, besitzen das Land und fungieren als Geldverleiher. Landarbeiter, die Schulden bei ihnen haben, sind in dem oben beschriebenen System gefangen – sie stellen ihre gesamte Arbeitskraft zur Verfügung; dafür erhalten sie zwei Mahlzeiten täglich und dürfen ein Stückchen Land nutzen. Da der ortsansässige Richter ebenfalls Grundherr ist, werden die Gesetze regelmäßig dazu eingesetzt, die Arbeiter unter Kontrolle zu halten. Man erhebt falsche Anschuldigungen gegen freie Arbeiter, und diese können die gegen sie verhängten Geldstrafen nur bezahlen, wenn sie sich Geld leihen und so in Schuldknechtschaft geraten. Auch gegen bereits versklavte Arbeiter werden hohe Geldstrafen verhängt: Man bestraft sie beispielsweise, weil sie »das Gut verlassen« oder eine »Kartoffel gestohlen« haben, und da sie die Strafe bezahlen müssen, bleiben ihre Schulden hoch. Das Problem wird dadurch noch verschärft, daß es in dieser

Gegend üblich ist, einen Brautpreis zu bezahlen. Männer müssen sich das für eine Heirat benötigte Bargeld beim Geldverleiher besorgen. Auf diese Weise werden junge Männer, deren Eltern in Schuldknechtschaft leben, die selber aber nicht davon betroffen sind, in das grausame Spiel hineingezogen. Außerdem liefern die Bergregionen eine große Anzahl der Prostituierten für die Städte im Tiefland. Eine schreckliche Ironie: Gelegentlich verkaufen Männer ihre Frauen in die Prostitution, um mit dem Erlös die Schulden zu tilgen, die sie aufnehmen mußten, um sie heiraten zu können. Diese Praxis nahm in den letzten fünfzig Jahren zu, da die Opfer der Knechtschaft alter Art mittlerweile versuchen, ihr Los zu verbessern, indem sie Frauen und Mädchen in die neue Sklaverei der städtischen Bordelle verkaufen.[1]

Wenn in Uttar Pradesh ein Mann davonläuft, wird alles, was ihm gehört, manchmal sogar seine Kinder, beschlagnahmt und versteigert. Die verbleibenden Schulden gehen auf den ältesten Sohn über, dessen Arbeit gegen die Schuldzinsen aufgerechnet wird. Anders als in Pakistan, wo religiöse Vorschriften es untersagen, Zinsen zu verlangen, betragen diese in Indien bis zu 60 Prozent. Die grundlegende Vereinbarung besagt allerdings, daß die *gesamte* Arbeit des Arbeiters die Zinsen abdeckt, während die eigentliche Schuld in bar zu begleichen ist. Wachsen die Schulden an, werden immer mehr Familienmitglieder vom Grundherrn in Knechtschaft genommen; die Frauen und Kinder erledigen häusliche Arbeiten, kümmern sich um den Garten und versorgen das Vieh. Von den Arbeitern wird verlangt, ihren Daumenabdruck – das indische Standardverfahren für Analphabeten, Dokumente zu »unterzeichnen« – unter »Verträge« und in Rechnungsbücher zu setzen, die die Grundherren für eventuelle Inspektionen durch Außenstehende bereithalten. Da sie zumeist Analphabeten sind, haben die Arbeiter keine Ahnung, was sie da »unterschrieben« haben.

Gelegentlich erfordern Großprojekte in Uttar Pradesh besondere Anstrengungen seitens der Grundherren und Behörden. Bei Bauvorhaben benötigt man mehr Arbeiter, als von den Feldern abgezogen werden können; in diesem Fall importieren die örtlichen Beamten auf ganz ähnliche Weise Familien aus anderen Bundesstaaten, wie man Brasilianer aus weit entfernten Gebieten anwirbt, um in der Holzkohleindustrie zu arbeiten. In einem Fall fand man kürzlich fast hundert durch Schulden versklavte Arbeiter, die in einem Verschlag mit den Ausmaßen von 18 auf 4,5 Meter eingeschlossen waren.[2] Sie erhielten nur wenig Nahrung und Wasser; viele waren krank und wurden nicht ärztlich versorgt. Familienoberhäuptern, denen man bei der Abfahrt im Bundesstaat Orissa 600 Rupien vorgestreckt hatte, wurden die Transportkosten zur Baustelle berechnet. Der nominelle Tageslohn von 16 Rupien reichte nicht annähernd aus, die Schulden abzuzahlen, die weiter stiegen, da die Beamten den Familien die Kosten für das Essen in Rechnung stellten. Tagsüber wurden die Arbeiter von bewaffneten Posten bewacht, des Nachts eingesperrt. Selbst das im Besitz der indischen Regierung befindliche Bauunternehmen National Project Construction Corporation in Uttar Pradesh wurde beschuldigt, Arbeiter auf diese Weise versklavt zu haben.

An den Ufern des magischen Flusses

Im Süden Uttar Pradeshs, im Tal des Ganges, liegt Allahabad. Die Stadt wurde an einer allen Hindus heiligen Stätte errichtet, dort, wo drei große Flüsse aufeinandertreffen. Hier vereinigen sich Ganges und Yamuna mit dem magischen, unsichtbaren »Fluß der Erleuchtung« – dem Sarawasti, der in mystischen Regionen entspringt. Ihr Zusammenfluß ist ein heiliger Ort, eines der großen Pilgerziele in Indien. Das religiöse Fest, das man hier feiert, ist das größte der Welt. Es zieht mehr als drei Millionen Besucher an, die in den Flußebenen und an den Ufern ausgedehnte Zeltstädte errichten.

Etwa dreißig Meilen von der Stadt entfernt, eine Meile abseits einer Überlandstraße, liegt das Dorf Bandi. Diese dreißig Meilen bis Allahabad mit seiner Universität, den Verwaltungsgebäuden und Fabriken könnten ebensogut dreitausend Meilen sein, wenn man

sich den Unterschied zwischen den beiden Orten ansieht. In Bandi
sind die modernste Neuerung drei mit Handpumpen ausgestattete
Brunnen, die die Regierung kürzlich im Dorf installierte. *Dorf* ist
eigentlich beinahe ein zu gewichtiges Wort, um Bandi zu beschreiben. *Siedlung* würde eher passen. In den fünfunddreißig verstreut
liegenden Häusern leben rund zweihundertfünfundzwanzig Menschen. Es gibt einen kleinen Laden, er gehört zu einer Mühle, die
Weizen mahlt, Reis schält und Senfsaat zu Öl preßt. Die »Zivilisation« ist nicht allzu weit entfernt, da es entlang der Überlandstraße
eine Reihe von Läden und die Möglichkeit gibt, einen Bus in die
Stadt zu nehmen, falls man das Geld dafür hat. Die Ortsmitte bildet
ein kleiner, von der Regierung angelegter See, in dem die Leute baden, ihre Kleidung waschen, fischen, ihre Tiere tränken und waschen;
aus ihm schöpfen sie auch das Wasser, das sie brauchen. Meist lassen
sich einige Wasserbüffel im See treiben. An einem Ufer errichteten
die Bewohner einen kleinen hinduistischen Schrein.

Das Dorf Bandi kann sich glücklich schätzen. Es liegt nicht allzu weit vom Fluß entfernt, und die Bewässerungskanäle versorgen
einen Teil des nahe gelegenen Landes. Auch der See bewässert die
Felder, die den größten Teil des Dorfes ausmachen. Der Grund und
Boden ist in unregelmäßige kleine Parzellen von jeweils ein paar
hundert Quadratmetern aufgeteilt, die durch aufgeworfene Dämme
voneinander getrennt sind, gerade breit genug, daß man darauf gehen kann. Mehr als 70 Prozent des Landes befinden sich in der Hand
zweier Grundherren, von denen einer auch der Besitzer des Ladens
und der Mühle ist. Alles dreht sich um Landwirtschaft, und fast alle
arbeiten für die Grundherren.

In Bandi traf ich eine Anzahl von Arbeitern in Schuldknechtschaft, und über einen Zeitraum von mehreren Wochen hinweg erfuhr ich im Sommer 1997 mehr über ihr Leben. Ein junger indischer
Forscher, Pramod Singh, hatte einige Zeit in dem Dorf verbracht
und die Arbeiter auf meinen Besuch vorbereitet. Da sie mich erwarteten und Vertrauen zu Pramod gefaßt hatten, sprachen viele der
Arbeiter freimütig über ihre Lage. Einige Kinder hatten allerdings

immer noch Angst vor mir, da ich der erste Weiße (hochgewachsen und von der Sonne verbrannt) war, den sie je gesehen hatten. Andere Kinder mußten einfach nur lachen über dieses unbeholfene, komisch gekleidete Wesen, das in der gnadenlosen Hitze ständig aus einer Wasserflasche trank. Die meisten Dorfbewohner waren freundlich und liebenswürdig, ganz in der Art sehr armer Leute, die den Geiz der Bessergestellten beschämt. Sie essen, was ich zu Beginn des Kapitels beschrieben habe; dennoch boten sie an, das Wenige zu teilen. Viele der Arbeiter, die ich dort kennenlernte, arbeiten nach dem Koliya-System: Im Austausch für ihre Arbeitskraft erhalten sie täglich ihr Kilo Getreide und das Recht, ein kleines Stück Land zu nutzen, bleiben jedoch weiterhin verschuldet. Manche kamen bereits verschuldet zur Welt und erwarteten nichts anderes, als verschuldet zu sterben. Andere hatten sich befreit, und ihre Geschichten sind besonders interessant, da sie einen Weg aus der Knechtschaft weisen.

DORFGESCHICHTEN

Baldev

Das erste Mal traf ich Baldev beim Pflügen. Hinter einem einzigen Ochsen lenkte er einen primitiven Pflug über ein kleines Stück Land. Die hölzerne Schar schnitt eine schmale Furche in den Boden, den sie kaum aufwarf. Viele Male würde er die Erde umpflügen müssen, um sie für die Aussaat vorzubereiten. Baldev verbringt einen großen Teil seines Lebens auf diese Weise, denn er ist ein versklavter *Halvaha*, ein Pflüger. Sein Grundherr nennt ihn »meinen *Halvaha*«. An jenem Morgen mußte Baldev hart arbeiten, aber für ihn war es ein guter Tag. Um zu zeigen, daß alles prächtig lief, erzählte er mir als erstes, daß er gefrühstückt hatte. Baldev nimmt nur selten ein Frühstück zu sich, da er jedoch für das Pflügen Kraft brauchte, hatte er ein paar eingeweichte und mit ein wenig Salz und grünen Chilischoten gekochte Kichererbsen gegessen. Als wir uns unterhielten, war es etwa 11 Uhr vormittags; er pflügte bereits seit 7 Uhr morgens. Nach weiteren zwei Stunden würde er Pause machen und sich während der heißesten Zeit des Tages hinlegen. Von 3 bis 7 Uhr nachmittags würde er dann weiterarbeiten.

Wir teilten uns das Wasser und setzten uns auf die Bank am Rand des Ackers; Baldev hockte sich vor uns auf den Boden. Er gehört der Kohl-Kaste an und ist daher für die Mitglieder höherer Kasten »unberührbar«; aus Höflichkeit wollte er nicht neben mir sitzen – er nahm an, ich stammte aus einer höheren Kasten, obwohl ich ihm versichert hatte, dies sei nicht der Fall. Ich fragte ihn, wie lange seine Familie schon in Bandi lebte, und er antwortete:

Wir leben seit jeher hier. Ich weiß nicht, was vor meinem Großvater war, aber er hat gesagt, wir hätten immer hier gelebt. Mein Groß-vater war ein Halvaha für den Grundherrn, und auch mein Vater war sein Halvaha. Sie waren alle durch Schulden gebunden – mein Vater durch die Schulden seines Vaters; über die Schulden meines Großvaters weiß ich nichts. Das ist ganz normal. Leute der Kohl-Kaste wie wir sind seit jeher an Brahmanen wie meinen Herrn gebunden. So ist es hier immer gewesen.

Weiß jeder, daß du in Schuldknechtschaft lebst?

Natürlich, auf jeden Fall alle hier in der Gegend. Wie ich schon ge-sagt habe, meine Familie arbeitet schon seit langer Zeit für densel-ben Herrn. Das hier ist schließlich ein kleiner Ort, und jeder weiß von jedem, was er tut. Ich weiß nicht, ob es in der Stadt jemand weiß oder die Regierungsinspektoren. Zuerst habe ich gedacht, Sie beide sind vielleicht irgendwelche Inspektoren, als ich Ihre Kleidung gese-hen habe. Aber ich habe so meine Zweifel, ob die sich darum küm-mern, was hier geschieht. Jedenfalls habe ich die Schulden meines Vaters geerbt, und so habe ich immer gewußt, daß ich Halvaha werde. Ich schätze, das haben alle gewußt.

Wie hoch sind deine Schulden?

Nun, als ich Halvaha für meinen Herrn wurde, das ist jetzt fünf-zehn Jahre her – ich kann mich nicht erinnern, wie hoch sie damals

*waren. Jetzt sind es etwa 900 Rupien [$ 25]. Einmal sind wir zur
Hochzeit eines Verwandten gegangen, und da habe ich mir für die
Fahrt und um neue Kleider zu kaufen 500 Rupien geborgt; das war
vor ein paar Jahren. Zweimal mußte ich Geld leihen, um Medikamente zu kaufen, als eines der Kinder krank war. Meistens wachsen
die Schulden aber durch kleine Beträge, die ich mir borge, um so Sachen wie Dünger zu kaufen. Mein Herr stellt mir zwei Bighas [etwa
2 Morgen] zur Verfügung, darauf baue ich Bohnen und Linsen für
uns an. Wenn ich etwas ernten will, muß ich Dünger verwenden.
Statt Geld könnte ich auch Dünger von meinem Herrn leihen, doch
dann muß ich bei der Ernte den eineinhalbfachen Betrag zurückzahlen. Bei all diesen Sachen, Saatgut und Pestiziden, muß man bei
der Ernte das Eineinhalbfache zurückzahlen. Auch für die Bewässerung des Feldes muß ich bezahlen – eine Gebühr an die örtliche Verwaltung, die den Kanal betreibt. Wenn die Bezahlung fällig ist und
ich kein Geld habe, muß ich mir welches vom Herrn leihen, denn
wenn du für die Bewässerung nicht bezahlst, geben sie dir gar kein
Wasser mehr, und du verlierst alles.*

Kannst du die Ernte irgendwie verwerten?

*Na ja, sie bewahrt uns vor Hunger. Jede freie Minute muß ich mich
um die Feldfrüchte kümmern, weil ich einen Teil davon verkaufen
will, um so die anderen Dinge besorgen zu können, die wir brauchen. Schauen Sie, auf meiner Parzelle ernte ich ungefähr 400 Kilogramm Bohnen und Linsen. Die bringen etwa 10 Rupien pro Kilo.
Wenn ich alles verkaufen könnte, brächte mir das 4.000 Rupien
[$ 110] ein, doch auf den Betrag komme ich nicht einmal annä-
hernd. Für die Aussaat brauche ich etwa 60 Kilo Saatgut, die mich
15 Rupien pro Kilo kosten. Alles, was ich mir vom Herrn leihe, muß
ich mit 50 Prozent Aufschlag zurückzahlen. Falls ich mir die 60 Kilo
Saatgut vom Herrn leihe, muß ich 90 Kilo zurückzahlen. Das gleiche gilt für Dünger und alles andere. Einiges von unserer Ernte behalten wir und essen es im Verlauf des Jahres; den Rest verkaufe ich.*

Was machst du mit dem Geld?

Damit bezahlen wir alles, was wir sonst noch brauchen. Viererlei

Sachen müssen wir kaufen: Öl zum Kochen, das macht etwa 10 Ru-
pien die Woche. Dann Salz – das ist recht billig, kostet uns ungefähr
4 Rupien pro Monat. Gemüse ist teurer, vielleicht 20 oder 30 Rupien
die Woche. Für Licht brauchen wir Kerosin, doch dafür geben wir
nur 6 Rupien im Monat aus, weil wir ins Bett gehen, wenn es dun-
kel wird; die Lampe brauchen wir also nicht sehr oft. Wenn uns
dann allmählich das Geld ausgeht, kaufen wir kein Gemüse mehr,
sondern essen nur noch das Getreide, das wir von unserem Herrn
bekommen, und dazu die Linsen, die uns geblieben sind.
Zur Zeit der Ernte, wenn ich meine Erträge verkauft habe, ist die
eine große Ausgabe des Jahres fällig. Da kaufen wir neue Kleider.
Wir haben nur ein oder zwei Kleidungsstücke zum Wechseln, und
nach einem Jahr sind die alten vollkommen abgetragen; die Kinder
wachsen auch aus ihren Sachen heraus. Wir sind zu fünft, da macht
das eine Menge Geld aus, mehr als 1.000 Rupien [$ 28]. Nur in der
Zeit nach dem Verkauf meiner Ernte besitze ich soviel. In den mei-
sten Jahren geht das Geld vor der nächsten Ernte aus; manchmal
kommen wir über die Runden, ohne uns etwas zu leihen, aber
manchmal geht es nicht anders.

Später gingen wir zu dem Haus, das Baldev gemeinsam mit seiner
Frau Markhi und ihren drei Söhnen bewohnt: ein einziger Raum,
der etwa zwei mal fünf Meter mißt. Die Wände bestehen aus einem
mit Lehm bestrichenen Rahmengeflecht aus Zweigen. Das Dach ist
aus Reet und ruht auf vier Pfosten. An diesen Pfosten hängen, für
Tiere nicht erreichbar, ein paar Säcke mit Bohnen oder Linsen und
den Kräutern, die die beiden gesammelt und zum Trocknen mit
nach Hause gebracht haben. Der niedrige Eingang hat keine Tür;
zwei kleine Wandöffnungen ziemlich weit oben dienen als Fenster.
In einer Ecke steht ein kleiner Herd, ebenfalls aus Lehm; er hat keinen Kamin, so daß der Rauch den ganzen Raum füllt und zur Decke
steigt, die völlig verrußt ist. Markhi bereitet alle Mahlzeiten auf dem
kleinen Feuer zu, das sie mit Kuhdung und Zweigen am Brennen
hält. Ihre gesamte Habe würde wahrscheinlich unter das einzige Bett

passen – ein Rahmen von 1,80 Meter Länge, mit Seilen bespannt und ohne Matratze. Sie besitzen ein paar Töpfe, einige einfache Handwerkzeuge, ein paar Hemden, einen Krug, eine Lampe und ein Paar Sandalen. Vor dem Haus haben sie einen Zaun aus Dornbüschen gepflanzt, der eine Fläche von etwa 12 Quadratmetern mit einem Baum als Schattenspender einfaßt. Einen großen Teil ihres häuslichen Lebens verbringen sie unter diesem Baum; dabei dient ihnen das Bett als Sitzbank. Wenn es heiß ist und eine leichte Brise weht, schlafen sie oft auch hier draußen. Etwa 50 Meter entfernt befindet sich ein offener Brunnen, aus dem Markhi mit einem Eimer, der an einem Seil befestigt ist, Wasser schöpft. Ich fragte Markhi, ob sie im Dorf aufgewachsen sei:

Nein, ich komme aus Chandpur in Madya Pradesh [einem etwa sechzig Meilen von Bandi entfernten Nachbarstaat]. *Mein Vater starb, als ich noch ein kleines Mädchen war. Er war dort an einen Herrn gebunden. Da haben wir genauso gelebt wie hier. Vor etwa zehn Jahren bin ich hierhergekommen und habe Baldev geheiratet. Das haben Verwandte arrangiert. Seit damals bin ich hier.*
Was arbeitest du die meiste Zeit über?
Neben Kochen und Waschen arbeite ich wie Baldev auf dem Feld. Oft jäte ich Unkraut, das ich aus den Feldern unseres Herrn rupfe. Ich pflanze und säe und ernte, wenn es an der Zeit ist. Fast alles außer Pflügen, das macht nur Baldev. Auch die Jungen muß ich zur Arbeit anhalten. Wir pflücken grüne Blätter von den Pflanzen und Unkräutern auf den Feldern und solche, die man kochen kann. Ich sorge dafür, daß sie diese Sachen sammeln.
Gehen sie zur Schule?
Nein, nicht mehr. Vor ein paar Jahren haben wir die beiden Älteren zur Schule geschickt, aber das hat nichts gebracht. Anscheinend haben sie dort überhaupt nichts gelernt. Manchmal sind sie einfach weggelaufen und haben auf den Feldern gespielt. Papier und andere Sachen für die Schule zu kaufen war wirklich teuer, also behalten wir sie jetzt zu Hause. Sie helfen mir hier.

Baldev zeigte auf das Haus und fügte hinzu:

Außerdem gibt hier genug zu tun. Schauen Sie sich die Lehmwände an – die muß ich zweimal jährlich neu mit Lehm bestreichen. In ungefähr zwei Wochen geht es wieder los. Sie müssen repariert werden, ehe die Regenzeit einsetzt, sonst löst der Regen den Lehm einfach auf, und er fällt vom Rahmen herunter. Man muß auf die Regenfälle vorbereitet sein: Das Feld muß gepflügt und deine Wände müssen fertig sein. Und außerdem muß ich alle zwei bis drei Jahre das Dach mit neuem Reet decken. Länger hält es nicht. Das ist ein Problem, denn der Grundherr ist der einzige im ganzen Umkreis, der das Schilf anbaut. Man muß es also von ihm kaufen oder sich Geld von ihm leihen, um es woanders zu besorgen. Wenn das Reet nichts mehr taugt, darf man nicht warten, sonst ist alles kaputt, wenn der Regen kommt. So geht es dauernd; selbst wenn du einmal eine gute Ernte hast, mußt du immer mehr ausgeben als reinkommt, und dann mußt du borgen.

Ich fragte Baldev, ob er je einen Teil seiner Schulden abbezahlt habe.

Nein. Im Lauf der Jahre ist es nach und nach immer mehr geworden. Ständig ist etwas mit den Kindern, und wenn einer krank wird, müssen wir Medikamente kaufen. Manchmal habe ich im Frühjahr nicht einmal genug Geld, um den nötigen Dünger zu kaufen, und so wachsen die Schulden immer mehr an. Wenn die Jungen älter werden und arbeiten können, geht es vielleicht einmal voran. Ich mache einfach weiter, bis die Schulden abbezahlt sind, und wenn ich zu alt zum Arbeiten bin, werden meine Söhne für mich sorgen.

Was ist mit deinem Grundherrn? Wie behandelt er dich?

Na ja, den kenne ich schon mein ganzes Leben lang; auch mein Vater hat für ihn gearbeitet; er ist jetzt schon ziemlich alt. Er hat uns immer das Getreide gegeben, das uns zusteht, und uns gut behandelt, aber in den letzten Jahren ist er sehr streng geworden. Wenn inzwischen jemand ins Dorf kommt, von der Regierung oder so, erlaubt er nicht, daß ich mich mit denen treffe. Wenn er weiß, es kommt jemand, schickt er mich zu irgendwelchen Arbeiten weg. Er versucht, uns hier zu halten, und hat angefangen, mich viel mehr herumzukommandieren – ständig heißt es: »Tu dies, tu jenes.« Natürlich muß ich alles tun, was er mir aufträgt.

Am selben Tag führte ich ein wenig später ein seltsames Gespräch mit Baldevs Herrn. Er besitzt oben an der Überlandstraße nach Allahabad einen kleinen Laden für Fahrradreparaturen; wir hielten dort an, um uns mit ihm zu unterhalten. Im Verlauf unseres Gesprächs wurde der alte Herr immer nervöser und aufgeregter. Anfangs erklärte er uns, er bewirtschafte selbst sechzig Morgen, abgesehen von den zwei Morgen, die er Baldev zur Nutzung überlassen habe. Dann erklärte er, Baldevs Vater habe für jemand anderen gearbeitet, und Baldev sei erst vor drei Jahren in das Dorf gekommen. Als wir ihn nach der Getreidemenge fragten, die auf seinem Land und auf Baldevs Parzelle wachse, behauptete er, Baldev niemals Land zur Nutzung überlassen zu haben, und stellte dann fest, daß Baldev arbeite überhaupt nicht für ihn. Einen Augenblick später erzählte er, daß er Baldev in jeder Saison 100 Kilo Getreide bezahle. Die Widersprüche häuften sich, und er wurde immer nervöser; schließlich gaben wir auf und gingen. Zuvor hatten wir mit anderen Grundherren gesprochen, die aalglatt das Koliya-System rechtfertigten und voll offizieller Doppelzüngigkeit die herzlichen Gefühle für ihre »mit ihnen verbundenen« Arbeiter hervorhoben. Baldevs Herr schien einer der letzten der alten Schule zu sein, ein Mann, der nicht begreifen konnte, daß das alte System sich zumindest eine neue Fassade zulegen muß.

Es mag den Anschein haben, als seien Baldev und Markhi nur zwei sehr arme Ackerbauern und Naturalpächter wie andere arme Bauern in den Entwicklungsländern auch. Doch wir sollten uns nicht davon täuschen lassen, daß sie nicht unter offener Gewalt zu leiden haben: Sie sind Sklaven. Baldevs Herr betrachtet diesen als sein Eigentum, als sanftmütiges Lasttier. Das Koliya-System ist eher noch stabiler als die alte Sklaverei im amerikanischen Süden. Andererseits handelt es sich auch nicht um die bösartige, brutale Kurzzeitknechtschaft der neuen Sklaverei, aber das Fehlen von Gewalt

wird durch die Aussichtslosigkeit wettgemacht. Baldev und Markhi
haben sich endgültig mit ihrem Schicksal abgefunden. Es bedarf
kaum irgendwelcher Gewaltanwendung, um sie in der Sklaverei festzuhalten. Diejenigen, die unter der neuen Sklaverei zu leiden haben,
wie die Frauen in den thailändischen Bordellen, geben manchmal
jede Hoffnung auf eine Befreiung auf, doch Baldev wurde schon
ohne Hoffnung geboren. Er und seine Nachbarn leben am Rand des
Verhungerns und arbeiten sich so ihrem frühen Grab entgegen. Und
beklagen sich kaum. Ihre Geschichten erzählten sie mir vollkommen
teilnahmslos. Da sie seit Generationen *Halvahas* sind, sehen sie kaum
Alternativen. Baldev glaubt, solange er pflügen könne, habe seine
Familie zumindest zu essen. Doch die Situation rund um Baldev
ändert sich, und sein Herr hat gute Gründe, ihn versteckt zu halten.
Andere Familien im Dorf haben es mit Hilfe der Behörden geschafft,
sich aus der Knechtschaft zu befreien. Baldev ist der letzte Pflüger,
den dieser Grundherr besitzt, und ohne ihn müßte er den gängigen
Lohn für Landarbeiter bezahlen, wenn er seine Felder pflügen und
abernten lassen will.[3] Die Geschichte von Baldevs Nachbarn Munsi
legt jedoch den Schluß nahe, daß sein Herr möglicherweise davon
profitieren könnte, wenn er ihn »eingliedern« würde.

Shivraj und Munsi

Shivrajs Frau lief ins Haus, als wir den Hof betraten. Sie zog ein dün-
nes Baumwolltuch übers Gesicht und starrte uns dann von der Tür-
öffnung aus an. Solange wir uns dort aufhielten, zog sie sich jedesmal nach drinnen zurück, wenn wir zum Haus blickten. Ihre
Freundinnen standen indessen außerhalb des Dornenzauns und
beobachteten uns stumm; auch sie hatten die Gesichter verhüllt. Ein
kleines Mädchen von vielleicht drei oder vier Jahren, Shivrajs En-
kelin, stolperte kichernd um uns herum, während wir uns unterhielten. Sie tat alles, was Kleinkindern so in den Sinn kommt, um Erwachsene zu ärgern, wenn Besuch da ist: Sie sabberte auf unsere

Schuhe, zupfte an unserer Kleidung und hockte sich dann, während wir uns unterhielten, zwischen uns hin und pinkelte auf den Boden. Eine von Shivrajs weißen Jungkühen der Brahma-Rasse trottete herbei, als sie den Geruch des gerösteten und gesalzenen Getreides witterte, das man uns als Imbiß anbot. Wie Baldev ist Shivraj ein Schuldknecht, doch er ist ein wenig besser dran. Mit seinen fünfundvierzig Jahren ist er auch älter und hat ein paar Habseligkeiten angesammelt. Doch er ist immer noch mit Schulden belastet, die er nicht los wird:

Ich lebe seit jeher hier, wie schon mein Vater und mein Großvater. Wir haben immer hier gelebt, und ich habe stets für denselben Herrn gearbeitet. Als mein Vater gestorben ist, mußte ich seine Schulden übernehmen; das war vor fast dreißig Jahren. Bei seinem Tod schuldete er dem Herrn 1.200 Rupien, eine Menge Geld!
Warst du jemals schuldenfrei?
Nein, nie. Auch mein Vater und mein Großvater nicht. Aber es geht mal rauf, mal runter. Ich habe mit den 1.200 Rupien begonnen, die mein Vater ihm schuldete, aber ich mußte noch mehr leihen, um hier anfangen zu können. Vor ungefähr zwanzig Jahren hatte ich am meisten Schulden: 2.500 Rupien. Damals war ich noch jung und habe nicht so aufgepaßt. Außerdem mußten wir für zwei Familienfeste Geld borgen, zum Beispiel für die Hochzeit meines Sohnes. Vor zwei oder drei Jahren hatte ich es dann geschafft, auf 200 Rupien [$ 6] runterzukommenn. Fast war ich soweit, alles zurückzahlen zu können, aber dann haben wir bis zur nächsten Ernte einfach nicht durchgehalten. Ich mußte Geld leihen, um Dünger und Saatgut zu kaufen. Jetzt liegen meine Schulden wieder bei 1.400 Rupien [$ 39].  *Etwa 500 Rupien schulde ich der Behörde, weil ich mein Grundstück bewässern lasse. Eigentlich müßte ich es schaffen, den Betrag von meiner Ernte zurückzuzahlen. Ich muß einfach einen Weg finden, das zu bezahlen, sonst geben die mir kein Wasser mehr für mein Feld. Doch wie es so geht – es sieht ganz so aus, als müßte ich, wenn ich das bezahle, wieder etwas bei meinem Herrn leihen, da-*

mit ich Dünger für dieses Jahr kaufen kann. Mein Herr berechnet mir Zinsen für das Geld, das ich mir leihe, um Dünger zu kaufen, und auch für das, was ich ihm schulde, weil er mein Feld mit seinem Traktor pflügen läßt. Für jeweils 100 Rupien, die ich bei ihm aufnehme, muß ich monatlich 5 Rupien Zinsen bezahlen. Bei diesem Satz könnte es noch zwei oder drei Jahre dauern, bis ich die Schulden für eine einzige Aussaat zurückzahlen kann, doch dann schleppe ich wieder Schulden in die nächste Saison mit; so wächst die Gesamtschuld immer weiter. Seit mein Sohn vor drei Jahren verschwunden ist, haben wir es einfach nicht mehr geschafft, Schritt zu halten.

Was ist passiert? Warum ist dein Sohn weggegangen?

Er ist einfach verschwunden. Ich weiß nicht, warum. Frau und Tochter – das ist die Kleine hier – hat er zurückgelassen und ist einfach auf und davon. Wir waren krank vor Sorge, haben überall gesucht, ihn aber nicht gefunden. Er war damals zwanzig Jahre alt, und wenn er und ich zusammenarbeiten würden, könnten wir genug verdienen, um die Schulden zurückzuzahlen. Doch seit er weg ist, muß ich auch noch seine Frau und sein Kind mitversorgen.

Shivraj hielt inne und schaute nachdenklich drein, als wolle er eine Entscheidung treffen. Nach wenigen Augenblicken rief er nach seiner Frau und bat sie, etwas zu uns herauszubringen. Sie kam mit einem zerknitterten, schmuddeligen Brief; von uns abgewandt reichte sie ihn Shivraj. Vor zwei Tagen hatten sie diesen Brief von ihrem Sohn erhalten, nachdem sie drei Jahre lang nichts von ihm gehört hatten. Shivraj und seine Frau sind beide Analphabeten, und einer ihrer Nachbarn hatte versucht, ihnen den Brief vorzulesen, jedoch nicht alle Wörter entziffern können. Shivraj schämte sich, daß sein Sohn davongelaufen war, aber er wollte unbedingt wissen, wo er sich aufhielt. Und so bat er meinen indischen Kollegen Pramod Singh, ihm den Brief vorzulesen. Da auch sein Sohn Analphabet war, war dieser zu einem »Briefeschreiber« gegangen. Pramod las den Brief. Darin teilte der Sohn mit, es gehe ihm gut; er arbeite bei einer

Gruppe umherziehender Unterhaltungskünstler und hoffe, eines
Tages ein wenig Geld schicken zu können; und er erklärte, es tue ihm
leid. Das war alles, kein Absender, nichts, obwohl Pramod sah, daß
der Brief in einem anderen Bundesstaat aufgegeben worden war.
Shivraj war enttäuscht:

Ich wünschte, ich könnte irgendwie Verbindung zu ihm aufneh-
men. Wir wollen, daß er heimkommt, wir machen uns Sorgen um
ihn. Vielleicht ist er wegen der Schulden davongelaufen. Manchmal
glaube ich, er wollte nicht hierbleiben, um nicht wie ich für unseren
Herrn arbeiten zu müssen. Doch was ist das für ein Leben, das er
jetzt führt? Fahrendes Volk wie die, das sind schlechte Leute. Und
was wird aus seiner Frau und seiner Tochter?

Wir unterhielten uns noch eine Weile über seinen Sohn und den
Ort, an dem der Brief aufgegeben worden war. Ohne Absender-
adresse sahen wir keine Möglichkeit, Verbindung mit ihm aufzunehmen. Shivraj schien sich damit abzufinden, da nicht einmal mein
gebildeter Kollege das Problem lösen konnte.

Offenbar hatte er seine Zwangslage, die genauen Beträge, die er
schuldete, auch die Art, wie die Zinsen seine Schulden anwachsen
ließen, klar erfaßt. Mit dem Anbau der Feldfrüchte hatte er einigen
Erfolg, und da er seine Parzelle bewässerte, konnte er zwei Ernten
pro Jahr einbringen. Dadurch war sein Speisezettel abwechslungs-
reicher als bei den meisten anderen Familien. Mir schien er zu den
Männern zu gehören, denen man mit einem der Regierungspro-
gramme helfen könnte. Also fragte ich ihn, ob er je daran gedacht
habe, eine Unterstützung von der Regierung zu beantragen, um der
Knechtschaft zu entkommen.

O nein! Das ist ein großer Fehler, damit macht man alles nur noch
schlimmer! Ich schätze, Sie wissen nicht, was meinem Bruder
Munsi passiert ist. Er lebt auch hier in Bandi, drüben auf der ande-
ren Seite des Sees. Schauen Sie, es gibt verschiedene Programme, mit

denen man Bauern wie uns eingliedern will. Doch inzwischen spre-
chen die Grundherren sich mit den Beamten hier ab, und dann
kriegen sie das ganze Geld. Munsis Herr ist ganz freundlich zu ihm
gekommen und hat gesagt: »Ich habe Probleme. Wenn du mir nicht
hilfst, kann ich dir das tägliche Getreide nicht mehr geben – kannst
du mir bitte helfen? Wenn du mir jetzt hilfst, dann werde ich dir
eines Tages auch helfen.« Munsi hat also eingewilligt. Sein Herr hat
dann von der Regierung ein paar Formulare für ein Programm be-
kommen, nach dem Landarbeiter ein Darlehen erhalten, mit dem
sie sich selbständig machen können. Er hat sie ausgefüllt und Munsi
dazu gebracht, sie mit seinem Daumenabdruck zu unterzeichnen;
da er Munsis Herr ist, konnte er beweisen, daß Munsi ein durch
Schulden gebundener Arbeiter und deshalb berechtigt war, eine
Beihilfe zu beantragen. Nun, der Herr hat 35.000 Rupien [fast
$ 1.000] als Darlehen auf Munsis Namen bekommen, und als näch-
stes haben wir gehört, daß er es unter dem Namen seines Sohnes auf
einem Sparkonto bei der Bank in der Stadt angelegt hat. Jetzt sitzt
Munsi wirklich in der Falle. Der Herr hat das ganze Geld gekriegt
und erklärt, eines Tages werde er Munsi etwas davon abgeben. Doch
es ist Munsi, der der Regierung Geld schuldet. Jedesmal wenn ir-
gendwelche Regierungsbeamte ins Dorf kommen, fängt Munsi an
zu weinen und versteckt sich draußen in den Feldern! Er hat Angst,
daß sie ihn ins Gefängnis stecken, und wo soll er 35.000 Rupien her-
nehmen? Er muß jetzt alles tun, was sein Herr verlangt, oder er be-
kommt Probleme mit der Behörde. Es würde nichts bringen, sich an
die Beamten zu wenden, denn die haben das mit Munsis Herrn ein-
gefädelt und etwas von dem Geld abbekommen. Sie können jetzt
jedenfalls berichten, daß ein weiterer Arbeiter eingegliedert worden
ist. Ich habe auch ohne diese Art von Hilfe schon genug Probleme!

Oft werden die Programme, die darauf abzielen, in Schuldknechtschaft gehaltene Arbeiter zu befreien, durch Korruption unterlaufen. Auf lokaler Ebene werden die in der Hauptstadt entwickelten
Programme von Beamten umgesetzt, die eng mit den ortsansässigen

Grundherren zusammenarbeiten. Wie wir noch sehen werden, zeigten etliche Untersuchungen, daß Eingliederungsprogramme sowohl ein Fluch als auch ein Segen sein können. Dennoch, manchmal haben sie Erfolg. Offenbar sind dafür zwei Faktoren entscheidend: Die Regierungsbeamten müssen ehrlich sein, und das Programm muß den tatsächlichen Lebensumständen der durch Schulden in Knechtschaft geratenen Arbeiter entsprechen. Um sich aus ihren Fesseln zu befreien, müssen diese Leute hart arbeiten, aber das sind sie ja gewohnt. Wenn sie eine Chance bekommen, können sie ihrem Leben eine neue Richtung geben. Das wurde mir deutlich, als ich eine bemerkenswerte Frau namens Leela kennenlernte.

Leela

Leela ist etwa dreißig Jahre alt und überraschte mich, als ich sie traf. Anders als die übrigen Frauen im Dorf verhüllte sie weder das Gesicht, noch zog sie sich zurück, als wir zum Haus kamen. Statt dessen lud sie uns ein, auf den Bänken vor ihrem Haus Platz zu nehmen; sie sprach uns direkt an und sah uns dabei in die Augen. Sie strahlte ein Selbstbewußtsein aus, wie wir es bei keinem anderen im Dorf, ob Mann oder Frau, bemerkt hatten – mit Ausnahme des Grundherrn. Auf der Wand ihres Hauses war eine Inschrift in Hindi angebracht; ich fragte sie, was sie bedeutete.

Das ist der Name unserer Organisation; sie heißt »Frauenselbsthilfe«. Vor einigen Jahren sind einige Frauen von der Regierung gekommen und haben uns gezeigt, wie man so etwas anfängt. Ich bin im Dorf herumgegangen und habe meine Nachbarinnen dazu gebracht mitzumachen; inzwischen gehören ungefähr zweiundzwanzig Frauen zu uns.
Was machen Sie in dieser Organisation?
Anfangs haben die Damen von der Regierung uns etwas über Gesundheit und darüber erzählt, was man tun muß, um nicht krank

zu werden und die Kinder gesund zu halten. Eine Frau hat uns Le-
sen und Schreiben beigebracht. Ich konnte schon ein wenig Hindi
lesen und schreiben, und bei dem Unterricht habe ich wieder mehr
Übung bekommen und bin allmählich immer besser geworden.
Dann haben wir eine Wahl abgehalten, und sie haben mich zur
»Vorsitzenden« gewählt [sie verwendete ein Wort, das in etwa
»führende Repräsentantin« bedeutet]. *Kurz darauf haben wir die*
»Ausbildungskurse« angefangen. Beispielsweise haben wir gelernt,
wie man verschiedene Gewürze anbaut und jeweils zur richtigen
Zeit pflückt, wie man sie bündelt, trocknet und für den Verkauf her-
richtet. Nun haben wir unsere eigenen Gewürze und können einige
davon für gutes Geld verkaufen. Nach ungefähr einem Jahr ist dann
ein anderes Programm eingeführt worden. Das hat große Verän-
derungen mit sich gebracht: Jede Frau der Organisation hat eine
Milchziege bekommen. Die Ziegen gab es nicht umsonst, sie haben
800 Rupien [$ 22] *pro Stück gekostet, doch wir mußten nicht gleich*
zahlen. Ziegen kriegen normalerweise zwei Junge, und als unsere
Geißen warfen, haben wir die Zicklein aufgezogen und eines ver-
kauft, um das Geld für die Milchziege zurückzuzahlen, die man uns
gegeben hatte. Jetzt hat jede von uns zwei Ziegen, und wir haben
unsere eigene Milch.
Dann haben die Behörden einen Arzt in unsere Gegend geschickt.
Er hat uns sehr geholfen, und die Frauen von der Regierung haben
mich als Hebamme ausgebildet. Schließlich konnte ich dem Doktor
helfen, wenn er eine Frau entbinden mußte. Vorher hatten wir nie
einen Arzt gehabt, das war also wirklich eine große Verbesserung. Es
war mühsam, aber allmählich habe ich ziemliche Übung als Heb-
amme bekommen. Nach einiger Zeit hat der Arzt versucht, mir eine
Anstellung bei der Regierung zu verschaffen, um auf dem Gebiet zu
arbeiten. Wir haben lange gewartet, doch am Ende haben sie gesagt
nein, sie könnten mich nicht bezahlen. Sie hätten nicht genug Geld,
um eine Hebamme im Ort zu bezahlen. Dem Doktor habe ich trotz-
dem weiter geholfen, um noch mehr zu lernen. Nach einiger Zeit
hat er mir dann zwei Ochsen gegeben, für die Arbeit, die ich für ihn

geleistet hatte. Jeder war etwa 1.000 Rupien [$ 28] wert. Und das hat unser Leben wirklich verändert.

Was wurde mit den Ochsen anders?

Sehen Sie, mit den Ochsen konnten wir – also mein Mann und ich – selbst das Feld bestellen. Wir besitzen kein Land, aber mit den Ochsen können wir in Naturalpacht anbauen. Wir haben inzwischen zehn Morgen, die wir gegen einen Teil der Ernte, die der Grundherr bekommt, bestellen. Mit unseren eigenen Ochsen können wir selbst pflügen. Jetzt bauen wir auf allen zehn Morgen gerade Sojabohnen an. Die Arbeit ist hart; wir müssen die Felder mindestens dreimal pflügen, um sie für die Aussaat vorzubereiten. Dann wird gesät, und wenn die Bohnen wachsen, muß man ständig jäten. Mit dem Grundherrn haben wir vereinbart, daß wir halbe-halbe machen. Wir teilen die Kosten für Saatgut, Dünger und Bewässerung. Nach der Ernte bekommt der Grundherr dann die Hälfte des Ertrags. Auf jedem Morgen ernten wir ungefähr 150 Kilo Sojabohnen, da bleibt uns trotz der Unkosten ein wenig Geld übrig. Natürlich müssen die Ochsen auch versorgt werden – wir geben mehr als 1.000 Rupien jährlich für sie aus, aber dafür können wir sie manchmal auch verleihen. Gleichzeitig arbeiten wir auch noch für unseren alten Grundherrn. Mein Mann und ich schuften auf seinen Feldern; im Gegenzug bekommen wir die tägliche Menge an Getreide, und er überläßt uns ein Stück Land, auf dem wir Nahrungsmittel anbauen. Die ganze Zeit müssen wir entweder auf dem gepachteten Land oder für unseren Herrn arbeiten, aber mit dem zusätzlichen Geld aus der Naturalpacht haben wir mehr zu essen, und die Kinder können zur Schule gehen. Wir haben fünf Kinder, zwei Jungen und drei Mädchen; inzwischen gehen die Jungen und das mittlere Mädchen zur Schule. Ihre Bücher und all das können wir uns gerade so leisten. Es ist noch immer schwer, mit fünf Kindern über die Runden zu kommen. Wir sind sieben, und da reicht das, was wir auf dem Grundstück anbauen, das unser Herrn uns überlassen hat, nicht fürs ganze Jahr. Im Spätwinter gehen die Essensvorräte allmählich zu Ende, und das ist auch die Zeit, in der kaum andere Ar-

beit anfällt. Und weil wir nicht arbeiten, kürzt der Herr die Getrei-
deration. Der Spätwinter und der Frühjahrsbeginn können sehr
hart sein; manchmal finde ich zusätzliche Arbeit, aber zu der Zeit
suchen auch alle anderen Arbeit. Später im Jahr kann ich bei Hoch-
zeiten kochen, aber nur zu den Spitzenzeiten, etwa während der
Ernte, haben wir genug Arbeit.

Nach den Kriterien der indischen Regierung sind Leela und ihr
Mann »halb gebunden«: ein seltsam bürokratischer Begriff, doch die
Schwierigkeiten der Regierung, dem Gesetz gegen Schuldknechtschaft Geltung zu verschaffen, haben sie dazu gebracht, sich der gleichen terminologischen Tricks zu bedienen, wie wir sie aus anderen
Ländern kennen. Nach der ersten Kampagne zur Befreiung von Arbeitern aus der Schuldknechtschaft gegen Ende der siebziger Jahre,
in Indien als »Eingliederung« bezeichnet, gerieten die Programme
ins Stocken. Da man die Verantwortung für diese Rehabilitation zunehmend an ortsansässige Beamte delegierte, gewannen Korruption
und bürokratische Gleichgültigkeit die Oberhand. Hatte man anfangs örtlichen Beamten Mittel und Unterstützung für die Eingliederung gewährt, bestraft man sie mittlerweile, wenn sie zu viele
Arbeiter in Schuldknechtschaft »entdecken«. Die Justiz schlägt hart
zu, wenn solche Fälle aufgedeckt werden. Sie fragt zu Recht, warum
die örtlichen Behörden diese Verhältnisse so lange zugelassen haben
und was mit den Geldern geschehen ist, die für die Eingliederung
gewährt wurden. Eine Anklage führt häufig zu einer Untersuchung
durch Inspektoren der Zentralregierung. Um nicht beschuldigt zu
werden, bei der Durchsetzung der Gesetze gegen Schuldknechtschaft versagt zu haben, nehmen örtliche Beamte die existierenden
Fälle schlicht nicht zur Kenntnis. Viele Bundesstaaten berichten, innerhalb ihrer Grenzen sei die Schuldknechtschaft vollständig beseitigt, obwohl man bei einem Besuch dort einen ganz anderen Eindruck gewinnt. Nach den jüngsten offiziellen Berichten gibt es in
Bandi keinerlei Schuldknechtschaft mehr, nur kam niemand auf die
Idee, dies auch Baldev und den anderen im Dorf mitzuteilen. Um

dies zu verschleiern, benannte man Schuldknechtschaft offiziell in »gebundene« Arbeit um. Das klingt irgendwie harmloser, da eine »Bindung« nicht gegen das Gesetz verstößt. Baldev und Shiraj sind »gebunden«, da sie nur für ihren Grundherrn arbeiten dürfen. Leela und ihr Mann sind »halb gebunden«: Zwar arbeiten sie nach wie vor im Tausch für ihre Nahrungszuteilung auf dem Land ihres Herrn, doch sie sind auch Naturalpächter; auf diese Weise erzielen sie ein gewisses Einkommen und arbeiten somit außerhalb des Koliya-Systems. Der Himmel weiß, wie man Munsi einordnen soll. Offiziell ist er eingegliedert, doch in Wirklichkeit hat seine Versklavung durch die Komplizenschaft der Behörden eine neue Dimension angenommen. Munsi ist doppelt versklavt, und das in einer Weise, die sowohl Fantasie als auch Unverschämtheit erfordert. Diese Eigenschaften zeichnen, wie wir feststellen mußten, viele Grundherren in dieser Gegend aus.

Die Grundherren

Ich hatte gehofft, einiges über das Leben eines Grundherrn zu erfahren – seine Geschichte und seine Denkweise kennenzulernen, zu hören, welches Verhältnis er zu seinen versklavten Arbeitern hat und wie er die Zukunft sieht, doch es sollte nicht sein. Sicher, einige Grundherren sprachen mit uns, doch sie steuerten die Gespräche und hatten ihre Erklärungen und Rechtfertigungen sorgfältig vorbereitet. Manche waren bemerkenswert offen. So zum Beispiel der Grundherr, der gleichzeitig stellvertretender Arbeitskommissar für den Distrikt war. Er erklärte:

Natürlich habe ich Schuldknechte, schließlich bin ich Grundherr. Ich behalte sie und ihre Familien, damit sie für mich arbeiten. Wenn sie nicht auf den Feldern sind, lasse ich sie Hausarbeiten verrichten: Wäsche waschen, kochen, putzen, Reparaturen ausführen, einfach alles. Schließlich gehören sie der Kohl-Kaste an; die arbeiten

*eben für Vasyas wie mich. Ich gebe ihnen zu essen und ein wenig
Land, das sie bestellen können. Sie haben sich auch Geld geliehen
[wieviel, wollte er nicht sagen], also muß ich dafür sorgen, daß sie
auf meinem Land bleiben, bis es zurückgezahlt ist. Sie arbeiten auf
meinem Hof, bis alles abbezahlt ist; mir ist es egal, wie alt sie dabei
werden – man kann doch Geld nicht einfach so verschenken.
Jedenfalls geht es ihnen gut. Schauen Sie, mit dem Getreide, das ich
ihnen gebe, und dem Stück Land kommen sie auf weit mehr als auf
den offiziellen Landarbeiterlohn von 67 Rupien täglich. Es macht
mir nichts aus, ihnen soviel zu geben, denn als Beamter des Arbeits-
ministeriums muß ich niemandem Schmiergelder zahlen. Wäre das
nicht so, müßte ich die Polizei bestechen, nur um meine eigenen
Arbeiter zu halten. Schließlich ist nichts Schlimmes dabei, Arbeitskräfte an sich zu binden. Sie profitieren von dem System genauso
wie ich; auch wenn die Landwirtschaft vollständig mechanisiert ist,
werde ich meine abhängigen Arbeiter behalten. Sehen Sie, so wie
wir das machen, bin ich so etwas wie ein Vater für diese Leute. Es ist
eine Vater-Sohn-Beziehung: Ich beschütze und führe sie. Manchmal muß ich auch für Disziplin sorgen – wie ein Vater eben. Es war
nicht einfach, meine Arbeiter zu halten, als das neue Gesetz kam,
doch da ich in meinem Dorf für die Eingliederung verantwortlich
war, habe ich nie besondere Schwierigkeiten damit gehabt. Nun
sind alle in unserem Dorf offiziell eingegliedert, und ich bringe sehr
viel mehr Zeit damit zu, die Leute davon zu überzeugen, daß das
alte System besser ist und wir das Gesetz ändern müssen. Das System der Abhängigkeit gab den Arbeitern Sicherheit; wir sollten es
besser beibehalten und einfach dafür sorgen, daß die Getreideratio-
nen und das bereitgestellte Land dem Minimallohn entsprechen,
was ja der Fall ist.*

Als Pramod an dieser Stelle nachhakte und darauf hinwies, von
ihm in seiner Position würde man eigentlich erwarten, die Kne-
belung der Arbeiter zu beenden, statt sie zu befürworten, warf er uns
hinaus.

Ich kam mir vor, als wäre ich wieder in Alabama: »Sklaverei ist gut.« – »Sie verschafft *diesen Menschen* Sicherheit.« – »Sie wissen doch, die kommen allein nicht zurecht.« – »Wieso, ich bin für die doch so etwas wie ein Vater...« Es überraschte mich nicht, daß auch seine Zahlen nicht stimmten. Zwar trifft zu, daß der offizielle tägliche Mindestlohn für Landarbeiter bei 67 Rupien ($ 1,85) liegt, doch in Bandi erhält kein freier Arbeiter mehr als 30 Rupien (83 Cent). Aber selbst dieser Betrag ist mehr als doppelt so hoch wie der, den die versklavten Arbeiter bekamen. Der Wert des Getreides, das die Familien erhielten, lag zwischen 5 und 10 Rupien täglich. Die von ihnen angebauten Feldfrüchte für den Eigenbedarf und zum Verkauf dürften weitere 8 Rupien pro Tag ausmachen. Anders gesagt: Die ganze Familie erhält für eine Arbeitswoche von sechzig Stunden einen Gegenwert von vielleicht $ 3,50, weniger als 6 Cent pro Stunde also. Mit einem solchen Lohn können die Grundherren selbst bei kleinen Parzellen und niedrigen Verkaufspreisen einen hübschen Gewinn einstreichen. Eine Menschenfamilie kostet sie kaum mehr als das Doppelte eines Ochsenpaars, und Menschen kann man weit mehr Aufgaben übertragen. Der »Lohn« für Sklavenarbeiter macht nur einen kleinen Bruchteil der Betriebskosten eines Grundherrn aus.

Die meisten Grundherren unterhielten sich äußerst bereitwillig mit uns über die wirtschaftlichen Aspekte der Landbestellung. Solange wir präzise Fragen zu den Kosten von Saatgut oder zu den Vorteilen von Phosphat- gegenüber Stickstoffdüngern für die Reiserträge stellten, holten sie sogar ihre Bücher hervor, um uns bei der Aufzeichnung ihrer Informationen zu helfen. Sie schienen Wert darauf zu legen, ihre Art der Bewirtschaftung des Guts offenzulegen und klarzustellen, daß Sklavenarbeit nur einen kleinen Ausschnitt des Gesamtbilds darstelle. Sie wollten als Landwirte betrachtet werden, die auf dem neuesten Stand waren und eher zufällig dazu beitrugen, ein paar Familien unwissender und ungebildeter Arbeiter ihre Arbeitsplätze zu erhalten. In Wirklichkeit war die Sklavenarbeit jedoch der Schlüssel für ihren Profit. Der Großteil ihrer festen Kosten variierte kaum: Die Ausgaben für Saatgut, Dünger, Bewässerung, Grundsteuer, Leihgebühren für einen Traktor und Treibstoff schwankten von Jahr zu Jahr nur wenig, gingen aber ständig nach oben. Auch die Preise, die sie für ihre Produkte bekamen, änderten sich kaum. Nur indem sie mittels Versklavung die Arbeitskosten auf das absolute Minimum drückten, konnten sie große Gewinne machen. Ein Grundherr, der zwei versklavte Arbeiterfamilien hält und etwa 50 Morgen bewirtschaftet, schafft es, in einem durchschnittlichen Jahr einen Gewinn von 56 Prozent zu erzielen. Würde er seinen Arbeitern den ortsüblichen Tageslohn von 30 Rupien bezahlen, fiele sein Gewinn auf 36 Prozent. Und würde er den landesweit geltenden Mindestlohn von 67 Rupien täglich bezahlen, würde sein Betrieb weniger als ein Prozent Gewinn pro Jahr abwerfen.

Auch wenn diese Gewinne nicht so hoch sind wie in der neuen Sklaverei, ermöglichen sie doch einen Lebensstil, der weit von dem Baldevs und Markhis entfernt ist. Der Grundherr, der im Zentrum von Bandi lebt, besitzt ein aus Ziegeln errichtetes Haus mit acht oder neun Räumen, umgeben von einer großen Veranda. Es verfügt über fließend Wasser, Strom und Propangas zum Kochen. Dahinter liegt ein großer, ummauerter Garten für Gemüse und Blumen, und um diesen reihen sich Scheunen, Ställe und Schuppen mit verschiedenen Gerätschaften aneinander. Vermutlich besitzt der Grundherr ein Fahrrad, vielleicht sogar ein Motorrad, möglicherweise ein Auto oder einen Traktor. Die Ernährung der Familie des Grundherrn ist gesund und abwechslungsreich; sogar Luxusdinge wie Softdrinks und Süßigkeiten kann er sich leisten. Wenn ein Familienmitglied krank wird, kann er den Arzt bezahlen und Medikamente kaufen. Der Gewinn, den er allein aus seinem Land zieht, ist zehnmal so hoch wie das Einkommen seiner versklavten Arbeiter, und wie die meisten Grundherren betreibt er auch noch andere Geschäfte. Ihnen gehören in der Regel der örtliche Laden und die Mühle, und natürlich betätigen sie sich als Geldverleiher. Die Söhne eines Grundherrn erhalten gewöhnlich eine höhere Bildung und nehmen Stellungen bei den örtlichen Behörden oder Unternehmen in der

Stadt an. Zwar ist das Gesamteinkommen eines Grundherrn nach westlichen Maßstäben nicht gerade hoch, doch der Unterschied liegt darin, daß er in der modernen Welt lebt, Baldev und Markhi hingegen im Mittelalter. Aber trotz aller Vorteile, derer die Grundherren sich zu Lasten ihrer versklavten Arbeiter erfreuen, wissen die meisten, daß ihre Stellung gefährdet ist.

EINE TRAKTORFAHRT IN DIE ZUKUNFT

Die Rückseite der indischen Fünf-Rupien-Note zeigt ein fruchtbares Feld, hinter dem in der Ferne gerade die Sonne über einigen bewaldeten Hügeln versinkt. In der Bildmitte fährt ein Mann auf einem Traktor in den Sonnenuntergang hinein; er zieht einen einscharigen Pflug, der die dunkle Erde wendet – eine Vision der mechanisierten Landwirtschaft der Zukunft und der Traum der Kleinbauern im ganzen Land. Für die Grundherren der oberen Kasten steht das Bild für das Ende ihrer alten Lebensweise. Nur die Güter der reichsten Grundherren sind groß genug, um die Kosten einer umfassenden Mechanisierung tragen zu können. Die Existenz der anderen hängt von Sklavenarbeit ab. Allerdings müssen die kleineren Grundherren mit den mechanisierten Betrieben konkurrieren, da diese auf größeren Felder mit höherem Ertrag produzieren. Wenn die Erntemengen größer werden, fällt der Preis des Getreides. Je mehr die indische Landwirtschaft mechanisiert wird, desto weniger Gewinn machen die Grundherren, die an dem alten System der Sklavenarbeit festhalten. Bei den Kosten eines in Schuldknechtschaft gehaltenen Arbeiters gibt es keinen Spielraum: Jede weitere Verringerung würde bedeuten, daß der Arbeiter hungert und nicht voll einsatzfähig ist. Die Profite wären jedoch vermutlich gleich null, würde den Landarbeitern der Minimallohn bezahlt. Das zeigt, daß der jahrhundertealte Brauch der Schuldknechtschaft entweder verschwinden oder sich in eine andere Form der Ausbeutung verwandeln muß. So ist es kein Wunder, wenn Grundherren versuchen, das System gegen Veränderung und Eingliederung abzuschotten.

Die von uns befragten Grundherren wiederholten ein ums andere Mal, Knechtschaft sei nichts weiter als eine Art »Vater-Sohn-Beziehung«. Es war, als hätte man ihnen eine Pressemappe des Hauptbüros der Sklavenhalter in die Hand gedrückt. Sie brachten eine Reihe unterschiedlicher Argumente vor: So stellten sie sich als eine Art Sozialversicherung für die Benachteiligten und Unqualifizierten dar, verwiesen auf die seit Generationen bestehende »Zusammenarbeit« zwischen ihrer Kaste und den Arbeitern, deuteten mit düsterem Unterton das traurige Schicksal an, das ländliche Kleinbauern in den großen Städten erwarte. Und alle erklärten: »Das macht hier jeder – alle Grundherren in der Gegend haben Schuldknechte.« Nun ja, vielleicht gebe es einige Probleme, und gelegentlich würden die Leute schlecht behandelt, doch die Grundherren wüßten, wer dafür verantwortlich sei: die neureichen mittleren Kasten, die sich in die Landwirtschaft einkauften. Es war die gleiche Litanei von Entschuldigungen, die die Plantagenbesitzer im amerikanischen Süden vor dem Bürgerkrieg heruntergebetet hatten.[4]

Die neureichen mittleren Kasten stellen für die Grundherren eine besondere, zweifache Gefahr dar. Einige dieser Familien sind geschäftlich sehr aktiv und häufen große Vermögen an. In Indien ist seit jeher Landbesitz der eigentliche Maßstab für Reichtum; daher kaufen sie Ackerland, wann immer welches zu haben ist. Die Grundherren der oberen Kasten geben ihr Land nur sehr widerwillig her und empfinden eine enorme kulturelle Verpflichtung, an dieser traditionellen Grundlage ihrer Macht und ihres Wohlbefindens festzuhalten – doch Geld regiert die Welt. Die Neureichen führen in den ländlichen Gebieten unter Umständen erschreckende Veränderungen ein, insbesondere weil sie die Einheitsfront aufbrechen, die die Grundherren den Arbeitern der niederen Kasten gegenüber immer aufrechterhielten. Die neuen Landbesitzer aus der Mittelschicht betrachten ihre Nachbarn, die den höheren Kasten angehören, mit Argwohn und sehen sie eher als Konkurrenten oder gar Feinde an, nicht als

Leute, die die gleichen Interessen haben wie sie. Wenn sie könnten, würden die mittleren Kasten die höheren von dem Land vertreiben, und sie sind entschlossen, zu diesem Zweck die versklavten Arbeiter als Waffe einzusetzen. Sie nutzen eher moderne Landwirtschaftstechniken und ergreifen bei jeder Auseinandersetzung Partei für die geknechteten Arbeiter, da dies eine Möglichkeit darstellt, die alten Grundherren der oberen Kasten zu schwächen. Zudem können die mittleren Kasten sich unter Umständen der versklavten Arbeiter bedienen, um die politische Macht der Grundherren zu untergraben.

Die Grundherren fühlen sich auch aus dem Grund bedroht, weil ihre Kontrolle über die versklavten Arbeiter einer weiteren Herausforderung ausgesetzt ist, diesmal in der politischen Arena. Nach der Ermordung Rajiv Gandhis im Jahre 1991 kam es zu etlichen politischen Veränderungen, auch wenn diese nicht zwangsläufig mit seinem Tod zusammenhingen. Zunächst wurde hart gegen die Korruption durchgegriffen; dies setzt sich bis heute fort. Sie ist zwar immer noch weit verbreitet, in manchen Gegenden schreitet man jedoch zunehmend dagegen ein, und das beeinträchtigt die bequeme Kontrolle, die die oberen Kasten auf allen Ebenen der Verwaltung ausübten. Wichtiger noch war der Einfluß einiger ehrlicher Beamter, die für die Wählerverzeichnisse zuständig sind. Trotz heftigsten Widerstands der oberen Kasten setzten sie eine landesweite Kampagne in Gang, um alle potentiellen Wähler zu erfassen. Dies führte zu einem dramatischen Anwachsen der Registrierung von Menschen aus niederen Kasten und Stammesgruppen. Bei den letzten Wahlen betrug die Wahlbeteiligung dieser Gruppen bis zu 75 Prozent; in der Vergangenheit hatte sie nur im einstelligen Bereich gelegen. Die Kongreßpartei, die Indien praktisch seit der Unabhängigkeit regiert und die Interessen der oberen Kasten vertreten hatte, schied plötzlich aus dem Rennen. Im Staat Uttar Pradesh regieren nun Parteien, die von den mittleren Kasten beherrscht werden. Diese stellen auch den größten Bevölkerungsanteil. Es ist unwahrscheinlich, daß diese Regierung vor dem Mißbrauch der Arbeitskräfte durch den Landadel der oberen Kasten die Augen verschließt. Als Indien im August 1997

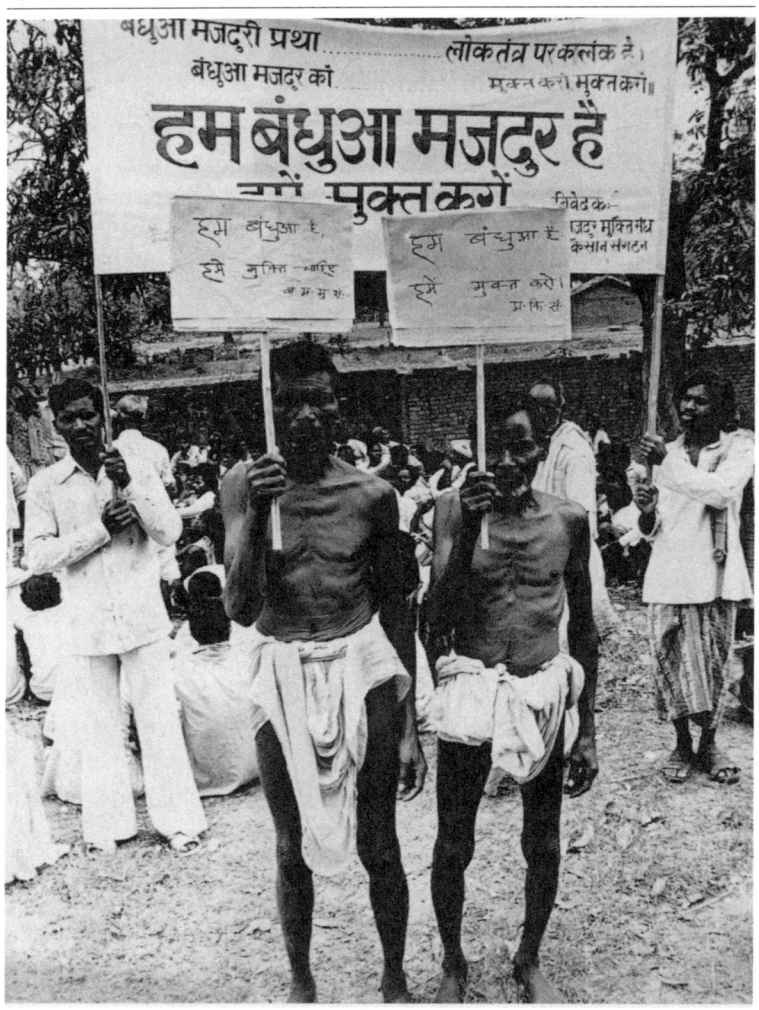

Die erste Demonstration in Indien gegen Schuldknechtschaft im Jahre 1982. (Foto: Krishna Murari Kishan; mit freundlicher Genehmigung von Anti-Slavery International)

fünfzig Jahre Unabhängigkeit feierte, machte der Präsident Inder Kujmal Gujral eine Antikorruptionskampagne zum Kernstück der Feierlichkeiten. In diesem Klima einer Machtverschiebung und des Drangs nach Reformen köchelt auch das Eingliederungsprogramm weiter vor sich hin.

EIN TOTER OCHSE MACHT NOCH KEINE EINGLIEDERUNG

Die Eingliederung der Sklavenarbeiter in Indien veranschaulicht das weltweit erfolgreichste Scheitern all dieser Programme. Sie mag unterlaufen, verleumdet, durch Unterschlagungen beeinträchtigt, für eigene Zwecke mißbraucht, finanziell unterversorgt, überreguliert, lähmend bürokratisch, auf groteske Weise durchgesetzt und teilweise tragisch vollendet worden sein, doch anders als die meisten Versuche, gegen Sklaverei vorzugehen, funktioniert sie gelegentlich wirklich. Hier ein Beispiel, das dem Bericht eines Bezirksbeamten entnommen ist:

Wie vom Hilfssteuereintreiber des Distrikts Guntar 16 berichtet, wurde dort von einem Journalisten Schuldknechtschaft in großem Maßstab aufgedeckt. Die Verwaltungsbeamten begaben sich unverzüglich zu dem Ort, etwa 150 Kilometer vom Sitz der Verwaltung entfernt; dort machten sie 321 versklavte Arbeiter ausfindig und befreiten sie. All diese Personen arbeiteten in den Schieferbrüchen. Die meisten stammten aus dem Salim-Distrikt [des Bundesstaats] von Tamil Nadu. Nachdem man sie hierhergebracht hatte, gab man ihnen einen Vorschuß von 1.000 bis 2.000 Rupien. Dies bildete die Grundlage ihrer Schuldknechtschaft, und man hielt sie mit Drohungen in den Schieferbrüchen fest. Alle versklavten Arbeiter wurden befreit und in ihre Heimatorte zurückgeschickt. Sie erhielten lediglich die Sofortbeihilfe von 500 Rupien.[5]

Die Methode ist im Prinzip einfach: Decken Beamte oder Sozial-
arbeiter Sklavenarbeit auf, gibt es ein festgelegtes Verfahren, um sie
zu registrieren. Nachdem man sie erfaßt hat, werden ihre Schulden
annulliert, und es steht ihnen frei, ihre Herren zu verlassen. Damit
sie es schaffen, aus der Sklaverei zu entkommen, erhält jede Familie
eine Beihilfe von 6.250 Rupien, häufig in Form von Land oder Vieh.
500 Rupien werden ihnen sofort ausbezahlt, um sicherzustellen, daß
sie sich ernähren können, während sie sich klarwerden, was sie machen wollen, und sich auf die Freiheit vorbereiten. (Beachten Sie,
daß im oben angeführten Fall die örtlichen Beamten nur die 500 Rupien verteilten, weil sie es vorzogen, daß die Wanderarbeiter sofort
in ihren Heimatstaat zurückkehrten.) Das dem Programm zugrundeliegende Gesetz sieht auch Überwachungsausschüsse vor, die versklavte Arbeiter aufspüren, sie registrieren lassen, ihre Auszahlung
und Eingliederung organisieren und sie vor Vergeltungsmaßnah-
men und Einschüchterungen durch die Grundherren schützen. Die
Hälfte der Kosten für das Programm trägt die Zentralregierung, die
andere die Regierung des jeweiligen Bundesstaats.

So war es geplant, und wenn es funktioniert, dann funktioniert es
recht gut. Das Programm ist die moderne indische Entsprechung
der vierzig Morgen mit dem Maultier, die die amerikanischen Sklaven nach dem Bürgerkrieg erbaten (und nie bekamen). Mit ein wenig Hilfe von einem Überwachungsausschuß sollte die Zuwendung
für eine Büffelkuh oder einen Ochsen reichen und außerdem die
Kosten für das Urbarmachen und Planieren eines Stücks Land ab-
decken; ein klein wenig müßte sogar noch übrigbleiben. Wahlweise
kann das Geld auch verwendet werden, um der Familie den Einstieg
in ein kleines Unternehmen zu erleichtern, sich beispielsweise die
notwendigen Gerätschaften für ein Heimgewerbe zu kaufen. Als
typisches Beispiel kann der nach Behördenaufzeichnungen zitierte
Fall von Lakheram, einem versklavten Landarbeiter in Uttar Pradesh, dienen.

Lakheram arbeitete als versklavter Arbeiter für einen brahmanischen Grundherrn, nachdem er ein Darlehen über 2.000 Rupien für seine Hochzeit aufgenommen hatte. Etwa zehn Jahre lang bestellte er die Felder des Brahmanen, bis er durch das Eingliederungsprogramm freikam. Im Rahmen des Hilfsprogramms der Regierung erhielt er einen Büffel im Wert von circa 4.000 Rupien. Außerdem bekam er ein Stück Land zugeteilt; er bestellt jetzt etwa zwei Morgen, auf denen er Reis und Bohnen für den Eigenbedarf seiner Familie anbaut. Derzeit wohnt er mit im Haus seines Bruders, einer Einraumhütte, die insgesamt zwölf Personen beherbergt. Lakheram ist froh, nicht mehr versklavt zu sein. Es war ihm möglich, einige Bedarfsgegenstände und Kleidungsstücke zu kaufen. Sein Ziel ist es, sich ein eigenes Haus zu bauen.[6]

Einige Staaten verbesserten das Grundprogramm. In Andhra Pradesh wurden zusätzliche Staatsgelder eingesetzt, um Land zu kaufen und durch Anlage von Brunnen vorzubereiten, ehe es befreiten Arbeitern zugeteilt wurde. Dadurch reichte deren Eingliederungsbeihilfe sehr viel länger. Im Bundesstaat Bihar wurden die Beihilfe durch staatliche Mittel verdoppelt. Dort begann man auch ein Sonderprojekt, mit dem versklavte Kinder aus der Teppichindustrie wieder eingegliedert werden. Dazu gehören Internate, die eine kostenlose Ausbildung bieten – inklusive Schulbüchern, Schuluniformen, Mahlzeiten und sogar der Ausbildung in einem Handwerk. Im Bundesstaat Karnataka ermöglicht ein Landreformgesetz der Regierung, versklavten Arbeitern das Eigentumsrecht an den Parzellen zu übertragen, die ihre Herren ihnen zur Nutzung zugewiesen hatten. In Uttar Pradesh spüren Aktivisten gemeinsam mit Überwachungsausschüssen Frauen in städtischen Bordellen auf, befreien sie und bringen sie in ihre Heimatdörfer zurück. Und in Orissa werden niedrig qualifizierte Behördenarbeitsplätze für befreite Arbeiter reserviert.

Warum aber beschaffen die Grundherren sich nicht einfach andere Sklavenarbeiter, um die verlorenen zu ersetzen? Gelegentlich tun sie das, doch diese Art der überlieferten landwirtschaftlichen Versklavung beruht auf ihrer Bindung an den Ort. Ein jahrhundertealter Brauch stellte sicher, daß die Arbeiter der niederen Kasten den Grundherren der höheren Kasten zur Verfügung standen. Zerbricht diese Beziehung, ist es für die Grundherren äußerst schwierig, Menschen aus anderen Gegenden zu finden – Menschen mit anderen Sitten und Gebräuchen und anderer Geschichte –, die bereitwillig in die geschichtlich überlieferten Rollen von Herr und Sklave schlüpfen. Überdies wäre in den meisten ländlichen Gemeinden gar kein Platz für sie. Befreite Arbeiter bleiben normalerweise in ihren Häusern und werden häufig auch Eigentümer ihrer Parzelle. Solange ein Grundherr kein Ackerland opfern will, um Häuser für neue Schuldknechte zu bauen, hat er die neuen, diesmal freien Landarbeiter am Hals. Und wenn er Behausungen für importierte Arbeiter errichtet, zu denen er keine langfristige Beziehung aufgebaut hat, kann er nie wissen, ob sie sich an ihre Schulden gebunden fühlen, oder ob sie nicht ihre Eingliederung fordern, sobald sie Häuser und Gärten haben. Es ist möglich, den feudalen Leibeigenen aus seiner Knechtschaft zu befreien, doch nahezu unmöglich, ihn wieder hineinzustoßen.

In den Vereinigten Staaten hatte sich nach dem Bürgerkrieg eine ähnliche Situation ergeben. Einige Plantagenbesitzer im Mississippidelta vertrieben die befreiten Sklaven von ihrem Land und ersetzten sie durch ganze Schiffsladungen chinesischer Arbeiter. Infolge der Überfahrtkosten nach Amerika gerieten die Chinesen in Schuldknechtschaft, und die Plantagenbesitzer hatten vor, sie darin zu halten. Sie rechneten fest damit, in den ruhigen, gehorsamen Chinesen einen langfristigen Ersatz für die afrikanischen Sklaven zu haben. Dazu kam es nie. Die erste Generation der Chinesen nahm den Platz der Sklaven ein und arbeitete auf den Farmen, doch ihre Erfahrung darin, jeglichen Verdienst aller Familienmitglieder zur Verwirklichung eines einzigen Ziels einzusetzen, befreite die meisten ihrer Kinder aus der Schuldverpflichtung. Die zweite Generation

Der sechzehnjährige Sita Ram, seit dem Alter von acht Jahren in Schuldknechtschaft festgehalten, spielt bei einem Sit-in die Trommel; es wurde organisiert, um die Öffentlichkeit auf das Elend versklavter Arbeiter in Raipur, Indien, aufmerksam zu machen. (Mit freundlicher Genehmigung von Anti-Slavery International)

eröffnete Läden oder gründete Heimgewerbe und blickte nie zurück. Die Delta-Chinesen, wie man sie heute nennt, brachten es im Staat Mississippi zu beträchtlichem Wohlstand. Die alten Plantagenbesitzer hatten sich von ihrem ungerechtfertigten Überlegenheitsgefühl blenden lassen und schlicht übersehen, daß hier einer Gruppe von Menschen einfach nicht bereit war, ihre Versklavung hinzunehmen.

Das liefert auch einen Hinweis, weshalb Menschen, die es schaffen, sich aus der Versklavung zu befreien, meist nicht wieder in sie zurückfallen. Natürlich gleiten manche wieder in die Verschuldung zurück oder werden durch Tricks oder Zwang erneut hineingetrieben. Doch je länger sie befreit sind, desto wahrscheinlicher wird es, daß sie nicht wieder abrutschen. Hier können die Eingliederungsprogramme viel bewirken. Manche Aktivisten organisieren öffentliche Zusammenkünfte, bei denen die befreiten Arbeiter über ihre Rechte sowie über das, was sie während der Eingliederung erwarten können, informiert werden. Dieses Wissen wirkt wie eine Schutzimpfung gegen Versklavung. Und wenn der Übergang zur Unabhängigkeit ausreichend und angemessen unterstützt wird, sind die meisten Arbeiter imstande, ihre Freiheit zu bewahren. Schließlich sind sie daran gewöhnt, hart zu arbeiten und ihren Lebensunterhalt aus geringen Mitteln zu bestreiten.

Falls es einer Familie gelingt, Freiheit und wirtschaftliche Selbständigkeit zu erlangen, hat dies oft großartige Auswirkungen, doch häufig kommt die Familie gar nicht so weit. Wirklich alles, was bei dem Eingliederungsprogramm schiefgehen konnte, ging tatsächlich schief. Mit allen nur erdenklichen Arten von Betrug und Täuschung und durch Tricks, die jegliche Vorstellungskraft übersteigen, wurden die dafür vorgesehenen Mittel wie von Blutegeln abgesaugt. So wurde in einem Bezirk von Uttar Pradesh Land an befreite Arbeiter verteilt, doch unvollständige Katasterblätter machten es möglich, daß Grundherren einen Teil davon beanspruchen konnten und es zurückbekamen. Nach einem offiziellen Bericht lag das verbleibende Land »an einer Stelle, die selbst für Affen unzugänglich war«.[7] Die-

selben Arbeiter sollten Milchkühe oder Ochsen erhalten, doch deren
Lieferung wurde einem unehrlichen Vertragspartner übertragen,
der einige Kühe tot anlieferte, während andere so krank waren, daß
die Arbeiter sie auf den Schultern wegtragen mußten. Hochland-
schafe, die man Arbeitern im Tiefland übergeben hatte, gingen in
der Hitze ein; Vieh aus dem Tiefland wurde an Hochlandbauern verteilt und verendete in der Kälte. Viele Landarbeiter, die keine Erfahrung mit Viehhaltung hatten, erhielten Tiere zugeteilt, was traurige
Folgen hatte – beispielsweise überließ man in einem Bezirk jedem
befreiten Arbeiter ein Dutzend Hühner, ohne ihnen auch nur den
geringsten Hinweis zu geben, wie sie diese versorgen sollten. Manche
Arbeiter bekamen Ausrüstung für ein »Kleingewerbe« – etwa eine
Nähmaschine oder Werkzeug für eine Fahrradwerkstatt –, was gelegentlich sowohl angemessen als auch erfolgreich war. Doch andere
Ausstattungshilfen waren eine Farce, so zum Beispiel, als man zwei
Landarbeitern eine Trommel und ein Flügelhorn gab und ihnen
sagte, sie sollten Musiker werden.

Doch so schlimm all dies auch sein mag: Nie wurde die Zuteilung
von Land und Vieh so mißbraucht wie die Bargeldzuwendungen. In
ganz Indien tauchten plötzlich Zehntausende von Phantomsklaven
auf, die Bezirksbeamte im Verein mit Grundherren erfunden hatten;
diese kassierten Millionen Rupien für deren »Eingliederung«. In
manchen Orten arbeiteten die örtlichen Behördenvertreter mit den
Grundherren zusammen, und die Finanzhilfen wurden gegen bestehende Schulden aufgerechnet (anstatt die Schulden, wie vorgesehen, einfach zu streichen). Folglich erhielt ein befreiter Arbeiter
möglicherweise nur 400 oder 500 von den 6.250 Rupien, die ihm zu-
standen, und kurz darauf stand er erneut vor Schulden und Versklavung. Grundherren verkauften steiniges, unbrauchbares Land zu
überhöhten Preisen an Bezirksbeamte, die es an Landarbeiter verteilten, die es binnen kurzem aufgeben mußten, da ein Anbau von
Nahrung unmöglich war. Banken, Ladeninhaber und örtliche Beamte erhoben zusätzliche »Verfahrenssteuern« oder »Bewilligungs-
gebühren« auf die Beihilfen und schöpften so weitere Millionen

Rupien ab. Für die Skrupellosen erwies sich die Eingliederung der Sklaven als wahre Goldgrube.

Ein großer Teil des Eingliederungsprogramms war ein einziges Fiasko – dennoch bleibt es nach wie vor das einzige Programm auf der Welt, mit dem Schuldknechte tatsächlich befreit werden. Allein in Uttar Pradesh wurden zwischen 1979 und 1989 26.000 versklavte Arbeiter befreit. Die meisten Probleme des Programms lassen sich auf zwei Fehler bei seiner Umsetzung zurückführen: Zum einen kamen nur wenige der Überwachungsausschüsse, die die Eingliederung beaufsichtigen und leiten sollten, wirklich zustande. Ohne Aufsicht aber gab es zahlreiche Möglichkeiten für Betrug und Mauschelei. Zum anderen wurde praktisch kein einziger Grundherr je bestraft, weil er versklavte Arbeiter mißbrauchte. Das Gesetz sieht die Möglichkeit vor, die Herren anzuklagen und zu bestrafen, doch das geschieht einfach nicht. Die Reformer hatten angenommen, es sei nicht nötig, allen Grundherren eine Geldstrafe aufzuerlegen, die Sklavenarbeiter hielten, solange sie die Eingliederung nicht behinderten. Da es jedoch an jeglicher rechtlicher Rückendeckung fehlte, glaubten manche Grundherren, Arbeiter bedrohen und ungestraft in die Versklavung zurückzwingen zu können.

Wie wichtig diese beiden Faktoren sind, sieht man in Bezirken, in denen die Überwachungsausschüsse aktiv sind und eng mit der Justiz zusammenarbeiten. Dort ist die Eingliederung in der Regel erfolgreich. In einem Teil von Uttar Pradesh nutzte der Überwachungsausschuß seine Möglichkeiten, um jeder Familie zehn Schafe und ein Dutzend Hühner zu geben und ihnen zu sagen, wie sie diese halten mußten. Außerdem durfte jede Familie aus einer Reihe von Eingliederungsplänen denjenigen auszuwählen, der für ihre Lebensumstände am besten geeignet schien – Landwirtschaft, Heimgewerbe, Viehhaltung, selbst ein kleines Transportgewerbe oder eine Kombination aus mehreren. Bei einer zwei Jahre später durchgeführten Untersuchung stellte man fest, daß 95 Prozent ein Einkommen angaben, mit dem sie ihre Familie ernähren konnten.

Arbeiter sehen sich oft frei und wirtschaftlich unabhängig, ohne eine Ahnung zu haben, wie sie diesen Zustand aufrechterhalten können. Sie brauchen Hilfe, um sich einzurichten und zu lernen, ihr neues Leben zu gestalten. Sklavenarbeit kann man mit dem Leben in einem Gefängnis oder einer Irrenanstalt vergleichen – wer herauskommt, muß lernen, in der »wirklichen Welt« zurechtzukommen. Wie manche Exsträflinge lernen einige Exsklaven es vielleicht nie, aber ihre Chancen steigen mit jeder kleinen Hilfestellung in den entscheidenden ersten Tagen der Freiheit.

Die indische Verwaltungshochschule, die Regierungsmitarbeiter ausbildet, führte 1989/90 eine umfassende Untersuchung über Sklavenarbeit und Eingliederung durch.[8] Man sah sich Hunderte lokaler Programme an und überprüfte, was funktioniert hatte und was mißlungen war. Die Studie kam zu dem Schluß, das Gesetz als solches sei in Ordnung, soweit man es umfassend anwendete, doch es seien einige Verbesserungen erforderlich:

– Befreite Arbeiter sollten mitbestimmen können, welche Art von Eingliederung sie erhalten.
– Die Eingliederung sollte so organisiert werden, daß unmittelbar auf die Befreiung Ausbildung und Unterstützung folgen.
– Das den befreiten Arbeitern überlassene Land sollte sich für den Anbau von Nahrungsmitteln eignen, und der Arbeiter sollte eine eindeutige, hieb- und stichfeste Besitzurkunde für sein Eigentum erhalten.
– Einige Gelder sollte man für niedrig verzinste Darlehen und Notfallbeihilfen während der ersten Jahre in Freiheit zurückbehalten.
– Bei den nachfolgenden Unterstützungsmaßnahmen sollte man den Arbeitern helfen, kleine Kreditgenossenschaften zu gründen.
– Für befreite Arbeiter sollten einige niedrig qualifizierte Stellen in der Verwaltung reserviert werden.
– Für die Kinder befreiter Arbeiter sollten mehr Ausbildungsmöglichkeiten zur Verfügung stehen.

– Die Kontrolle über den Eingliederungsprozeß sollte weitgehend an die Zentralregierung delegiert werden.

– Für die Kosten von Beerdigungen und Hochzeiten sollten kleine
  Beihilfen zur Verfügung gestellt werden, da die Arbeiter sich oft
  aus solchen Gründen gezwungen sehen, Geld von Grundherren
  zu leihen.

Diese Vorschläge entsprechen dem gesunden Menschenverstand
und wurden aus aktuellen Beispielen gelungener Eingliederungen
entwickelt. Sie erfordern keine großen Summen und verstoßen nicht
gegen lokale Bräuche. Sofern man das bestehende Gesetz um diese
Vorkehrungen ergänzt und ausreichend Gelder bereitstellt, werden
noch mehr Versklavte den Weg in die Freiheit finden. Damit das Programm erfolgreich sein kann, müssen natürlich die Beamten, die es
leiten, ehrlich sein.

In der Verwaltung ist Ehrlichkeit ein unwägbarer Faktor. Wie
kann man sie gewährleisten? Regierungsbeamte geraten insbesondere in Entwicklungsländern ständig in Versuchung. Überall auf der
Welt erwächst Sklaverei aus der Unredlichkeit und Gier der Behördenvertreter. In Thailand war es schwer, ehrliche Beamte zu finden –
in einem System, das von ganz oben bis ganz unten von Korruption
durchsetzt ist, konnten sie sich nicht halten. In Indien ist Korruption
ebenfalls ein wichtiges Thema, doch das zeigt auch, daß sie als Problem erkannt wird. Eine freie Presse trägt dazu bei, eine Regierung
zur Ehrlichkeit zu zwingen, ebenso eine althergebrachte Beam-
tentradition bei den gebildeten Eliten. Wenn die Demokratie funktioniert, müssen die Politiker vorsichtiger sein – und schon eine
Handvoll ehrlicher Bürokraten bedeutet unter Umständen den Untergang eines korrupten Politapparats. In Indien können all diese
Faktoren dazu beitragen, daß eine ehrliche Regierung auch ehrlich
bleibt. Und wenn man sie stärkt, wird die Versklavung noch schneller verschwinden.

Ein weiterer wichtiger Faktor ist der Einfluß von Menschenrechtsgruppen und Wohltätigkeitsorganisationen, die man in den

Entwicklungsländern als NGOs (Nongovernmental Organizations = nicht regierungsabhängige Organisationen) bezeichnet. Auch wenn einige der NGOs auseinanderbrechen – die Auflösung der Bonded Labor Liberation Front in Pakistan hat gezeigt, wie es dazu kommen kann –, darf man sich in der Regel darauf verlassen, daß sie ehrlich bleiben. Die besten NGOs wie Amnesty International oder das Rote Kreuz werden in aller Welt geachtet. Es ist ein gutes Zeichen, daß das indische Eingliederungsgesetz die NGOs ermutigt, sich daran zu beteiligen. Das bedeutet, Mitglieder dieser Organisationen können dazu beitragen, versklavte Arbeiter ausfindig zu machen und zu befreien. Da das Gesetz es den versklavten Arbeitern ermöglicht, gegen ihre Herren vor Gericht zu gehen, kann ein von einer NGO bezahlter Anwalt ungeheuer viel dabei erreichen, in Schuldknechtschaft gehaltene Arbeiter zu identifizieren und zu befreien. Westliche Hilfs- und Wohltätigkeitsorganisationen, die bei Eingliederungsprogrammen mithelfen, sehen, wie ihre Mittel eher in langfristige Lösungen als in kurzfristige, notdürftige Flickschusterei fließen.

Man sollte nicht vergessen, wie verhältnismäßig stark unsere westlichen Währungen Dollar, Pfund, Mark und Franc sind. Nach dem Wechselkurs vom August 1998 entsprechen die 6.250 Rupien, die das Leben einer Familie in Knechtschaft von Grund auf verändern können, einem Betrag von 145 Dollar. Dieselbe Summe würde ohne weiteres als Startkapital für eine kleine Kreditgenossenschaft reichen, die ein ganzes Dorf aus der Schuldenfalle befreien könnte. Im nächsten Kapitel werden wir Möglichkeiten untersuchen, effektiv etwas gegen die Sklaverei zu unternehmen, und uns ansehen, was funktioniert und was nicht. Wir werden auf Siri und Bilal und Baldev und Leela zurückblicken und uns fragen: Wie können wir deren Ketten zerbrechen?

WAS TUN?

Als ich begann, mich eingehender mit Sklaverei zu beschäftigen, gelangte ich zu der Überzeugung, daß wir nicht wirklich verstehen, was sich da abspielt. Doch als ich um die Welt reiste und mit Sklaven zusammentraf, zeichneten sich allmählich sowohl die Muster der neuen als auch die Veränderungen der alten Sklaverei und des Feudalismus ab und wurden deutlicher erkennbar.

Drei Schlüsselfaktoren trugen dazu bei, die neue Sklaverei hervorzubringen und die alte zu verändern: Der erste ist die Bevölkerungsexplosion, die die Arbeitsmärkte der Welt mit Millionen armer, wehrloser Menschen überschwemmte. Der zweite ist der radikale Umbruch infolge der Globalisierung der Wirtschaft und der Modernisierung der Landwirtschaft, die arme Bauern um ihren Besitz brachte und für eine Versklavung anfällig machte. In der neuen Weltwirtschaft fließt das Kapital immer dorthin, wo die Arbeitskraft am billigsten ist, und die finanziellen Vernetzungen der Sklaverei umspannen die ganze Welt. Der dritte Faktor ist das Chaos von Gier, Gewalt und Korruption, das dieser wirtschaftliche Wandel in vielen Entwicklungsländern hervorbringt – ein Wandel, der gesellschaftliche Regeln und überlieferte Bindungen der Verantwortlichkeit außer Kraft setzte, die potentiellen Sklaven vielleicht Schutz gewährt hätten. Besonders das Aufkommen der neuen Sklaverei in Thailand und Brasilien zeigt deutlich, wie diese Faktoren zusammenwirkten.

Bevölkerungswachstum, wirtschaftlicher Wandel und Korruption wirken sich in den einzelnen Ländern unterschiedlich auf die Sklaverei aus. In Mauretanien existiert die alte Sklaverei noch immer, doch der wirtschaftliche Wandel brachte Sklaven in die Stadt und veränderte dadurch ihr Leben und ihre Arbeit. In Indien und Pakistan tauchten Mischformen der Versklavung auf, die die schlimmsten Aspekte von Feudalismus und modernem Kapitalismus in sich vereinen. Zwischen den drei Faktoren besteht eindeutig eine Wechselbeziehung. William Greider hat sich ausführlich mit der neuen globalen Wirtschaft und der Revolution, die sie der Welt bescherte, beschäftigt. Zwar ging er nicht explizit auf die Sklaverei ein, doch seine Feststellung könnte auch für sie gelten: »Das große Paradoxon dieser wirtschaftlichen Revolution besteht darin, daß ihre neuen Technologien Menschen und Ländern den plötzlichen Sprung in die Moderne ermöglichen, während sie gleichzeitig das erneute Aufkommen einst verbotener barbarischer Praktiken fördern. Inmitten all des Neuen beginnt plötzlich wieder die Ausbeutung der Schwachen durch die Starken.«[1] Sklaverei ist genau die Art Barbarei, die er beschreibt, und das verweist darauf, wie neuartig die Veränderungen sind, die die dritte Welt erschüttern. Diese Neuartigkeit wird zum Problem, wenn wir das Interesse der Öffentlichkeit mehr als bisher auf die Sklaverei lenken wollen.

Jedermann *weiß*, was Sklaverei ist – und doch weiß es fast niemand. Die alte Sklaverei ist ein fester Bestandteil der Menschheitsgeschichte und unseres gemeinsamen Weltverständnisses, daher bedeutet sie für die meisten einfach, daß ein Mensch einen anderen legal besitzt. Und jedermann *weiß*, diese Art Sklaverei wurde vor langer Zeit abgeschafft. Sie ist etwas, dessentwegen wir uns vielleicht schuldig fühlen, das wir verurteilen (als eine häßliche Episode in der Geschichte der Menschheit), uns aber auch, ein wenig selbstzufrieden, überlegen vorkommen (da dies alles jetzt Vergangenheit ist und *wir* ja soviel zivilisierter sind). Dieser schreckliche Irrtum läßt uns über Leiden und Tod hinwegsehen. Es wäre ebenso falsch, wenn wir glaubten, wir müßten uns seit dem Verschwinden der Pest im Mittelalter über Epidemien keinerlei Sorgen mehr machen. In Wahrheit entwickeln sich ständig neue Krankheiten, und auch die Sklaverei entwickelt und verändert sich – sie bricht aus, sobald die Voraussetzungen dafür gegeben sind.

Heute *sind* die Voraussetzungen für Sklaverei in der ganzen Welt gegeben. Obwohl sie fast überall gesetzwidrig ist, obwohl die Welt kleiner geworden ist und uns weniger verborgen bleibt denn je, nimmt die Sklaverei zu. In vorliegendem Buch haben wir verfolgt, wie dies vor sich geht, und wir haben die Bedingungen betrachtet, die zu Sklaverei führen. Wenn wir Sklaven sprechen lassen, stellen wir fest, daß sie vieles gemeinsam haben. Alle Sklaven, die wir kennengelernt haben, werden wirtschaftlich ausgebeutet – für die Sklavenhalter sind sie nur interessant, weil sie Gewinn abwerfen. Und alle werden unter Androhung von Gewalt festgehalten. Manchmal ist die gesamte Beziehung von Gewalt geprägt, wie bei Siri in dem thailändischen Bordell. Gelegentlich tritt sie, wie in Mauretanien, in den Hintergrund, doch nie verschwindet sie ganz. Diese beiden wesentlichen Komponenten der Sklaverei – Gewinnstreben und Gewalt – fördern zusammen mit den oben aufgeführten Faktoren die Entwicklung neuer Formen der Sklaverei. Sie verweisen uns auch auf die Bereiche, auf die wir unsere Aufmerksamkeit richten müssen, wenn wir der Sklaverei ein Ende setzen wollen.

»Eine billige und entbehrliche Handelsware«: die Bevölkerung

Die industrielle Revolution in Europa und Nordamerika brachte einen Bevölkerunganstieg und einen ungeheuren sozialen Wandel mit sich. Wie Greider bemerkte: »Einige waren nun frei, während aus dem Leben anderer eine billige, entbehrliche Ware wurde.«[2] In den Entwicklungsländern geschieht heute das gleiche. Innerhalb der rapide anwachsenden Bevölkerungen katapultiert der rasante wirtschaftliche Wandel einige Menschen in die Neuzeit mit ihrer hochentwickelten Medizin und Technologie sowie dem »westlichen« Lebensstil und vermittelt ihnen einen neues Selbstbewußtsein sowie Geschmack am Erfolg. Andere Menschen werden – oft von Kindheit an – durch die Industrien verbraucht, die diesen Wandel vorantreiben. Die schiere Masse der Menschen in den Entwicklungsländern führt im Vergleich zur Zahl der neuen Arbeitsplätze in der Industrie dazu, daß viele von ihnen, um es mit den Worten eines gefeuerten Arbeiters zu sagen, »überflüssig« werden.

Es wirkt sich nicht unmittelbar auf die Sklaverei oder deren Abschaffung aus, wenn man die Bevölkerungsexplosion eindämmt und ihre Auswirkungen abzuschwächen versucht. Dennoch sollte man nicht vergessen, daß genau die Strategien, die am erfolgreichsten einer Überbevölkerung entgegenwirken, auch auf die zentrale Ursache der Sklaverei zielen. Die einzige nachweislich wirksame Kur gegen Überbevölkerung besteht darin, die extreme Armut abzuschaffen. Die besten Verhütungsmittel der Welt – Ausbildung und soziale Absicherung gegen Altersarmut und Krankheit – sind auch der beste Schutz gegen Versklavung. Wenn Familien plötzlich Geld brauchen, beispielsweise um Medikamente zu kaufen, werden sie anfällig für eine Versklavung. Ohne Ausbildung werden sie Opfer von Scheinverträgen und betrügerischen Abrechnungen. Um die Sklaverei auszumerzen, ist es auf lange Sicht erforderlich, den Armen der Welt zu mehr Kontrolle über ihr Leben zu verhelfen.

SKLAVEREI IST EIN GESCHÄFT: DIE GLOBALISIERTE WIRTSCHAFT

Zwischen Bevölkerung und wirtschaftlichem Wachstum besteht ein wichtiger Zusammenhang. Gelegentlich stellt man Wirtschaftswachstum als Flutwelle dar, die alle Boote anhebt, in der Vorstellung, eine Industrialisierung Thailands oder Brasiliens verbessere das Leben aller, der Reichen wie der Armen. Zumindest auf kurze Sicht trifft das sicherlich nicht zu. Der thailändische Wirtschaftswissenschaftler Professor Lae Dilokvidhyarat merkt dazu an, »daß einige Menschen stärker von der Entwicklung der Wirtschaft profitieren als andere ... aber die Schwachen bezahlen mehr, als sie dafür bekommen, sehr viel mehr«.[3] Wir alle wissen, was es bedeutet, mehr zu bezahlen, als wir dafür bekommen, und wenn dies sehr lange anhält, mündet es in Verschuldung und Mittellosigkeit, Umstände, die zur

Versklavung führen können. Angesichts des Vordringens multinationaler Unternehmen in die Entwicklungsländer bedeutet eine solche Verschuldung, daß der Sklave letztlich einem globalen Geschäft dient.

Heute besteht unter Umständen eine Verbindung zwischen dem Sklaven auf dem Acker oder der Sklavin im Bordell und den höchsten Ebenen internationaler Unternehmen. Wie diese wirtschaftlichen Verknüpfungen im einzelnen funktionieren, ist das eigentliche Geheimnis der neuen Sklaverei, und es muß dringend aufgeklärt werden. Solche Verbindungen zwischen Sklaverei und weltweiten Geschäften sind nicht neu. Im 19. Jahrhundert mußte die blühende britische Tuchindustrie zur Kenntnis nehmen, daß der größte Teil ihres Rohstoffs – Baumwolle – das Produkt von Sklavenarbeit war. Manche britischen Textilarbeiter versuchten sich dagegen zu wehren, mit Sklavenbaumwolle zu arbeiten, doch viele hatten den Eindruck, keine Wahl zu haben, sondern jedes Material verarbeiten zu müssen, das der Fabrikant ihnen lieferte. Andere Arbeiter meinten, die Frage gehe sie schlicht nichts an. Und die Unternehmer gaben nicht gerade ein moralisches Vorbild ab: Sie erklärten, sie *müßten* die billigste Baumwolle auf dem Markt kaufen, um wettbewerbsfähig zu bleiben. Und die Regierungen in jener Zeit, die von den Steuern der Industrie profitierten, verfolgten eine strikte Politik der Nichteinmischung – sie brachten vor, der »Markt« träfe die besten Entscheidungen. Heute sehen viele Unternehmen, Investoren und Arbeiter sich einem ähnlichen Dilemma gegenüber. Was würden Sie tun, wenn Sie feststellten, daß Ihr Arbeitsplatz von Sklavenarbeit abhängt? Wenn wir in das Geheimnis eindringen, wie Sklaverei mit der Weltwirtschaft verknüpft ist, sollten wir besser auf einige häßliche Überraschungen gefaßt sein.

Die enormen wirtschaftlichen Veränderungen der letzten zehn Jahre brachten die globale Ökonomie in enge Verbindung mit unterdrückten, wenn nicht gar versklavten Arbeitern. Internationale Handelsabkommen (besonders das General Agreement on Tariffs and Trade [GATT] sowie das North American Free Trade Agreement

[NAFTA]) rissen Schranken für den Handel und die Kapitalbewegungen zwischen den Ländern nieder. Die alles übergreifende und zwingende Logik, stets die billigsten Rohstoffe zu verwenden und sie von den billigsten Arbeitskräften verarbeiten zu lassen, treibt die Firmen mittlerweile über die Ländergrenzen hinaus. »Kapital hat Flügel bekommen«, erklärt der New Yorker Finanzier Robert A. Johnson. »Kapital kann sich mit 20 Arbeitsmärkten gleichzeitig befassen und wählerisch sein. Der Produktionsfaktor Arbeit dagegen ist ortsgebunden. Die Machtverhältnisse haben sich geändert.«[4] Da die internationale Geschäftswelt nun Arbeit zum niedrigsten Preis (und oft über Subunternehmer) einzukaufen versucht, erzielen manche dieser Subunternehmer den *allerniedrigsten* Preis, indem sie Sklaven für sich arbeiten lassen. Inzwischen fragen die Unternehmer sich: »Warum sollen wir 20 Dollar die Stunde für einen Fabrikarbeiter in Europa hinlegen, wenn in Indien jemand für einen Dollar oder noch weniger arbeitet? Warum sollen wir von amerikanischen Bauern Zucker kaufen, wenn dieser in der Dominikanischen Republik (wo versklavte Haitianer das Zuckerrohr schneiden) viel billiger zu haben ist? In Pakistan sind Baustoffe wie Ziegel ungeheuer billig – warum also bauen wir nicht dort? In Brasilien bieten Land und Rinder fantastische Möglichkeiten, und die Subunternehmer stellen sooo billige Arbeitskräfte zur Verfügung!« Solange man nicht allzu genau hinsieht, braucht man nur zuzugreifen. Der Geschäftsmann kann einfach sagen: »Meine Aufgabe ist es, den besten Abschluß zu machen. Um Probleme vor Ort kann ich mich nicht kümmern.«

Große Unternehmen in aller Welt wiederholen diesen Satz gebetsmühlenartig. Doch die Auseinandersetzung in den USA und Europa gegen Ende der neunziger Jahre, bei der es um Kinderarbeit in Ausbeuterbetrieben ging, die für bekannte Marken wie Nike und Gap Kleidung und Schuhe herstellten, trug dazu bei, diese Einstellung dramatisch zu verändern. Wenn eine gut informierte Öffentlichkeit Druck ausübt, können Geschäftsleute sehr wohl lernen, sich um Probleme vor Ort zu kümmern. In Indien gibt es beispielsweise zwischen 65 und 100 Millionen Kinder im Alter von vierzehn Jahren

oder jünger, die mehr als acht Stunden täglich arbeiten.⁵ Sie bevöl-
kern die Ausbeuterbetriebe und werden zudem für viele andere Arbeiten eingesetzt. Schlimmer noch: Etwa 15 Millionen dieser Kinder
arbeiten nicht als Kinderarbeiter, sondern als Kindersklaven. Und
versklavte Kinder hält man eher noch besser versteckt; gefangen in
Schuldknechtschaft, arbeiten sie normalerweise nicht so sehr in
Ausbeuterbetrieben, die im großen Stil für den Export produzieren,
sondern in kleineren, abgeschiedenen Gewerbebereichen. Anders als
die Besitzer der Fabriken, die Fußbälle herstellen, haben ihre Herren
kaum Angst, entdeckt oder von der Öffentlichkeit unter Druck gesetzt zu werden.

In der neuen Sklaverei kann man sich der Verantwortung leicht
entziehen. Zu den grundlegenden Tatsachen der alten Sklaverei ge-
hörte es, daß Sklave und Herr eng miteinander verbunden waren.
Doch in der Sklaverei von heute sehen wir, wie der Abstand zwischen
»Herr« und Sklave immer größer wird. In Mauretanien, dem besten
Beispiel für die alte Sklaverei, leben die Sklaven noch immer im
Haushalt ihres Herrn und nehmen häufig seinen Familiennamen
an. Im modernisierten Feudalismus Pakistans und Indiens sind die
Herren einen Schritt von ihren Sklaven abgerückt und haben eine
Zwischenschicht von Verwaltern eingeführt. In der voll entwickelten
neuen Sklaverei Thailands oder Brasiliens bedient man sich aus-
geklügelter Abfolgen von Verträgen und Kontrollen. Diese werden
schließlich so kompliziert, daß man kaum sagen kann, wer nun eigentlich den Sklaven »besitzt«. Doch daß wir nicht mit dem Finger
auf den Sklavenhalter zeigen können, heißt nicht, daß die Sklaverei
nicht mehr existiert, ebensowenig wie ein Mord aus der Welt geschafft ist, nur weil man den Mörder nicht findet. Die neue Sklaverei ist ein Verbrechen mit Millionen von Opfern, aber sehr wenigen identifizierbaren Tätern – und genau das macht es so ungemein
schwer, sie auszurotten.

Zum größten Teil sind diese Kriminellen »angesehene« Geschäftsleute. Das ineinander verwobene Netz von Verträgen und Unterver-
trägen ermöglicht es lokalen Investoren, enorme Gewinne aus Ge-

schäften zu ziehen, ohne zwangsläufig zu wissen, woher das Geld
kommt. Die Investmentgesellschaft, die ein thailändisches Bordell
besitzt, legt dessen Verwaltung in die Hände eines professionellen
Managers (Zuhälters) und eines Buchhalters. Doch ohne das Kapital
der Gesellschaft gäbe es das Bordell nicht, und die Gewinne fließen
an die Investoren zurück, auch wenn diese möglicherweise nie erfahren, wie die Mädchen da hineingeraten sind. Die neue Sklaverei
verschleiert die Sklavenhaltung und macht sie schwerer erkennbar.
Kein Wunder, daß die Gesetze gegen die alte Sklaverei offenbar nicht
mehr durchzusetzen sind.

Daß die *Sklavenbesitzer* verschwinden, ist ein Problem, wenn
auch kein unüberwindliches. Alle Arten von Kriminalität entwickeln sich schnell weiter. Beispielsweise ist außerordentliche Raf-
finesse das Kennzeichen sowohl der Finanzierung des Drogenhan-
dels in großem Stil als auch der Computerkriminalität. Doch die
Hüter des Gesetzes holen ständig weiter auf und werden ebenfalls
raffinierter. Bei der Sklaverei wird das ein wenig länger dauern. Da
die meisten Menschen nicht einmal merken, daß ein Verbrechen
geschieht, wird kaum öffentlicher Druck ausgeübt, auf den man
setzen könnte. In den hochentwickelten Ländern gibt es nur wenige
Versklavte; im Rest der Welt werden sie zum Schweigen gebracht.
Man wird die Gesetze umformulieren müssen, um Verantwortung
und Haftung auszudehnen. Neue oder geänderte Gesetze sollten
Anstiftung zur Versklavung oder *Gewinnerzielung* aus Sklaverei erfassen, ebenso wie die Gesetze gegen Mord auch *Anstiftung* zum
Mord unter Strafe stellen und die Schuld nicht auf den eingrenzen,
der den Abzug betätigt. Die physische Distanz zwischen Sklave und
Herr nimmt zu, also müssen die Gesetze so gestaltet werden, daß
ein größerer Abstand nicht gleichbedeutend mit geringerer Verantwortung ist.

Wenn die Verantwortlichkeit für Sklavenhaltung auf jene ausge-
dehnt wird, die davon profitieren, müssen wir uns einem schockierenden moralischen Problem stellen. Mit denen, die von der Sklaverei profitieren, können alle gemeint sein – selbst Sie oder ich. Ihr

Pensionsfonds oder Ihre Lebensversicherung kaufen möglicherweise Aktien (die ja schließlich ein Teileigentum verbriefen) von
Unternehmen, die über Subunternehmer mit Sklaven arbeiten. Wie
weit müssen wir die wirtschaftliche Leiter hinaufsteigen? Wie viele
Zwischenglieder müssen zwischen einem Sklaven und einem »Besitzer« liegen, ehe die Verantwortung des letzteren endet? Endet sie
überhaupt? Ist Unwissenheit eine Entschuldigung? Was würden Sie
tun, wenn Ihre Stelle davon abhinge, daß von Sklaven produzierte
Rohstoffe verfügbar sind? Einige jener britischen Textilarbeiter des
19. Jahrhunderts protestierten gegen die Gewinne aus der Sklaverei –
und verloren ihren Arbeitsplatz und mußten hungern. Was ist mit
den Fabrikanten oder Großhändlern, die bei den von Sklaven pro-
duzierten Waren, die sie kaufen und verkaufen, ein Auge zudrücken?
Jahrelang hat man in den besten Kaufhäusern Teppiche verkauft
(manche tun dies immer noch), die von Kindersklaven hergestellt
wurden. Die Einkäufer in Übersee wissen das sicherlich, aber wissen
es auch die Firmenvorstände? Werden Unternehmensleiter Maßnahmen ergreifen, die sicherstellen, daß sie nichts mit Sklaverei zu
tun haben? Und liegt die gesetzliche Verantwortung bei Einzelpersonen oder bei den Unternehmen? Ist es gerechter, den einzelnen anzuklagen, der wissentlich einer Einzelhandelskette Güter liefert, die
von Sklaven hergestellt wurden, oder sollte man der Ladenkette eine
hohe Geldstrafe auferlegen, weil sie diese verkauft? Oder sollten beide
zur Verantwortung gezogen werden?

Wir müssen uns damit abfinden, daß es mehrere Ebenen der Verantwortung gibt. Und wir müssen uns entscheiden, wieviel Verantwortung wir als Bürger und Menschen für die Ausrottung der Sklaverei tragen. Oder wie es William Greider ausdrückt:

Die globale industrielle Revolution hat dafür gesorgt, daß die
Menschen nicht mehr länger frei entscheiden können, welche
Identität sie haben wollen. Egal, ob sie dazu bereit sind oder nicht,
sie sind schon ein Teil dieser gemeinsamen Welt. Als Produzenten
oder Verbraucher, Arbeiter oder Händler oder Investoren sind sie

heute durch die komplexen Beziehungen von Handel und Fi-
nanzwelt, die die Welt zu einem einzigen großen Markt machen,
mit anderen in weiter Ferne verbunden. Der Wohlstand in South
Carolina oder Schottland ist eng verknüpft mit dem Stuttgarts
oder Kuala Lumpurs. Die wahren sozialen Werte von Kalifor-
niern oder Schweden werden von dem festgelegt, was in den Fabriken in Thailand oder Bangladesch toleriert wird.[6]

Selbst wenn wir nicht durch Investitionen indirekt an der Sklaverei
beteiligt sind, so doch mit Sicherheit über den Konsum. Von Sklaven
hergestellte Güter und Dienstleistungen fließen in den globalen
Markt ein; sie machen einen winzigen, aber bedeutsamen Bruchteil
dessen aus, was wir kaufen. Doch allein der Umfang unseres Konsums übersteigt unsere Fähigkeit, verantwortliche Entscheidungen
zu treffen. Wir haben keine Zeit, die Lebensbedingungen der Menschen zu untersuchen, die all das produzieren, was wir kaufen. Und
falls wir beschließen sollten, diese Fragen zu stellen, wie würden wir
damit umgehen? Ist es die Aufgabe des Supermarkts um die Ecke, die
Arbeitsbeziehungen rund um die Welt zu untersuchen oder aber
Ihnen die besten Lebensmittel zum günstigsten Preis zu liefern?
Außerdem müßten wir auch noch überlegen, was geschieht, wenn
wir Antworten erhalten, die uns nicht gefallen. Zum Beispiel wurden
Männer, Frauen und Kinder aus Haiti in der Dominikanischen Republik versklavt, um das Zuckerrohr zu ernten, dessen Endprodukt
in die Vereinigen Staaten und andere Länder exportiert wird. Essen
wir jetzt keine Schokolade mehr oder verzichten wir auf Fruchtsäfte,
bis wir sicher sein können, daß bei deren Produktion keine Sklaverei
im Spiel war? Sind wir bereit, fünf Dollar für einen Schokoriegel zu
bezahlen, wenn nur so gewährleistet ist, daß die Hersteller nicht versklavt sind und anständig bezahlt werden? Wenn wir herausfinden,
wie wir den Markt überprüfen können, und dann entdecken, wo und
wie die von Sklaven hergestellten Güter in unser Leben kommen,
müssen wir uns einer noch weiter gefaßten Frage stellen: Wieviel
wollen *wir* bezahlen, um die Sklaverei zu beenden?

DAS PROBLEM AN DER WURZEL ANGEHEN

Machen wir uns nichts vor: Die meisten Menschen sind bereit, *etwas* zu bezahlen, um die Sklaverei zu beenden, aber sie sind nicht gewillt, große Opfer zu bringen. Die gute Nachricht ist: Wenn genügend Menschen so denken, ist nicht mehr als ein kleines Opfer erforderlich. Derzeit leben etwa 27 Millionen Menschen in Sklaverei. Das ist zwar eine große Zahl, doch wenn man es Land für Land angeht, wird das Problem kleiner. Mehr noch: Es ist kein Wunder nötig – es müssen lediglich bestehende Gesetze und Abkommen umgesetzt oder in einigen Fällen ausgearbeitet werden, damit diese Menschen und ihre Familien mittels bereitgestellter Hilfen auf eigenen Füßen stehen können. Es wird nicht leicht sein, das durchzusetzen. Für Aktivisten und Forscher vor Ort ist es eine erschreckende Aussicht, gegen bösartige und gewaltbereite Sklavenhalter vorzugehen. Doch wir dürfen eines nicht vergessen: Gewalt ist das Werkzeug, nicht der Zweck der Sklaverei. Sklavenhalter werden ihre einträglichen Geschäfte wütend verteidigen, doch sie werden sich von den Sklaven und dem Geschäft, das sie mit ihnen machen, abwenden, wenn dieses keinen Gewinn mehr abwirft. Die Schlüsselstrategie zur Beendigung der Sklaverei besteht darin, bei den Profiten anzusetzen, um Druck auszuüben.

Es gibt bereits Pilotprojekte, die zeigen, wie wirkungsvoll es ist, auf die Gewinne zu zielen. Eine der schlimmsten Branchen in Indien im Hinblick auf den Mißbrauch von Kindersklaven ist die Herstellung von Teppichen und Brücken. Falls sie eine orientalische Brücke oder einen Teppich auf dem Fußboden liegen haben, ist es ziemlich wahrscheinlich, daß sie von versklavten Kindern gewebt wurden. In Indien versuchten Menschenrechtler jahrelang mit nur mäßigem Erfolg, diese in Schuldenknechtschaft lebenden Arbeiter zu befreien und einzugliedern. Doch vor ein paar Jahren begann man im Rahmen der Teppichsiegelkampagne, nicht auf die Hersteller, sondern auf die Käufer Druck auszuüben. Die Mitarbeiter dieser Kampagne, die in einem winzigen Büro sitzen und kaum Geld haben, werben dafür, daß die Leute nach einem speziellen Aufnäher auf handgewebten Brücken achten, der garantiert, daß diese nicht von Sklaven hergestellt wurden. Um dieses Teppichsiegel zu erhalten, müssen die Fabrikanten nur drei Punkten zustimmen: Sie dürfen keine Kinder ausbeuten, müssen mit unabhängigen Prüfern zusammenarbeiten und ein Prozent des Großhandelspreises der Teppiche an einen Wohltätigkeitsfonds zugunsten von Kinderarbeitern abführen. Besonders viel Mühe gab man sich, ein effizientes Überwachungsteam aufzubauen, das die Teppichherstellung in- und auswendig kennt, gefälschte Etiketten aufspürt und unbestechlich ist. Heute ist das Teppichsiegel von den Regierungen Deutschlands, Amerikas und Kanadas anerkannt. Der Otto-Versand, das größte Versandhaus der Welt, sowie große Einzelhandelsketten in den Vereinigten Staaten, Deutschland und Holland importieren mittlerweile nur noch Teppiche mit dem Siegel. In Europa liegt der Marktanteil von »sklavenfreien« Teppichen bei 30 Prozent und nimmt ständig zu. Natürlich liegt noch ein weiter Weg vor uns: Einige britische Handelsketten wie Liberty und Selfridges weigern sich, Teppiche mit dem Siegel ins Sortiment zu nehmen, und in Süd- und Osteuropa wird das Teppichsiegel erst allmählich eingeführt, doch die Kampagne gewinnt zunehmend an Kraft.

Am wichtigsten ist, wie sich dies auf das Leben der versklavten Kinderarbeiter auswirkt. Das eine Prozent, das die Hersteller abführen, ermöglichte bis jetzt die Einrichtung zweier Teppichsiegel-Schulen in Indien, in denen 250 Studenten ausgebildet werden. Außerdem zog die Kampagne die Aufmerksamkeit anderer Organisationen auf sich, und mittlerweile stellen die deutsche Regierung und die UNICEF die Mittel für weitere Schulen in der Gegend zur Verfügung, aus der man einst die Kindersklaven für die Teppichherstellung holte. Da man dafür sorgt, daß sie die Schulausbildung abschließen können, lassen sie sich nicht so ohne weiteres in eine Versklavung locken. Andererseits steigen die schlimmsten Sklavenhalter, wenn sie sich dem Druck der Kunden von Einzelhandelsketten ausgesetzt sehen, die auf »sklavenfreien« Waren bestehen, aus dem Geschäft aus;

die übrigen Hersteller tun alles, was notwendig ist, um das Gütesiegel zu erhalten: ein hervorragendes Beispiel für die Macht der Konsumenten.

Wie diese Kampagne zeigt, sind Konsumenten und Einzelhändler im Westen durchaus bereit, ihr Kaufverhalten zu ändern, wenn sie erfahren, wie Sklaverei und die von ihnen gewünschten Waren miteinander verknüpft sind. Doch wie läßt sich die Macht der Konsumenten auch auf andere Arten der Sklaverei ausdehnen? Das Teppichsiegel hatte zum Teil deswegen Erfolg, weil ein Teppich ein ganz bestimmtes, greifbares Produkt ist. Wenn es beim Verbraucher ankommt, sieht es noch genauso aus wie zu dem Zeitpunkt, als es aus dem Webstuhl des Kindersklaven genommen wurde. Doch die Holzkohle aus dem brasilianischen Regenwald wird an Stahlwerke und Fabriken, nicht an westliche Konsumenten geliefert. Die in Pakistan hergestellten Ziegel werden von örtlichen Bauherren und gelegentlich sogar von den Behörden verwendet. Und das »Produkt« versklavte thailändische Prostituierte finden wir nicht im nächsten Supermarkt. Allerdings liegt es in der Natur der globalisierten Wirtschaft, daß all diese »Unternehmen« mit anderen Wirtschaftsbereichen verbunden sind. Und aus diesem Grund muß es einen Punkt geben, an dem man ansetzen kann. Diese Verknüpfungen aufzuspüren und Druck auszuüben ist die große Herausforderung, wenn man die neue Sklaverei bekämpfen will. Diese Verbindungen sind manchmal verwickelt und schwer zu erkennen, doch sie müssen aufgedeckt werden. Man braucht sich nur anzusehen, wie Holzkohle für die brasilianische Stahlproduktion genutzt wird, deren Stahl man für die Herstellung von Autoteilen nach Mexiko transportiert; diese Teile wiederum werden in den USA zu Neuwagen zusammengebaut, die man dann in Kanada verkauft. Das ist kompliziert, doch die an diesen Geschäften Beteiligten verfolgen solche Lieferketten Tag für Tag. Ein einigermaßen intelligenter Rechercheur könnte sicherlich das gleiche leisten.

Auf diesem Gebiet kann die Antisklavereikampagne von der Umweltbewegung lernen. Menschen, die sich Sorgen um die Umwelt

machen, müssen in ähnlicher Weise den Verbindungen zwischen Um-
weltverschmutzern in dem einen und deren Muttergesellschaften in
einem anderen Land nachgehen. Wie die Sklaverei finden auch die
schlimmsten ökologischen Verbrechen im verborgenen statt – denken
Sie nur an den Handel mit Fellen und Hörnern gefährdeter Tierarten.
Vor geraumer Zeit wurde einigen Umweltorganisationen klar, sie
brauchten Detektive, spezielle Ökodetektive, um diese Verbindungen aufzuspüren und die Verantwortlichen bloßzustellen. Aus diesen
Anfängen entwickelte sich die Environmental Investigation Agency
(EIA; in etwa: Umweltermittlungsagentur). Wahrscheinlich haben
Sie noch nie etwas von der EIA gehört, einer kleinen Wohltätigkeits-
organisation mit Sitz in London, die die schwierige und manchmal
nur verdeckt auszuführende Arbeit übernommen hat, die (Un-)Ta-
ten der Ökokriminellen zu enthüllen. Die Mitglieder des Ermitt-
lungsstabs sind Spezialisten, die mit versteckten Kameras umgehen
können, ein Leben im Freien gewohnt sind und bei der Suche nach
der Wahrheit keine Mühen scheuen. Viele der aufsehenerregenden
Skandale, die die großen Umweltorganisationen an die Öffentlichkeit brachten, wurden von der EIA aufgedeckt.[7]

Die Komplexität der modernen Ökonomie und der internationale Charakter der neuen Sklaverei erfordern die gleiche Art von
Ermittlungen. Viele Leute glauben, dies werde bereits von den Vereinten Nationen geleistet, doch das ist nicht der Fall. Nur in den
schlimmsten Fällen, wie nach dem Zusammenbruch des ehemaligen
Jugoslawien, sind die UN ermächtigt, *innerhalb* eines Landes tätig zu
werden. Die UN erhalten zwar Berichte von Informanten in diesen
Ländern, ebenso von der Internationalen Arbeiterorganisation, doch
normalerweise werden sie nicht tätig und verhängen keine Sanktionen. Sie diskutieren lediglich und verkünden die Ergebnisse dieser
Debatten. Angesichts der hartnäckigen Leugnung der Sklaverei
durch Vertreter der betreffenden Länder bleibt den UN nichts anderes übrig, als beharrlich Fragen zu stellen. Zwar erfüllen die UN weltweit wichtige Aufgaben, doch sie werden nun einmal von ihren Mitgliedsstaaten unterstützt und drücken deshalb gelegentlich ein Auge

zu, um diese nicht zu verärgern. Außerdem halten die UN sich an den Grundsatz, um jeden Preis alle einzubeziehen – sie gehen davon aus, es sei besser, Länder, die die Menschenrechte verletzen, in der UNO zu haben und mit ihnen zu reden, als sie zu isolieren, so daß sie sich niemandem gegenüber zu verantworten haben. Um die einzelnen Länder bei der Stange zu halten, sind die UN sehr darum bemüht, Auseinandersetzungen zu vermeiden. Ob uns das gefällt oder nicht, die UN sind bei ihren Aktionen nie völlig unabhängig – dies bleibt notwendigerweise den aktiven Organisationen des freiwilligen Sektors vorbehalten.

Um das Rätsel zu lösen, wie die Sklaverei mit unserem Leben verknüpft ist, sind wir auf gute Ermittler, gute Wirtschaftswissenschaftler und gute Geschäftsleute angewiesen. Die Ermittler verfolgen den Fluß der Rohstoffe und der Produkte von den Sklaven bis zum Endverbraucher, Wirtschaftler erkunden die Funktionsweise der auf Sklaverei beruhenden Geschäftszweige und erarbeiten praktikable Alternativen, und erfahrene Geschäftsleute helfen den Firmen entlang der gesamten Produktionskette, den besten Weg aus ihrer Verstrickung in die Sklaverei zu finden. Doch all diese Ermittlungen und Informationen wären nutzlos ohne Pädagogen und Kommunikationsspezialisten, die den Konsumenten helfen, ihre Kaufentscheidungen sorgfältig und in dem Bewußtsein zu treffen, daß sie damit die Eingliederung von Sklaven in die Gesellschaft unterstützen. Ich glaube, wenn die Menschen merken, daß ihre Einkäufe und Investitionen tatsächlich dazu beitragen, Sklaven zu befreien, werden sie das Richtige tun. Leider wissen heute die wenigsten etwas über von Sklaven hergestellte Waren oder darüber, wie unsere Pensionsfonds, Wertpapiere und Aktien möglicherweise Investitionen in Sklaverei einschließen. Doch ehe wir uns Organisationen ansehen, die vielleicht dazu beitragen könnten, unsere Unwissenheit zu beenden, müssen wir noch den dritten Schlüsselfaktor betrachten, der die Sklaverei ermöglicht: die Korruption innerhalb der Regierungen.

ABSOLUTE MACHT, ABSOLUTES CHAOS: KORRUPTION UND GEWALT

Wenn wir Regierungskorruption verstehen wollen, sollten wir uns kurz eine der unmenschlichsten und mörderischsten Regierungen der neueren Geschichte ansehen – Hitlerdeutschland. Viele haben den irrigen Eindruck, die Naziverwaltung habe mit grauenhafter Effizienz gearbeitet. In Wahrheit stand hinter den im rigorosen Gleichschritt marschierenden Armeen eine Regierung des Chaos und der willkürlichen Grausamkeit. Der Historiker Ian Kershaw zeigte, wie die Nazis mit ihrer Führerverehrung für die »größte Regellosigkeit in der Verwaltung sorgten, die je in einem zivilisierten Staat herrschte«. Sobald die Regierungszentrale auf willkürliche rassistische Aktionen und Grausamkeiten verfiel, hatten die ausführenden Organe der Regierung, etwa die Polizei, freie Hand. In Deutschland, so Kershaw, »blieben die meisten Polizisten auf ihren Posten, als die Naziherrschaft begann; doch sie mußten nun nicht einfach mit dem normalen Dienst weitermachen, sondern konnten jetzt willkürlich schalten und walten«.[8] Der einzige ausdrückliche Befehl der Zentralverwaltung lautete, alle Staatsfeinde, insbesondere Juden, zu unterdrücken, und zu diesem Zweck war jedes Mittel erlaubt. Wie im heutigen Birma war in Nazideutschland Sklavenarbeit einer dieser Unterdrückungsmechanismen .

In weiten Teilen der unterentwickelten Welt sind die Regierungen genauso chaotisch. Ihr Motiv ist jedoch nicht Antisemitismus wie bei den Nazis, sondern Gier. Globalisierung bedeutet unter anderem, daß die im Wirtschaftsleben des Westens vorherrschenden Werte auch in die Entwicklungsländer einsickern. Die Vorstellung, Profit rechtfertige sich aus sich selber und Erfolg bringe Achtbarkeit mit sich, läßt neue Geschäftsbereiche florieren, die deshalb die Humankosten ignorieren. Staatliche Aktivitäten, die vorher nicht auf Gewinn ausgerichtet waren (von der Durchsetzung des Rechts bis zur Hungerhilfe) werden in gewinnträchtige Erwerbszweige umgewandelt. Wenn Politiker und Geschäftsleute die neuen Erträge unter sich aufteilen, setzt Korruption ein. Wenn Regierende anfangen, dem

ungeheuren potentiellen Reichtum der globalen Wirtschaft nachzu-
jagen, bricht die staatliche Ordnung zusammen. Unter solchen Umständen, erklärt Greider, »wird das Recht immer in Mitleidenschaft
gezogen. Die Bande des gesellschaftlichen Konsenses wurden zerrissen, und plötzlich kann sich jeder seine eigenen Regeln schaffen.
Dies führt zu einem weiteren charakteristischen Merkmal von Wirt-
schaftsrevolutionen – Korruption.«⁹ Korruption gibt es in jedem
Land, doch rasanter wirtschaftlicher Wandel hat die besondere
Macht, daß sie sich sowohl weiter ausbreiten kann, wie auch eine andere Dimension annimmt. Vorhandene Herrschaftstrukturen brechen in sich zusammen, und es kommt zu einer regelrechten Schlacht,
um das Machtvakuum zu füllen. Vormals stabile, wenn auch arme
Volkswirtschaften werden abgelöst und dem Zufall überlassen; Ausbeutung regiert. Und wenn Rechtlosigkeit herrscht, begräbt, wie wir
gesehen haben, Gier die Menschenrechte unter sich.

Jedes Land weist einen gewissen Grad an Korruption auf. Die
entscheidende Frage lautet: Was ist stärker, die Korruption oder die
Bindung an gesellschaftliche Übereinkünfte? Jeder Regierung der
Welt kann man die gleichen Fragen stellen: Handeln diejenigen, die
über Macht verfügen, von den Präsidenten bis hinunter zur Polizei,
in Übereinstimmung mit den Gesetzen, oder bereichern sie sich
selbst? Bestimmen gemeinsame Zielsetzungen oder aber Ausbeutung die Beziehungen der Menschen zueinander? Mein russischer
Freund erzählte mir, wie sehr ihn das Verhalten amerikanischer Polizisten überraschte: »Sie hielten mein Auto an, aber sie wollten kein
Geld!« Es ist ganz einfach: Wenn die Polizei verrottet ist, kann alles
verrotten. Wird Recht – und das Gewaltpotential der Waffen und
Gefängnisse, das hinter dem Recht steht – selektiv und gewinnorien-
tiert eingesetzt, dann hat es in Wirklichkeit aufgehört zu existieren.
Und jedes Gesetz gegen die Sklaverei kann übermäßiger Gier zum
Opfer fallen.

Überall auf der Welt gibt es Polizisten, die in der Sklaverei mit-
mischen. Wir haben gesehen, wie sie sich in Thailand, Pakistan und
Brasilien Polizisten als Sklavenfänger und brutale Vollzugsgehilfen

betätigen. Doch in vielen Ländern arbeitet die Polizei mit Nachdruck daran, die Sklaverei zu beenden. In beiden Fällen stützt sie sich auf eine Trumpfkarte: ihr Monopol auf legale Gewaltanwendung. Überall, wo Sklaverei untersucht wurde, haben wir gesehen, daß der entscheidende Faktor für ihr Vorhandensein die uneingeschränkte Gewaltanwendung durch Sklavenhalter ist. Wenn die Sklavenhalter Sklaven einfangen und an sich binden wollen, müssen sie imstande sein, sie mit Gewalt unter Kontrolle zu halten. Und damit sie ohne Einschränkung Gewalt ausüben können, muß die Exekutive korrumpiert sein und den Sklaven jeglichen gesetzlichen Schutz verweigern. Wenn Polizei und Regierung korrupt sind, verkaufen sie das Recht, Gewalt anzuwenden (oder sie verkaufen die Gewalt selbst als Dienstleistung). Letztlich verkaufen sie eine Lizenz für die Jagd auf Sklaven.

Diese Gewalt kann viele, oft grauenhafte Formen annehmen, eben weil Sklaven in der heutigen Wirtschaft relativ billig sind. Da ein Sklave keine große Investition darstellt, hat man wenig zu verlieren, wenn man einen umbringt oder verletzt. Selbst in Indien, wo das alte Feudalsystem Konflikte übertüncht, schlummert die Gewalt stets dicht unter der Oberfläche. Nur in Mauretanien, wo die letzten Spuren der alten Sklaverei überdauern, halten die Herren sich zurück, einfach um ihre Investition zu schützen. Da Sklaven aufgrund ihrer Arbeitskraft ausgebeutet werden, ist körperliche Gewalt, die ihre Arbeitskraft beeinträchtigen könnte, normalerweise das letzte Mittel. Weit mehr bringt es, die Seele, nicht den Körper zu mißhandeln. Wie ein roter Faden ziehen psychischer Terror und Brechung des Willens, die einige Insassen der Konzentrationslager dazu brachte, den Nazis widerstandslos zu Diensten zu sein, sich durch alle Formen der neuen Sklaverei.

Als ich mit Siri in dem Bordell in Thailand saß, in ihre stumpfen, toten Augen blickte, die Hoffnungslosigkeit in ihrer Stimme mitschwingen hörte und sah, daß ihre Persönlichkeit und ihr Wille zur Flucht vernichtet waren, erblickte ich die Schrecken eines Lebens, das der Sklavenhalter in seinen Besitz gebracht und zerstört hatte, um seine Gier zu befriedigen. Es ist nicht leicht, den Geist eines Menschen zu brechen, doch wenn man über ausreichend Brutalität, Zeit und Gleichgültigkeit dem Leiden gegenüber verfügt, schafft man es. Tatsächlich gelingt dies überall auf der Welt. Die Sklavenhalter steuern die Brutalität bei, die korrupte Polizei und die Regierungen stellen sicher, daß Sklaverei straflos praktiziert werden kann, und der alles überwölbende Materialismus unserer globalisierten Wirtschaft rechtfertigt die allgemeine Gleichgültigkeit. Um den Kreis zu schließen und die Verbindung zum globalen wirtschaftlichen Wandel herzustellen, müssen wir uns noch einmal in Erinnerung rufen, daß Gewalt zwar das Werkzeug ist, um die Versklavung durchzusetzen – ihr Ziel bleibt jedoch Profit. Anders als vor einem Jahrhundert gibt heute kein Sklavenhalter mehr vor, er wolle seine Sklaven irgendwie »zivilisieren« oder zu religiöser Erlösung emporheben. In der skrupellos »schlanken« globalen Wirtschaft wird die Sklaverei ihrer moralischen Rechtfertigungen entkleidet: Sklaven entsprechen Profiten. Ein Teil dieses Einkommens wird für die erforderliche Gewalt ausgegeben, die gewährleistet, daß die Gewinne ständig weiterfließen.

Doch was können wir tun, um die Gewalt und die Korruption zu beenden, auf die die Sklaverei sich stützt? Eines steht fest: Es ist keine leichte Aufgabe, und wie beim Kampf gegen die Kriminalität kann es sein, daß sie nie beendet sein wird. Doch man *kann* sie in Angriff nehmen. Dafür gibt es mehrere Ansatzmöglichkeiten. Eine wirksame Methode wird von Gruppen wie Anti-Slavery International, Human Rights Watch und Amnesty International praktiziert. Sie beobachten und hören zu, untersuchen und überwachen und ermitteln so, wo korrupte Regimes die Menschenrechte mißachten. Sie erarbeiten gründliche, sachlich fundierte und verantwortungsbewußte Dokumentationen über Mißbrauch. Dann lassen sie diese sowohl der Öffentlichkeit als auch internationalen Körperschaften zukommen. Da sie in dem Ruf stehen, vertrauenswürdig zu recherchieren, hat ihre Stimme Gewicht, und von diesen Organisationen angeprangert zu werden kann zu Sanktionen seitens anderer Länder sowie der Öffentlichkeit führen. Die derzeitige Militärdiktatur in Birma, die ihre eigenen Bürger versklavt, sah sich nach Berichten dieser Gruppen der Kritik der Medien sowie der Vereinten Nationen und der Europäischen Union ausgesetzt. Es ist ein wichtiger erster Schritt, Namen zu nennen und die Verantwortlichen bloßzustellen.

In den Ländern mit Sklavenwirtschaft gibt es auch einheimische Gruppen, die furchtlos Sklavenhalter bloßstellen, öffentlich anprangern und so moralisch unter Druck setzen. Dazu gehören die Pastoral Land Commission (CPT) in Brasilien, SOS Esclaves in Mauretanien und die Human Rights Commission in Pakistan. Ohne ihre unter großen persönlichen Risiken durchgeführten Untersuchungen bliebe verborgen, wie weit verbreitet Sklaverei ist. In Brasilien wurden Mitarbeiter der CPT umgebracht, weil sie zu viele Fragen stellten; in Pakistan wurden Menschenrechtskämpfer wie Shakil Pathan angegriffen, und an dem Tag, als ich mich daranmachte, all dies niederzuschreiben, erfuhr ich aus Mauretanien, daß der Leiter von SOS Esclaves, Boubacar ould Massoud, wieder einmal verhaftet und ins Gefängnis geworfen worden war, dieses Mal, weil er mit einem französischen Journalisten gesprochen hatte. Mitzuhelfen, diese einheimischen Aktivisten zu schützen, gehört zum Wichtigsten, das wir zur Bekämpfung der Sklaverei tun können. Wir müssen sicherstellen, daß diese Gruppen eng mit Vereinigungen wie Anti-Slavery International verbunden bleiben, und dafür sorgen, daß ASI breite öffentliche Unterstützung erfährt. Wenn die Menschenrechtler im ländlichen Thailand wissen, daß internationale Organisationen ein Auge auf sie haben, und wenn, was noch wichtiger ist, die Sklavenhalter, die korrupten Polizisten und Regierungen wissen, daß man sie aus dem Ausland beobachtet, verleiht dies jenen, die die Sklaverei bekämpfen, Kraft und schützt sie.

Der Kampf gegen die Sklaverei muß außerdem die Erfahrungen anderer erfolgreicher Kampagnen nutzen. Ich will nur zwei Beispiele nennen. In England gibt es heute Gruppen gegen den Rassismus, die die Polizei und das Rechtswesen beobachten, um zu gewährleisten, daß Schwarze fair behandelt werden. Diese nicht regierungs-

abhängigen Gruppen Freiwilliger inspizieren Gefängnisse, gewähren
Rechtshilfe und gehen Hinweisen auf Gewalttaten der Polizei nach.
Zudem machen sie rassistisches Verhalten staatlicher Stellen öffentlich bekannt. Wenn ein Schwarzer im Polizeigewahrsam stirbt, wird
die Gruppe, wie die Regierung weiß, eine umfassende Untersuchung
sowie einen Bericht fordern. Rassisten, die vielleicht versucht sind,
ihre Machtposition zu mißbrauchen, ist klar, daß sie in den Mittelpunkt der Aufmerksamkeit geraten und möglicherweise strafrechtlich verfolgt werden können. Die CPT in Brasilien und SOS Esclaves
in Mauretanien spielen (wenn man sie handeln läßt) in Hinblick auf
die Sklaverei eine ähnliche Rolle. Doch diese einheimischen Anti-
sklavereivereinigungen müssen in all den Ländern gefördert und beschützt werden, in denen der Staat den Gesetzen gegen die Sklaverei
keine Geltung verschafft.

Die Anti-Apartheidbewegung ist mein zweites Beispiel. Als
in Südafrika das Apartheidsystem rassistischer Unterdrückung
herrschte, hielten Anti-Apartheidgruppen in aller Welt den Druck
so lange aufrecht, bis es zusammenbrach. Diese Gruppen trugen in
dreifacher Hinsicht zum Ende der Apartheid bei. Erstens setzten sie
(wie Anti-Slavery International und Human Rights Watch) alles
daran, die Verfehlungen des Apartheidsystems im Bewußtsein der
Öffentlichkeit zu halten. Immer wieder rückten sie die Gewalt, die
nötig war, um die rassistische Regierung zu stützen, in den Mittelpunkt der Aufmerksamkeit. Gab es Ende der achtziger Jahre irgend
jemanden in der ersten Welt, der nicht wußte, daß Nelson Mandela
eingekerkert war? Zweitens führten sie Kampagnen durch, um
finanziellen Druck auf das Apartheidregime auszuüben, zum Beispiel Warenboykotte und Aufrufe, Investitionen aus Südafrika abzu-
ziehen. Das Apartheidsystem brach schließlich tatsächlich zusammen, als große amerikanische Investmentfirmen und Universitäten
sich allmählich zurückzogen, was das Regime finanziell schmerzlich
zu spüren bekam. Drittens unterstützten sie die einheimischen
Gruppen in Südafrika durch politische Einflußnahme, mit Rechtshilfe und Geld. Wurde ein Aktivist vor Ort verhaftet, trafen Briefe

aus aller Welt ein. Als die Gruppen Regierungen überzeugen konnten, das Apartheidregime zu isolieren, zeitigten diese drei Methoden zur Bekämpfung der Apartheid machtvolle Wirkungen. Von allen, die Sklaverei bekämpfen wollen, können sie den jeweiligen Verhältnissen angepaßt und effektiv eingesetzt werden.

Die wirtschaftlichen Sanktionen, die die Anti-Apartheidbewegung gegen Südafrika in Gang setzte, bringen uns zur Frage der finanziellen Verknüpfungen zurück. Heutzutage überwachen die Welthandelsorganisation (WTO) und der Internationale Währungsfonds (IWF) Regierungen, Geschäftszweige und Branchen in aller Welt. Beiden Gremien üben erhebliche Macht aus, da sie Handelskredite vergeben, die man mit Menschenrechtsgarantien verknüpfen könnte. Doch auf ihrer Tagesordnung stehen Menschenrechte und der Einsatz von Sklaverei so weit unten, daß man sie gar nicht sieht. Greider formuliert dies sehr treffend:

> Die Bedingungen für den Welthandel werden in der Regel als Vereinbarungen der Wirtschaft angesehen, aber indirekt kommen dadurch auch moralische Werte zum Ausdruck. Zur Zeit schätzt das globale System Eigentum höher ein als das menschliche Leben. Wenn ein Land wie China Eigentumsrechte verletzt, indem es Urheberrechte mißachtet und Filme oder Technologien kopiert, greifen andere Regierungen ein, und sie sind auch bereit, Sanktionen und Strafzölle zu verhängen. Aber wenn menschliches Leben … gestohlen wird, hat dies für die Länder keinerlei Folgen, da es nach Ansicht der freien Marktwirtschaft kein Verbrechen gegeben hat.[10]

Damit sind wir wieder bei den Kernbegriffen der Kampagnen der Abolitionisten des 19. Jahrhunderts: Wenn wir die Sklaverei beenden wollen, müssen wir die Welt davon überzeugen, daß die Menschenrechte schützenswürdiger sind als Eigentumsrechte. Die Freiheit der Menschen muß Vorrang vor dem freien Warenmarkt erhalten. Diese Wahrheit scheint so grundlegend und selbstverständlich, daß man sich kaum vorstellen kann, jemand würde dem nicht zustimmen. Doch wo sind die internationalen Gesetze, die Sklaven beschützen und Regierungen, die eine Versklavung zulassen, mit Strafen belegen? Heute sind Regierungen und Firmen eher internationalen Strafmaßnahmen ausgesetzt, wenn sie eine Michael-Jackson-CD raubkopieren, als wenn sie Sklavenarbeit zulassen oder sogar fördern.

Vor dem Internationalen Gerichtshof in Den Haag klagte man 1997 militärische Führer der bosnischen Serben wegen Völkermords und anderer Kriegsverbrechen an. Im selben Jahr drohte die WTO England Geldbußen und Sanktionen an, weil das Land sich geweigert hatte, mit Steroiden behandeltes amerikanisches Rindfleisch zu importieren. Ebenfalls 1997 verhängten die Vereinten Nationen wirtschaftliche Sanktionen gegen den Irak, während ihre Inspektoren das Land nach biologischen und chemischen Waffen durchsuchten. Doch gegen welches Land wurden von den UN Sanktionen wegen Sklaverei verhängt? Wo sind die UN-Inspektoren, die den Auftrag haben, Sklavenarbeit aufzuspüren? Wo bleiben die Strafmaßnahmen der WTO, weil von Sklaven hergestellte Güter exportiert werden? Wer tritt vor dem Internationalen Gerichtshof für die Sklaven ein? Objektiv betrachtet ist das Ganze einigermaßen grotesk: Jemand blockiert die Verschiebung toter Kühe und wird bestraft; jemand kauft und verkauft lebendige Menschen über Ländergrenzen hinweg, und keiner schert sich darum. Die ungeheure Macht des IWF und der WTO muß auf die Verfolgung der Sklaverei gelenkt werden.[11]

Um die Sklaverei zu beenden, müssen wir einen leidenschaftslosen Blick auf Sklaven als Handelsware werfen. So wie wir herausfinden müssen, wie von Sklaven hergestellte Güter in die internationale Wirtschaft fließen, müssen wir auch verstehen, wie Sklaven von einem Ort zum anderen und in die Hände der Sklavenhalter gelangen. Die Sklaverei wird nie ein Ende nehmen, wenn befreite Sklaven problemlos durch neue ersetzt werden können. Sagt man »Sklavenhandel«, denken die meisten Leute an Galeeren, die aus Afrika in die neue Welt auslaufen, doch der Handel hat sich weiterentwickelt und verändert. In der modernen Version benutzt man falsche Pässe und

Flugtickets. Man pfercht Sklaven in Lastwagen und besticht Grenz-
posten. Die Spuren verschleiert man mit gefälschten Arbeitsverträgen und Visa. Die moderne Sklaverei macht mit Menschen das, was
das organisierte Verbrechen mit Heroin macht – häufig mit größe-
rem Erfolg. Wir müssen den Sklaven innerhalb der Länder und über
Grenzen hinweg auf der Spur bleiben und die Schlupflöcher schließen. Die US Drug Enforcement Agency (DEA) bringt andere Länder
dazu, Milliarden von Dollar auszugeben, um den Strom der Drogen
einzudämmen. In welchem Haushalt sind Mittel vorgesehen, um
den Strom der Sklaven aufzuhalten?

Es existiert ein bedeutender historischer Präzendenzfall: Im
19. Jahrhundert war ein aktives Programm gegen den Sklavenhandel
Bestandteil der britischen Außenpolitik. Man schickte Kriegsflotten
an die afrikanische Westküste, um Sklavenhändler abzufangen und
die Sklaven zu befreien. Sklavenschiffe wurden beschlagnahmt und
zerstört, und man setzte Belohnungen für Informanten aus, die den
Patrouillen einen Wink gaben. So wurde der Sklavenhandel zu einem
ebenso gefährlichen wie schlechten Geschäft. Auch heute haben wir
die Möglichkeit, Sklaven abzufangen. In den letzten Jahren entsand-
ten die Vereinigten Staaten und Großbritannien Kriegsflotten in
zwei Weltmeere, um die Regierung des Irak zu bedrohen, und gaben
dafür Milliarden Dollar aus. Wenn der politische Wille da ist, bringen Regierungen sehr wohl das nötige Geld und ein entsprechendes
Durchsetzungsvermögen auf.

Auf Flughäfen und an Grenzübergängen in aller Welt sollten Beamte nach Sklaven suchen. Ermittler sollten den Strom der Sklaven
auskundschaften und Autos, Lastwagen, Schiffe und Flugzeuge be-
schlagnahmen. Man könnte mit Scheingeschäften versuchen, Sklaven zu kaufen, und dann die Händler auffliegen lassen. Fast alle Mittel zur Durchsetzung vorhandener Rechtsvorschriften können gegen
die Sklaverei eingesetzt werden. Selbst der Strom von Sklaven innerhalb von Ländern wie Brasilien und Thailand kann gestoppt werden.
Es gibt bereits Verträge, die es der Drug Enforcement Agency erlauben, mit einheimischen Gesetzeshütern zusammenzuarbeiten und

das Geld für ihre Ausbildung sowie Ausrüstung zur Verfügung zu stellen, um Herstellung und Transport von Drogen zu beenden. Wo bleiben vergleichbare Verträge, um die Verschiebung von Sklaven zu beenden? Vergessen wir eines nicht: Fast alle Länder haben ein Abkommen unterzeichnet, in dem sie sich verpflichten, »alle zweckmäßigen Maßnahmen zu treffen, um die Ein- und Ausschiffung und die Beförderung von Sklaven in ihren Hoheitsgewässern sowie überhaupt auf allen Schiffen, die ihre Flagge führen, zu verhindern und zu unterdrücken«.[12]

Eine gemeinnützige Organisation namens Global Survival Network mit Sitz in Washington untersuchte Versklavung und Verschickung junger Frauen aus Rußland und der Ukraine in weit entfernte Länder wie Israel und Japan. Wie sie in ihrem Bericht feststellte, hatten »verdeckte Interviews mit Gangstern, Zuhältern und korrupten Beamten ergeben, daß einheimische Polizeikräfte – häufig diejenigen, die am ehesten in der Lage wären, den illegalen Handel zu verhindern – am wenigsten daran interessiert sind zu helfen«. Gillian Caldwell von Network berichtet: »In Tokio arrangierte ein Senator, der mit uns sympathisierte, ein Treffen mit hohen Polizeibeamten, um die zunehmende Ausweitung des illegalen Handels mit Frauen aus Rußland nach Japan zu diskutieren. Die Polizisten beharrten darauf, daß dies kein Problem sei; sie waren nicht einmal an den konkreten Informationen interessiert, die wir ihnen hätten liefern können. Für die Hilfsorganisationen vor Ort war das keine Überraschung; sie führten Fälle an, in denen die Polizei geschmuggelte Frauen selbst an die kriminellen Vereinigungen zurückverkaufte, die sie ursprünglich versklavt hatten.«[13]

Nationale Gesetze gegen den Menschenhandel sind schwammig, und nur selten arbeiten Länder zusammen. Die Strafen sind geringfügig, und kriminelle Banden finden es leichter, Frauen anstatt Drogen zu schmuggeln. Man beachte, daß das Verbrechen eher mit »Schmuggel« als mit seinem eigentlichen Namen – Sklavenhandel – bezeichnet wird. Trotz aller Lippenbekenntnisse und guten Absichten ist klar, daß die meisten Regierungen des Westens sich mehr Sorgen über Softwarepiraterie oder den Import gefälschter Designeruhren als über den Sklavenhandel von heute machen. Im 19. Jahrhundert unterstützten Geschäftswelt und Regierungen den Sklavenhandel, da er äußerst einträglich war. In einer ironischen Umkehrung sind die Geschäftswelt und die Regierungen von heute deswegen nicht daran interessiert, den Sklavenhandel zu beenden, weil er die Profite *nicht* bedroht. Einige hundert russische Prostitu-ierte in japanischen Bordellen beeinträchtigen die Handelsbilanz nicht. Die lautstärksten Klagen finden am ehesten die Aufmerksam-keit der Regierungen und der UN – und die lautesten Stimmen haben nun einmal die großen Unternehmen, nicht die Menschenrechts-gruppen. Folglich gibt es ausgetüftelte internationale Gesetze gegen den Diebstahl von Software oder Urheberrechten, die mit aller Härte durchgesetzt werden; die zuständigen Behörden sind reichlich mit Mitteln ausgestattet. Die Gesetze gegen den Sklavenhandel hingegen sind verschwommen, werden durch Nachlässigkeit abgeschwächt oder gar nicht zur Kenntnis genommen. Allerdings können wir nicht allein die Regierungen und die UN dafür verantwortlich machen. Diese spiegeln lediglich die Probleme wider, die man ihnen zuträgt. Sie bilden die Besorgnisse ihrer Mitgliedsstaaten ab.

VIERZIG MORGEN, EIN MAULTIER UND PSYCHOTHERAPIE

Die Mitgliedsstaaten der Vereinten Nationen, die über die größte Macht verfügen, Politik und Handeln zu bestimmen, sind die wirt-schaftlich stärksten Länder, also die Vereinigten Staaten, Großbritan-nien, Deutschland, China und Japan. Auch in der Welthandelsorgani-sation, die über die Profite von deren multinationalen Unternehmen wacht, hat ihr Wort am meisten Gewicht. Doch es gibt eine andere Gruppe von Mitgliedern, die keine mächtigen Freunde haben: die Sklaven. Wer spricht für sie? Wer wacht im Rahmen der Weltwirt-schaft und in den großen Städten der Welt über ihre Interessen? Wenn sie sich einzig auf die UN verlassen müßten, hätten die Sklaven dieser Welt kaum eine Chance auf Freiheit. Gruppen wie Anti-Slavery International arbeiten hart, sind aber wie Wasser, das auf die großen Felsblöcke der UN und der Regierungen der Länder tröpfelt. Die meisten Sklaven müssen sich selbst helfen, wenn sie befreit werden wollen. Im Kampf um die Ausrottung der Sklaverei müssen wir in Betracht ziehen, was die Sklaven selbst tun können, um freizukommen.

Hier sehen wir uns einer uneingeschränkt gültigen Wahrheit gegenüber: Die menschlichen und wirtschaftlichen Wechselbeziehungen in der modernen Sklaverei sind vielschichtig. Es wäre sehr viel einfacher, die Sklaverei zu verstehen und zu bekämpfen, wenn es eindeutig unterscheidbare Gute und Böse gäbe, wenn alle Sklavenhalter grausam wären und alle Sklaven sich nach Freiheit sehnten, wenn die Lösung für jegliche Sklaverei einfach darin bestünde, die Sklaven freizulassen. Doch frei zu sein heißt mehr als nur seine Fesseln abzustreifen. Freiheit ist eine sowohl physische als auch psychische Gegebenheit, und Befreiung ist ein bitterer Sieg, wenn sie nur dazu führt, daß man wieder hungert oder erneut versklavt wird. Letztlich müssen die Sklaven selber den Weg in die wahre Freiheit finden. Die physische und psychische Abhängigkeit, die sie ihren Herrn gegenüber oft empfinden, kann diesen Prozeß in die Länge ziehen. Hierzulande rechnen wir damit, daß ein mißbrauchtes Kind jahrelange Therapie und Betreuung benötigt, um sein Trauma zu überwinden – wie können wir da erwarten, daß mißbrauchte Sklaven sich auf der Stelle als vollwertige Bürger in die freie Gesellschaft eingliedern. Gewiß, viele Exsklaven sind erstaunlich widerstandsfähig, doch jene, die wie die befreiten Prostituiertensklavinnen in Thailand am meisten gelitten haben, benötigen möglicherweise lebenslange Fürsorge. Ihr Leid zeichnet sie wahrscheinlich für immer und belastet all ihre Beziehungen zu anderen Menschen. Bekannte zeitgenössische Autorinnen wie Maya Angelou und Toni Morrison haben sich eingehend mit dem Problem befaßt, wie das Trauma der Sklaverei sich selbst in den nachfolgenden freien Generationen fortsetzt. In dem Kampf, nicht nur die Sklaverei, sondern auch die Befreiung zu überleben, läßt sich eine verblüffende Parallele zwischen der alten Sklaverei in den Vereinigten Staaten und der neuen Sklaverei unserer Tage ziehen: Als 1865 die Sklaverei abgeschafft wurde, ließ man die Sklaven (wie heute) einfach fallen. Wenn die Sklaverei enden soll, müssen wir lernen, wie die Exsklaven ihre Freiheit am besten absichern können.

Es gibt nur wenige Vorbilder, auf die wir uns stützen können. Ein solches liefert Pureza Lopes Loyola, eine arme Brasilianerin, die die Sklavenbefreiung zu ihrer Sache machte. Sie begann ihren Kreuzzug, als ihr Sohn verschwand, während er auf einem Landgut im Norden Brasiliens arbeitete. Sie verkaufte fast alles, was sie besaß, und reiste Tausende von Meilen, um die abgelegenen und schwerbewachten Ranches abzusuchen, auf denen Hunderte von Arbeitern wie Sklaven gehalten wurden. Mit Hilfe der Pastoral Land Commission (CPT) begann sie offiziell Beschwerden einzureichen, von denen einige zu juristischen Maßnahmen und der Befreiung versklavter Arbeiter führten. Im Mai 1996 machte sie schließlich ihren Sohn ausfindig, der tatsächlich auf einer der Viehfarmen versklavt worden war. Furchtlos und entschlossen nahm Purzea Lopes Loyola den Kampf auf und trug dazu bei, die brasilianische Regierung zumindest so weit zu beschämen, daß sie neue Gesetze versprach. Sie selber war nie Sklavin gewesen, und ihre Suche war nur möglich, weil sie frei reisen konnte. Mit der Kraft, die ihr Glauben ihr verlieh, führte sie viele Sklaven in die Freiheit und machte ihnen Mut, ihre Stimme zu erheben und ihre Versklaver anzuzeigen. Trotz zahlreicher Morddrohungen macht sie mit ihrem Kreuzzug weiter und setzt Politikern, Journalisten, Geschäftsleuten und Gutsbesitzern zu. 1997 verlieh man ihr in London den Anti-Slavery Award; ihr Erfolg zeigt, was selbst ein einziger Aktivist auf lokaler Ebene erreichen kann.

Gäbe es in Mauretanien nicht El Hor und SOS Esclaves, die beide ehemalige Sklaven in ihren Reihen haben, hätten wir von der dort herrschenden Sklaverei kaum eine Ahnung. Diese mutigen Organisationen üben bei ihrem Kampf um Freiheit, Gleichbehandlung und die Rückführung der Sklavenkinder zu ihren Eltern Druck aus.

Nachdem die Sklaverei in Mauretanien derart weit verbreitet ist, zeitigt ihr Einsatz kaum Wirkung, und wenn sie einmal Erfolg haben, werden sie meist verhaftet und eingesperrt. Doch obwohl ihre Berichte zensiert und unterdrückt und sie selber ständig überwacht und beschattet werden, sind sie dennoch ein Symbol der Hoffnung. Die Sklaven, mit denen ich in der Hauptstadt Mauretaniens sprach, hatten alle von El Hor gehört. Sie verstanden nichts von politischer Einflußnahme oder davon, wie man vor Gericht einen Fall durchkämpft, aber sie wußten, es gab Menschen, die daran arbeiteten, sie zu befreien – und das bedeutete für sie alles.

Und denken Sie an Leela, jene bemerkenswerte Frau, der wir in Indien begegnet sind. Hier trägt eine versklavte Arbeiterin, Tochter und Ehefrau versklavter Arbeiter, dazu bei, die Familien ihres Dorfs aus der Sklaverei zu führen. Die entscheidenden Voraussetzungen für diese Veränderung sind Bildung, harte Arbeit und ein sehr kleiner Kapitaleinsatz. »Sehr klein« ist natürlich relativ. Jede Milchziege, die die Frauen in Leelas Selbsthilfegruppe von der Regierung bekamen, kostete 800 Rupien. Diese Summe entspricht lediglich etwa 20 Dollar, lag jedoch weit über dem, was sie je hätten sparen können. Was die Frauen dazu brachte, sich an dem Unternehmen zu beteiligen, war ihre Fähigkeit, mit sehr wenigem sehr hart zu arbeiten. Summen von lediglich 300 Dollar reichen aus, um ehemalige Sklaven in einem unabhängigen Gewerbe zu etablieren. Die Eingliederungshilfe der indischen Regierung beläuft sich auf ungefähr 160 Dollar und ermöglicht es auf dem Dorf, Vieh zu kaufen und sich Grund und Boden sowie eine Unterkunft zu sichern. Doch Eingliederung bedeutet mehr als nur Freiheit und zwei Ziegen.

Eines der besten Beispiele für die richtige Art der Eingliederung findet sich in Indien im Rahmen der Programme, die von der South Asian Coalition on Child Servitude (SACCS: Südasiatische Koalition gegen Kindersklaverei) angeboten werden. Sie orientieren sich an den Lehren Gandhis und stellen die Ärmsten der Armen in den Mittelpunkt – oft versklavte Landarbeiter wie jene, denen wir in Bandi begegneten –, um ihnen zu helfen, sich eigene Ziele zu setzen.

In dem Bewußtsein, daß der Geist ebenso befreit werden muß wie der Körper, bietet SACCS den versklavten Arbeitern Unterricht in Menschenrechten an. Der Menschenrechtsexperte Richard Pierre Claude erklärt:

> 1991 richtete SACCS ein Berufsbildungszentrum für befreite Personen ein, um »ihnen zu helfen, sich selbst zu helfen, ihr Selbstvertrauen zu stärken und sich aus ihrem traumatischen Bann zu lösen«. Das Ausbildungszentrum *Mukti Ashram* (eine Zuflucht für Befreite) arbeitet mit jeweils 60 Leuten, denen drei Monate Berufsausbildung und Unterricht in Lesen und Schreiben sowie eine Unterweisung in Menschenrechten geboten werden. Der Ashram hält auch zweiwöchige Kurse für ausgewählte ehemalige Schüler ab, in denen diese lernen, wie man versklavte Arbeiter einschließlich der Kinder befreit. 1995 hatte Mukti Ashram bereits 1.000 Aktivisten ausgebildet, die sich nun am Kampf gegen die Schuldknechtschaft beteiligen [;] ... die meisten von ihnen haben sich in ihren Dörfern wirtschaftlich selbständig gemacht, während sie gleichzeitig der Gemeinschaft helfen, gemeinsam für ihre Rechte zu kämpfen.[14]

Diese sehr wirksame Antwort auf die Versklavung verbessert die Chancen für ein dauerndes Leben in Freiheit für all jene, die in den Gebieten zu Hause sind, wo SACCS aktiv ist.

Für viele ehemalige Sklaven bringt die Befreiung neue Probleme mit sich. Ein Leben in ständiger Abhängigkeit kann man nicht von einem Augenblick auf den anderen abstreifen. Ein Mensch, dem die Selbstbestimmung verwehrt wurde, der nie Entscheidungen treffen mußte, ist unter Umständen wie gelähmt, wenn man dies plötzlich von ihm erwartet. Wenn wir etwas aus dem Leben befreiter Sklaven lernen können, dann die Tatsache, daß Befreiung ein *Prozeß* ist und nicht ein punktuelles Ereignis. Wenn es uns damit ernst ist, die Sklaverei zu beenden, müssen wir uns dafür einsetzen, befreite Sklaven in einem Prozeß zu unterstützen, der Jahre dauern kann. Wir müssen uns genau überlegen, was Sklaven brauchen, um wahre Freiheit zu erlangen, und wir müssen uns Gedanken darüber machen, wie wir den Sklaven als Menschen helfen können. Das Wissen, wie man sowohl die physischen als auch die psychischen Verletzungen von Folteropfern behandelt, nimmt ständig zu. Derzeit untersuchen Psychologen, wie man mit den Kriegstraumata von Kindern umgehen soll. Doch was wissen wir über die Psychologie der Sklaverei? Wie heilen wir die Traumata der Gefangenschaft? Welche Prognose bestünde für Siris geistige Gesundheit, würde sie je aus ihrem thailändischen Bordell freigelassen? Wenn wir die Sklaverei beenden wollen, müssen wir zu Experten für die Behebung der Schäden werden, die die Sklaverei Geist und Körper zufügt. Wir müssen uns genau ansehen, was Mukti Ashram leistet.

Zudem müssen wir Experten für Sklaven als Wirtschaftssubjekte werden. In der Regel verfügen Sklaven über wenig Fertigkeiten und erledigen Arbeiten, die auf dem Arbeitsmarkt nicht viel wert sind. Wenn sie jedoch befreit sind und nicht selber für sich sorgen können, wie sollen sie dann vermeiden, erneut versklavt zu werden? Kinder sind von ihren Eltern abhängig, die häufig von ihnen erwarten, kleine Pflichten rund ums Haus zu übernehmen. Sklaven werden in einem Zustand dauernder Abhängigkeit gehalten und in der Regel daran gehindert, mehr als nur die simpelsten Arbeiten zu erlernen. Nicht im Traum kämen wir auf die Idee, einen Achtjährigen auf den Arbeitsmarkt zu stoßen, damit er sich gegen die Konkurrenz seinen Lebensunterhalt verdient – doch genau dies passierte Tausenden befreiter Sklaven. Behörden in den Vereinigten Staaten und Großbritannien geben Millionen aus, um alleinstehenden jungen Müttern zu helfen, einen Beruf zu erlernen, von der Sozialhilfe loszukommen und sich Arbeit zu suchen. Daran beteiligen sich Tausende von Menschen, von Versicherungsanalytikern bis hin zu Sozialarbeitern. Doch um die 27 Millionen Sklaven in aller Welt kümmert sich lediglich eine Handvoll Leute und versucht, neue wirtschaftliche Wege aus der Sklaverei in die Selbständigkeit zu erarbeiten. Der ökonomische Prozeß hin zur wirtschaftlichen Unabhängigkeit verläuft parallel dem Reifen zu psychischer Selbständigkeit. Beide sind miteinander verknüpft, und wir müssen lernen, wie wir sie gleichzeitig fördern können.

Zu diesem Zweck muß sehr viel mehr Forschungs- und Entwicklungsarbeit zu Problemen geleistet werden, die von der Psychologie über das Wirtschaften im kleinen Maßstab bis hin zur Durchsetzung von Rechtsvorschriften im großem Umfang reichen. Zu der Frage, wie man ehemalige Sklaven bei ihrem Leben in Freiheit am besten unterstützt, ist noch fast gar nicht geforscht worden. Das wenige, das vorliegt, legt mehrere Möglichkeiten nahe, wie wir den Menschen helfen können, frei zu bleiben: Wir müssen ihnen Zugang zu Krediten verschaffen, sie selbst entscheiden lassen, welche Art von Arbeit sie ausführen wollen, und die Korruption bei den Eingliederungsprogrammen beseitigen. Zudem müssen wir sicherstellen, daß mächtige Persönlichkeiten auf der Seite der Sklaven stehen und alles überwachen, und überdies müssen wir den größten aller Befreier anbieten, nämlich Ausbildung. Wie wir wissen, haben sehr kleine Kreditgenossenschaften das Leben vieler der Allerärmsten in Indien und Bangladesch von Grund auf verändert; dabei geschieht es viel seltener, daß sie ihre Zinsen nicht zahlen können, als westliche Banken dies von ihren Kunden gewöhnt sind.[15] Weil wir in der westlichen Welt an Kreditkarten und Hypotheken, Autoleasing und monatliche Ratenzahlung gewöhnt sind, glauben wir manchmal, Darlehen spielten nur in großen modernen Volkswirtschaften eine Rolle. Das trifft jedoch keineswegs zu. In der dritten Welt sind die Kreditmechanismen komplex und praktisch ungeregelt. Kredite, Schulden und die Manipulierung von Zinsen und Rückzahlung können eine Versklavungsfalle aufbauen – oder aber den Hebel bilden, der eine Familie aus der Sklaverei herausbefördert.

Zudem können wir uns auf die Ratschläge der Indischen Verwaltungshochschule stützen, die eine Anzahl erfolgreicher wie auch erfolgloser »Eingliederungen« untersuchte und betont, wie wichtig es ist, ehemalige Sklaven ihren Verwandlungsprozeß selbst steuern zu lassen. Doch wo es Sklaverei gibt, gibt es auch Korruption, und diese

kann den ganzen Eingliederungsvorgang vergiften. Das Teppich-
siegelprogramm arbeitet der Korruption mit eigenen unabhängigen
Inspektoren entgegen. Wenn die Eingliederungsarbeit in Indien erfolgreich ist, dann nur, weil die Überwachungssausschüsse ehrlich
sind und hart arbeiten. Man hat Wege gefunden, Macht zugunsten
der befreiten Sklaven einzusetzen. Das muß nicht die Macht der
Polizei oder gar der Regierung sein – deren Beamte in Wirklichkeit
oft am hartnäckigsten Widerstand dagegen leisten –, noch muß es
sich um uneingeschränkte Macht oder Gewalt handeln. Oft genügt
es, wenn Mitarbeiter von Hilfsorganisationen oder Menschenrechts-
beobachter aus der Stadt anwesend sind.

Hier ist Raum für eine ganz neue Kategorie von Arbeit: für den
Freiheitsarbeiter etwa der Art, wie er im Mukti Ashram ausgebildet
wird. Im Idealfall sollte ein unabhängiger einheimischer Berater für
ein, zwei Jahre bei den befreiten Sklaven leben. Allerdings dürfte er
nicht mit einem fertigen »Entwicklungsplan« ankommen, sondern
müßte die ehemaligen Sklaven in die Lage versetzen, selber Pläne zu
entwerfen, und ihnen dann helfen, sie durchzuführen. Ein solcher
Aktivist müßte Lehrer, Berater, Anwalt, Mitarbeiter und Freund
zugleich sein. Die Erfahrungen in Indien zeigen, daß Beratung und
Unterstützung für eine erfolgreiche Eingliederung entscheidend
sind. Bildung ist der ausschlaggebende Faktor, wenn man eine erneute Versklavung verhindern will. Wenn die Menschen die Falle der
Schuldknechtschaft erkennen, um ihre Rechte als Bürger wissen,
sich der Macht ihrer Gemeinschaft bewußt werden und neue Wege
finden, ihren Lebensunterhalt zu verdienen, sind sie weniger anfällig
für eine Versklavung. Viele westliche Wohltätigkeitsorganisationen
drücken auf die Tränendrüsen der Öffentlichkeit, wenn sie bitten,
ein armes Kind in einem Entwicklungsland über eine Patenschaft zu
»fördern«. Forschungen haben gezeigt, daß dies möglicherweise
nicht die wirksamste Methode ist, den Kindern aus der Armut her-
auszuhelfen – aber vielleicht könnte man auf diese Weise befreiten
Sklaven helfen. Wo sind deren Paten? Wer bezahlt Freiheitsarbeiter
in Entwicklungsländern? Solange die Regierungen sich ihrer Verant-

wortung nicht stellen, müssen wir uns an die winzigen Organisationen halten, die sich weigern, aufzugeben und so zu tun, als gäbe es
keine Sklaverei.

DIE NEUEN ABOLITIONISTEN

Bedauerlicherweise sind die Gremien und Organisationen in der ersten Welt, die Freiheitsarbeiter rekrutieren und ausbilden könnten,
die die wirtschaftlichen Verknüpfungen des Sklavengeschäfts aufspüren, die Öffentlichkeit über die Realität der Sklaverei von heute
informieren und die Regierungen unter Druck setzen könnten, die
von ihnen selbst erlassenen Gesetze einzuhalten, in einem Teufels-
kreis des Unwissens und mangelnder Unterstützung gefangen. Die
wichtigste Gruppe im Kampf gegen die Sklaverei ist Anti-Slavery
International (ASI), die älteste Menschenrechtsorganisation der
Welt. 1839 für den Feldzug gegen den Sklavenhandel über den Atlantik gegründet, hat sie ihren Sitz in London und arbeitet engagiert
daran, Sklaverei und Kinderarbeit aufzudecken und zu bekämpfen.
Doch ASI mit ihren 6.000 Unterstützern und Mitgliedern ist wie
eine Maus, die gegen eine Herde Elefanten antritt. Verglichen mit
bekannten Organisationen wie Greenpeace oder Amnesty International, die weltweit von Millionen unterstützt werden, ist ASI win-
zig. Warum?

   Die Bewegung sitzt aufgrund der Unwissenheit der Öffentlichkeit in einer Falle. Die meisten Menschen glauben, die Sklaverei sei
im 19. Jahrhundert zu Ende gegangen. Um sie eines Besseren zu be-
lehren, ist ein starker Anstoß durch Öffentlichkeitsarbeit nötig,
doch um einen solchen Kraftakt zu bewerkstelligen, müßte ASI eine
Großorganisation mit beträchtlichen finanziellen Mitteln sein. Und
um das zu werden, braucht man Tausende von Förderern, die *wissen*, daß Sklaverei nicht im 19. Jahrhundert endete. Ohne massive
Hilfe kann ASI nicht in großem Stil um Mitglieder werben. Es ist
schwer, sich aus eigener Kraft aufzurappeln, doch genau das muß die

Antisklavereibewegung tun. Mehrere andere Organisationen befaß-
ten sich als Teil ihrer umfassenderen Arbeit unter anderem auch mit
Sklaverei. Die Catholic Agency for Overseas Development (CAFOD
= Katholische Gesellschaft für die Entwicklung in Übersee), Oxfam,
Human Rights Watch und UNICEF haben sich der Sklaverei aus
ihrer jeweiligen Perspektive heraus angenommen. Was bisher fehlt,
ist ein gemeinsames Vorgehen.

Ehe man einen solchen gemeinsamen Angriff unternehmen kann,
muß zweierlei geschehen. Erstens müssen Organisationen, die sich
gegen die Sklaverei einsetzen, diese in den Mittelpunkt stellen. Für
viele Gruppen ist die Sklaverei ein mit anderen Fragen zusammen-
hängendes Randproblem. Auf den ersten Seiten dieses Buchs habe
ich hervorgehoben, daß Sklaverei mit nichts anderem verwechselt
werden sollte: Sie ist keine Gefängnisarbeit, nicht alle Formen von
Kinderarbeit fallen darunter, und sie besteht nicht einfach darin,
arm zu sein und kaum Alternativen zu haben. All das ist schrecklich
und verdient Aufmerksamkeit, doch es ist keine Sklaverei. Die wirkliche, nicht nur metaphorische, Sklaverei breitet sich aus und entwickelt sich weiter. Menschenrechtsorganisationen müssen Sklaverei
als gesonderte, eigenständige Form der Menschenrechtsverletzung
behandeln. Wir müssen das Problem Sklaverei *beim Namen nennen*,
anstatt es in einen Mischmasch anderer Probleme verschwinden zu
lassen. Nur wenn uns deutlich bewußt ist, daß der Gegenstand unserer Forschungen und Kampagnen die Sklaverei ist, kann die Arbeit
gegen sie vorankommen. Sklaverei ist ein komplexes, dynamisches
Problem, das als solches begriffen werden muß.

Ein Teil des Problems, die Sklaverei beim Namen zu nennen, liegt
genau darin: *Sklaverei* ist ein sehr starkes Wort. Doch genau dies
müssen die Organisationen als zweites tun: harte Worte gebrauchen
und manchen eher noch kräftiger auf die Zehen treten. Einige Organisationen, insbesondere die UN, tun sich sehr schwer damit zuzugeben: »Im Land X gibt es Sklaverei.« Wie wir gesehen haben, versuchen Regierungen von Ländern, in denen Sklaverei existiert, dies mit
bürokratischen Sprachregelungen zu verschleiern. Indische Bauern

sind keine »versklavten Arbeitskräfte« mehr, sondern »gebundene
Arbeiter«. Die Sklaven Mauretaniens wurden durch einen Feder-
strich samt und sonders zu »ehemaligen Sklaven«. In den Holzkohlecamps Brasiliens nennt man sie vielleicht »Vertragsarbeiter«
und in den thailändischen Bordellen »Angestellte« – doch diese
Menschen sind Sklaven. Und angesichts der Millionen Sklaven auf
der Welt können wir es einfach nicht zulassen, daß die Bedeutung
des Wortes *Sklaverei* so verwässert wird, daß es nicht mehr genügend
Aussagekraft hat, um die wirkliche Sklaverei zu bezeichnen und zu
verurteilen. Eine der großen Leistungen von Amnesty International
besteht darin, daß die Organisation sich nie zurückhält: Folter wird
immer *Folter* genannt, und so ist die Wirklichkeit politischer Unterdrückung weit mehr Menschen bewußt geworden. Auch die Sklaverei muß in all ihren Schrecken, aber auch in ihren ganzen Komplexität gezeigt werden. Wenn die Öffentlichkeit nicht mehr fragt: »Was
verstehen Sie unter Sklaverei?« und »Sie meinen, es gibt immer noch
Sklaverei?« (diese Fragen muß ich jede Woche mehrmals beantworten), dann sind die Sklaven auf ihrem Weg in die Freiheit.

Allmählich sehen wir das Aufkommen einer neuen Abolitionistenbewegung, die vor ebenso schwierigen und umfassenden Herausforderungen steht wie jene zu Beginn des 19. Jahrhunderts. Eine
dieser Herausforderungen besteht darin, daß wir nicht glauben *wollen,* daß es Sklaverei gibt. Viele Menschen in den Ländern der ersten
Welt haben ein gutes Gefühl, weil die Sklaverei »damals« ja abgeschafft wurde, und sind schockiert und enttäuscht, wenn sie hören,
daß man sie erneut und immer wieder abschaffen muß. In Wahrheit
wird die Leistung der Abolitionisten des 19. Jahrhunderts durch das,
was heute getan werden muß, um keinen Deut herabgesetzt. Sie
hatten darum gekämpft, die legale Sklaverei zu beenden, und haben
in diesem Kampf gesiegt. Heute müssen wir die illegale Sklaverei
beenden.

Wenn wir gewinnen wollen, sollten wir als erstes unsere Unwissenheit eingestehen. Sklavenhalter, Geschäftsleute und sogar Regierungen verbergen die Sklaverei hinter Nebelwänden aus Worten und

Definitionen. Wir müssen diesen Dunstschleier durchdringen und
Sklaverei als das erkennen, was sie ist. Wir müssen anerkennen, daß
sie kein »Problem der dritten Welt« ist, sondern eine globale Wirklichkeit – eine Wirklichkeit, in die wir bereits verwickelt und einbezogen sind. Bei uns zu Hause müssen wir zugeben, daß Sklaverei uns
etwas angeht. Den Kern der ursprünglichen Abolitionistenbewegung in Amerika bildeten die Kirchen. Überall entlang der Linie Ma-
son – Dixon halfen kirchliche Gruppen, die »Underground Railway«
in Gang zu halten, auf der Sklaven nach Norden und in die Freiheit
geschleust wurden. Heute widmen viele Kirchen sich dem Schutz
und der Bewahrung von Familien. Doch was ist zerstörerischer für
das Leben einer Familie als Sklaverei? Man denke nur an die mauretanischen Sklavenhalter, die Müttern ihre Kinder wegnehmen, oder
an den Verkauf von Töchtern in Thailand. Sklaverei ist, und das steht
völlig außer Frage, eine Abscheulichkeit, die die Heiligkeit des Lebens leugnet und die Jungen und Wehrlosen zermalmt. Sind wir
wirklich imstande, fröhlich zuzusehen, wie unsere Kinder mit Fuß-
bällen spielen, die von Kindersklaven hergestellt wurden? Jeder, der
Kinder hat, will für sie das Beste, aber kann man das Beste um den
Preis eines Kindes anderer Eltern kaufen?

Es ist ein gewaltiger Kampf. Auf der einen Seite haben wir die
Leute, die mit der Sklaverei eine Menge Geld machen. Auf der anderen stehen eine Handvoll Aktivisten, die mehr Zeit damit zubringen
müssen, die Unwissenheit zu bekämpfen, als gegen die Sklavenhalter selbst zu kämpfen. Auf allen Ebenen, von der Familie bis zum
Arbeitsplatz, über die Kirchen bis zur politischen Partei, müssen all
jene sich zusammentun, die der Ansicht sind, daß die Sklaverei beendet werden muß. Die versklavten Menschen in den Entwicklungsländern werden fast alles tun, um freizukommen, doch allein schaffen sie es nicht. Sie teilen ihr Wissen und ihre Kraft mit uns, doch wir
müssen unsere Mittel und unsere Macht mit ihnen teilen. Ansonsten
wird das, was wir gern die »freie Welt« nennen, sich weiterhin von
Sklaverei nähren.

Hohles Gespött und dreiste Unverschämtheit

Als die Stadtväter von Rochester, New York, im Jahre 1852 die Vorbereitungen für die großen Juli-Feierlichkeiten zum Nationalfeiertag trafen, beschlossen sie, Frederick Douglass, einen der berühmtesten Bürger der Stadt, zu bitten, die Festansprache zu halten. Douglass war ein entflohener Sklave aus den Südstaaten, der zu einem der Führer im Kampf um die Abschaffung der Sklaverei geworden war. Möglicherweise glaubten die Honoratioren, Douglass sei dankbar dafür, in Freiheit leben zu dürfen, oder er würde Amerikas große Freiheitstradition lobend der Herrschaft europäischer Könige und Tyrannen gegenüberstellen. Doch sie sollten eine Überraschung erleben. Als die ganze Stadt zur Feier des Unabhängigkeitstags zusammenkam, trat Douglass aufs Podium und begann:

> Was bedeutet euer 4. Juli für einen amerikanischen Sklaven? ... Es ist ein Tag, der ihm mehr als jeder andere die krasse Ungerechtigkeit und Grausamkeit vor Augen führt, deren Opfer er ständig ist ... eure Feier ist ein Schwindel, eure gerühmte Freiheit ein unheiliger Freibrief, eure nationale Größe aufgeblasene Eitelkeit; ... eure Anklagen gegen Tyrannen sind eine dreiste Unverschämtheit, euer Geschrei von Freiheit und Gleichheit hohles Gespött, eure Gebete und Hymnen, eure Predigten und Erntedankfeste, eure Kirchenfeste sind ... Schwulst, Betrug, Täuschung, Gottlosigkeit und Heuchelei.[16]

Ich habe den Verdacht, daß Douglass zu dem folgenden Barbecue nicht eingeladen wurde. Er hatte bitteren Hohn und Sarkasmus über seine Zuhörer ausgegossen, und dem lag eine einzige, einfache Frage zugrunde: Wie könnt ihr auf eure Freiheit stolz sein, wenn es hier noch immer Sklaven gibt?

Heute müssen wir dieselbe Frage beantworten. Inzwischen sind wir, ob es uns gefällt oder nicht, eine einzige, weltumspannende Gemeinschaft. Wir müssen uns fragen: Sind wir gewillt, in einer Welt mit Sklaven zu leben? Falls nicht, sind wir verpflichtet, Verantwortung für Dinge zu übernehmen, die mit uns in Verbindung stehen, auch wenn sie weit entfernt sind. Solange wir uns nicht darum bemühen, diese Zusammenhänge zu begreifen, und dann etwas unternehmen, um diese Verknüpfungen zu zerschlagen, sind wir Marionetten, Kräften unterworfen, die wir nicht kontrollieren können oder wollen. Nichts zu unternehmen heißt ganz einfach, aufzugeben und zuzulassen, daß andere an den Fäden ziehen, die uns mit der Sklaverei verbinden. Natürlich gibt es auf der Welt viele Formen der Ausbeutung, viele Arten von Ungerechtigkeit und Gewalt, die unsere Besorgnis verdienen. Doch Sklaverei heißt Ausbeutung, Gewalt und Ungerechtigkeit, alle in ihrer wirksamsten Form zusammengefaßt. Wenn es eine fundamentale Verletzung unseres Menschseins gibt, die wir nicht zulassen dürfen, so ist dies die Sklaverei. Wenn es eine grundlegende Wahrheit gibt, der praktisch jeder Mensch zustimmen kann, dann die, daß die Sklaverei beendet werden muß. Was nützt unsere wirtschaftliche und politische Macht, wenn wir sie nicht einsetzen können, um Sklaven zu befreien? Wenn wir uns nicht entschließen können, die Sklaverei zu beenden, wie können wir dann behaupten, frei zu sein?

Fünf Dinge, die Sie tun können, um die Sklaverei zu beenden

1) *Werden Sie Mitglied bei Anti-Slavery International.* ASI setzt sich überall auf der Welt dafür ein, die Sklaverei zu beenden – über Organisationen vor Ort, durch Ermittlungen sowie Benennung und Bloßstellung von Sklavenhaltern, durch politische Einflußnahme auf die Regierungen der Länder und durch Druck auf die UN. Schließen Sie sich ASI im Kampf gegen die Sklaverei an. Die Adresse in Amerika lautet:

Anti-Slavery International
Suite 312 – CIP
1755 Massachusetts Avenue, N. W.
Washington, D. C. 20036–2102
USA

Neueste Informationen über die Sklaverei in aller Welt finden Sie auch auf der internationalen Website von Anti-Slavery International unter:

http://www.antislavery.org

ASI-Hauptbüro:

Anti-Slavery International
Thomas Clarkson House
The Stableyard
Broomgrove Road
London SW9 9TL
England
antislavery@antislavery.org

2) *Stellen Sie dieses Buch nicht einfach ins Regal.* Geben Sie es anderen zu lesen. Unwissenheit ist einer der Hauptgründe, weshalb Sklaverei sich nach wie vor weiter ausbreitet. *Alle* Tantiemen für dieses Buch sind für den Kampf gegen die Sklaverei bestimmt, daher scheue ich mich nicht, Ihnen nahezulegen, ein weiteres Exemplar für einen Freund zu kaufen. Nehmen Sie es mit in Ihren Verein oder Ihre Kirchengruppe, wo man Bücher ausleiht und darüber diskutiert.

3) *Stellen Sie Wohltätigkeitsorganisationen unbequeme Fragen.* Falls Sie derzeit Wohltätigkeitsorganisationen unterstützen, die in Entwicklungsländern arbeiten – ob es sich um Patenschaften für Kinder, Missionstätigkeit oder medizinische Hilfe handelt –, sollten Sie sie fragen: Was tut ihr, um der Sklaverei ein Ende zu setzen? Welche Gremien unterstützt ihr vor Ort im Kampf gegen die Sklaverei? Und wenn das nicht der Fall ist, warum?

4) *Stellen Sie Politkern unbequeme Fragen.* Eine der mächtigsten Waffen gegen die Sklaverei ist die Androhung wirtschaftlicher Sanktionen durch die großen Wirtschaftsmächte. Ein vom Kongreß der USA verabschiedetes Gesetz unterband die Kindersklaverei auf den Zuckerrohrfeldern der Dominikanischen Republik praktisch über Nacht. Fragen Sie Politiker, die Ihre Stimme wollen, was sie unternehmen, um die Sklaverei zu beenden.

5) *Stellen Sie den Leuten, die Ihr Geld verwalten, unbequeme Fragen.* Kann man Ihnen garantieren, daß keiner der Fonds in Firmen investiert, die mit Sklavenarbeit in Verbindung gebracht werden können? Welche Kriterien bestimmen neben der Gewinnerwartung die Investitionsentscheidungen? Wenn man Ihnen keine klare Antwort geben kann oder will, sollten Sie Ihr Geld abziehen. Es gibt Ethics-Fonds, die gewährleisten, daß Sie nicht von Sklaverei profitieren.

ANHANG 1
ANMERKUNG ZU DEN FORSCHUNGSMETHODEN

Meist fügt man in wissenschaftlichen Texten nach der Literaturübersicht und vor einem Kapitel, das man mit »Ergebnisse« überschreibt, einen Abschnitt über die Forschungmethodik ein. Ich habe mich nicht an diese Vorgabe gehalten, da ich die Fallstudien für sich selber sprechen lassen wollte. Ich hoffe jedoch, die jetzt folgende Anmerkung verdeutlicht die Verfahren, derer ich mich beim Sammeln der in diesem Buch vorgelegten Informationen bedient habe, und zerstreut alle Bedenken hinsichtlich der Sicherheit meiner Informanten.

Bisher wurden die meisten Untersuchungen zu Sklaverei von Journalisten oder Menschenrechtsaktivisten durchgeführt. Sie leisteten bewundernswerte Arbeit, und ich habe solche Arbeiten häufig zitiert und mich wiederholt auf sie bezogen. Doch diese Autoren wären wohl die ersten, die einräumten, daß ihnen nicht selten ein übergeordneter Begriffsrahmen fehlte, ebenso die erforderliche Zeit und der Platz, um tiefer in die sozialen und wirtschaftlichen Voraussetzungen einzudringen, auf denen Sklaverei beruht. Journalisten und Aktivisten konzentrierten sich verständlicherweise vor allem darauf, einzelne Menschenrechtsverletzungen aufzudecken und anzuprangern. Doch wenn man nur individuelle Rechtsverstöße betrachtet, erfaßt man nicht die ganze Wirklichkeit der Sklaverei. Ich glaube, Richard A. Falk hatte recht, als er schrieb: »Im wesentlichen ist der Schutz der Menschenrechte das Ergebnis des Kampfes gegensätzlicher gesellschaftlicher Kräfte; er läßt sich nicht primär als eine Übung in der Schaffung neuer Gesetze oder rationaler Überzeugungsarbeit verstehen.«[1] Allgemein fehlt es an Grundlagenforschung, wie ich sie zu leisten versuchte, indem ich mich eingehend mit dem Leben einzelner Sklaven befaßte.

Anhand einer Anzahl von Kriterien wählte ich fünf Länder für meine Fallstudien aus. Zum einen ging es mir um Länder, in denen in beträchtlichem Umfang Sklaverei herrscht und in denen sich bestimmte wirtschaftliche Aktivitäten abgrenzen lassen, die sich weitgehend auf Sklavenarbeit stützen. Außerdem lag mir daran, Länder mit unterschiedlichen Erscheinungsformen der Sklaverei auszuwählen, von der traditonellen bis hin zur neuen Sklaverei. Weitere Kriterien waren die Zugänglichkeit (beispielsweise ist Birma derzeit vollkommen abgeriegelt) sowie mein Wunsch, zumindest ein Land in der neuen Welt zu finden. Pakistan und Indien mußten meiner Meinung nach einbezogen werden, da in beiden Ländern eine große Zahl von versklavten Arbeitskräften beschäftigt wird. In jedem Land hielt ich nach einem Bereich wirtschaftlicher Aktivität Ausschau, den ich mit einiger Aussicht auf Erfolg untersuchen konnte. Die Prostitution in Thailand wählte ich aufgrund der Vorarbeit meiner dortigen Kollegin Dr. Rachel Harrison; außerdem ging ich davon aus, daß viele Leser durch entsprechende Medienberichte bereits einiges über dieses Thema wissen. Für die Wasserverteilung in Mauretanien entschied ich mich, nachdem wir dort bereits

mit unserer Arbeit begonnen hatten, da wir mit den umherziehenden Wasserliefe-
ranten leichter Kontakt aufnehmen konnten. Die Holzkohleherstellung in Brasilien
war schon vorher in gewissem Umfang untersucht worden, und ich nutzte diese Informationen, um einen Forschungsplan dafür auszuarbeiten. Gleiches gilt für die
Ziegelherstellung in Pakistan. Da ich feststellen mußte, daß die Branche im Niedergang begriffen ist, wäre es rückblickend vielleicht besser gewesen, einen anderen
Arbeitsbereich zu wählen. Der seit langer Zeit bestehende und anhaltende Einsatz
versklavter Arbeiter in der indischen Landwirtschaft bot sich als Untersuchungs-
gegenstand regelrecht an, doch es wäre möglicherweise angemessener gewesen, sich
auf die kleinen Betriebe des herstellenden Gewerbes in Indien zu konzentrieren, die
offenkundiger der globalen Wirtschaft zuarbeiten. Vor allem jedoch sollte niemand
irrtümlich glauben, ich hätte definitive Aussagen über die Sklaverei in einem dieser
Länder, die speziellen Wirtschaftsunternehmen oder ihre wechselseitigen sozialen
Beziehungen gemacht. Zudem ist diese Untersuchung keinesfalls erschöpfend; es
gibt viele andere Länder, die man untersuchen könnte und sollte. Nordafrika und die
Golfstaaten, andere Länder in Südostasien und Südamerika sowie die Verschickung
von Sklaven in praktisch alle Länder der ersten Welt – insbesondere nach West-
europa, in die Vereinigten Staaten und nach Japan – rufen allesamt nach umfassenden und gründlichen Ermittlungen.

Vor allem zwei gewichtige Gründe bewogen mich, mit Fallstudien zu arbeiten. Erstens folgte ich dem Rat von Robert K. Yin, einem Experten für diese Methode: »Fallstudien stellen die beste Vorgehensweise dar, wenn man Fragen nach dem Wie oder
Warum stellen will, wenn der Ermittler wenig Einflußmöglichkeiten auf die Ereignisse hat, und wenn ein zeitgenössisches Phänomen eines realen Lebenszusammen-
hangs im Brennpunkt steht.«[2] Die Untersuchung leistete notgedrungen Pionierarbeit,
da die Sklaverei unserer Zeit in den Sozialwissenschaften fast völlig unter den Tisch
fällt. Das Problem Sklaverei eröffnet der Forschung ein weites Feld, auch wenn frühere
Studien kaum richtungweisend sind. In der Regel werden qualitative Verfahren angewandt, um neue Interessengebiete zu erschließen, und wenn man ein Thema er-
forscht, das irgendeine Art von Verbrechen einschließt – und möglicherweise für den
Forscher wie auch für die befragten Personen nicht ganz gefahrlos ist –, kann meiner
Ansicht nach die weniger aufdringliche Fallstudie als angemessenste Methode gelten.
Zweitens entschied ich mich für dieses Vorgehen, da ich Vergleiche zwischen den fünf
Ländern anstellen wollte, in denen ich Informationen sammelte. Soweit ich weiß,
wurden hier zum ersten Mal an mehr als einem Ort einheitliche, dem Forschungsan-
satz zugrundeliegende Fragen zu den verschiedenen Formen von Versklavung gestellt
(im Anschluß finden Sie eine vollständige Liste dieser Fragen). Meiner Überzeugung
nach erfordert der globale Charakter der zeitgenössischen Sklaverei einen solchen
Ansatz. Mein Ziel war es, in jedem Land so viele Informationen wie nur möglich über
die dortige Sklaverei zu sammeln, dazu umfangreiche Hintergrunddaten zu Landes-
geschichte, Kultur und Wirtschaft, die ich dann anhand von Fallstudien einer spezifischen wirtschaftlichen Aktivität zu konkretisieren und veranschaulichen versuchte.

Ohne die Hilfe meiner Kollegen, die in jedem dieser Länder mit mir zusammen-
arbeiteten, wäre es mir nicht möglich gewesen, diese Aufgaben durchzuführen. Fast
zwei Jahre brauchte ich, um für jedes der fünf Länder Forscher ausfindig zu machen
und anzuwerben, die über das notwendige umfassende Wissen sowie die entsprechende Erfahrung – auch in der Forschung – sowie Sprachkenntnisse verfügten:

Dr. Rachel Harrison und Gampol Nirawan in Thailand, N'Gadi N'di in Mauretanien, Luciano Padrão in Brasilien, Haris Gazdar in Pakistan und Pramod Singh
sowie Dr. Praveen Jha in Indien. Ich muß gestehen, ich hatte außergewöhnliches
Glück: Jeder dieser Forscher erwies sich als noch besserer Kollege, als ich gehofft
hatte. Sie alle lieferten mir, lange ehe ich in ihr Land reiste, eine Unmenge Informationen und Hinweise. Jeder öffnete mir die Augen für eine andere Kultur und bewies
großes Einfühlungsvermögen und Taktgefühl, wenn wir mit versklavten Menschen
zusammentrafen. In all den Ländern arbeitete ich mit meinen Rechercheuren zusammen, um Sklaven wie auch Sklavenhalter ausfindig zu machen und zu befragen.
Manchmal führte ich die Interviews, und mein orstansässiger Kollege übersetzte, in
anderen Fällen stellte sie oder er die Fragen. In allen Ländern legten wir Wert darauf,
unsere Fragen im voraus zu übersetzen, damit sie für die Befragten auch wirklich
einen Sinn ergaben.

In allen Ländern stand die Sicherheit der Sklaven für uns an erster Stelle. Alle Befragten wurden zunächst um ihr Einverständnis gebeten, mit uns zu sprechen; sodann sicherten wir ihnen Anonymität zu. Schien jemand nervös oder verängstigt,
zogen wir weiter. Sklaven haben schon genug Probleme, auch wenn sie nicht von
Forschern bedrängt werden! Vermutlich machen sich einige Leser insbesondere
wegen der jungen Frauen Sorgen, die wir in thailändischen Bordellen befragten:
Zum einen insofern, ob es nicht problematisch ist, wenn ein Mann junge, zur Prostitution gezwungene Frauen befragt, zum anderen wegen ihrer Sicherheit. Dieser Probleme waren wir uns vollkommen bewußt. Ich möchte daher klarstellen, daß ich in
Thailand mit einer Kollegin zusammenarbeitete, die über jahrelange Erfahrung
darin verfügt, Beschäftigte im Sexgewerbe zu befragen und mit ihnen zu arbeiten.
Die Bordelle besuchten wir in Begleitung einheimischer Aids-Beauftragter, die von
den Mädchen akzeptiert waren und denen sie vertrauten; sie stellten uns auch vor.
Als sich uns die Gelegenheit bot, mit Siri und einer anderen jungen Frau eingehen-
dere Gespräche zu führen, war auch Siris Mutter anwesend. Viele Informationen
sammelten wir beim Besuch eines ländlichen buddhistischen Tempels; anschließend
setzten wir uns alle zu einem ausgedehnten Mittagessen in einem Restaurant am
Flußufer zusammen. Ihre Namen wie auch die der in diesem Buch zitierten Sklaven
wurden geändert (ausgenommen diejenigen, die wir aus anderen Veröffentlichungen übernahmen). Ich gestehe, den Sklavenhaltern gegenüber war ich nicht immer
ganz ehrlich. In Pakistan beispielsweise stellten wir uns Ziegeleibesitzern als Forscher vor, die Kleingewerbe sowie die Art untersuchen, wie diese in die Wirtschaft
des Landes eingepaßt sind: Zwar traf dies durchaus zu, aber es war nicht die ganze
Wahrheit. In Indien stellte ich fest, daß ich die Grundherren vor allem deswegen zur
Zusammenarbeit gewinnen konnte, weil ich selber auf dem Land aufgewachsen war.
Wenn ich sie zu Ernteerträgen, Anbauzeiten, Fruchtwechselverfahren, Treibstoff-
und Saatgutkosten, Düngerarten und -kosten sowie zum Stammbaum ihrer Tiere
befragte, gingen sie meist von selber schnell zu genau den Fragen über, die ich gar
nicht angeschnitten hatte: die zu ihren Arbeitskräften nämlich, insbesonders denen
in Schuldknechtschaft. Für mich stellte die Untersuchung als Ganzes einen überwäl-
tigenden Lernprozeß dar, der meinen Erfahrungshorizont, den ich mir in mehr als
zwanzig Jahren Sozialforschung erarbeitet hatte, beträchtlich erweiterte.

Im Anschluß finden Sie eine Zusammenstellung der Fragen, die ich in jedem der
von mir untersuchten Länder zu beantworten versuchte. Nicht alle Fragen paßten zu

jedem Ort, doch wir bemühten uns, für die jeweiligen Länder Entsprechungen zu finden. Natürlich stelle ich jetzt, nachdem wir die Untersuchung abgeschlossen haben, fest, daß ich inzwischen einige Fragen weglassen und dafür andere hinzufügen würde. Sie werden bemerken, daß ich sehr viele detaillierte Fragen zu den von mir untersuchten Geschäftszweigen stellte. Das Forschungsprojekt erbrachte letztlich weit mehr Informationen zu diesen Themen, als in das Buch Eingang fanden. Meine Lektoren überzeugten mich jedoch, daß viele dieser Details über das Interesse des Lesers hinausgehen; und seit ich einigen Abstand zu dem Material gewonnen habe, ist mir das auch klargeworden – doch falls jemand den Wunsch haben sollte, eine eigene Ziegelei zu gründen, kann ich ihm gern einige Tips geben.

Fragen zur Sklaverei im Rahmen des Forschungsvorhabens

Demographische Daten:

für jede Einheit (landwirtschaftliches Gut, Bordell, Ziegelei oder sonstige örtliche und spezifische »Produktions«-Einheit):

1) *Größe*

Wie viele Sklaven/unfreie Arbeiter werden in der Einheit (Ziegelei, Fabrik, Bordell, Gut etc.) festgehalten?

Wie läßt diese Einheit sich mit anderen ihrer Art (gleiches »Gewerbe«) in derselben Region hinsichtlich der Gesamtzahl der »Angestellten« und des Umfangs des Gewerbes/der Produktion vergleichen?

Ist sie im Verhältnis zu anderen solchen Einheiten groß, klein oder von durchschnittlicher Größe?

Über welche Bandbreite der Größe reichen diese Einheiten in ein und derselben Region?

Gibt es in anderen Regionen vergleichbare Einheiten anderer Größenordnung?

2) *Ausmaß der Versklavung*

Welcher Anteil der örtlichen Arbeitskräfte in diesem Bereich ist versklavt/unfrei?

Welcher Anteil der Arbeitskräfte insgesamt in diesem Dorf/dieser Gegend?

Wie groß ist die Bevölkerung der nächstgelegenen geographischen Einheit (Dorf/Stadt/Bezirk)?

Wie hoch ist schätzungsweise die Zahl versklavter/unfreier Arbeiter in dieser geographischen Einheit?

3) *Aufschlüsselung nach Geschlecht und Alter*

Welchen Anteil der unfreien Arbeiter in jeder Einheit stellen Männer/Frauen?

Welchen Anteil stellen Kinder; wie ist die Altersschichtung?

Ist die von ihnen verrichtete Arbeit in spezielle Kategorien für Männer beziehungsweise Frauen unterteilt?

Gibt es Arbeitsteilung? (Das heißt, werden, falls das End-«Produkt« mehrere Herstellungsphasen durchläuft, diese auf verschiedene Gruppen verteilt – Männer, Frauen, Kinder?)

Werden die Sklaven/unfreien Arbeiter als Einzelpersonen oder als Familien festgehalten?

4) *Ethnische Unterschiede*

Welchen ethnischen Hintergrund haben die Sklaven?

Gehören die Sklaven einer anderen ethnischen Gruppe an als die Sklavenhalter?

Gibt es ethnische Unterschiede zwischen den Sklaven und anderen, die etwas mit ihrer Versklavung zu tun haben (z. B. die Gemeinde in der Umgebung der Einheit), oder jenen, die die Produkte aus Sklavenarbeit konsumieren (z. B. Bordellbenutzer)?

Gibt es eine Vorgeschichte der Herrschaft einer dieser Gruppen über eine andere?

5) *Religiöse Unterschiede*

Gibt es religiöse Unterschiede zwischen Sklave und Sklavenhalter und/oder zwischen Sklave und Konsument von Produkten aus Sklavenarbeit?

Wie ist die religiöse Einstellung der Menschen in dieser Gegend? Das heißt, wie stellen sich die religiösen Verhältnisse innerhalb des Dorfes/der Stadt/des Landes dar – gibt es eine vorherrschende Religion, regelmäßige Gottesdienste, eine religiöse Rechtsprechung?

6) *Wo ist die Sklaverei angesiedelt?*

Liegen die Einheiten, die Sklavenarbeit nutzen, vorwiegend im ländlichen oder im städtischen Umfeld, oder treten sie in beiden in etwa gleichem Maße auf?

Sind sie geographisch oder in anderer Weise isoliert?

Befinden sie sich eher an Orten, an denen »moderne« Normen und Einstellungen nicht vorherrschen?

Wissen die Einheimischen, daß es in ihrer Gegend Sklaverei gibt?

Weiß es die örtliche Verwaltung/die Regierung?

7) *Auswirkungen der Arbeit auf Sklaven*

Wie wirkt sich die Versklavung auf die Lebenserwartung aus?

Birgt der Herstellungsprozeß irgendwelche spezifischen Gefahren für die Gesundheit?

In welchem Alter sind Sklaven in der Regel nicht mehr in der Lage weiterzuarbeiten, und was geschieht dann mit ihnen?

8) *Die Sklavenhalter*

Wer sind sie: Alter, Geschlecht, Bildungsstand, Klassen-/Kastenzugehörigkeit?

Welche Stellung nehmen sie in der Gesellschaft/Gemeinschaft ein? Welche soziale Rolle spielen sie?

Wie werden sie von den anderen Mitgliedern der Gemeinschaft eingeschätzt?

Wie lange leben sie schon in dieser Gemeinschaft?

Gehen sie noch anderen Beschäftigungen nach/haben sie noch andere Unternehmen?

Haben sie die Sklavenhaltung »geerbt«?

Warum sind sie Sklavenhalter, wenn andere mit vergleichbarem Hintergrund es nicht sind?

Welcher Beschäftigung würden sie wahrscheinlich nachgehen, wenn sie keine Sklavenhalter wären?

Wie erklären sie, weshalb sie diese Arbeiter festhalten?

Vorgehensweisen und Verfahren

1) *Wirtschaftliche Rahmenbedingungen der Sklaverei*

Wieviel Kapital ist erforderlich, um mit dieser Art von Produktion zu beginnen?

Details zu den Unkosten:
Was kostet ein Sklave?
Welche Kosten kommen zum Beschaffungspreis/Darlehen noch hinzu?
Was kostet der Unterhalt für einen Sklaven?
Welche Mieten bezahlen die Sklavenhalter?
Welche anderen Kosten fallen im Zusammenhang mit der Arbeit an?
Was kosten die erforderlichen Rohstoffe?
Was kosten die Legitimationsverfahren, um die Ungesetzlichkeit der Sklavenhaltung zu verschleiern?
Welche Arten von Genehmigungen, Schmiergeldern und so weiter sind erforderlich, um die Produktion/den Ablauf in Gang zu setzen/zu halten?
Welche anderen Arbeiter werden eingesetzt und wie werden sie entlohnt?

Was kosten »freie Arbeitskräfte«, wenn man sie für die gleiche Arbeit einstellt?

Was setzen sie schätzungsweise um?

Welchen Gewinn macht der Eigentümer?

Welchem Konkurrenzdruck ist der Eigentümer ausgesetzt?

Wächst der Markt für das Produkt/die Dienstleistung, oder schrumpft er?

Werden irgendwelche Steuern und/oder Schmiergelder gezahlt?

Könnten die Sklaven durch Maschinen ersetzt werden?

Gehört die Produktionseinheit zur offiziellen oder zur Schattenwirtschaft?

Beliefert maschinelle Produktion einen anderen Markt, falls das Produkt auch maschinell hergestellt wird?

Wird eine maschinelle Produktion allmählich wirtschaftlicher?

Welche Hindernisse stehen einer Mechanisierung im Wege?

2) *Gewinn aus dem investierten Kapital*

Wie verhält der Gewinn aus der Produktion mit Sklaven sich zum Gewinn aus der Produktion mit bezahlten Arbeitskräften? Gibt es für die Sklavenhalter andere Möglichkeiten, ihr Kapital zu investieren?

Wenn ja, würden sie ihr Kapital anderswo investieren, wenn sie die Wahl hätten?

Haben sie eine Wahl?

In welchem Maße bemühen sich die Sklavenhalter darum, in ihren Unternehmen Sklaven für sich arbeiten zu lassen?

Könnten sie problemlos und gewinnbringend auf andere Investitionsformen umsteigen – oder ist ihr Einsatz in die Sklavenhaltung zu hoch?

3) *Wirtschaftliche Indikatoren (für die unmittelbare Umgebung/die Region/ landesweit)*

Wie hoch sind die örtlichen Löhne und die entsprechenden Lebenshaltungskosten?

Wo liegen die absolute und die relative Armutsgrenze?

Was kostet der Lebensunterhalt für eine Person?

Wie hoch ist die Inflationsrate?

Wie hat die örtliche Wirtschaft sich in letzter Zeit verändert?

Wie hoch ist die Arbeitslosenquote?

4) *Arbeit und Produktionsablauf*

Wie kann man die geleistete Arbeit umfassend beschreiben?

Welcher Teilbereich wird in diesem Produktionszweig durch Sklavenarbeit abgedeckt?

Ist die Arbeit saisonabhängig?

Liegt das Produkt am oberen oder am unteren Ende der Skala (ist es also, verglichen mit einem entsprechenden, nicht von Sklaven hergestellten Produkt auf demselben Markt, ein »Qualitätsprodukt« zu »hohem Preis« oder ein Produkt »geringer Qualität« zu »niedrigem Preis«)?

Ist der von Sklaven hergestellte Artikel Bestandteil eines größeren Produkts (ist es also ein verkaufs-/gebrauchsfertiges »Endprodukt« oder sind weitere Herstellungsschritte erforderlich, bis es verkäuflich/verwendbar ist; ist die Dienstleistung – falls es um eine solche geht – Teil einer umfangreicheren/länger dauernden Leistung oder wird sie unmittelbar in Anspruch genommen)?

Ist das Produkt für den lokalen, nationalen oder internationalen Markt bestimmt?

Wie viele Arbeitsvorgänge/Unterbrechungen durchläuft das Produkt, bis es seine endgültige Bestimmung erreicht?

5) *Wahlmöglichkeiten des Verbrauchers*

Wer sind die Endverbraucher des Produkts?

Wie verhält der von Sklaven hergestellte Gegenstand sich zu dem Produkt anderer Herstellung?

Wo könnte der Verbraucher nicht von Sklaven hergestellte Waren beziehen, falls er dies will, und wie groß wäre der Preisunterschied?

6) *Der Versklavungsprozeß*

Erfolgt die Versklavung infolge von Schulden, durch Täuschung, mittels Scheinverträgen, durch Gewaltanwendung? Oder durch eine Kombination dieser Möglichkeiten?

Wie läuft eine typische Versklavung in dieser Situation ab?

Gibt es einen sozialen, kulturellen oder gesetzlichen Mechanismus, der sie legitimiert? Wenn ja, wie sieht er aus?

Ist es möglich, einen »Vertrag« oder eine Schuldverpflichtung zu kopieren/abzuschreiben?

Wo findet die Kontaktaufnahme zwischen potentiellem Sklaven und Sklavenwerber statt?

Wie kommt man an den potentiellen Sklaven heran?

Welche Faktoren können jemanden in die Versklavung stoßen/hineinziehen – soziale, familiäre, wirtschaftliche, kulturelle? (Was bietet der Vermittler an, um jemanden in das Verhältnis hineinzuziehen?)

Welche Aspekte des Lebens potentieller Sklaven stoßen sie in die Sklaverei?

Was macht sie anfällig für eine Versklavung?

Welche Alternativen zur Versklavung gibt es für die Sklaven?

Wie würden sie überleben, wenn sie nicht versklavt wären?

Wie wird der Handel besiegelt?

An welchem Punkt wird die Übereinkunft unwiderruflich?

Ist sie tatsächlich nicht rückgängig zu machen, oder sieht nur der Sklave es so?

Wird jemand, sobald er einmal versklavt ist, eher von dem festgehalten, der ihn zum Sklaven gemacht hat, oder verkauft man ihn?

Ist der Sklavenwerber ein Lieferant, ein Vermittler oder derjenige, der die Sklaven einsetzt?

Wie ist der Ablauf, bis die Sklaven ihren wahrscheinlichen Bestimmungsort erreicht haben?

Werden sie, wenn sie erst einmal dort sind, anschließend wahrscheinlich an andere verkauft oder gegen etwas eingetauscht?

Was macht sie zu Sklaven geeignet; welche Eigenschaften müssen sie besitzen?

Werden sie im Hinblick auf die Erfüllung einer bestimmten Aufgabe versklavt?

Werden sie in einem bestimmten Stadium möglicherweise für andere Arbeiten eingesetzt?

7) *Die Beziehung*

Wie sieht die versklavte Person ihre Situation?

Ändert sich diese Sichtweise in verschiedenen Phasen der Beziehung?

In welcher gesellschaftlichen Beziehung stehen Sklave und Sklavenhalter zueinander? (Wie wird sie von jedem von ihnen wahrgenommen, wie von den Menschen in ihrer Umgebung?)

Versuchen Personen, die andere versklaven, dies zu rechtfertigen – vor sich selber, vor der Gemeinschaft, vor der Regierung? Wenn ja, auf welche Weise?

Wie werden die Sklaven unter Kontrolle gehalten? Wie wird Gewalt eingesetzt oder angedroht?

Welche Art sozialer oder psychischer Gewalt wird möglicherweise eingesetzt, um den Sklaven unter Kontrolle zu halten?

Welche gesellschaftlichen Normen binden – außer der Androhung von Gewalt – den Sklaven an den Sklavenhalter?

Welche Rolle spielt die Zustimmung zur oder die Beteiligung an der Versklavung seitens der Regierung/der Behörden?

Wird der Beziehung zwischen Sklave und Sklavenhalter durch ortsansässige »Gesetzesorgane« »Geltung verschafft«?

Gibt es irgendeine Möglichkeit, Sklaven freizulassen? Falls ja, wie läuft dies ab?

Wirkt sich die Tatsache, daß man Sklave war, auf das aus, was man anschließend tun kann?

Ist man sozial gebrandmarkt oder anderweitig betroffen, wenn man kein Sklave mehr ist?

8) *Kinder von Sklaven*

Was geschieht mit Kindern von Sklaven?

Inwieweit können Sklaven über ihren Nachwuchs bestimmen?

Sind Kinder für den Sklaven eine Hilfe oder eine Erschwernis?

Steigern oder mindern sie den Wert eines Sklaven für den Sklavenhalter?

Können Sklaven überhaupt über ihre Fortpflanzung bestimmen?

9) *Notwendige Voraussetzungen*

Kann man sagen, daß Gewalt und ihre Androhung in dieser Gegend/Region/diesem Land nicht das Monopol des Staates sind? (Können also Menschen, die über Macht beziehungsweise Waffen verfügen, diese ohne großes Risiko staatlicher Eingriffe einsetzen und insbesondere dazu verwenden, Sklaven einzufangen und/oder festzuhalten?)

Existieren gesellschaftliche Normen, die eine Versklavung legitimieren oder zulassen (zumindest für den Sklavenwerber und den unmittelbaren Nutznießer der von Sklaven hergestellten Waren oder Dienstleistungen)?

Wie wird die Verschleierung einer offiziell illegalen Sklaverei für legitim erklärt?

ANHANG 2
AUSZÜGE AUS DEN INTERNATIONALEN
ÜBEREINKOMMEN BETREFFEND DIE SKLAVEREI

Die Quelle für alle nachstehend zitierten Dokumente ist das Centre for Human Rights Geneva, *Universal Instruments*, vol. 1 von: *Human Rights: A Compilation of International Instruments*. New York: United Nations, 1994; im deutschen Wortlaut abgedruckt in: *Menschenrechte*. München: dtv, ⁴1988, S. 5 ff.

ÜBEREINKOMMEN BETREFFEND DIE SKLAVEREI
VOM 25. SEPTEMBER 1926*

Art. 1 Für die Zwecke des vorliegenden Übereinkommens besteht Einverständnis über folgende Begriffsbestimmungen:

1. Sklaverei ist der Zustand oder die Stellung einer Person, an der die mit dem Eigentumsrechte verbundenen Befugnisse oder einzelne davon ausgeübt werden.

2. Sklavenhandel umfaßt jeden Akt der Festnahme, des Erwerbs und der Abtretung einer Person, in der Absicht, sie in den Zustand der Sklaverei zu versetzen; jede Handlung zum Erwerb eines Sklaven, in der Absicht, ihn zu verkaufen oder zu vertauschen; jede Handlung zur Abtretung eines zum Verkauf oder Tausch erworbenen Sklaven durch Verkauf oder Tausch und überhaupt jede Handlung des Handels mit Sklaven oder der Beförderung von Sklaven.

Art. 2 Soweit die Hohen Vertragsschließenden Teile die erforderlichen Maßnahmen nicht bereits getroffen haben, verpflichten sie sich, jeder für die seiner Staatshoheit, seiner Gerichtsbarkeit, seinem Schutze, seiner Oberherrlichkeit oder seiner Vormundschaft unterstellten Gebiete:

a) den Sklavenhandel zu verhindern und zu unterdrücken;
b) in zunehmendem Maße und sobald als möglich auf die vollständige Abschaffung der Sklaverei in allen ihren Formen hinzuarbeiten.

Art. 3 Die Hohen Vertragsschließenden Teile verpflichten sich, alle zweckmäßigen Maßnahmen zu treffen, um die Ein- und Ausschiffung und die Beförderung von Sklaven in ihren Hoheitsgewässern sowie überhaupt auf allen Schiffen, die ihre Flagge führen, zu verhindern und zu unterdrücken.

* In der Fassung des Änderungsprotokolls vom 7. Dezember 1953; BGBl. 1972 II, S. 1473.

ALLGEMEINE ERKLÄRUNG DER MENSCHENRECHTE**

Art. 1 Alle Menschen sind frei und gleich an Würde und Rechten geboren. Sie sind mit Vernunft und Gewissen begabt und sollen einander im Geiste der Brüderlichkeit begegnen.

Art. 4 Niemand darf in Sklaverei oder Leibeigenschaft gehalten werden; Sklaverei und Sklavenhandel sind in allen Formen verboten.

Art. 13 (1) Jeder Mensch hat das Recht auf Freizügigkeit und freie Wahl seines Wohnsitzes innerhalb eines Staates.

Art. 23 (1) Jeder Mensch hat das Recht auf Arbeit, auf freie Berufswahl, auf angemessene und befriedigende Arbeitsbedingungen sowie auf Schutz gegen Arbeitslosigkeit.

ZUSATZÜBEREINKOMMEN ÜBER DIE ABSCHAFFUNG DER SKLAVEREI, DES SKLAVENHANDELS UND SKLAVEREIÄHNLICHER EINRICHTUNGEN UND PRAKTIKEN VOM 7. SEPTEMBER 1956***

Teil I. Sklavereiähnliche Einrichtungen und Praktiken

Art. 1. Jeder Vertragsstaat dieses Übereinkommens trifft alle durchführbaren und notwendigen gesetzgeberischen und sonstigen Maßnahmen, um schrittweise und sobald wie möglich die vollständige Abschaffung der folgenden Einrichtungen und Praktiken oder den Verzicht darauf herbeizuführen, soweit sie noch bestehen und ohne Rücksicht darauf, ob sie unter die in Artikel 1 des am 25. September 1926 in Genf unterzeichneten Übereinkommens betreffend die Sklaverei enthaltene Begriffsbestimmung fallen:

a) Schuldknechtschaft, d. h. eine Rechtsstellung oder eine Lage, die dadurch entsteht, daß ein Schuldner als Sicherheit für eine Schuld seine persönlichen Dienstleistungen oder diejenigen einer seiner Kontrolle unterstehenden Person verpfändet, wenn der in angemessener Weise festgesetzte Wert dieser Dienstleistung nicht zur Tilgung der Schuld dient, oder wenn diese Dienstleistungen nicht sowohl nach ihrer Dauer wie auch nach ihrer Art begrenzt und bestimmt sind;
b) Leibeigenschaft, d. h. die Lage oder Rechtsstellung eines Pächters, der durch Gesetz, Gewohnheitsrecht oder Vereinbarung verpflichtet ist, auf einem einer anderen Person gehörenden Grundstück zu leben und zu arbeiten und dieser Person bestimmte entgeltliche oder unentgeltliche Dienste zu leisten, ohne seine Rechtsstellung selbständig ändern zu können;

** Resolution 217 (III) der Generalversammlung der Vereinten Nationen vom 10. Dezember 1948; dt. Text nach Sartorius II, Nr. 19.
*** BGBL, 1958 II, S. 205.

c) Einrichtungen und Praktiken, durch die
   (1) eine Frau, ohne ein Weigerungsrecht zu besitzen, gegen eine an ihre El-
       tern, ihren Vormund, ihre Familie oder eine andere Person oder Gruppe
       gegebene Geld- oder Naturalleistung zur Ehe versprochen oder verheira-
       tet wird,
   (2) der Ehemann einer Frau, seine Familie oder Sippe berechtigt ist, sie gegen
       Entgelt oder in anderer Weise an eine andere Person abzutreten,
   (3) eine Frau beim Tode ihres Ehemannes zwangsläufig an eine andere Per-
       son vererbt wird;
d) Einrichtungen oder Praktiken, durch die ein Kind oder ein Jugendlicher
   unter achtzehn Jahren von seinen natürlichen Eltern oder einem Elternteil oder
   seinem Vormund entgeltlich oder unentgeltlich einer anderen Person übergeben
   werden, in der Absicht, das Kind oder den Jugendlichen oder seine Arbeitskraft
   auszunutzen.

Art. 2 Um den in Artikel 1 Abs. c erwähnten Einrichtungen und Praktiken ein Ende
zu bereiten, verpflichten sich die Vertragsstaaten, dort, wo es angebracht erscheint,
ein angemessenes Mindestalter zur Eheschließung festzusetzen, die Anwendung von
Vorkehrungen, auf Grund deren die Zustimmung beider Ehepartner vor einer zuständigen zivilen oder religiösen Behörde frei zum Ausdruck gebracht werden kann,
und die Eintragung der Eheschließung zu fördern.

Teil II. Sklavenhandel

Art. 3
(1) Die Beförderung oder der Versuch der Beförderung von Sklaven aus einem Land
    in ein anderes, gleichgültig, mit welchen Beförderungsmitteln sie erfolgt, oder
    die Teilnahme daran soll ein Verbrechen nach den Gesetzen der Vertragsstaaten
    dieses Übereinkommens sein: Personen, die dieser Verbrechen überführt wer-
    den, sollen sehr schwer bestraft werden.

(2) a) Die Vertragsstaaten treffen alle wirksamen Maßnahmen, um Schiffe und
    Luftfahrzeuge, die ihre Flagge führen dürfen, an der Beförderung von Sklaven zu
    hindern, und um Personen, die solcher Handlungen oder der Benutzung natio-
    naler Flaggen für diesen Zweck schuldig werden, zu bestrafen.
    b) Die Vertragsstaaten dieses Übereinkommens treffen alle wirksamen Maß-
    nahmen, um sicherzustellen, daß ihre Häfen, Flughäfen und Küsten nicht zur
    Beförderung von Sklaven benutzt werden.

(3) Die Vertragsstaaten dieses Übereinkommens tauschen Informationen aus, um
    die praktische Koordinierung der von ihnen zur Bekämpfung des Sklavenhan-
    dels getroffenen Maßnahmen sicherzustellen, und unterrichten einander über
    jeden Fall von Sklavenhandel und jeden Versuch, dieses Verbrechen zu begehen,
    der zu ihrer Kenntnis gelangt.

(4) Jeder Sklave, der an Bord eines Schiffes eines Vertragsstaates Zuflucht sucht, wird
    ipso facto frei.

Teil III. Sklaverei und sklavereiähnliche Einrichtungen und Praktiken

Art. 5 In einem Land, in dem die Abschaffung der Sklaverei oder der in Artikel 1 erwähnten Einrichtungen oder Praktiken oder der Verzicht darauf noch nicht in vollem Umfang erfolgt ist, soll das Verstümmeln, Brandmarken oder sonstige Kennzeichnen eines Sklaven oder einer Person in sklavereiähnlicher Rechtsstellung zur Bezeichnung dieser Rechtsstellung oder als Strafe oder aus einem anderen Grunde oder die Teilnahme daran ein Verbrechen nach den Gesetzen der Vertragsstaaten dieses Übereinkommens sein; Personen, die dieser Verbrechen überführt werden, werden bestraft.

Art. 6

(1) Die Versklavung einer Person oder die Anstiftung einer Person, sich oder eine von ihr abhängige Person in Sklaverei zu geben, oder der Versuch dazu oder die Teilnahme daran oder die Beteiligung an einer Verschwörung zur Durchführung solcher Handlungen soll ein Verbrechen nach den Gesetzen der Vertragsstaaten dieses Übereinkommens sein; Personen, die dieser Verbrechen überführt werden, werden bestraft.

(2) Vorbehaltlich des einleitenden Absatzes des Artikels 1 findet Absatz 1 des vorliegenden Artikels auch Anwendung auf die Anstiftung einer Person, sich oder eine von ihr abhängige Person in eine sklavereiähnliche Rechtsstellung zu geben, die auf einer der in Artikel 1 erwähnten Einrichtungen oder Praktiken beruht, auf jeden Versuch, solche Handlungen zu begehen, auf die Teilnahme daran und auf die Beteiligung an einer Verschwörung zur Durchführung solcher Handlungen.

Teil IV. Begriffsbestimmungen

Art. 7 Im Sinne des Übereinkommens bedeutet

a) »Sklaverei«, wie in dem Übereinkommen betreffend die Sklaverei von 1926 bestimmt wird, die Rechtsstellung oder Lage einer Person, an der einzelne oder alle mit dem Eigentumsrecht verbundenen Befugnisse ausgeübt werden, und »Sklave« eine Person in einer solchen Lage oder Rechtsstellung.

b) »eine Person in sklavereiähnlicher Rechtsstellung« eine Person in einer Lage oder Rechtstellung, die auf einer der in Artikel 1 erwähnten Einrichtungen oder Praktiken beruht;

c) »Sklavenhandel« den Gesamtbereich aller Handlungen der Festnahme, des Erwerbs oder der Veräußerung einer Person in der Absicht, sie zum Sklaven zu machen; aller Handlungen zum Erwerb eines Sklaven in der Absicht, ihn zu verkaufen oder tauschen; aller Handlungen zur Veräußerung einer zum Verkauf oder Tausch erworbenen Person durch Verkauf oder Tausch und ganz allgemein jeder Handel mit Sklaven und jede Beförderung derselben, gleichgültig, mit welchen Beförderungsmitteln sie erfolgt.

ANMERKUNGEN

Kapitel 1: Die neue Sklaverei

1 Zitiert von Alison Sutton in: Slavery in Brazil: A Link in the Chain of Modernisation. London: Anti-Slavery International, 1994, S.102.

2 Aus einem Ermittlern der SEICOM (Secretaria de Industria, Comercio e Mineracao do Estado do Para) übergebenen Brief, der 1992 in Rita Maria Rodrigues, As Mulheres do Ouro: A Forca de Trabalho Feminino nos Garimpos do Tapajos (dt.: »Die Goldfrauen: Frauenarbeit in den Garimpos von Tapajos«). Belem: SEICOM, 1992, veröffentlicht wurde. Zitiert in: Sutton, a.O., S.97.

3 Zitiert in: Sue Branford, »Brazilian Congress Tells of Half-Million Child Prostitutes«. In: Guardian vom 29. Juni 1993, S.12.

4 Im Deutschen leitet der Begriff Sklave sich von dem mittelhochdeutschen Wort slave (»kriegsgefangener Slawe«) ab, das auf das lateinische sclavus, sclava (»Gefangener/Gefangene, Sklave/Sklavin«) zurückgeht. Es stammt aus römischer Zeit, als die Germanen die Sklavenmärkte Europas mit erbeuteten Slawen belieferten. Siehe Milton Meltzer, Slavery: A World History. New York: De Capo Press, 1993, S.1–6. In der Soziologie vertritt Orlando Patterson (Slavery and Social Death. Cambridge, Mass.: Harvard University Press, 1982) eine Definition von Sklaverei, die er auf Beispiele historischer Sklaverei anwendet und die sich auf den »sozialen Tod« des Sklaven konzentriert: »Sklaverei ist die andauernde gewaltsame Herrschaft über ihrer Herkunft entfremdete und allgemein entehrte Personen« (S.13). Diese Definition ist einigermaßen überzeugend und trägt zu einem Verständnis der Sklaverei in der Vergangenheit bei; meines Erachtens ist sie jedoch im Hinblick auf die gegenwärtige Sklaverei nicht besonders hilfreich. Als Richtschnur für Forschungen zur zeitgenössischen Sklaverei eignet sich eher Pattersons von David V.I. Bell (Power, Influence, and Authority. New York: Oxford University Press, 1975, S.26) übernommene Klassifizierung der Machtbeziehungen innerhalb der Sklaverei nach drei Gesichtspunkten: »Der erste Aspekt ist gesellschaftlicher Art und durch den Einsatz oder die Androhung von Gewalt zur Beherrschung einer Person durch eine andere charakterisiert. Der zweite ist der psychologische Aspekt der Einflußnahme, die Fähigkeit, eine andere Person zu überzeugen, die Art und Weise zu ändern, wie sie ihre Interessen und Lebensumstände wahrnimmt. Und der dritte ist der kulturelle Gesichtspunkt der Autorität, ›das Mittel, um Zwang in Recht und Unterwerfung in Pflichterfüllung umzuwandeln‹, die laut Jean Jacques Rousseau die Mächtigen für notwendig erachten, um ›sich die Fortdauer ihrer Herrschaft zu sichern‹.« (S.2). Die Zwangsgewalt des Sklavenhalters und das Verhältnis dieser Gewalt zur Staatsgewalt sind für die

Sklaverei von ausschlaggebender Bedeutung. Eigentlich möchte man meinen, Karl Marx hätte Sklaverei aus ökonomischer Sicht definiert; er bezeichnete sie jedoch als ein »Herrschafts- und Knechtschaftsverhältnis« (Karl Marx, Grundrisse der Kritik der politischen Ökonomie. Frankfurt: Europäische Verlagsanstalt: Nachdruck der Moskauer Ausgabe von 1939 und 1941, S. 367). Zwar verwiesen zahlreiche Kommentatoren Sklaverei in einen marxistisch definierten vorkapitalistischen Zwischenbereich, Marx selber betrachtete sie jedoch als zeitgenössische Realität, die einer sorgfältigen gesellschaftlichen und wirtschaftlichen Analyse bedürfe. Meine eigene Definition von »Sklave« wäre: eine Person, die mit Gewalt oder durch Androhung von Gewalt zum Zwecke wirtschaftlicher Ausbeutung festgehalten wird. Zugegeben, eine äußerst allgemeine Umschreibung; meines Erachtens muß jedoch jede einigermaßen taugliche Definition ziemlich allgemein gehalten werden, um die vielfältigen Erscheinungsformen von Sklaverei zu erfassen.

5 Siehe beispielsweise Benjamin Quarles, The Negro in the American Revolution. Chapel Hill: Williamsburg, Va.: University of North Carolina Press im Auftrag des Institute of Early American History and Culture, 1961; David Brion Davis, The Problem of Slavery in the Age of Revolution, 1770–1823. Ithaca: Cornell University Press, 1975.

6 Eine hervorragende Zusammenfassung der Frühgeschichte der Sklaverei findet sich in Meltzer, a. a. O.

7 William Greider, One World, Ready or Not: The Manic Logic of Global Capitalism. New York: Simon and Schuster, 1997, S. 37 (dt.: Endstation Globalisierung. München: Heyne, 1999, S. 61).

8 Zur Wirtschaftsgeschichte der Sklaverei in den Vereinigten Staaten existiert eine umfangreiche Literatur, etwa: Roger L. Ransom, Conflict and Compromise: The Political Economy of Slavery, Emancipation, and the American Civil War. Cambridge: Cambridge University Press, 1989.

9 Siehe Eugene Genovese, Roll, Jordan, Roll: The World the Slaves Made. New York: Vintage, 1976, S. 416, 420.

10 Siehe Ted C. Fishman, »The Joys of Global Investment«. In: Harpers, Februar 1997, S. 35–44.

11 Näheres zu den Restavecs siehe UNICEF, State of the World's Children, 1997. Oxford: Oxford University Press, 1997, sowie »Restavec: Child Labor in Haiti«. Bericht des Minnesota Lawyers International Human Rights Committee. Minnesota: University of Minnesota, August 1990.

12 The Forgotten Slaves: Report on a Mission to Investigate the Girl-Child Slaves of West Africa. Melbourne: Anti-Slavery Society of Australia, 1996. Siehe auch Howard W. French, »The Ritual Slaves of Ghana: Young and Female«. In: New York Times vom 20. Januar 1997, S. A1, A5.

13 The Game's Up. London: Children's Society, 1996. Siehe auch Maggie O'Kane, »Death of Innocence«. In: Guardian vom 12. Februar 1996, Beilage G2, S. 2 f.

14 Steven Greenhouse, »Three Plead Guilty to Enslaving Migrant Workers in South Carolina«. In: New York Times vom 8. Mai 1997, Beilage A, S. 20; Carey Goldberg, »Sex Slavery, Thailand to New York«. In: New York Times vom 11. September 1995, Beilage B, S. 1. Siehe auch Ky Henderson, »The New Slavery«. In: Human Rights 24, Nr. 4 (Herbst 1997). Zu finden unter: http://www.abanet.org/irr/hr/kyslave.html.

15 Great Britain Department of Trade and Industry, Overseas Trade Statistics of the
    United Kingdom. London: H. M. Stationery Office, 1997; Economist Intelligence
    Unit, Country Forecast Brazil, Third Quarter 1997, hrsg. von Graham Stock. Lon-
    don: EIU, 1997.
16 Siehe Roger L. Ransom,»The Economics of Slavery« in seinem Buch Conflict and
    Compromise, a. a. O., S. 41–81.
17 Roger Plant, Sugar and Modern Slavery: A Tale of Two Countries. London: Zed
    Books, 1987. Siehe auch Mary Jane Camejo, A Troubled Year: Haitians in the Do-
    minican Republic. Ein Bericht von Americas Watch. New York: Americas Watch
    and the National Coalition for Haitian Refugees, 1992.
18 Arthur Leathley,»Party to Debate Claims That Britain Is a ›Slave Haven‹«. In:
    Times (London) vom 23. September 1996, S. 8; »Girls in the Slave Trade«. In:
    Guardian vom 26. Februar 1996, Beilage G2, S. 6.
19 Bridget Anderson, Britain's Secret Slaves: An Investigation into the Plight of
    Overseas Domestic Workers. London: Anti-Slavery International, 1993, S. 47.
20 Ebd., S. 68.
21 Siehe Genovese, a. a. O., S. 30–48.
22 Zu den einschlägigen Abkommen der Vereinten Nationen siehe Slavery Conven-
    tion, 25. September 1926, 46 Stat. 2183, 60 L.N.T.S. 235; Protocol of Amendment to
    the Slavery Convention, 7. Dezember 1953, 212 U.N.T.S. 17 (dt.: Übereinkommen
    betreffend die Sklaverei vom 25. September 1926 in der Fassung des Änderungs-
    protokolls vom 7. Dezember 1953; BGBl. 1972 II, S. 1473. In: Menschenrechte. Mün-
    chen: dtv, 4 1998, 120 ff.); Supplementary Convention on the Abolition of Slavery,
    the Slave Trade, and Institutions and Practices Similar to Slavery, 7. September
    1956, 18 U.S.T. 3201, T.I.A.S. Nr. 6418, 266 U.N.T.S. 3 (dt.: Zusatzübereinkommen
    über die Abschaffung der Sklaverei, des Sklavenhandels und sklavereiähnlicher
    Einrichtungen und Praktiken vom 7. September 1956; BGBl. 1958 II, S. 205. In:
    Menschenrechte, a. a. O., S. 124 ff.) ILO Convention (Nr. 29) Concerning Forced or
    Compulsory Labour, 10. Juni 1930, U.N.T.S. 55; ILO Convention (Nr. 105) Concern-
    ing the Abolition of Forced Labour, 25. Juni 1957, 320 U.N.T.S. 291. Anhang 2 ent-
    hält Auszüge aus den UNO-Konventionen zu Sklaverei und Schuldknechtschaft.

Kapitel 2: Thailand

1 Siri ist selbstverständlich ein Pseudonym; die Namen aller befragten Personen
   wurden zu deren Schutz geändert. In Anhang 1 erläutere ich, welcher Verfahren
   ich mich bei meinen Untersuchungen bediente und wie ich die Befragten ab-
   sicherte. Die Gespräche wurden im Dezember 1996 geführt.
2 I. B. Horner, Women under Primitive Buddhism. London: Routledge, 1930, S. 43.
3 »Caught in Modern Slavery: Tourism and Child Prostitution in Thailand«.
   Zusammenfassung eines von Sudarat Sereewat-Srisang für die Ökumenische
   Konferenz vom Mai 1990 in Chiang May verfaßten Berichts zur Situation in den
   verschiedenen Regionen.
4 Da sich die Wechselkurse laufend ändern, entspricht, falls nichts anderes angegeben ist, der Gegenwert in Dollar dem Kurs zum Zeitpunkt der Untersuchung.

5 Aus Interviews der Organisation Human Rights Watch mit befreiten Kinderprostituierten in thailändischen Heimen. Abgedruckt in: Jasmine Caye, Preliminary Survey on Regional Child Trafficking for Prostitution in Thailand. Bangkok: Center for the Protection of Children's Rights [CPCR], 1996, S. 25.

6 Wie Thais mir berichteten, wäre es mehr als außergewöhnlich, hätte ein gutsituierter Mann oder ein Politiker nicht mindestens eine Maitresse. Bei meinem letzten Besuch in Thailand erregte der Fall eines hohen Regierungsbeamten, der einen Herzanfall erlitten hatte, allgemeine Heiterkeit in der Öffentlichkeit, als seine Ehefrau und seine Maitresse sich vor der Tür des Krankenzimmers in die Haare gerieten und einander den Zugang versperrten.

7 Siehe Mark VanLandingham, Chanpen Saengtienchai, John Knodel, and Anthony Pramualratana, Friends, Wives, and Extramarital Sex in Thailand. Bangkok: Institute of Population Studies, Chulalongkorn University, 1995, S. 9–25.

8 Ebd., S. 53.

9 Siehe ebd., S. 34:»Mehrere [der befragten] Frauen waren bereit, sich damit abzufinden, daß ihre Männer käuflichen Sex in Anspruch nehmen; sie betrachteten dies als Alternative zu einer Nebenfrau oder Maitresse, die eine weit größere Bedrohung für die finanzielle und emotionale Sicherheit einer Ehe darstellen.«

10 Zitiert ebd., S. 18.

11 Siehe Pasuk Phongpaichit and Chris Baker, Thailand's Boom. Chiang Mai: Silkworm Books, 1996, S. 51–54.

12 Mechai Veravaidya, Rede anläßlich der Internationalen Aids-Konferenz, Chiang Mai, September 1995. Siehe auch Gordon Fairclough,»Gathering Storm«. In: Far Eastern Review vom 21. September 1995, S. 26–30.

13 Persönliches Gespräch im Dezember 1996.

14 R. D. Laing, The Politics of Experience. Harmondsworth: Penguin, 1967, S. 95. Dt.: Phänomenologie der Erfahrung. Frankfurt: Suhrkamp, 1969, S. 105.

15 Chuan Leekpai wird zitiert in dem Artikel:»PM Gives Himself 3-Month Deadline to Curb Child Sex«. In: Nation vom 14. November 1992, S. 3.

16 Die zunehmende Verwicklung der Polizei wurde sowohl von befragten Aids-Beauftragten der Regierung als auch in A Modern Form of Slavery: Trafficking of Burmese Women and Girls into Brothels in Thailand. Asia Watch/Women's Rights Project. New York: Human Rights Watch, 1993, S. 84–96, diskutiert.

17 Thailands führende Zeitungen spielten eine wichtige Rolle dabei, das Interesse der Öffentlichkeit für diesen Fall wachzuhalten. Siehe dazu besonders»Mystery Surrounds the Death of a Prostitute in Songkhla«. In: Bangkok Post vom 8. November 1992;»Police Have Strong Evidence in Prostitute Murder Case«. In: Bangkok Post vom 2. Dezember 1992, S. 5.

18 »20 Songkhla Policemen Transferred«. In: Nation vom 9. März 1993, S. 8.

19 A Modern Form of Slavery, a. a. O., S. 3.

20 »Ranong Brothel Raids Net 148 Burmese Girls«. In: Nation vom 16. Juli 1993, S. 12.

21 A Modern Form of Slavery, a. a. O., S. 112.

22 Siehe International Report on Trafficking in Women (Asia-Pacific Region). Bangkok: Global Alliance Against Traffic in Women [GAATW], 1996; Sudarat Sereewat, Prostitution: Thai-European Connection. Genf: Commission on the Churches' Participation in Development. World Council of Churches, o. J. Auch Organisationen für die Rechte der Frau und gegen Menschenhandel in Thailand

veröffentlichten Berichte von Frauen, die als Prostituierte versklavt und nach Übersee verkauft wurden. Diese Broschüren werden vor allem in der Hoffnung verbreitet, jungen Frauen die Gefahr einer Versklavung vor Augen zu führen. Gute Beispiele hierfür sind Siriporn Skrobanek, The Diary of Prang. Bangkok: Foundation for Women, 1994, und White Ink (Pseudonym), Our Lives, Our Stories. Bangkok: Foundation for Women, 1995. Sie erzählen das Leben »exportierter« Frauen, im ersten Fall nach Deutschland, im zweiten nach Japan.

23 Goldberg, a.a.O.

24 Zitiert ebd.

25 »Chavalit Wants All Brothels Closed«. In: Bangkok Post vom 7. November 1992, S.1.

26 Bericht des Coordination Center for the Prevention and Suppression of Child Prostitutes and Child Labor Abuse, Crime Suppression Division (of the Thai National Police). Bangkok, 1995.

27 Oberst Surasak wurde von Asia-Watch-Ermittlern befragt; zitiert in: A Modern Form of Slavery, a.a.O., S.84.

28 Ebd., S.153−157.

29 Zitiert in: Thanh-Dam Truong, Sex, Morality, and Money: Prostitution and Tourism in Southeast Asia. London: Zed Books, 1990, S.179.

30 Center for the Protection of Children's Rights, »Case Study Report on Commercial Sexual Exploitation in Thailand«. Bangkok, Oktober 1996, S.37.

31 Zitiert in S.D. Bamber, K.J. Hewison, and J. Underwood: »A History of Sexually Transmitted Diseases in Thailand: Policy and Politics«. In: Genitourinary Medicine 69, Nr. 2 (1993), S.150f.

32 Zitiert sind die Prospekte in Truong. a.a.O., S.178.

33 Phongpaichit and Baker, a.a.O., S.237.

Kapitel 3: Mauretanien

1 Die Fälle von Temrazgint mint M'Bareck und Fatma mint Souleymane wurden der Note d'Information Sur l'Esclavage en Mauritanie entnommen (Nouakchott, SOS Esclaves, 1995), S.13f.

2 David Hecht: »Where African Slavery Still Exists in the Eyes of Many«. In: Christian Science Monitor vom 13. Februar 1997, S.6.

3 Dieses und alle anderen aus dem 70. Kapitel des Koran entnommenen Beispiele finden sich in John Mercer: Slavery in Mauritania Today. London: Anti-Slavery International, 1981; Zitate auf den Seiten 29f.

4 Das Innenministerium zensiert jede einzelne Zeitung, ehe sie veröffentlicht wird, und das Pressegesetz erlaubt es dem Innenminister, die Veröffentlichung völlig zu unterbinden. Angesichts der geringen Alphabetisierung ist der Rundfunk wahrscheinlich das wichtigste Medium, um die Öffentlichkeit zu erreichen. Allerdings sind alle Rundfunk- und Fernsehsender sowie zwei der wichtigsten Zeitungen im Besitz der Regierung und werden auch von ihr betrieben.

5 Fred Saint-James, »50 millions d'esclaves dans le monde«. In: Paris Match vom 11. April 1986, S.3−9; Zitat S.7.

6 Aus dem Beitrag »Mauritania« von Richard Trillo und Jim Hudgens in West Africa: The Rough Guide. London: Penguin, 21995, S. 92.

7 The World Economic Factbook. London: Euromonitor, 1994, S. 294 f.

8 L'Esclavage en Mauritanie, a. a. O., S. 5 f.

9 Der Bericht wurde in »Slavery in Mauretania« veröffentlicht, einem Bericht Boubacar Messaouds, des Präsidenten von SOS Esclaves, für die Working Group on Contemporary Forms of Slavery, Subcommission on Prevention of Discrimination and Protection of Minorities, United Nations Economic and Social Council on Human Rights. Genf, 21. Juni 1996.

10 Temrazgint mint M'Bareck in einem Interview am 12. Juli 1995, veröffentlicht in L'Esclavage en Mauritanie, a. a. O., S. 14.

11 Trillo and Hudgens, a. a. O., S. 112.

12 »Human Rights Report for Mauritania«. Washington, D. C.: Department of State, 1996, S. 14. Dieses Dokument wurde mir von der Botschaft der Vereinigten Staaten in Nouakchott zur Verfügung gestellt.

Kapitel 4: Brasilien

1 Sutton, a. a. O., S. 34.

2 David Cleary, Dilwyn Jenkins, Oliver Marshall, and Jim Hine, Brazil: The Rough Guide. London: Penguin, 1997, S. 133.

3 Die zitierte Frau wurde im April 1992 in Piauí von Alison Sutton befragt; siehe Sutton, a. a. O., S. 34.

4 José de Souza Martins, »Escravidão Hoje no Brasil«. In: Folha de São Paulo vom 13. Mai 1986, S. 7.

5 1996 wurden annähernd 10.000 Personen, darunter Frauen und Kinder, in etwa 200 Holzkohlecamps in Mato Grosso festgehalten. (Man sollte nicht vergessen, daß ich meine Nachforschungen auf drei Bezirke des Staates Mato Grosso do Sul beschränkt hatte. Die 10.000 dort festgehaltenen Personen stellen nur einen Bruchteil all jener dar, die in ganz Brasilien versklavt sind.)

6 »Working Conditions That Amount to Slavery«. In: Correspondent, BBC 2, 23. August 1995 (der Reporter aus Brasilien war Julien Pettifor); Diana Jean Schemo, »Of Modern Bondage – Special Report: Brazilians Chained to Job, and Desperate«. In: New York Times vom 10. August 1995, S. A1, A6.

7 Der Landwirtschaftsminister von Mato Grosso do Sul in Ribas do Rio Pardo, nach einem Bericht der lokalen Presse im März 1992; zitiert in: Sutton, a. a. O., S. 73.

8 Sutton, a. a. O., S. 144.

Kapitel 5: Pakistan

1 Cassandra Balchin, »Slavery in Pakistan, I – How the Other Half Dies«. In: Nation vom 5. September 1988, S. 1.

2 Farhad Karim, Contemporary Forms of Slavery in Pakistan. London: Human Rights Watch, 1995, S. 38.
3 Zitiert in: Cassandra Balchin,»Slavery in Pakistan, II – Exploitation All the Way«. In: Nation vom 6. September 1988, S. 24.
4 Ebd.
5 Zitiert in: Cassandra Balchin,»Slavery in Pakistan, III – Official Apathy«. In: Nation vom 8. September 1988, S. 1.
6 Siehe Menschenrechtsausschuß für Pakistan, State of Human Rights in Pakistan 1996. Lahore: HRCP, 1996, S. 84.
7 Ebd., S. 85.
8 Ebd., S. 77.
9 Ebd., S. 123.
10 Ebd., S. 54.
11 Die Information über den Obersten Gerichtshof und die dort verhandelten Fälle stammen aus All Pakistan Legal Decisions, Bd. 42, 1990;»Darshan Masih vs. State (Muhammad Afzal Zullah, J.)«, PLD 1990 Supreme Court 513 und All Pakistan Legal Decisions, Bd. 44, 1992 (6),»Central Statutes«.
12 Human Rights Commission of Pakistan, State of Human Rights in Pakistan, 1994. Lahore: HRCP, 1994, S. 120.

Kapitel 6: Indien

1 Eine Studie von Purola Block kam zu dem Ergebnis, daß»diese Mädchen von ihren eigenen Ehemännern, Vätern und Brüdern der Prostitution zugeführt werden … um auf diese Weise das notwendige Geld für die Befreiung der Männer der Familie aus der Abhängigkeit von den ortsansässigen Geldverleihern zu verdienen. Ironischerweise hatten sich Männer in mehreren Fällen verschuldet, um ihre Frauen zu kaufen; später zwangen sie dann eben diese Frauen zur Prostitution, um die Ablöse für sie zu verdienen.« Zitiert in:»Incidence of Bonded Labour in Uttar Pradesh«. In: Incidence of Bonded Labour in India, Bd. 1, Area, Nature and Extent. Mussoorie: Lal Bahadur Shastri, National Academy of Administration, 1990, Abschnitt 23, S. 10. Der Bericht fährt fort:»Dieser Brauch ist so alt und weit verbreitet, daß diese Prostituierten bei ihrer Rückkehr gesellschaftlich nicht stigmatisiert werden.«
2 Dieser Zwischenfall wurde von mehreren Quellen berichtet; siehe Indian Express vom 3. Oktober 1985; A. Dingwaney, Bonded Labour in India. Neu-Delhi: Rural Labour Cell, 1991, sowie»Incidence of Bonded Labour in Uttar Pradesh«.
3 Der offizielle Mindestlohn für Landarbeiter liegt derzeit bei 76 Rupien pro Tag; die tatsächlichen Löhne in dem Dorf Bandi dürften halb so hoch ausfallen. Der Wert des Getreides, das ein Arbeiter wie Baldev in Schuldknechtschaft erhält, entspricht sechs Rupien pro Tag.
4 Siehe Genovese, a. a. O., S. 49–86.
5 Berichtet in:»Migrant Bonded Labour«. In Incidence of Bonded Labour in India, Bd. 3, Summary of the Report and Issues for Consideration, Abschnitt 7, S. 10.
6 IAS [Indian Administration Service] Probationers, Study Reports on Bonded Labour. Mussoorie: National Academy of Administration, 1989–90, 6:83.

7 »Uttar Pradesh«. In: Incidence of Bonded Labour in India, Bd. 4, Study Reports, Abschnitt 17, S. 235.

8 Es handelt sich um die fünf Bände Incidence of Bonded Labour in India.

Kapitel 7: Was tun?

1 Greider, a. a. O., S. 12 (dt.: S. 13).

2 Ebd., S. 342 (dt.: S. 614).

3 Zitiert ebd., S. 355 (dt.: S. 638).

4 Zitiert ebd., S. 24 (dt.: S. 37).

5 Human Rights Watch, The Small Hands of Slavery: Bonded Child Labour in India. New York: Human Rights Watch, 1996, S. 14–16.

6 Greider, a. a. O., S. 333 (dt.: S. 598).

7 Unter anderem hat die EIA als erste den milliardenschweren Handel mit Elfenbein aufgedeckt; außerdem spürte sie den größten Lagerbestand an Rhinozeroshörnern auf und enthüllte den illegalen Handel mit FCKW-Gasen. Weitere Informationen über die EIA finden sich unter http://www3.pair.com/eia.

8 Ian Kershaw in der Sendung »The Nazis«. BBC Timewatch, BBC 2, 20. Oktober 1997.

9 Greider, a. a. O., S. 35 (dt.: S. 57).

10 Ebd., S. 359 (dt.: S. 646).

11 Derzeit steht die Sklaverei auch auf der Prioritätenlisten der UNO weit unten; eine Arbeitsgruppe eines Unterausschusses eines Ausschusses des Wirtschafts- und Sozialrats befaßt sich damit; sie erstattet der Generalversammlung Bericht (was in dem hektischen Betrieb meist untergeht).

12 Zusatzübereinkommen über die Abschaffung der Sklaverei von 1956; weitere einschlägige Auszüge finden sich in Anhang 2.

13 Caldwell wird zitiert in: Michael Specter, »Trafficker's New Cargo: Naive Slavic Women«. In: New York Times vom 11. Januar 1998, S. 6.

14 Richard Pierre Claude, persönliche Mitteilung, 22. Oktober 1997. Ich danke Professor Claude für diese Information.

15 Siehe Susan Johnson und Ben Rogaly, Microfinance and Poverty Reduction. An Oxfam Development Guideline. Oxford: Oxfam, 1997.

16 Frederick Douglass, »What to the Slave is the Fourth of July?« in The Frederick Douglass Papers. Hrsg. von John A. Blassingame et al. New Haven: Yale University Press 1979, 2:359.

Anhang 1

1 Richard A. Falk, »Theoretical Foundations of Human Rights«. In: Human Rights and State Sovereignty. New York: Holmes and Meier, 1981, S. 34.

2 Robert K. Yin, Case Study Research: Design and Methods. Thousand Oaks, Calif.: Sage, 1994, S. 1.

DANK

Zahlreiche Leute waren maßgeblich an den Forschungsarbeiten zu diesem Buch beteiligt – sie halfen mir bei der Durchführung und unterstützten meine Arbeit in vieler Hinsicht. Von entscheidender Bedeutung für den Erfolg meiner Untersuchungen waren meine Mitarbeiter in den Ländern, die ich besuchte: Dr. Rachel Harrison und Gampol Nirawan in Thailand, N'Gadi N'Di in Mauretanien, Luciano Padrão in Brasilien, Haris Gazdar in Pakistan sowie Pramod Dingh und Dr. Praveen Jha in Indien. Zu Beginn des Unternehmens halfen mir Sophie Sarre und Marjorie Farquharson, etliche Bibliotheken zu durchstöbern. Maureen Alexander-Sinclair lieferte mir äußerst hilfreiche Hinweise, die mir den Zugang und die Auswertung der Archive von Anti-Slavery International erleichterten.

Von meinen Kollegen am Roehampton Institute erfuhr ich großartige Unterstützung, vor allem von Professor Graham Fennell, Professor Martin Albrow, Dr. Christopher Jackman, Linda Wilson und dem Fachbereich für Sozialforschung. Finanziell wurde ich teilweise – dank des Dekans David Woodman – von der sozialwissenschaftlichen Fakultät unterstützt. Vicky Wood half mir bei Übersetzungen aus dem und ins Französische. Bei ASI ließen mich Mike Dottridge, David Ould, Mariam Ouattara und Rose McCausland an ihrer Erfahrung, ihrem Wissen und ihrem Engagement teilhaben und vermittelten mir wichtige Kontakte.

Anitra Brown und Christopher Rowley, Freunde, die ich sehr schätze, und weit bessere Schriftsteller, als ich es je sein werde, gaben mir wertvolle Hinweise, um zu meiner eigenen Sprech- wie auch Schreibweise zu finden. Zudem fütterten sie mich mit wahren Leckerbissen von Informationen aus aller Welt. Einige meiner Verwandten wurden dazu verurteilt, frühe Fassungen des Buches zu lesen; sie lieferten mir wertvolle kritische Hinweise: Mein Dank gilt Mary Bales, Barbara Baumann, Janet Anna sowie Sandy und Kami Cott. Einen besseren Herausgeber als Doug Abrams Arava von der University of California Press hätte ich mir nicht wünschen können: Er begleitete meine Arbeit voller Begeisterung und unermüdlicher Unterstützung. Freunde und Kollegen, die die erste Fassung lasen, machten viele hilfreiche Vorschläge, insbesondere Professor Richard Pierre Claude. Sue Heinemann und Alice Falk erwiesen sich als fantastische Lektorinnen. Lysiane Pilois von Key Travel kam wundervoll mit den komplizierten Vorbereitungen für meine Reisen um die ganze Welt zurecht. Und nach einem anstrengenden Tag am Computer hießen Sally Arvanitis und Vicki Friend mich stets zu Kaffee und Karottenkuchen in LooLoo's Café willkommen.

Die moralische Unterstützung des Streatham Friends Meeting half mir, selbst unter den widrigsten Umständen weiterzumachen, und gab mir Hoffnung und Vertrauen. Die Übersichtlichkeit und Verständlichkeit des Buchs ist weitgehend mei-

ner besten Freundin (und Ehefrau) Ginny Baumann zu verdanken (alle Verschwom-
menheiten und Unklarheiten gehen einzig auf mein Konto); sie sorgte für die gram-
matikalische Korrektheit und die Schnelligkeit, mit der ich vorankam. Ich bezweifle,
ob ich es ohne ihre Hilfe je geschafft hätte, das Buch fertigzustellen. Unser Sohn
Gabriel kam ein paar Monate vor Beginn meiner Feldforschungen zur Welt. In Zeiten der Mutlosigkeit gab die Freude an ihm mir Auftrieb. Doch am wichtigsten für
das Zustandekommen des Buchs waren natürlich all die Männer, Frauen und Kinder
auf der ganzen Welt, die meine Fragen über sich ergehen ließen, vor meiner
Kamera posierten und mir geduldig erklärten, wie und unter welchen Umständen
sie ihr Leben fristeten.

REGISTER

Abschaffung der Sklaverei: 50, 119, 144–145, 150, 152, 223, 345, 361–362, 364, 367, 372
• in Brasilien: 352
• in Indien: 50, 260
• in Mauretanien: 50, 119, 150, 152, 327-328
• in Pakistan: 50, 327-328
Afghanische Arbeiter in Pakistan: 220
Afrika: 17, 20, 22, 163, 330
Afromauretanier: 110, 121, 123, 125, 127, 143, 151
Ägypten: 21, 262
• Sklaverei im alten –: 21
Ahmadi-Muslime (Pakistan): 235
Aids/HIV: 54, 62, 71, 77, 79–80, 84–85, 91, 94, 96, 104
Aktivisten: 17, 63, 108, 145, 190, 196, 299, 302, 318, 327– 328, 335, 337, 340, 344, 351
• in Mauretanien: 145, 335
• in Thailand: 63, 108
Alte Sklaverei: 26, 113, 157, 279, 308–309, 314–315
• in den amerikanischen Südstaaten: 113, 279
• in Mauretanien: 109, 113, 157, 308, 314
Amazonien: 163
Amerikanische Südstaaten: 25–26, 29, 46, 113, 151, 158–159, 345
Amnesty International: 307, 326, 341, 343
Anderson, Bridget: 42, 367

Angelou, Maya: 334
Anti-Slavery Award: 335
Anti-Slavery International: 15, 41, 44, 149, 170, 185, 200, 205, 250, 296, 301, 326–328, 334, 341, 349, 365, 367, 369, 373
• Adressen: 349
Apartheid: 15, 50, 328–329
Arabisierung (Mauretanien): 127
Arbeit, »gebundene«: 289
• siehe auch Schuldknechtschaft
Arbeitsbedingungen: 16, 107, 202, 209, 212, 227, 362
• in brasilianischen Holzkohlelagern: 36, 320
• indischer Kinderarbeiter: 266, 313
• mauretanischer Wasserträger: 111, 134–142
• pakistanischer Ziegeleiarbeiter: 206, 249–250
• thailändischer Sexsklavinnen: 70, 82, 86– 87, 90, 97
Armut: 20–22, 29, 48, 74–75, 90–91, 98, 118, 129, 164, 175, 222, 244, 260, 311, 340
• in Brasilien: 164, 175
• in Mauretanien: 118, 129
• in Thailand: 29, 74–75, 90–91, 98
ASI: siehe Anti-Slavery International
Ausbildung: 16, 244–245,

286, 299, 305, 311, 332, 337, 339
• der Frauen: 299
• als Menschenrecht: 16
• in Brasilien: 192-193
• in Indien: 286, 299, 305, 339
• in Pakistan: 244–245
• in Thailand: 90-91
Ausgleichszahlung (Mauretanien): 145
Auslandsschulden: 127, 159, 165
• Brasilien: 165
• Mauretanien: 159

Baldi und Markhi (Indien): 276–277, 279– 280, 293
Bandi, Dorf in Indien: 271–272, 274, 277, 283, 288, 291–292, 336, 371
Bangladesch: 17, 317, 339
• Schuldknechtschaft in –: 17
Barbarei, moderne: 309
Bauvorhaben: 33, 270
• mit Schuldknechten: 270–271
BBC: 192, 195, 370, 372
Bevölkerungsexplosion: 22, 29, 164, 308, 311
Bevölkerungswachstum: 22, 244, 308
• in Indien: 22
• in Pakistan, 244
Bhutto, Benazir: 254
Bilal (Mauretanien): 135– 142, 147, 307
Birma: 62, 76, 80, 91-94, 100, 108, 323, 327, 351, 368

Blutsbande (Pakistan): 229
Bonded Labour Abolition
Act (»Gesetz zur Ab-
schaffung der Schuld-
knechtschaft«: Paki-
stan): 254
Bordelle: 12, 29–30, 35, 52–
57, 60–63, 66–86, 88–93,
95–97, 99–103, 105–106,
108, 171–172, 190, 266,
270, 280, 299, 310, 312,
315, 325, 333, 338, 343,
353–355
Buddhismus: 57, 87
• in Thailand: 57, 87

Cabral, Pedro Alarez: 163
CAFOD: 342
Caldwell, Gillian: 332
CCEM: 9
Center for the Protection
of Children's Rights
(Zentrum für den
Schutz der Kinder-
rechte: Thailand): 63,
108, 368–369
Centre for Human Rights
(Genf): 361
Cerrado (brasilianische
Flora und Fauna): 161–
162, 167, 169, 176–177,
179, 193
Christen, in Pakistan: 20,
230
Claude, Richard Pierre:
337, 372–373
Comité Contre L'Escla-
vage Moderne (Komitee
gegen moderne Sklave-
rei): siehe CCEM: 9
CPT: 191–193, 196,
327–328, 335

Daddah, Präsident
Mokhtar ould: 125
Delta-Chinesen in Missi-
sippi: 302

Devadasi-Prostitution
(Indien): 265–267
Dilokvidhyarat Lae: 311
Dominikanische Repu-
blik: 41, 313, 317, 350
Douglass, Frederick: 160,
345, 372
Drogenhandel: 99
Dürre (Mauretanien):
122, 125–126, 132–133,
144, 209

ECPAT (Beendet die Kin-
derprostitution im
Asien-Tourismus): 101,
108
EIA: 321, 372
Eingliederungsprogram-
me (Indien): 297, 304
Einwanderungsgesetze
(Thailand): 42–44
El Hor (Mauretanien):
122, 137, 154, 160, 335–336
Entführungen: 62, 69, 71,
89, 145, 215, 233
• in Mauretanien: 145,
• in Thailand: 62, 69, 71,
89
Environmental Investiga-
tion Agency (Umwel-
termittlungsagentur):
siehe EIA: 321
Ethnische Säuberung
(Mauretanien): 127
Ethnische Differenzie-
rung: 26, 29, 355
EU: 327
Europa: 18, 26, 36–37, 45,
58, 95, 101, 108, 228, 232,
310, 313, 319
• Haushaltssklaven in –:
10, 18, 40
• Sexsklaverei in –: 95-96
Europäische Union: siehe
EU

Falk, Richard A.: 351, 372
Fallstudien: 351–352
• in Brasilien (Holz-
kohlearbeiter): 167,
172, 188–189, 192–193
• in England (Laxmi
Swami): 43
• in Frankreich (Seba):
7, 9–10
• in Indien (Baldev und
Markhi: Shivraj und
Munsi: Leela): 273–
274, 276–285, 288–289,
293, 307, 336, 371
• in Pakistan (Ziegelei-
arbeiter): 206, 208, 214,
225, 231–232, 238, 246–
251, 253, 255, 257
• in Thailand (Siri):
52–55, 60–61, 63–64,
79–81, 88, 102, 106, 307,
310, 325, 353, 367
Feudalismus: 227–228,
232, 243, 256, 264, 308–
309, 314
• in Indien: 243, 308
• in Pakistan: 227–228,
232, 243, 314
Fehden (Pakistan): 232–
233, 235, 237, 239, 241
Feuerwerksfabriken: 267
• Kinderarbeit in –:
266–268
Flüchtlinge: 48, 132, 206,
220
Folter: 73, 82, 94, 121, 233,
238, 248, 338, 343
• in Pakistan: 233, 238,
248
Foundation for Women
(Stiftung für Frauen):
108, 369
Frauen:
• in den brasilianischen
Holzkohlelagern: 172,
179, 192, 370
• in Indien: als Schuld-

knechtinnen: in Regie-
rungprogrammen: in
Selbsthilfegruppen:
265–266, 268–270, 276,
280, 282– 283, 285–286,
299
• in Mauretanien als
Sklavinnen: 35, 92, 113,
116–117, 144, 147–148
• in Pakistan bei der
Ziegelherstellung: 211–
214, 216, 247, 249, 257,
268
• Gewalt gegen –: 12, 96,
117
• Handel mit –: 89, 108

Freilassung: 15, 114, 116,
120, 137, 147, 240, 242,
261, 273, 280, 284, 297,
299, 338
• in Indien: 261, 273, 280,
284–285, 288, 297, 299
• in Mauretanien: 110,
114, 116, 120, 137, 147
• in Pakistan: 240, 242

Gandhi, Mahatma: 336
Gandhi, Rajiv: 295
Gap: 313
GATT: 312
Gazdar, Haris: 353, 373
General Agreement on
Tariffs and Trade (In-
ternationales Handels-
abkommen): siehe
GATT
Gesetz gegen Menschen-
handel (Thailand 1928):
100
Gesetz zur Freilassung
von Sklaven (Maureta-
nien): 116
Gewalt: 12–13, 19, 28, 30–
34, 38, 40, 46, 64, 70, 81–
82, 86–87, 96, 109, 113,
117, 119, 159, 171, 181, 183,

224, 232–236, 242, 244,
249, 265, 279, 308, 310,
318, 323, 325–329, 331,
340, 346, 359–360, 365–
366
Ghana: 34, 47, 366
• religiöse Sklaven in –:
20, 34, 58, 232, 234, 236,
326, 355, 363
Global Alliance against
Traffic in Women (Glo-
bale Allianz gegen den
Handel mit Frauen):
108, 368
Global Survival Network
(gemeinnützige Orga-
nisation für den Kampf
gegen die Sklaverei): 332
Globalisierung: 23, 40,
308, 323, 366
Golfstaaten: 352
Greider, William: 23, 309,
316, 366
Griechenland: 21
• Sklaverei im antiken –:
21
Grundherren: 206, 220,
228, 231, 242–244, 261–
262, 268–270, 272–274,
278–280, 284–285, 287,
289, 291–295, 298–300,
302–304, 306, 353
• Schuldknechtschaft
und –: 206, 220, 261,
268–269, 272, 284, 289,
293–294, 300
Gujral, Inder Kujmal: 297

Harattin (ehemaligen
Sklaven in Maureta-
nien): 109–110, 114, 143
Harrison, Rachel: 351, 353,
373
Hassaniya-Araber (Weiße
Mauren): 118, 137
Haushaltssklaven: 10, 40
Heirat: 117, 147, 270

• und Brautpreis in In-
dien: 270
• pakistanischer Schuld-
knechte: 270
Hinduismus: 16, 21, 25,
113, 174, 178, 202, 206,
235, 267, 271–272
Hitlerdeutschland: 323
HIV-Infizierung: 54, 62,
79–80, 84, 91, 94, 104
• Hinrichtung in Birma
und –: 94
• in Thailand: 80, 84, 104
Holzkohlecamps, Holz-
kohlelager (Brasilien):
171–172, 187, 189, 191,
193–196, 343, 370
Holzkohleherstellung
(Brasilien): 10, 36, 162,
167, 171, 173, 178, 182, 189,
192–193, 196, 203, 352
Human Rights Watch: 91,
94, 103, 210, 326, 328,
342, 368, 371–372
Hyperinflation: 165

ILO: 367
Immigration Act (Eng-
land): 44
Indische Verwaltungs-
hochschule: 305
Initiative for the Support
of the Activities of the
President (Initiative zur
Unterstützung des Prä-
sidenten: Maureta-
nien): 154
International Labour Of-
fice: siehe ILO: 16, 200,
263
Internationaler Gerichts-
hof, Den Haag: 330
Internationaler Wäh-
rungsfonds: siehe IWF
Investitionen: 25, 27, 34,
62, 72, 74, 76–77, 192, 317,
322, 325, 328, 350, 357

Islamische Fundamenta-
listen: 116, 155, 159, 232,
236–237, 257
• in Mauretanien: 155,
159
• in Pakistan: 232, 236–
237, 257
Islamisches Gesetz: 110,
116–119, 146, 226
• in Mauretanien: 110,
116–119, 146
• in Pakistan: 226
• und Sklaverei: 116, 118–
119, 146
• und Wucher: 226
Israel: 332
IWF: 329–330

Japan: 17, 20, 95–96, 128,
332–333, 352, 369
• versklavte Prostitu-
ierte in –: 20, 95
• Investitionen in Thai-
land: 20, 95–96, 128
Jehangir, Asma: 246–247
Jha, Praveen: 353, 373
Johnson, Robert A.: 313

Kalter Krieg, Ende des –:
23
Kapitalismus: 72–73, 228,
232, 256, 309
Karibik: 10, 34, 39
Kaste: 20, 29, 121, 137, 229–
230, 237, 244, 294
Katholische Gesellschaft
für die Entwicklung in
Übersee:
siehe CAFOD
Kershaw, Ian: 323, 372
Kinderarbeit: 10, 12, 70,
82, 86–87, 97, 148, 190–
194, 198–199, 201–202,
206–207, 209, 211–212,
215, 222, 238–239, 249,
266, 313–314, 318–319,
341–342

• als Haushaltssklaven:
10
• als Schuldknechte: 314
• als Sexsklaven: 70, 82,
86–87, 97
• als Sklaven: 12, 148,
190, 194, 341–342
• und die Teppichsiegel-
kampagne: 318
• in Brasilien: 191–194
• in Indien: 266, 319
• in Mauretanien: 148
• in Pakistan: 198–199,
201–202, 206–207,
209, 211–212, 215, 222,
238–239, 249
Kirchen, Rolle der – bei
der Abschaffung der
Sklaverei: 191–192, 344
Kleptokraten: 22
Kommerzieller Sex
(Thailand): 44
Komitee gegen moderne
Sklaverei: siehe CCEM
Kongreßpartei (Indien):
295
Koran: 115–116, 146–147,
202, 236–237, 257, 369
Korruption: 24, 165, 255,
257, 260, 284, 288, 295,
306, 308, 322–327, 329,
331, 339–340
• bei Eingliederungs-
programmen: 339
• bei der Polizei: 257, 290
• in der Regierung: 255,
257, 324
Kriegsversklavung: 33
Kuwait: 21, 43

Laing, R. D.: 86, 368
Landreform: 206, 243, 299
• in Indien: 299
• in Mauretanien: 151-153
• in Pakistan: 206, 243
Landwirtschaft: 18, 23, 27,
29, 35, 114, 123, 206, 244,

252, 261–263, 268, 272,
290, 293–294, 304, 308,
352
• in Indien: 27, 29, 244,
262–263, 352
• in Pakistan: 244
• Modernisierung der –:
23, 206, 308
• Schuldknechtschaft
und –: 27, 29, 261, 263,
272, 293
Laos: 62, 76, 91–92, 94–95,
100, 108
Lebensbedingungen: 148,
317
• in brasilianischen
Holzkohlelagern: 178-
179
• der indischen Schuld-
knechte: 259-260, 269,
276-277
• der mauretanischen
Wasserträger: 135-137
• der pakistanischen
Ziegeleiarbeiter: 207-
209
• der thailändischen
Sexsklavinnen: 53-54
Leela (Indien): 285, 288–
289, 307, 336
Leibeigenschaft: 31, 362
Loyola, Pureza Lopes: 335

Massaoud, Boubacar
ould: 327, 370
Mato Grosso do Sul (Bra-
silien): 162, 166–169, 172,
175, 191–192, 195–196,
370
Mechanisierung: 164, 220,
256–257, 293, 357
• in der indischen Land-
wirtschaft: 293
Mesopotamien: 262
Menschenrechte: 15–16,
24, 33, 49, 107–108, 111,
113, 120, 122, 127, 145–

146, 150, 154, 156, 190–
192, 195–196, 212, 218,
226, 234, 236, 246, 253–
255, 306, 318, 322, 324,
326–327, 329, 333, 337,
340–342, 351, 361–362,
367, 371
• der Arbeiter: 24, 218,
226, 254, 318
• Unterricht in –: 337
• Ende des kalten Krie-
ges und –: 23
• internationale Ge-
schäftswelt und –: 329
• in Mauretanien: 111,
120, 122, 146, 150, 154,
156
• in Pakistan: 234, 254–
255, 327, 371
Menschenrechtskommis-
sion (Pakistan): 255
Menschenrechtsorganisa-
tionen: 16, 33, 107, 145–
146, 154, 191, 218, 253–
254, 341–342
• in Brasilien: 17, 191, 352
• in Mauretanien: 146
• in Pakistan: 254
• siehe auch Aktivisten:
Amnesty Internatio-
nal: Anti-Slavery In-
ternational
Minen: 11–12, 39, 166, 365
Modernisierung: 22–23,
59, 206, 231–232, 308
• der Landwirtschaft:
206, 308
• in den Entwicklungs-
ländern: 22
• in Indien: 293-295
• in Thailand: 59
Morrison, Toni: 334
Mukti Ashram: 337–338,
340
Multinationale Unter-
nehmen: 24, 165–166,
189, 312, 333

Mord: 46, 49, 69, 89–90,
121, 233–236, 314–315, 335
• in Pakistan: 232–233,
235
• an Prostituierten: 89
• an Sklaven: 46, 49, 314–
315
Muslim-Sheikhs (Paki-
stan): 203, 216, 230, 242,
244, 246

Nabuco, Joaquim: 164
NAFTA: 313
National Committee for
the Struggle against the
Vestiges of Slavery in
Mauretania (Nationaler
Ausschuß für den
Kampf gegen Spuren
der Sklaverei in Maure-
tanien): 154
Naturalpacht: 287
Nepal: 17
Nestlé: 166
Neue Sklaverei: 1, 3, 5, 7–
14, 16, 18–51, 58, 108, 156–
157, 159, 161, 212, 225–
226, 238, 255–256, 265,
267, 270, 279–280, 292,
308, 312, 314–315, 320–
321, 325, 335, 351, 365
• in Brasilien: 5, 50, 161,
238, 308
• in Indien: 29, 32
• in Pakistan: 32, 226
• in Thailand: 1, 3, 5, 29,
35, 45–46, 51, 108
New York Times: 192, 195,
366, 370, 372
N'Gadi N'di: 353, 373
NGOs (nongovernmen-
tal organizations = re-
gierungsunabhängige
Organisationen: 191, 307
• siehe auch Anti-Sla-
very International: El
Hor: SOS Ésclaves

Nike: 313
Nirawan, Gampol: 353,
373
Nordafrika: 134, 352
North American Free
Trade Agreement (In-
ternationales Handels-
abkommen): siehe
NAFTA: 312
Nouakchott (Maureta-
nien): 125–126, 131–133,
141–144, 147, 369–370

Organisiertes Verbre-
chen: 45, 72, 96, 99, 331
Oxfam: 342, 372

Padrao, Luciano: 175, 353,
373
Pädophilie: 101, 104
Pakistanischer Ziegelei-
besitzerverband: 217,
230
Pandschab: 39, 198, 201,
203, 212, 214, 235, 238–
247
Pastoral Land Commis-
sion (Pastorale Land-
kommission, Brasilien):
siehe CPT: 191, 327, 335
Peshgi-System (Paki-
stan): 217, 220, 222–223,
226, 231, 246, 248, 252–
256, 261
Philippinen: 21, 35, 47, 96
Pinto, Antonia: 11–12, 47
Polizeikorruption: 12, 62,
77–78, 109, 111, 257, 264,
290
• in Mauretanien: 111
• in Pakistan: 257
• in Thailand: 62, 78
Polisario Front: 126
Polygamie (Thailand):
105
Prostitution: 18, 26, 30, 32,
54–55, 57–58, 62–63, 65,

67, 76, 78, 87, 89, 93–94,
99, 101–103, 172, 264,
266, 270, 351, 353, 367–
369, 371
Psychischer Terror: 325
PTT Exploration and
Production (Thailändi-
sche Unternehmensge-
sellschaft): 33

Rasse: 14–15, 19–20, 122,
125, 131, 152, 158
Rassentrennung: 14, 152,
158
• in den amerikanischen
Südstaaten: 14
Rassismus: 15, 20, 158, 164,
230, 327
• Gruppen gegen den –
in England: 327
Reformen: 99, 108, 150,
193, 196, 297, 304
• in Mauretanien: 150
Regenwald: 320
Religion: 19–20, 34, 57–58,
87–88, 107–108, 115–116,
213, 229, 232, 234–237,
248, 257, 270–271, 326,
355, 363
• in Mauretanien: 20, 116
• in Pakistan: 20, 229,
232, 234–236, 270
• in Thailand: 57,
107–108, 115
• Sklaven und –: 20, 34,
58, 107–108, 115, 229,
232, 234, 236–237, 326,
355, 363
• siehe auch Hinduismis:
Islam
Rio de Janeiro: 166, 175,
189
Römisches Reich: 21, 365
• Sklaverei im –: 21, 365
Rotes Kreuz: 307
Rußland: 332
• Sklaven aus: 333

SACCS: 336–337
Sahara: 109, 123
Sanktionen: 37, 67, 321,
326, 329–330, 350
• der UN: 321, 330
• wirtschaftliche: 37,
329–330, 350
Saudiarabien: 21, 40, 116
• Sklaverei in: 21, 40, 116
Scharia: 116, 146, 236
• in Mauretanien: 116
• in Pakistan: 236
• siehe auch Islamisches
Gesetz
Schmiergelder: 77–78, 89,
96, 100, 209, 218, 290,
356–357
• siehe auch Korruption
Schuldknechtschaft: 17,
27, 29–32, 60–61, 63, 74,
76, 81, 89, 94, 98, 105,
172, 202–203, 207, 210,
213, 215, 217–220, 222–
223, 226–228, 232, 237–
238, 248, 252–254, 257–
259, 261–267, 269–270,
272, 274, 284, 288–289,
293, 296–297, 300–301,
307, 314, 337, 340, 353,
362, 367, 371
• Dauer der –: 31
• ererbte –: 223
• Formen der – in In-
dien: 29, 32, 265
• Kinder und –: 32, 222,
266–267, 314, 337
• Landwirtschaft und –:
27, 29, 261, 263, 272, 293
• und die »Revolution
der Ziegeleiarbeiter«:
246, 250
• Verträge zur –: 29–30,
32, 40, 60, 83, 87, 95, 115,
133, 142, 171, 181, 189,
230, 236, 251, 272, 303,
326, 343, 353, 358, 361–
364, 373

• in Bangladesch: 17
• in Brasilien: 352
• in Indien: 17, 29, 32,
258–259, 262–265, 267,
288, 295–296, 301
• in Nepal: 17
• in Pakistan: 17, 32, 202–
203, 220, 226, 228, 232,
253–254, 257–258
• in Thailand: 30, 63, 76,
98, 367
Seba (Frankreich): 7, 9–10
Selfridges: 319
Senegalesen (Burma): 121,
143
• – Verfolgung von: 121
Sexindustrie (Thailand):
55, 63, 73, 98
Sexsklaven: 55, 70, 80, 82,
86–87, 90, 97, 100
• in Europa: 95-96
• in Thailand: 44, 63, 72–
73, 75, 104–106
Shivraj und Munsi (In-
dien): 280
Singh, Pramod: 272, 282,
353
Siri (Thailand): 52–55,
60–61, 63–64, 79–81, 88,
102, 106, 307, 310, 325,
353, 367
Sklaven: 10–13, 15–22, 24–
29, 31–33, 35–40, 42, 44,
46–48, 51, 65, 86, 105,
107–111, 113–122, 124,
126–127, 130, 132–148,
150–154, 157–160, 162–
164, 166, 172, 179, 181, 187,
189–190, 194, 196, 212,
217, 260–262, 279, 298,
300, 304, 308, 310, 312–
314, 316–319, 322, 325–
326, 330–340, 343–346,
351–361, 363–365
• Definition: 17, 33, 48,
223, 253, 343–344, 352,
365–366

• Geschätze Anzahl von
  –: 100
• Selbsthilfe von –: 336
Sklavenfamilien: 114, 133,
  144, 147, 151, 153, 212
• Verkauf von (Paki-
  stan): 212–213
Sklavengesetze: 46
• in den amerikanischen
  Südstaaten: 25–26, 29,
  46, 158
Sklavenhandel: 37, 164,
  330–333, 341, 361–364
• in Brasilien: 162, 328
Sklavenhalter: 13, 19–21,
  25–29, 31, 33, 35, 37, 39–
  40, 42, 44, 46, 48, 51, 70,
  72–74, 77, 80–81, 84, 86,
  115, 117, 145–148, 150,
  152–153, 158, 164, 186,
  226, 294, 310, 314, 318–
  319, 325–327, 330, 334,
  343–344, 353, 355–357,
  359–360
• in Brasilien: 39, 44, 164,
  327
• in Indien: 20, 44
• in Pakistan: 20, 39, 44
• in Thailand: 20, 35, 44,
  72–74, 84, 327, 344
SOS Ésclaves (Maureta-
  nien): 122, 145, 154, 160,
  327–328, 335, 369–370
South Asian Coalition on
  Child Servitude (Süd-
  asiatische Koalition gegen Kindersklaverei):
  siehe SACCS
Sozialer Wandel: 23
Stahlindustrie: 10, 36, 138,
  166–167, 181, 320
• indirekte Sklavenar-
  beit in der –: 10, 36,
  138, 166
Südamerika: 17, 352
• siehe auch Brasilien
Sudan: 50

• Entführungen im –: 50
Swami, Laxmi (England):
  43

Task Force to End Child
  Sexploitation (Sonder-
  einheit zur Beendigung
  der sexuellen Ausbeu-
  tung von Kindern): 108
Taya, Präsident Maawiya
  Sid'Ahmed ould: 126,
  134, 150, 155
Tee: 241, 244, 262
• indische Schuld-
  knechte als Tee-
  pflücker (Indien): 262
Teppichindustrie: 10, 18,
  252, 254, 299
• Kindersklaverei in der
  –: 299
Teppichsiegelkampagne:
  318
• in Deutschland: 96,
  142, 323
Total: 33
Tourismus: 103–104
• Sexindustrie und –:
  103
Transfermarkt: 226–227
• für pakistanische Zie-
  geleiarbeiter: 200–203,
  205–227, 230–232, 236–
  244, 246–257, 268, 353–
  354

Ukraine: 332
Umweltzerstörung in
  Brasilien: 162, 165
UN: 74, 155, 233, 321–322,
  330, 333–334, 342, 349
UNICEF: 266, 319, 342,
  366
• siehe auch UN
Unocal: 33
Uttar Pradesh (Indien):
  265, 267–271, 295, 298–
  299, 302, 304, 371–372

Verbraucher: 36, 316, 320,
  358
Vereinigte Staaten: 65, 97,
  108, 132, 155, 158–159, 163,
  313, 320, 349–350
Versammlungsfreiheit: 24
Verstädterung (Maureta-
  nien): 134
Verträge: 32, 40, 42, 44,
  188, 270, 331–332
• Schuldknechtschafts–:
  30, 32, 60
• gefälschte –: 40, 42
Volkswagen: 166

Wanderarbeiter: 219, 298
• afghanische in Paki-
  stan: 219
Wasserträger (Maureta-
  nien): 117, 135–141
Weiße Mauren: siehe
  Hassaniya-Araber: 118,
  137
Weltbank: 37
Wirtschaftliches Wachs-
  tum: 59, 98, 106, 159, 311
Wirtschaftssanktionen:
  37, 50, 350
World Trade Organiza-
  tion (Welthandelsorga-
  nisation): siehe WTO
WTO: 329–330

Yin, Robert K.: 352, 372

Ziegeleiarbeitergewerk-
  schaft (Pakistan): 253
Ziegeleien (Pakistan):
  200–201, 205, 208–209,
  212, 217, 221, 230, 232,
  246–250, 253, 257, 353
Ziegelherstellung (Paki-
  stan): 255, 257